Histoire
de la décolonisation

Bernard Droz

Histoire
de la
décolonisation

Au XXᵉ siècle

Éditions du Seuil

ISBN 978-2-7578-1217-4
(ISBN 2-02-090457-8, 1re publication)

Introduction

Ce livre a pour objet de décrire et de comprendre la levée d'un lien de sujétion particulier, celui de la sujétion coloniale. Ce lien, de nature fondamentalement politique car établi, ou plutôt imposé, de peuple à peuple, découle de la superposition des deux âges successifs de la colonisation. Le premier, de type mercantiliste, consécutif aux grandes découvertes et fondé sur l'économie de traite et de plantation, a partiellement survécu, aux Antilles et en Asie, à l'indépendance des États-Unis et de l'Amérique latine. Le second est lié au progrès et aux besoins de la révolution industrielle, la colonisation étant censée ouvrir un accès privilégié aux matières premières et un débouché aux produits industriels. À cet impératif économique majeur, d'autres se sont ajoutés, d'ordre démographique, stratégique ou de simple prestige. La fin des guerres napoléoniennes et la stabilisation européenne de 1815 ont eu pour effet de déplacer vers l'outre-mer la compétition internationale, de laquelle les petites puissances (Portugal, Belgique) et les États de formation récente (Italie, Allemagne) n'ont pas voulu demeurer à l'écart. L'Afrique a été le continent désigné de cette expansion, menée par à-coups et sans plan défini[1], au prix de guerres épuisantes et meurtrières.

---

1. S'il y a bien eu un partage de l'Afrique, celui-ci ne relève pas d'un plan préétabli, mais plutôt d'initiatives individuelles et de faits accomplis entérinés par les États. La conférence de Berlin (1884-1885) ne concerne que l'Afrique centrale. Voir H. Wesseling, *Le Partage de l'Afrique*, Paris, Denoël, 1996, rééd. Gallimard, coll. « Folio Histoire », 2002.

On ne reviendra pas sur les variations sémantiques d'un terme d'utilisation récente, qui n'a trouvé sa signification actuelle que dans les années cinquante[1], et qui a longtemps été banni du discours officiel. Encore faut-il rappeler que la décolonisation peut s'entendre au sens large comme l'ensemble des réponses contestataires de l'ordre colonial, ou au sens étroit comme la phase ultime de ce mouvement, celle de sa liquidation. De même faut-il distinguer, dans cette vague d'émancipation, ce qui relève de la colonisation proprement dite, qui suppose une dépossession foncière au profit d'un colonat étranger et la mise en place d'une administration spécifique, et ce qui relève du cas plus général de l'impérialisme fondé sur une domination à caractère économique ou stratégique. Tout en reconnaissant le caractère artificiel de classifications trop tranchées (l'Inde, par exemple, est indéniablement une colonie, mais pratiquement dénuée de « colons » britanniques), le présent ouvrage tentera de faire un sort à ces diverses acceptions. Mais il n'accordera qu'une place réduite aux impérialismes extra-européens qui, pour épouser certains aspects de la colonisation, relèvent de préoccupations spécifiques et se rattachent à une histoire comparative.

Comme tout événement complexe, la décolonisation résulte d'une grande variété de causes structurelles et conjoncturelles, internes et internationales, économiques et politiques. Par ses succès comme par ses échecs, c'est-à-dire par ses contradictions, l'impérialisme colonial a levé des forces qui devaient tôt ou tard se retourner contre lui[2]. La pacification intérieure des territoires conquis, célébrée comme l'un des acquis majeurs de la colonisation, s'est révélée à terme comme la condition première de l'éclosion d'une identité nationale, ou à tout le moins d'un senti-

---

1. H. Labouret, *Colonisation, colonialisme, décolonisation*, Paris, Larose, 1952. Pour une analyse historique du terme, voir G. Pervillé, *De l'Empire français à la décolonisation*, Paris, Hachette, coll. « Carré Histoire », 1991, p. 4-16.

2. C'est ainsi qu'il faut entendre le titre de l'essai d'A. Nouschi, *Les Armes retournées. Colonisation et décolonisation françaises*, Paris, Belin, 2005.

ment d'appartenance territoriale. De même, la révolution sanitaire a été génératrice d'une explosion démographique incontrôlable qui plaçait les colonats européens dans une situation d'infériorité manifeste. De même encore, la promotion d'une élite indigène acculturée ne pouvait que retourner contre le pouvoir colonial les valeurs libérales dans lesquelles elle avait été éduquée. À l'inverse, l'exploitation économique et les mécanismes d'échange, trop exclusivement favorables aux colonats et aux métropoles, ont maintenu les masses paysannes dans un état d'arriération et de paupérisme qui démentait l'affirmation rituelle d'une colonisation au service du progrès et du bien-être de tous, alors que la marginalisation des élites, anciennes ou nouvelles, dans des emplois subalternes engendrait de multiples frustrations et la revendication d'une réappropriation du pouvoir politique.

À ces données structurelles, qui mériteraient évidemment d'être nuancées au cas par cas et selon les époques, les deux guerres mondiales ont joué le rôle de révélateurs des fragilités de la domination coloniale et d'accélérateurs d'une revendication d'émancipation. La première sans doute n'a guère entamé le prestige des puissances victorieuses et a même consolidé leur emprise, mais elle a induit dans le sillage des principes wilsoniens et de la révolution russe les germes d'une contestation appelée à s'amplifier sous l'impact de la crise de 1929, particulièrement rude pour les économies coloniales et la condition des colonisés. Mais c'est le second conflit mondial qui a bien été l'événement fondateur de la décolonisation en procédant à une vaste redistribution des forces au profit de deux grandes puissances, impérialistes certes, mais hostiles l'une et l'autre à la perpétuation du colonialisme européen. À cette bipolarité se sont ajoutés les effets d'une mondialisation à la fois politique (l'ONU) et économique (la libération et la réorientation des échanges) qui rendaient à la fois plus difficile et moins utile, c'est-à-dire plus coûteuse, la conservation des empires coloniaux alors même que la revendication d'indépendance avait gagné pendant la guerre en audience et en détermination.

De l'ensemble de ces mutations qui confèrent à la décolonisation son caractère inéluctable, les puissances coloniales se montrèrent inégalement conscientes. Ce sont paradoxalement les pays les plus affaiblis par la guerre, tels la France et les Pays-Bas, qui ont refusé d'en prendre acte, alors que la Grande-Bretagne, mieux au fait du rapport de forces, s'apprêtait à passer la main en Asie. Cette divergence de perception et de comportements invite à esquisser une typologie *des* décolonisations, étant entendu qu'aucune indépendance n'a été acquise sans quelque épreuve de force préalable et que pas moins d'une vingtaine d'entre elles ont été conquises au terme d'une guerre de libération[1].

Il est classique d'opposer la Grande-Bretagne à la France. La première est créditée d'une décolonisation pleinement assumée, négociée et pacifique, conforme à un tempérament porté au pragmatisme et à l'appréciation sans états d'âme de ses intérêts ; la seconde d'une décolonisation infiniment plus réticente et conflictuelle, qu'expliquerait sa crispation sur une conception toute jacobine de l'indivisibilité de la République et de la grandeur nationale. Entre ces deux extrêmes, les décolonisations « secondaires » constitueraient des cas moyens, plus proches de la Grande-Bretagne pour la décolonisation belge, de la France pour les décolonisations hollandaise et portugaise. Pour autant, l'émancipation des possessions britanniques n'est pas exempte d'épreuves de force prolongées, et il serait hasardeux d'ériger en modèle certains retraits précipités laissant face à face, comme en Inde ou en Palestine, des populations condamnées à l'affrontement par l'effacement de la puissance arbitrale. Inversement, la France est parvenue dans ses mandats et protectorats, non sans convulsions il est vrai, à une indépendance négociée, de même qu'elle a ménagé en Afrique noire les étapes d'une décolonisation pacifique. Quant aux deux guerres coloniales où elle s'est enferrée, elles font apparaître des situations exceptionnelles auxquelles l'Angleterre n'a pas été confrontée de façon aussi intense : la confusion du nationalisme et du communisme en

---

1. Selon Ch.-R. Ageron, *L'Ère des décolonisations*, colloque d'Aix-en-Provence, 29 sept.-3 oct. 1993, Paris, Karthala, 1995, p. 10.

Indochine et la présence en Algérie d'une communauté européenne nombreuse que rien ne commandait d'abandonner.

Pour schématique qu'elle soit, cette typologie n'en est pas moins fondée. En Inde comme en Afrique, la Grande-Bretagne a su faire l'économie de guerres prolongées et se prêter à une politique évolutive de l'Empire qui avait déjà fait ses preuves avec les Dominions. Le mérite en revient d'abord aux travaillistes. Moins pénétrés que les conservateurs de la mystique impériale, ils ont admis que, compte tenu de l'affaiblissement du pays, il était chimérique de vouloir mener de front la construction de l'État-providence, le maintien d'un niveau élevé de dépenses militaires et une politique de force dans l'Empire. Cette appréciation réaliste était d'autant plus fondée que le Commonwealth offrait une structure d'accueil aux colonies admises à l'indépendance, et où la métropole pouvait conserver son influence culturelle et ses intérêts économiques. En se séparant, dès 1950, à la demande de l'Inde et du Pakistan, de son appellation de *British* pour n'être plus que le *Commonwealth of Nations*, cette organisation perdait son caractère impérial au profit d'une communauté multiraciale et linguistique dont la France ne sut offrir l'équivalent. Le retour des conservateurs en 1951 a certes coïncidé avec un raidissement répressif (en Malaisie, au Kenya, à Chypre), mais l'échec de l'expédition de Suez, dernier avatar de la politique de la canonnière, a été mieux compris en Angleterre qu'en France. C'est donc dans un quasi-consensus des partis politiques et de l'opinion publique que le cabinet Macmillan va assumer à partir de 1957 l'essentiel de la décolonisation africaine, pour peu que soient ménagées les transitions minimales et respectée la représentation des minorités.

Avec deux guerres coloniales et une démarche infiniment plus rétive, il existe bien une spécificité de la décolonisation française. Non que dans le sillage de la conférence de Brazzaville et dans leur répudiation « de tout système colonial fondé sur l'arbitraire », les constituants de 1946 n'aient sincèrement tenté d'innover. Mais à côté de quelques réformes effectivement novatrices, le décalage apparut vite entre la générosité des principes et le conservatisme des dispositions constitutionnelles, alors même que le dialogue tournait court en Algérie, en Indo-chine et à Madagascar au profit du recours à la force. Grandi dans le culte des bâtisseurs de l'Empire et persuadé que le rang de la France était conditionné à son maintien, le personnel poli-tique de la IVᵉ République a manqué, sauf exception, de pers-picacité et de courage, desservi il est vrai par les vices de fonctionnement d'un régime dont l'instabilité chronique empê-chait toute réforme d'envergure et laissait le champ libre aux lobbies de toutes sortes. La guerre d'Algérie l'ayant balayé, il revint au général de Gaulle, qui n'avait pourtant pas fait preuve à la Libération d'une grande audace dans ce domaine, de tourner la page de la colonisation dès lors qu'il y allait, selon lui, de l'intérêt de la France[1].

Si l'on s'attache à son déroulement, la décolonisation relève d'un processus ininterrompu à partir de 1945, mû par un ensemble de facteurs cumulatifs relativement indifférents aux variations de la bipolarité Est-Ouest. Il est clair que, par enchaînement ou mimétisme, l'indépendance d'une colonie en appelle d'autres au sein d'un même ensemble régional, puis d'un continent à l'autre. C'est ainsi que l'indépendance de l'Inde débouche logiquement sur celle de Ceylan et de la Birmanie, puis indirectement sur celle de l'Indonésie ; que la France ne peut refuser à la Tunisie ce qu'elle vient d'accorder au Maroc et que l'indépendance des deux protectorats encourage le nationalisme algérien à revendi-quer un traitement analogue. Il en va de même en Afrique noire, où l'indépendance du Ghana (1957) et de la Guinée (1958) ouvre la boîte de Pandore d'une décolonisation en chaîne beau-coup plus rapide que prévu.

En faisant la part des chevauchements, une périodisation n'est pas impossible, qui éclaire l'environnement international de la décolonisation et donne tout son poids à l'événement.

---

1. « La décolonisation est notre intérêt, et par conséquent notre politique », conférence de presse du 11 avril 1961.

Une première phase s'ouvre au sortir de la guerre et se clôt avec la conférence de Genève (1954), dominée par l'indépendance des possessions asiatiques, priorité qui s'explique par la maturité des partis nationalistes, confortés pour certains par les effets de l'occupation japonaise. La Grande-Bretagne ouvre la voie, accédant sans coup férir à la revendication d'indépendance de l'Inde et de ses marges. Malgré les résistances du gouvernement de La Haye, celle de l'Indonésie suit d'assez près, activée par une forte pression internationale. Quant à l'indépendance de l'Indochine, et en particulier celle du Vietnam, elle n'est acquise qu'au terme d'une guerre de sept ans qui s'explique autant par le refus de la France de quitter les lieux que par son intégration dans la guerre froide dans le cadre du *containment* américain.

Dien Bien Phu (1954), la conférence de Bandung (1955) et l'expédition de Suez (1956), trois événements qui signifient le recul du colonialisme européen et dont le retentissement fut considérable, ouvrent une deuxième phase encadrée par l'indépendance des protectorats français du Maghreb (1956) et la fin de la guerre d'Algérie (1962). Entre-temps, l'indépendance du Ghana (1957) déclenche une première phase d'indépendances africaines, accordées dans la précipitation par la Belgique, avec plus de pondération par la France et la Grande-Bretagne. Avec l'indépendance de dix-sept pays, l'année 1960 peut être à bon droit proclamée « l'année de l'Afrique ».

Une nouvelle césure intervient au commencement des années soixante avec les débuts du non-alignement (conférence de Belgrade, 1961), la création du Comité de décolonisation à l'ONU (1961) et celle de l'Organisation des États africains (1963). La décolonisation est désormais moins l'affaire de relations bilatérales que de solidarités entre colonisés et même, dans une certaine mesure, entre pays colonisateurs. Elle s'inscrit dans un élargissement de ses acteurs (le tiers monde, les grandes puissances) et de ses enjeux (l'apartheid, le nouvel ordre économique mondial). Elle concerne pour l'essentiel l'Afrique portugaise et les bastions blancs de la Rhodésie et de l'Afrique du Sud, et prend la forme de guerres de libération longues et meurtrières, compliquées par l'intervention des États voisins et l'activisme des grandes puissances. Cette phase s'achève dans les années 1975-1980, même si la Namibie n'accède à l'indépendance qu'en 1990 à la faveur de l'écroulement de l'apartheid en Afrique du Sud.

Par sa durée et par la violence qu'elle a pu revêtir, par son coût humain, sans doute incalculable mais assurément très lourd, par les passions qu'elle a déclenchées, la décolonisation apparaît bien comme l'un des événements majeurs du second vingtième siècle, au même titre que la bipolarité Est/Ouest ou les avancées et le recul du communisme. Cette importance se lit aussi dans un héritage considérable dont le monde actuel est encore peu ou prou tributaire, même s'il n'est pas évident de distinguer les séquelles directes de l'émancipation proprement dite des grandes mutations post-coloniales ou des effets plus récents de la mondialisation. Car affirmer le caractère inéluctable de la décolonisation ne préjuge en rien du succès de l'entreprise. Celle-ci a pu rendre aux peuples leur dignité et la maîtrise de leur histoire, mais la levée du lien de subordination politique ne signifiait nullement une libération réelle[1]. Intégrés au tiers monde puis au « Sud », les espaces décolonisés demeurent en quête d'un développement dont ni leurs dirigeants ni le monde développé ne leur ont assuré les moyens malgré les multiples formes d'aide et de coopération. Si elle n'a pas sérieusement remis en cause la bipolarité issue de la guerre, la décolonisation a multiplié les sources de conflits bilatéraux ou régionaux que les diverses formes de regroupement des pays qui en sont issus n'ont su ni prévenir ni régler. Elle est aussi à l'origine de migrations humaines contrastées, propices à la construction de mémoires douloureuses et conflictuelles auxquelles l'historien tente, sans trop d'illusion sur son pouvoir d'arbitrage, d'apporter quelque clarté.

---

1. Cette contradiction est bien soulignée par l'ancien gouverneur R. Delavignette, *Du bon usage de la décolonisation*, Paris, Casterman, 1968.

1

Les contradictions coloniales

Période décisive dans la relation qui unit l'Europe aux peuples colonisés, l'entre-deux-guerres voit contradictoirement coïncider l'apogée du fait colonial et une vigoureuse poussée des nationalismes indigènes. C'est dans les années trente, en effet, que la dilatation de l'espace colonial atteint son amplitude maximale. Outre l'annexion de la Mandchourie par le Japon et celle de l'Éthiopie par l'Italie, cette extension résulte du transfert des dépouilles allemandes et ottomanes opéré au lendemain de la guerre par le traité de Versailles et la conférence de San Remo (avril 1920), et redistribuées sous formes de *mandats*[1] à la Grande-Bretagne, à la France, à la Belgique et à l'Afrique du Sud. Cette extension géographique se double d'un renforcement de la complémentarité économique. Déjà affirmée durant les années vingt par le développement des activités extractives et des cultures spéculatives nécessaires à la croissance occidentale, celle-ci s'est renforcée dans le contexte dépressif et protectionniste de la crise de 1929. Ce resserrement des liens expliquerait à lui seul l'attachement des gouvernements et des opinions à leurs possessions

---

1. La formule des mandats revient au général sud-africain Smuts, s'agissant de territoires qui ne seraient pas annexés par les puissances victorieuses mais conduits vers l'indépendance sous le contrôle de la SDN. Ont ainsi été érigés en mandats de type A la Syrie et le Liban confiés à la France, l'Irak et la Palestine (dont a été détachée la Transjordanie) à la Grande-Bretagne. Les anciennes colonies allemandes d'Afrique ont été réparties entre la France (Togo, Cameroun), la Grande-Bretagne (Tanganyika), la Belgique (Rwanda et Burundi) et l'Afrique du Sud (Sud-Ouest africain).

coloniales. Mais d'autres facteurs y concourent, comme la contribution massive des colonies à l'effort de guerre et à la victoire alliée, ainsi qu'une loyauté qui, hormis quelques troubles sporadiques, suffit à démontrer le bien-fondé du colonialisme blanc.

Mais la guerre a été l'occasion de diverses promesses de réformes que les puissances coloniales se gardèrent bien d'honorer. À cette frustration initiale se sont ajoutés les effets cumulatifs de la colonisation triomphante, notamment ceux particulièrement sévères de la crise de 1929, qui ont eu pour résultat de radicaliser en revendication d'indépendance ce qui n'était au départ qu'une demande d'aménagement des structures existantes. Oscillant entre répression et concession, les puissances coloniales sont parvenues à maintenir apparemment intacte leur domination, mais sans vouloir prendre acte du caractère irréversible de cette revendication que le second conflit mondial va puissamment amplifier.

L'apogée du fait colonial

L'amplitude

Il est difficile de chiffrer avec précision l'extension des empires coloniaux, qui recouvrent des réalités territoriales très diverses, parmi lesquelles d'immenses étendues désertiques. Pour s'en tenir à la seule Europe, et à la fin des années trente, elle serait à la tête d'un empire de 56,5 millions de km^2 soit 42 % des terres émergées, et peuplé de 610 millions d'habitants (dont plus de la moitié pour le seul Empire des Indes), soit 31 % de la population mondiale. À elles seules, les trois premières puissances coloniales – la Grande-Bretagne, la France et les Pays-Bas – totalisent 85 % des territoires et 96 % des populations sous domination européenne[1].

Par son étendue, qui atteint le quart des terres émergées, par sa diversité et sa richesse, par sa population (plus de 500 mil-

---

1. Voir J. Frémeaux, *Les Empires coloniaux dans le processus de mondialisation*, Paris, Maisonneuve et Larose, 2002, tableaux p. 24-26.

lions d'habitants), l'Empire britannique est bien un empire universel, celui sur lequel, selon la formule célèbre, le soleil ne se couche jamais. Produit d'une longue histoire et d'une longue évolution, c'est un assemblage hétéroclite de possessions dont la variété des statuts autorise néanmoins un regroupement en trois grandes entités. En tête viennent les quatre Dominions (Canada, Australie, Nouvelle-Zélande, Union sud-africaine), anciennes colonies de peuplement blanc qui, depuis les conférences de Westminster de 1926 et 1931, bénéficient d'une quasi-indépendance au sein d'un British Commonwealth of Nations appelé à intégrer progressivement d'autres possessions. L'Empire des Indes, ainsi nommé depuis 1872, et dont la reine Victoria fut la première impératrice, forme un second ensemble, dont la Birmanie a été détachée en 1937 en raison de sa configuration propre. Le gouvernement de l'Inde relève d'un vice-roi, véritable monarque détenteur de pouvoirs considérables, secondé par l'administration de l'Indian Civil Service, mais subordonné aux directives de l'Indian Office, ministère à part entière. Le reste forme le Dependent Empire ou Dependencies, ensemble disparate de colonies de la Couronne, de protectorats, de bases stratégiques et de certains mandats. L'essentiel est concentré en Afrique noire, le reste dispersé en Amérique (Honduras, Guyane, Jamaïque et le reste des *West Indies*), en Asie (Malaisie, Singapour, Nord-Bornéo, Hongkong) et en Méditerranée (Gibraltar, Malte, Chypre). On relèvera que l'Égypte, qui s'est vu reconnaître une indépendance échelonnée entre 1922 et 1936, demeure dans l'orbite britannique par le biais du canal de Suez et par l'exercice d'un condominium anglo-égyptien sur le Soudan. De même, le Foreign Office a conduit les mandats d'Irak et de Transjordanie à une indépendance très contrôlée, respectivement en 1930 et 1936. Le mandat de la Palestine demeure un cas à part où l'immigration et la colonisation juives entretiennent une tension croissante avec la population arabe, arbitrée tant bien que mal par la puissance mandataire[1].

---

1. En raison du caractère très spécifique de cette colonisation, le cas palestinien a été renvoyé en fin de volume, p. 300-302.

Plus tardif, car longtemps retardé par le débat entre tenants et adversaires de la colonisation, constitué pour l'essentiel dans le dernier quart du XIXᵉ siècle[1], moins étendu et moins peuplé (66 millions d'habitants), l'Empire français est devenu un gage de puissance et une source de fierté. Sans nier la contribution de l'Indochine, dont l'éloignement pose néanmoins le problème de sa sécurité, l'élément le plus solide en est le bloc maghrébo-africain qui offre une véritable continuité territoriale, auquel on peut adjoindre l'île de Madagascar. Ces diverses possessions relèvent de plusieurs ministères : l'Intérieur pour l'Algérie en raison d'une départementalisation qui remonte à 1848 et qui en fait juridiquement un prolongement de la métropole ; les Affaires étrangères qui coiffent les protectorats de la Tunisie et du Maroc, États théoriquement souverains, et les mandats du Liban et de la Syrie, placés sous le contrôle de la Société des nations et promis à une indépendance prochaine. Le reste revient au ministère des Colonies, de création relativement récente[2], qui coiffe des possessions aussi différentes que les Antilles et la Guyane, l'Afrique noire (Afrique occidentale et Afrique équatoriale françaises, respectivement formées en 1895 et 1910), Madagascar, la Réunion, les Comores, la Côte française des Somalis, les comptoirs de l'Inde, l'Union indochinoise, la Nouvelle-Calédonie, etc. L'unité de doctrine n'est pas davantage assurée, la France oscillant entre l'assimilation, officiellement adoptée en Algérie et dans les vieilles colonies, mais souvent très éloignée de l'idéal civilisateur et égalitaire dont se réclame la République, et l'association qui vaut aussi pour les protectorats, plus respectueuse de la personnalité des peuples dominés et, théoriquement, plus économe de moyens administratifs.

---

1. Du premier empire colonial ne subsistait en 1870 que les quatre « vieilles colonies » (Guadeloupe, Martinique, Guyane, Réunion), les cinq établissements de l'Inde, quelques îles (Saint-Pierre-et-Miquelon) et quelques comptoirs africains. La conquête de l'Algérie a débuté en 1830, achevée pour l'essentiel vers 1860. Celles de la Cochinchine et du Sénégal ont débuté sous le Second Empire, de même que l'annexion de la Nouvelle-Calédonie.

2. Un secrétariat d'État aux Colonies a été créé par Gambetta en 1881, devenu ministère à part entière en 1894.

Le rang de seconde puissance coloniale revendiqué par la France peut lui être disputé par les Pays-Bas, placés à la tête d'un empire très ancien, témoin de l'ancienne splendeur navale et commerciale des Provinces-Unies, moins étendu mais presque aussi peuplé que l'empire français, et peut-être plus riche. La perle en est l'immense archipel des Indes néerlandaises, avec surtout Java et Sumatra, riches en plantations et en matières premières. La gestion autoritaire et centralisée, fondée sur une administration directe et volontiers tatillonne, accorde néanmoins une certaine autorité à l'aristocratie javanaise et entretient un nombre croissant de fonctionnaires autochtones soigneusement formés. Il convient d'y ajouter la Guyane hollandaise (Surinam) et quelques îles des Caraïbes (Curaçao).

L'empire colonial belge se réduit, ou peu s'en faut, à l'immense Congo, d'abord propriété personnelle du roi Léopold II, remis à l'État belge en 1908 et doté d'une charte coloniale à cette date. La conquête et les premières décennies de la « mise en valeur », fondée sur la production et la commercialisation du caoutchouc et de l'ivoire, furent un cauchemar pour les populations soumises aux pires traitements. Une gestion moins inhumaine s'est progressivement mise en place, de type paternaliste et autoritaire, fondée sur la « Sainte Trinité » de l'administration, des missions (catholiques mais aussi protestantes) et des grandes sociétés capitalistes. Anciennes possessions allemandes, le Rwanda et le Burundi ont été confiés en mandats à la Belgique et disposent, après un temps de rattachement au Congo, d'une administration particulière.

De ce que furent les grands empires ibériques, il ne reste que des bribes. Surtout pour l'Espagne qui a perdu, au terme de la guerre hispano-américaine de 1898, ses dernières grandes colonies (Cuba, Porto Rico, les Philippines). Il ne lui reste que ses modestes possessions africaines : une portion de la Guinée, le quasi désertique Rio de Oro, les *presides* de Ceuta et de Melilla renforcés, depuis 1911, par un contrôle sur le Rif marocain. Un peu plus considérable, l'empire portugais se compose de quelques enclaves en Asie (Goa en Inde, Macao en Chine, l'est de l'île de Timor), et surtout des colonies africaines

(Angola, Mozambique, Guinée-Bissau, îles du Cap-Vert) qui forment un ensemble disparate, médiocrement peuplé et mis en valeur. Dans le cadre de l'*Estado novo* proclamé au début des années trente par Oliveira Salazar, les colonies sont théoriquement intégrées à la République, mais faute de moyens et de volonté politique, cette intégration ne profite qu'à une poignée d'*assimilados*.

Cet impérialisme du pauvre se retrouve en Italie, mal remise du désastre d'Adoua contre les troupes éthiopiennes en 1896. Arrivée tard dans la course aux colonies, elle doit se contenter de quelques acquisitions marginales : l'Érythrée et une partie de la Somalie, puis la Libye, occupée non sans mal en 1911 et dont la pacification ne sera achevée qu'en 1932. Pour des raisons d'intérêt et de prestige, l'Éthiopie est agressée en 1935, au mépris du droit international, et conquise l'année suivante. Mussolini exalte la renaissance de l'*Impero romano* qui va vite révéler ses fragilités.

Souvent oublié et peu connu, l'impérialisme japonais relève initialement du mimétisme de l'Occident imprimé par l'ère Meiji, mais aussi des intérêts économiques et stratégiques d'une grande puissance en devenir. Les fulgurantes victoires remportées contre la Chine en 1895 et contre la Russie en 1905 ont libéré des potentialités expansionnistes dans lesquelles interfèrent l'hypernationalisme de l'armée et les appétits insatiables des *Zaibatsu*. Par le traité de Shimonoseki d'août 1895, le Japon a obtenu, entre autres, l'île de Formose et un protectorat sur la Corée. Si la première va végéter, jusqu'en 1945, dans le rôle d'humble pourvoyeur de produits agricoles, il n'en va pas de même de la Corée qui, annexée en 1910, va connaître durant un demi-siècle les formes les plus brutales d'une colonisation oppressive. L'emprise sur l'économie fut totale, marquée notamment par une large dépossession de la paysannerie propriétaire, réduite à un métayage subordonné aux importations japonaises. La répression policière, particulièrement sévère au lendemain de l'annexion et en 1919, à la suite d'une « Déclaration d'indépendance » inspirée des Quatorze Points de Wilson, connut par la suite quelque relâchement. Mais l'interdiction des partis politiques et de l'enseignement de la langue coréenne, le traitement infligé aux opposants, et particulièrement aux intellectuels, demeurèrent constants, réduisant l'opposition, conservatrice ou communiste, à une poignée d'exilés. Le seul bénéfice de cette colonisation impitoyable réside, surtout dans les années trente et dans la perspective du réarmement nippon, dans le développement des infrastructures et de l'industrie. L'orientation assignée à la Mandchourie, conquise en 1931 et proclamée protectorat du Mandchoukano l'année suivante, fut à peu près identique.

Les complémentarités

La justification officielle de la colonisation repose sur un double transfert : transfert de savoirs et transfert de richesses. Outre la paix intérieure et extérieure de populations vulnérables et déchirées, l'impérialisme colonial est censé apporter aux indigènes la civilisation et le progrès que fonde le savoir moderne ; en retour, les colonies contribuent par la mise en valeur de leurs ressources aux besoins matériels du monde moderne. Nul n'a mieux exprimé cette bonne conscience que Lord Lugard (1858-1945), lui-même administrateur en Ouganda et au Nigeria, en développant la thèse du *Double Mandat*[1], tout empreinte d'utilitarisme benthamien dès lors que les avantages réciproques contribuent au bonheur de tous.

C'est peu dire que cette réciprocité n'a été que partiellement respectée. Sans nier l'ampleur, encore que très variable, des réalisations européennes en matière de scolarisation, d'action sanitaire et d'équipement, il n'est pas niable que les métropoles et les colonats européens ont orienté la mise en valeur au mieux de leurs intérêts, et dans des conditions souvent inhumaines dans l'exploitation du travail des populations indigènes. Cette priorité supposait à la fois une ample appropriation du

---

1. F. Lugard, *The Dual Mandate in British Tropical Africa*, Londres, William Blackwood and Sons, 1922.

sol[1], la constitution de grandes entités capitalistes adaptées (banques, sociétés minières, sociétés commerciales) et la maîtrise d'une main-d'œuvre indigène utilisée, selon des modalités parfois proches du servage, à la construction des infrastructures, au portage et à l'entretien d'une économie de plantations souvent étrangère à ses pratiques culturales. À l'inverse, les métropoles exportent en franchise douanière, ou avec des droits très modérés, les produits de leur industrie de transformation, ce qui a pour effet de maintenir les colonies dans un état de sous-industrialisation ou de concurrencer dangereusement leur industrie, si elle existe, et leur artisanat. Compte tenu des mises de fonds initialement assez faibles et aussi du coût très bas de la main-d'œuvre, la rentabilité des capitaux placés, dont les revenus sont largement rapatriés, peut être considérable.

Sur des bases aussi inégales, une complémentarité économique s'est mise en place dès avant 1914, facilitée par les progrès de la grande navigation, l'aménagement de ports et la construction d'infrastructures ferroviaires. Elle s'est accélérée durant les années vingt, années de croissance soutenue et favorables à l'essor industriel des pays occidentaux, comme dans la dépression introduite par la crise de 1929. Les deux décennies de l'entre-deux-guerres ont ainsi révélé la sensibilité des économies coloniales aux variations de la conjoncture mondiale. La seconde notamment, marquée par un effondrement du cours des matières premières et des produits tropicaux[2], par une contraction de la

---

1. L'ampleur de la dépossession foncière est variable, commandée par la densité des colonats, la qualité des sols, la nature du climat, des possibilités d'irrigation, etc. À la fin des années trente, elle atteint le quart de la superficie cultivable en Algérie, le cinquième en Tunisie, 10 à 15 % au Maroc. Des superficies considérables, pas forcément toutes mises en valeur, ont été allouées aux Européens au Kenya, en Rhodésie, à un moindre titre au Congo belge (9 %). Les Indes néerlandaises se caractérisent par un système de location à bail des plantations par des sociétés. La propriété européenne atteindrait le quart des terres cultivées en Indochine. Voir J. Frémeaux, *Les Empires coloniaux dans le processus de mondialisation*, *op. cit.*, p. 110-113.

2. La baisse des cours atteint 95 % pour l'hévéa, 66 % pour le sucre et le thé, 50 % pour l'étain. En Algérie, le cours du blé s'effondre des 2/3, entre 1926 et 1935, celui du vin de 60 %.

production (sauf exception), la multiplication des faillites et la dégradation des niveaux de vie.

C'est dans ce contexte dépressif que s'est renforcée la complémentarité économique grâce à une réorientation des échanges entre les métropoles et les colonies, mais inégalement selon les pays. Les Pays-Bas et la Belgique ne disposaient pas d'un marché intérieur suffisant pour absorber davantage de produits coloniaux et durent se soumettre à des contingentements ou à chercher ailleurs d'autres débouchés. Le resserrement des liens est déjà plus net dans le cas du Royaume-Uni, les exportations britanniques en direction de l'Empire étant passées de 22 % en 1913 à 47 % en 1938, les importations en provenance de l'Empire de 25 à 39 %. Sans doute faut-il y voir un effet, mais relativement modeste, des accords d'Ottawa (1932) instaurant un système de préférence impériale dérogatoire au protectionnisme, du reste modéré, adopté un an plus tôt. Mais cette double progression est surtout redevable aux Dominions, même si les colonies d'Afrique y ont participé bien davantage que l'Inde[1].

Ce renforcement de la complémentarité vaut donc surtout pour la France. L'Empire a servi de marché de substitution à une industrie déclinante et handicapée par la surévaluation du franc. Grâce à un système compliqué de mesures douanières, de contingentements et de prix fixés sans référence aux cours mondiaux, la part de l'Empire dans le commerce extérieur français est passée de 10 % en 1913, à 14 % en 1927 et 34 % en 1936. Nombre d'entreprises françaises, dans le textile notamment, ont trouvé dans le marché colonial une rente de situation à laquelle la décolonisation mettra un terme, parfois brutal.

Au demeurant, les conséquences de la crise de 1929 ne sont pas toutes négatives. Outre que la reprise des économies coloniales est patente dès 1935, elle a pu conjuguer quelques effets bénéfiques. Contrairement au mouvement général, certains produits d'exportation ont bien résisté et ont même vu leur production

---

1. Cette stagnation, voire le recul, de la place de l'Inde dans l'économie britannique est un facteur non négligeable d'évolution politique par la suite. Voir *infra*, p. 132.

augmenter notablement[1]. Ailleurs, les productions vivrières ont été encouragées, intégrées parfois à des Sociétés indigènes de prévoyance. Surtout, pour pallier la rétraction de l'investissement privé et colmater les déficits budgétaires coloniaux, l'État s'est départi de sa neutralité traditionnelle pour s'engager dans une politique de développement. L'Angleterre a donné l'exemple dès 1929 par la création d'un Colonial Development Fund. En France, si la conférence économique de 1934 a échoué dans cette voie, préconisée par son président Albert Sarraut[2], les subventions de l'État aux colonies n'en sont pas moins estimées à 20 milliards de francs entre 1931 et 1939.

Il reste cependant que la crise a contribué à accroître les inégalités sociales, dans les campagnes où elle s'est accompagnée d'une nouvelle vague d'aliénation foncière[3], et dans les villes où sévissaient le sous-emploi et la misère d'une population rurale fraîchement transplantée. Plus largement, la crise a apporté un démenti à l'affirmation rituelle des puissances coloniales de leur capacité à assurer le progrès et le bien-être des colonisés. De cette démystification découlent à la fois un élargissement des bases sociales du nationalisme et une radicalisation de son discours.

Une autre complémentarité, et tout aussi inscrite dans un principe de domination, découle du régime administratif des colonies. Il convient de relever d'emblée la mise en place progressive d'une administration coloniale efficace, surtout si on

---

1. En Afrique noire notamment, où progresse l'économie de plantation (café, cacao, bananes…), en Asie où la production de pétrole et d'hévéa (Malaisie, Indes néerlandaises) trouve facilement preneur aux États-Unis et au Japon.

2. Ancien gouverneur de l'Indochine, plusieurs fois ministre (radical) des Colonies, Albert Sarraut a exprimé dans deux ouvrages, *La Mise en valeur des colonies françaises*, Paris, Payot, 1923, et *Grandeur et Servitude coloniales*, Paris, Éd. du Sagittaire, 1931, des vues assez amples sur l'association et sur l'intervention économique de l'État, qui se sont souvent heurtées aux tenants du *statu quo*.

3. Cette aliénation profite pour une part à la bourgeoisie rurale indigène, appelée parfois à jouer un rôle dans la mobilisation anticoloniale.

la compare à la gestion improvisée des décennies précédentes. Sans nier la perpétuation de pratiques arbitraires et brutales, sans nier non plus les méfaits d'une « politique des races » revenant à entretenir ou aggraver – voire à créer de toutes pièces – les clivages ethniques préexistants, cette amélioration doit beaucoup à la généralisation d'un recrutement par concours et à la formation des futurs administrateurs dans une école prestigieuse[1]. Placés à la tête de circonscriptions plus ou moins vastes, ces « rois de la brousse[2] » se signalent par la polyvalence de leurs tâches (l'ordre, la justice, la rentrée de l'impôt, la scolarisation, la santé, l'équipement…), leur connaissance des langues locales et le respect impératif des coutumes. Ils doivent par la force des choses recourir à l'appoint de fonctionnaires indigènes, qu'il s'agisse d'une force locale de maintien de l'ordre ou de secrétaires ou de commis affectés à la gestion administrative et comptable.

À cette complémentarité de « terrain » s'ajoute une seconde qui découle des systèmes administratifs adoptés par les métropoles, apparemment distincts mais en fait convergents. La Grande-Bretagne professe et pratique l'*Indirect Rule*, l'administration indirecte, qui privilégie une dévolution de pouvoirs d'ampleur inégale à des notables locaux, généralement détenteurs d'un prestige et d'une autorité antérieurs à la colonisation. Théorisée par le gouverneur Lugard, elle s'inscrit dans la continuité du *Double Mandat* en réalisant une association loyale dans la conduite des affaires publiques, combinant les avantages d'une

---

1. Certaines des meilleures universités anglaises préparent aux concours du Colonial Office ou de l'Indian Office. Aux Pays-Bas et en Belgique, les écoles coloniales de Leyde et d'Anvers forment d'excellents administrateurs. En France, l'École coloniale, devenue École de la France d'outre-mer en 1934, recrute administrateurs et magistrats à l'issue d'un concours difficile. Parmi ses directeurs les plus marquants, si Georges Hardy (1926-1933) est adepte d'un colonialisme très classique, son successeur Robert Delavignette, nommé en 1937, professe un « humanisme colonial » dont l'inspiration généreuse a marqué de nombreuses promotions. Un certain nombre de villes de province (Marseille, Montpellier, Lyon…) se sont dotées d'écoles régionales de moindre importance.

2. Voir H. Deschamps, *Roi de la brousse. Mémoires d'autres mondes*, Paris, Berger-Levrault, 1975.

charge financière allégée et l'efficacité administrative, les populations étant présumées plus réceptives à l'autorité de l'un des leurs qu'à celle d'un fonctionnaire étranger. De fait, les exemples abondent de cette étonnante économie de moyens avec laquelle la Grande-Bretagne gère son immense empire : quelques milliers de fonctionnaires en Inde, quelques centaines dans les grandes possessions africaines. De même, les forces armées et de police sont largement ouvertes au recrutement indigène, seuls les hauts grades appartenant aux Britanniques.

Par tradition centralisatrice et atavisme bureaucratique, plus que par l'idéal assimilationniste officiellement proclamé, la France recourt à l'administration directe. En Algérie, bien sûr, puisque celle-ci n'est qu'un prolongement départementalisé de la métropole, mais aussi en Indochine, en Afrique noire et à Madagascar, dans le cadre d'un maillage administratif plus large. Les progrès de l'administration directe sont même patents là où ils n'auraient pas lieu d'être, au Maroc (malgré les protestations de Lyautey[1], qui pourtant l'a laissée faire) et en Tunisie, ce qui revient à une véritable dénaturation des protectorats, et même dans les mandats du Levant où la contradiction n'est pas moins flagrante s'agissant d'États promis à une indépendance prochaine. Mais rien ne semble pouvoir freiner la pléthore administrative, aussi coûteuse pour les budgets coloniaux que désobligeante pour les élites locales évincées ou marginalisées. Ce système a également les faveurs de l'Italie fasciste, toujours très méfiante à l'égard des chefferies locales, et dans une moindre mesure de la Belgique, les Pays-Bas pratiquant une sorte de système mixte combinant une large autorité de contrôle des *bupatis* (régents) issus de l'aristocratie javanaise sur les chefs de village, et une administration hollandaise nombreuse et bien formée.

On sait mieux aujourd'hui que l'opposition entre administrations directe et indirecte relève plus des principes doctrinaires d'une science administrative coloniale en gestation que de pra-

---

1. Sur Lyautey, voir *infra*, p. 185-186.

tiques très éloignées[1]. Sur le thème du meilleur gouvernement à
« offrir » aux indigènes, la France et l'Angleterre ont pu élaborer
des théories différentes sans que leurs systèmes divergent fondamentalement. Directe ou indirecte, l'administration s'appuie
toujours sur un réseau de chefs indigènes dont la docilité est le
pivot de l'ordre colonial. On y voit le meilleur garant du respect
des coutumes et l'instrument d'une légitimation du pouvoir colonial, étant entendu que toute velléité d'indépendance encourrait
le risque d'une déposition. Pour autant, il n'est pas niable que les
Anglais se sont appuyés sur des chefferies de bien plus grandes
dimensions et sur des chefs dotés de pouvoirs plus vastes, à
l'inverse de la France qui n'a eu de cesse de morceler les grands
commandements et de réduire en proportion leurs attributions,
une dotation ou quelques décorations civiles ou militaires tenant
lieu de compensation.

La mystique impériale

L'apogée du fait colonial coïncide avec celui de la conscience ou plutôt de la bonne conscience coloniale. Plus que
jamais les puissances impériales, et avec elles le gros des opinions publiques, sont pénétrées de leur mission et de la légitimité
de leur domination. Aux justifications traditionnelles puisées
dans l'argumentaire colonialiste du siècle précédent – vocation civilisatrice de l'Occident, nécessités économiques, gages
de sécurité et de prestige –, on ajoute, comme preuve définitive
du bien-fondé de l'œuvre entreprise, la contribution massive des
peuples d'outre-mer à la victoire alliée et leur parfait loyalisme
pendant la durée du conflit. L'affirmation n'est pas fausse[2],
même si l'on préfère oublier certaines résistances ou mutineries

---

1. Voir V. Dimier, *Le Gouvernement des colonies, regards croisés franco-
britanniques*, Bruxelles, Éd. de l'université de Bruxelles, 2004.
2. La France a enrôlé plus de 600 000 combattants et 200 000 travailleurs ; la
Grande-Bretagne a levé près d'un million et demi de soldats (dont 600 000 Indiens)
envoyés sur les théâtres d'opérations les plus divers.

liées à des enrôlements plus contraints que volontaires[1], et oublier aussi les conditions d'engagement parfois inhumaines de la « force noire » dans certaines offensives. Et à force d'être ressassé, l'argument permet de présenter à bon compte les contestataires de l'ordre colonial comme une poignée de perturbateurs ou de mystiques dénués de tout enracinement populaire, et de justifier ainsi tous les immobilismes.

En tout état de cause, la valorisation idéologique et affective des empires coloniaux atteint son zénith dans les années trente, et épouse les formes les plus diverses, renouvelées par le progrès des techniques de propagande[2]. La Grande-Bretagne excelle à organiser d'immenses et somptueuses manifestations d'unanimisme impérial, à l'occasion d'un jubilé ou d'un couronnement, ou lors de l'*Empire Day* du 24 mai, jour anniversaire de la naissance de la reine Victoria. Les petites monarchies belge et néerlandaise sont évidemment contraintes à plus de discrétion, mais la France sait à l'occasion déployer les fastes républicains en accordant une place croissante aux troupes d'outre-mer dans les revues du 14 Juillet. Autonomes ou intégrées à une Exposition universelle (celle de 1937 à Paris), les Expositions coloniales, relayées par une abondante documentation et par la presse, connaissent un immense succès d'affluence où une curiosité teintée d'exotisme le dispute à la fierté du « génie civilisateur » propre à chaque nation. Les expositions de Wembley (Londres) en 1924 et de Vincennes (Paris)[3] en 1931, cette dernière placée sous le patronage du maréchal Lyautey, sont à ce titre d'une ampleur exceptionnelle. De façon permanente, de multiples associations, ligues et socié-

---

1. En Indochine et en Algérie notamment. Pour cette dernière, voir G. Meynier, *L'Algérie révélée. La guerre de 1914-1918 et le premier quart du XXᵉ siècle*, Genève, Droz, 1981. Voir aussi M. Michel, *Les Africains et la Grande Guerre*, Paris, Karthala, 2003.

2. Le caractère multiforme et parfois insidieux de la propagande a été bien rendu, pour la Grande-Bretagne, par J. MacKenzie, *Propaganda and Empire. The Manipulation of British Public Opinion, 1880-1960*, Manchester, Manchester University Press, 1990.

3. Voir C. Hodeir et M. Pierre, *L'Exposition coloniale, 1931*, Bruxelles, Complexe, 1991.

tés coloniales[1] diffusent une abondante propagande qui ajoute aux formes traditionnelles – revues, brochures, conférences –, les moyens modernes de la radio, du cinéma et de l'affichage.

Si cet engouement pour la chose coloniale n'étonne pas s'agissant de pays comme la Grande-Bretagne ou les Pays-Bas, convaincus de longue date des bienfaits de leur impérialisme, il surprend davantage en France où a longtemps prévalu à l'égard de l'Empire un sentiment d'indifférence teinté de quelque mépris pour les aventuriers et autres mauvais garçons expédiés aux « colonies ». Les années de l'entre-deux-guerres sont celles d'une remarquable promotion dans les représentations collectives, jusqu'à l'apothéose de cette « plus grande France[2] » qui n'est plus un assemblage hétéroclite de territoires conquis mais bien le prolongement organique de la métropole. Cet élargissement de la conscience coloniale doit beaucoup, on l'a dit, au souvenir de la guerre et de la victoire qui associe désormais l'entreprise coloniale à l'intérêt national. Peut-être s'y ajoute-t-il la sourde inquiétude d'une grandeur menacée. Avec son étendue, ses ressources et ses hommes, l'Empire est là pour épauler l'économie en crise et la démographie languissante de la métropole, dans un monde que menacent de puissants compétiteurs[3].

Entre les deux extrêmes d'une France victorieuse et d'une France déclinante, l'État et les intérêts privés ont conjugué leurs efforts. On a dit le faste de l'Exposition de 1931 et son succès[4], auxquels il convient d'ajouter ceux qui ont entouré, l'année précédente, la commémoration du centenaire de la prise d'Alger. L'État s'est également appliqué à mieux inscrire l'histoire et la

---

1. La Belgique à elle seule en compte une vingtaine, coiffées par la très officielle Union coloniale animée par l'ancien gouverneur général du Congo Pierre Ryckmans.

2. La paternité de l'expression revient à Paul Reynaud, ministre des Colonies, dans un discours d'ouverture de l'Exposition de 1931.

3. L'Italie fasciste revendique en 1939 la Tunisie et Djibouti. L'Allemagne nazie conserve des vues sur le Maroc et la « *Mittelafrika* ». Voir Ch. Metzger, *L'Empire colonial français dans la stratégie du Troisième Reich (1936-1945)*, Bruxelles, PIE-Peter Lang, 2002.

4. Huit millions de visiteurs environ.

géographie coloniales dans les programmes de l'enseignement public, à développer les classes préparatoires à l'École coloniale, à ouvrir le monde d'outre-mer à la recherche universitaire et médicale. Du côté des intérêts privés, les colonies font recette avec la multiplication des reportages, signés parfois de quelque écrivain célèbre, et des suppléments coloniaux de la presse écrite, le financement de la Croisière noire (1925) et de la Croisière jaune (1933). La publicité, la chanson, le cinéma se sont emparés de l'Empire. Assez tardivement, une littérature coloniale a fini par émerger, centrée sur quelque figure glorieuse (Bugeaud, Savorgnan de Brazza, et surtout Lyautey), ou sur un épisode plus ou moins fictif situé dans telle ou telle partie de l'Empire. Sans être demeurés impérissables, les noms des frères Tharaud, de Pierre Benoit, de Louis Bertrand, de Pierre Mille ou d'André Demaison illustrent cette veine promise à un certain succès. Ainsi s'est façonné un légendaire colonial dont se satisfait le grand public par goût d'exotisme et d'aventure plus que par souci documentaire. Car le Français, qui voyage peu et dont les liens se sont distendus avec les « colons » d'outre-mer, ignore à peu près tout de réalités aussi soigneusement occultées.

Dans un tel contexte d'impérialisme triomphant, l'anticolonialisme européen est contraint à la marginalisation et à l'impuissance. Le vieil anticolonialisme libéral, pacifique et économe, encore actif au milieu du second XIXᵉ siècle, a quasi disparu, passé aux profits plutôt qu'aux pertes d'un impérialisme somme toute rémunérateur. Dès avant 1914, l'anticolonialisme s'est déplacé à gauche des espaces politiques. Mais entre la répudiation de principe en gros exprimée par le courant communiste et la critique de certains abus assortie d'un réformisme modéré auxquels se sont ralliés les partis socialistes, s'échelonnent diverses options plus ou moins émancipatrices qui n'ont pas toujours résisté à l'épreuve du pouvoir. Ainsi en va-t-il, en Grande-Bretagne, des expériences travaillistes de 1924 et 1929-

1931, qui se révélèrent peu innovantes[1], ou, en France, du Front populaire, qui fit œuvre utile dans le domaine social mais dont les projets politiques, au demeurant limités, furent contrecarrés par l'intervention massive du lobby colonial[2].

Dans l'orbite du Komintern, les partis communistes assument donc l'essentiel de la contestation anticoloniale. Mais outre que dans la plupart des puissances impériales – la Grande-Bretagne, les Pays-Bas, la Belgique – ces partis ne disposent que d'une audience infime, l'action anticoloniale n'a jamais été une priorité du Komintern. La seule campagne d'envergure fut celle conduite en 1924 par le PCF contre la guerre du Rif[3], remarquablement orchestrée par Jacques Doriot[4], mais demeurée sans lendemain. Avec l'adoption du « socialisme dans un seul pays », c'est-à-dire l'abandon de la révolution mondiale, et de la stratégie « classe contre classe », le Komintern dicta un anticolonialisme aussi rigide que stérile[5], pour s'orienter ensuite, à partir de 1935, vers une ligne « antifasciste » beaucoup plus conciliante envers l'impérialisme des grandes démocraties. Ce qui revenait à abandonner à la mouvance trotskiste[6], active mais groupusculaire,

---

1. Les Colonies furent confiées en 1924 au syndicaliste J.H. Thomas et en 1929 au prestigieux vétéran du mouvement fabien Sydney Webb, devenu Lord Passfield. Le slogan « L'Inde aux Indiens », qui avait la faveur du Labour, fut pour le moins remis à plus tard comme en témoigne l'arrestation de Gandhi en mai 1930, après la marche du sel.

2. Il s'agit du projet Blum-Viollette pour l'Algérie et des traités franco-libanais et franco-syriens de 1936 qui devaient conduire les mandats du Levant à l'indépendance. Voir *infra*, p. 68.

3. Voir *infra*, p. 186-187.

4. Responsable des Jeunesses communistes et membre de l'exécutif du Komintern, Doriot a rédigé en 1925 un opuscule, *Colonialisme et Communisme*, qui rend bien compte de l'anticolonialisme radical de l'époque.

5. Le PCF appliqua à la lettre ses directives en appelant par exemple à l'indépendance de l'Algérie lors de l'ouverture, en 1930, des célébrations du centenaire de la prise d'Alger, ou en menant campagne l'année suivante contre l'Exposition coloniale. Une « contre-exposition » fut même organisée, mais qui passa inaperçue.

6. À la gauche des partis socialistes ou en rupture avec eux se forment dans les années trente des partis trotskistes ou trotskisants, délibérément anticolonialistes comme le Parti socialiste indépendant du syndicaliste hollandais Ejo Fimmen, la Socialist League de Stafford Cripps, ou le Parti socialiste ouvrier et paysan de Marceau Pivert et Daniel Guérin.

la position de l'anticolonialisme radical. Malgré ses variations, le communisme international, relayé surtout par le Parti communiste français, n'en a pas moins fait œuvre utile dans la formation et le soutien logistique des militants révolutionnaires. Il a aussi patronné des organisations bien structurées comme la Ligue contre l'impérialisme et l'oppression coloniale où figurent les noms prestigieux d'Einstein et de Romain Rolland, et dont le congrès tenu à Bruxelles en 1927 a été une révélation pour des personnalités comme Nehru ou Hatta, ou encore l'Étoile nord-africaine de Messali Hadj et la Ligue universelle de défense de la race noire de René Maran.

D'une audience restreinte, mais appelée à connaître plus d'ampleur, la dénonciation des abus du colonialisme a gagné certains milieux intellectuels, littéraires et journalistiques. En France notamment, où dès avant 1914, Anatole France, Alain, Léon Bloy s'étaient signalés par des prises de position très critiques. Le relais est pris entre les deux guerres par le philosophe Félicien Challaye[1], ancien disciple de Péguy, adversaire déclaré d'une colonisation-oppression dont les avantages supposés ne sauraient compenser les injustices et les crimes, qui se trouve au centre d'une floraison de mouvements et de revues éphémères mais actifs entre 1934 et 1937, dont émergent les noms de Daniel Guérin et de Jean Rous. Dans une veine plus littéraire, les souvenirs du périple africain d'André Gide[2], courageux dans leur dénonciation des excès des compagnies concessionnaires, certaines descriptions hallucinantes de Louis-Ferdinand Céline[3], ne doivent pas faire méconnaître la qualité documentaire et le dessein critique plus affirmé d'enquêtes journalistiques comme celles de Louis Roubaud[4] et d'Andrée Viollis[5].

---

1. *Souvenirs de la colonisation*, 1935.
2. *Voyage au Congo*, 1927, et *Le Retour du Tchad*, 1928.
3. *Voyage au bout de la nuit*, 1932.
4. *Viet-Nam, la tragédie indochinoise*, 1931.
5. *Indochine SOS*, 1935 et *Notre Tunisie*, 1939.

La montée des nationalismes coloniaux

Le terme de nationalisme attribué à la contestation de l'ordre colonial par les populations autochtones ainsi qu'à leur revendication d'émancipation n'est sans doute pas le plus approprié. Le nationalisme en effet procède d'une nation préalablement constituée, alors que, dans les colonies, c'est le nationalisme qui a fondé la nation. Le nationalisme suppose aussi une instrumentalisation de l'histoire et la valorisation du patrimoine collectif d'un peuple. Cette dimension n'a pas été méconnue, mais elle est restée l'apanage d'une minorité d'intellectuels[1], comme telle relativement délaissée par les leaders politiques. Dans sa radicalité teintée de populisme, ce qu'il est convenu d'appeler nationalisme relève plutôt d'un *indépendantisme* à la fois dénonciateur d'une sujétion et énonciateur d'une liberté retrouvée. Mais, consacré par l'usage, on en conservera le terme.

L'émergence d'une contestation anticoloniale indigène est antérieure au premier conflit mondial, née le plus souvent de la frustration des anciennes élites dirigeantes, épaulées parfois par la bourgeoisie ascendante, dépossédées ou marginalisées par la mise en place d'une administration européenne. De ce fait, les revendications demeuraient modestes, nullement tournées vers l'indépendance, mais limitées à une participation plus équitable aux rouages du système. Même si la victoire japonaise de 1905 contre la Russie, la révolution chinoise de 1911 et, dans une moindre mesure, la révolution des Jeunes Turcs de 1908 ont pu avoir quelque effet mobilisateur, les masses demeuraient à peine touchées. C'est cette faible pénétration qui permit aux puissances coloniales de mobiliser sans difficulté majeure les troupes et les ressources nécessaires à la conduite de la guerre. De même, les revendications présentées lors de la Conférence

---

1. Par exemple les chantres de la négritude, les Oulémas d'Algérie, ou les sociétés de lettrés nombreuses et actives en Asie, qui ont accompli un travail considérable d'exhumation du passé.

de la paix, en 1919, au nom des principes wilsoniens de la libre détermination des peuples[1], furent aisément désamorcées. Mais le refus qui leur fut opposé, ou le rejet de promesses plus ou moins formulées pendant la guerre, déclencha une première vague de protestations.

C'est pendant l'entre-deux-guerres que s'affirme un nationalisme gagné à la cause de l'indépendance, plus précisément dans les années trente qui, dans le sillage de la crise économique particulièrement éprouvante pour les mondes coloniaux, ont vu se consolider la relation entre les élites et les masses. De multiples facteurs y ont concouru, démographiques et sociaux, économiques et politiques, idéologiques et psychologiques, mais dans le cadre d'une répartition géographique très déséquilibrée, qui oppose notamment l'effervescence et la maturité des nationalismes asiatiques aux oppositions encore mal formulées de l'Afrique noire. D'où le caractère forcément schématique et contestable de toute généralisation, que les exigences de la synthèse n'excusent pas toujours.

Les fondements

Dans l'affirmation des nationalismes, les mutations des sociétés coloniales jouent un rôle primordial. Et d'abord l'explosion démographique, très inégale dans la mesure où l'Afrique noire et le monde océanien en restent à l'écart, mais lourde de conséquences dans les possessions asiatiques et maghrébines. Alors que le taux de natalité se maintient autour de 45 ‰, et augmente parfois, le taux de mortalité connaît une baisse substantielle.

---

1. Ces revendications se fondaient sur une interprétation extensive du cinquième des Quatorze Points de Wilson (janvier 1918) qui évoquait le règlement « juste et équitable » des questions coloniales. Dans l'esprit de Wilson, il s'agissait du partage des dépouilles allemandes et ottomanes qui devait faire droit, implicitement, aux intérêts américains. Au nom du « droit des peuples », des requêtes furent présentées par le Destour tunisien, par l'émir Khaled, petit-fils d'Abd el-Kader, au nom de l'Algérie, par Saad Zaghlul pour l'Égypte et par Fayçal au nom de la « Grande Syrie ».

Celle-ci peut s'expliquer tout à la fois par les effets de la pacification et le recul des famines, mais surtout par la mise en place
d'un système sanitaire que l'on peut retenir comme l'une des
réalisations les plus indiscutables de la colonisation. Même si
faute de crédits et de personnel, l'œuvre accomplie demeure
limitée, les progrès de la vaccination et l'éradication de certaines
épidémies ont joué un rôle décisif. Célébrée par ses zélateurs
comme la meilleure justification du colonialisme, la croissance
démographique n'en pose pas moins de redoutables problèmes
de surcharge dans les campagnes d'Asie et du Maghreb, auxquels les migrations vers les villes (ou plutôt les bidonvilles) ou
vers les métropoles n'ont apporté aucun soulagement réel, pour
ne rien dire des projets de transferts massifs vers les régions
sous-peuplées, qui sont restés lettre morte.

Les transformations économiques entraînées par la colonisation ne revêtent pas moins d'importance, étant entendu que le
dualisme originel fondé sur la juxtaposition d'une économie spé-
culative européenne et d'une économie vivrière indigène l'a cédé
à une interpénétration partielle par le biais de multiples adapta-
tions. À cet égard, les deux phases de la conjoncture mondiale
de l'entre-deux-guerres ont joué de façon cumulative. Il est assurément difficile de généraliser des situations issues de structures
productives très diverses, mais certaines évolutions n'en sont
pas moins convergentes.

Le boom colonial des années vingt a favorisé la croissance
rapide du monde occidental et assuré une relative paix sociale,
mais il a multiplié les effets pervers chez les peuples colonisés.
L'essor des cultures spéculatives, souvent imposées aux populations indigènes, s'est accompagné d'un recul relatif des
cultures vivrières et du cheptel. Victimes de la dépossession de
l'espace foncier, de la hausse des prix et des fermages, les populations paysannes sont gagnées par une paupérisation à laquelle
n'échappe qu'une frange de grands propriétaires ou de planteurs aisés bien intégrés au circuit capitaliste. Même si elle a pu
revêtir ici ou là, en Afrique noire notamment, des aspects plus
atténués, la crise des années trente va amplifier ce mouvement,
s'agissant d'économies fragilisées par le développement excessif

des produits d'exportation sans contrepartie dans une industrialisation délibérément freinée par les métropoles. L'effondrement des prix (souvent antérieur à 1929) entraîne celui des salaires, la multiplication des faillites d'entreprises dénuées de recours au crédit bancaire, l'extension du chômage. Alors que l'étau du prélèvement fiscal et usuraire ne se desserre pas, la crise débouche un peu partout sur une nouvelle vague d'aliénation foncière et provoque l'entassement de populations faméliques à la périphérie des villes.

La paupérisation paysanne est donc patente, accélérée par la croissance démographique qui sévit sur des terres déjà surexploitées et parcellisées à l'extrême, et tangible à travers la dégradation de l'habitat, la malnutrition et les conditions sanitaires. Le travail forcé, qui ne sévit pas qu'en Afrique noire[1] et qui n'est pas imputable aux seules autorités coloniales, est certes en voie de régression face à la généralisation du travail salarié par contrat. Mais soumis aux aléas de la conjoncture et à peu près dépourvu de toute législation sociale protectrice[2], le salariat, qu'il soit agricole, minier ou industriel, vit dans des conditions d'extrême dénuement.

Si les masses paysannes et les minorités ouvrières ont pu multiplier les signes d'une opposition au pouvoir colonial et conférer à certains mouvements sociaux le sens d'une protestation non dénuée de signification politique, il revenait aux catégories aisées, ou à tout le moins instruites, de forger les termes et les armes de la (re)conquête de l'indépendance. Sans doute, l'imprécision du vocabulaire, partagé entre *élite*, *bourgeoisie* et *classe moyenne*, invite à la prudence, tant il est vrai que les élites ont pu être promues ou marginalisées selon les cas, que la bourgeoisie a pu être auxiliaire ou adversaire de l'ordre colonial, et que la classe moyenne relève d'un fourre-tout commode

---

1. Voir *infra*, p. 220.
2. Le droit syndical n'est introduit que très progressivement. Antérieur à 1914 aux Indes néerlandaises, il n'est reconnu qu'en 1918 en Inde et dans les années 1937-1938 en Afrique anglaise et française. Le travail des enfants, pourtant stigmatisé par le Bureau international du travail, demeure monnaie courante.

juxtaposant des catégories hétérogènes, rurales ou urbaines et de niveaux économiques différents. Sans doute aussi faut-il prendre en compte l'importance des diasporas étrangères, chinoise en Asie, indienne en Afrique orientale, syro-libanaise en Afrique occidentale, parties prenantes aux activités de crédit et de commerce, mais qui sont restées sauf exception (comme en Malaisie) pour le moins circonspectes face au mouvement d'émancipation.

Il n'en reste pas moins que l'interaction de l'évolution économique, des progrès de l'instruction et de l'urbanisation a levé en Afrique noire et développé partout ailleurs ce que l'on appellera, faute de mieux, des bourgeoisies indigènes dont les liens initiaux avec le système colonial ont été progressivement ou brutalement rompus pour prendre la tête du mouvement nationaliste. Dans cette promotion, l'accès à un enseignement de type occidental s'est révélé décisif et c'est presque une vérité d'évidence d'avancer que la vigueur des nationalismes est proportionnelle au nombre des diplômés qu'ils comptent dans leurs rangs. L'Asie, qui s'appuyait sur une longue tradition lettrée, détient à ce titre une longueur d'avance sur les autres continents, et les colonies britanniques peuvent revendiquer sur les autres une indiscutable prééminence. Convaincus de la supériorité de leur culture, les Anglais n'ont pas lésiné sur les moyens de la transmettre, multipliant *High Schools* et *Colleges*[1], un peu étonnés tout de même de la faculté d'assimilation de ces *educated natives* et de leur promptitude à retourner contre eux les armes intellectuelles et idéologiques qu'ils leur avaient procurées. Les autres pays coloniaux seront tôt ou tard confrontés à la même réalité, étant entendu que les Pays-Bas[2] et la

---

1. À la fin des années trente, les Indes comptent une quinzaine de *Colleges* et l'Afrique anglaise en compte quatre (Sierra Leone, Gold Coast, Nigeria, Ouganda) sans compter l'Université de Monrovia au Liberia qui accueille des étudiants venus des possessions d'Afrique occidentale.
2. Les Pays-Bas se signalent par un effort remarquable de scolarisation primaire (40 % des enfants), qui est surtout l'œuvre des missions, mais ils n'ont implanté aucune université aux Indes néerlandaises, leur préférant des écoles et des instituts techniques.

France[1] précèdent sans conteste la Belgique et le Portugal qui, dans le domaine de la promotion intellectuelle et sociale, font preuve d'une parcimonie proche de l'immobilisme[2].

Sauf en Afrique noire, qui relève d'un éveil plus tardif, la crise des années trente s'est révélée décisive dans l'essor des nationalismes. Elle a permis à une génération de leaders formés par l'Occident de retourner contre lui les principes démocratiques selon lesquels ils ont été éduqués et de galvaniser les masses populaires autour du terme magique d'indépendance. La chronologie est à cet égard éloquente, qui fait apparaître au plus fort de la dépression, entre 1930 et 1934, la relance de la désobéissance civile en Inde, la création des partis communistes indochinois, malais et philippin, la Fédération des Oulémas en Algérie, la naissance du Comité d'action marocaine et du Néo-Destour tunisien. La reprise économique et quelques gestes de détente politique ont pu, à partir de 1935, amorcer une décrue qui a conforté les puissances coloniales dans un sentiment de sécurité que la suite des événements allait cruellement démentir. Car la crise a bien structuré le nationalisme en lui conférant, de façon quasi définitive, la teneur de ses revendications, ses dirigeants charismatiques et ses assises sociales.

Dans la maturation des nationalismes, le face-à-face de plus en plus tendu avec les colonats européens trouve aussi sa place. Non que ceux-ci soient très nombreux, les Européens ne représentant que 4 % des populations coloniales, dont les trois quarts pour les seuls Dominions britanniques qui ne peuvent plus guère être considérés comme des colonies. En raison de la faible nata-

---

1. La scolarisation dans les possessions françaises atteint 33 % à Madagascar et 20 % en Indochine, mais plafonne à 10 % des enfants indigènes en Algérie. L'enseignement secondaire comprend des établissements anciens dotés d'un certain prestige, comme le collège Sadiqi de Tunis, et des lycées qui s'entrouvrent aux élèves doués ou de bonnes familles. Outre les deux universités d'Alger et de Hanoi, les écoles William-Ponty de Dakar et Le Myre de Vilers de Tananarive sont des pépinières de fonctionnaires et de médecins africains et malgaches.

2. Voir *infra*, p. 264 et 272.

lité et des séquelles de la guerre, l'immigration européenne est devenue très résiduelle, exception faite de l'Italie fasciste et du cas particulier de la Palestine. L'Empire des Indes ne compte que 120 000 Européens, les Indes néerlandaises une centaine de milliers, l'Indochine moins de 40 000. En Algérie, seule véritable colonie française de peuplement, les Européens ne représentent plus qu'un sixième de la population contre un tiers à la fin du siècle précédent. Ils sont à peine plus de 20 000 en AOF, moins de 5 000 en AEF. En Afrique noire, et indépendamment du cas de l'Afrique du Sud, les fortes concentrations d'Européens sont rares, de l'ordre d'une centaine de milliers dans les possessions portugaises, de quelques dizaines de milliers au Congo belge, en Rhodésie du Sud et au Kenya. Cette stagnation de la population blanche n'implique du reste aucune généralisation de standards de vie anormalement élevés. Outre l'épreuve du climat, valable pour tous, les sociétés blanches connaissent des inégalités sociales prononcées. La condition d'agriculteur, d'entrepreneur ou de commerçant ne relève d'aucune sinécure particulière et, globalement, le niveau de vie des « Pieds-Noirs » d'Algérie demeure assez nettement inférieur à celui des métropolitains.

Mais pour l'indigène, le Blanc fait toujours figure de privilégié. D'abord par la multiplication des signes extérieurs de sa richesse relative, qu'il s'agisse de sa nourriture abondante et variée, d'un logement plus spacieux, du salaire et des allocations plus élevés, d'un impôt moins lourd et de la domesticité qu'il entretient. Mais aussi par l'édification de barrières juridiques et des entraves légales qui reviennent à conférer aux uns une citoyenneté refusée à la quasi-totalité des indigènes, de soumettre ces derniers à une sujétion administrative et policière légalisée par les codes de l'indigénat, à interdire ou contingenter les emplois administratifs ou les grades militaires aux plus éduqués d'entre eux. L'urbanisation rapide, inégalement maîtrisée, fige dans l'espace de multiples signes de ségrégation en matière d'habitat, de sociabilité et de loisirs. Il en résulte une diminution des contacts entre les deux entités, vérifiable dans la méconnaissance croissante des langues locales de la part des Européens et la raréfaction du métissage, sauf peut-être en Asie.

S'il convient dans ce domaine de ne céder à aucune généralisation hâtive, étant entendu que des gages d'estime, d'affection et d'entraide ont été à bon droit maintes fois relevés, le racisme blanc est devenu un état d'esprit et une pratique, fort peu théorisés[1] mais lourds de jugements définitifs et de mépris explicite. Entre la morgue britannique, tout empreinte de raideur et de suffisance envers les *natives*, et la familiarité blessante du petit Blanc d'Afrique du Nord, il est loisible d'observer une gamme de propos et de comportements fondés sur la conviction du bon droit et de la supériorité, insupportables dans leur répétition, et que l'approche de la décolonisation fera parfois déraper, au Maroc et en Algérie par exemple, dans un racisme meurtrier.

À la suite des analyses classiques d'Albert Memmi[2] et de Jacques Berque[3], d'essence très différente mais à bien des égards convergentes, qui privilégient l'une et l'autre la relation de peuple à peuple, et non de classe à classe, comme champ privilégié de la domination coloniale, le racisme n'est qu'une forme caricaturale d'un processus de dénaturation des peuples colonisés. Coupés de leur propre histoire, dépossédés de leur culture, soumis à la longue et douloureuse intériorisation d'une infériorité proclamée, ceux-ci vont trouver dans le nationalisme les voies d'une réappropriation. Le pluriel s'impose en effet, tant les sources d'inspiration en sont diverses, rejetant ou récupérant tout ou partie de l'apport intellectuel et idéologique de l'Occident. Au prix d'un certain schématisme, on retiendra trois composantes majeures.

---

1. Le racisme ne sera théorisé qu'en Afrique du Sud, à partir de 1948 et, dans une moindre mesure, en Rhodésie du Sud.
2. A. Memmi, *Portrait du colonisé,* Paris, Buchet-Chastel, 1957, rééd. Gallimard, coll. « Folio Actuel », 2002.
3. J. Berque, *La Dépossession du monde*, Paris, Seuil, 1964, rééd. 1987.

La première, sans doute la plus ancienne et la plus universelle, est d'inspiration religieuse, qui valorise l'appartenance nationale par la fidélité à la religion traditionnelle. Elle nourrit par là la nostalgie d'un âge d'or brutalement interrompu par la conquête et avec lequel il ne sera renoué qu'une fois le colonisateur évincé. Courant traditionaliste évidemment mais qui, soutenu par la crédulité des foules ou pris en main par une personnalité d'exception, peut receler de grandes potentialités émancipatrices, d'autant plus qu'il ne répudie pas nécessairement les apports de la modernité. Le refuge dans le religieux a été la première forme de protestation collective des populations d'Afrique noire, moins du reste dans la religion ancestrale que dans des sectes ou mouvements syncrétiques et millénaristes dérivés du christianisme[1]. Les grandes religions de l'Asie ont mobilisé et parfois structuré la protestation anticoloniale : l'hindouisme autour de Tilak et de Gandhi, le bouddhisme dont la renaissance a accompagné la revendication anticoloniale à Ceylan, qui a fédéré les premières organisations en Birmanie et au Cambodge et qui a partiellement inspiré la secte syncrétique du caodaïsme au Vietnam. Des Indes néerlandaises au Maghreb, l'islam, enrichi de multiples emprunts à l'Occident, a fondé un nationalisme unificateur dont la religion est le ciment, à tel point qu'il conviendrait, dans les pays arabes, de le désigner comme un nationalisme arabo-islamique, même si des tendances laïcisantes, plutôt que laïques, ont éclos un peu partout.

Un deuxième courant, pas nécessairement antithétique du précédent, mais activé par la modernisation économique et la promotion d'une classe moyenne ou supérieure, traduit mieux l'apport culturel de l'Occident dans la formation d'une élite bourgeoise libérale, inégalement gagnée aux mérites de la démocratie, mais qui a été dans bien des cas, sinon le maître d'œuvre de la décolonisation, du moins un acteur décisif et le principal bénéficiaire. Malgré ses divisions chroniques entre conservateurs

---

1. Voir *infra*, p. 221.

et progressistes, et sans perdre de vue l'ampleur de son assise populaire, le Congrès indien est le parti qui exprime le mieux les effets d'une acculturation occidentale retournée contre ses promoteurs. Avec de multiples variantes, les chapitres suivants permettront d'en rencontrer bien d'autres.

Pour être inégale, la greffe communiste n'est nullement négligeable. À l'anticolonialisme hésitant de la IIᵉ Internationale, Lénine a substitué une condamnation sans appel de l'impérialisme et souligné le rôle des peuples colonisés dans le renversement du capitalisme. Lors du deuxième congrès de l'Internationale communiste, en juillet 1920, outre l'adoption des 21 conditions d'adhésion, dont la huitième concerne la lutte anticoloniale[1], il fut décidé de convoquer un congrès des peuples de l'Orient qui se tint à Bakou en septembre de la même année. Aux thèses maximalistes du communiste indien Roy visant à transférer à l'Est l'axe d'une révolution mondiale qui piétinait à l'Ouest, Lénine fit préférer la formule plus réaliste du « front unique anti-impérialiste » qui allait trouver en Chine sa meilleure concrétisation avec l'alliance, en 1923, du Guomindang et du Parti communiste. Mais cette stratégie fut brutalement interrompue en 1927 quand, Chiang Kai-shek s'étant retourné contre les communistes, Staline abandonna ceux-ci à leur sort. Le VIᵉ congrès du Komintern, en juillet 1926, avait, au nom de la lutte « classe contre classe », entériné cette rupture avec le nationalisme bourgeois au nom d'une radicalisation toute théorique qui aboutit en fait à un isolement et à une vulnérabilité accrus des minces structures existantes[2]. Un nouveau changement de cap intervint en 1935 quand, au nom de la priorité antifasciste, le Komintern imposa aux partis communistes la plus grande modération dans leurs revendications nationales et anticoloniales.

---

1. « Soutien non en paroles mais en action à tout mouvement d'émancipation dans les colonies. »

2. C'est à cette date que le ministre Albert Sarraut, figure de proue du parti colonial, s'écrie à Constantine « Le communisme, voilà l'ennemi ! », en pleine répression contre le PCF qui avait soutenu l'insurrection d'Abd el-Krim au Maroc.

Ces variations de ligne, pour ne pas dire ces volte-face, ne facilitèrent pas la tâche des partis communistes dans les métropoles comme dans les colonies où s'exerçaient la vigilance de la censure et les foudres de la répression, et où la classe ouvrière était encore souvent embryonnaire. De fait, la pénétration fut fort modeste au Moyen-Orient et au Maghreb, où elle se heurtait à l'incompréhension mutuelle du matérialisme historique et de l'islam, mais aussi au zèle répressif des autorités coloniales et, en Afrique du Nord, à la tutelle aussi pesante que sclérosante du Parti communiste français. Elle fut modeste aussi en Afrique noire, sauf en Afrique du Sud et dans la diaspora africaine, où les élites ont exploré les voies d'un « socialisme africain » promis à des fortunes diverses. C'est dans les colonies d'Asie, plus autonomes par rapport aux directives du Komintern et fortes d'une longue tradition de luttes sociales, que le communisme s'est le plus affirmé jusqu'à parvenir, dans certaines d'entre elles, à une symbiose avec le nationalisme.

L'extension

S'il obéit aux mêmes moteurs, au point de faire apparaître d'étonnants synchronismes, le mouvement d'émancipation est loin d'être uniforme dans son développement géographique. Habituellement présentée comme rebelle au sentiment national en raison de sa configuration multiethnique et de l'arbitraire de son découpage territorial, l'Afrique noire n'a méconnu ni les tensions sociales, ni l'émergence d'un sentiment d'appartenance[1]. Le développement du commerce et des infrastructures, les progrès de l'urbanisation ont ébauché une société détribalisée où se dessinent des clivages de classes. La mise en place d'un système scolaire, souvent aux mains des missions catholiques ou protestantes, l'accession d'une minorité à l'enseignement secondaire et supérieur ont levé, surtout en Afrique de

---

1. Pour une analyse plus détaillée, voir *infra*, p. 221-223.

l'Ouest, une élite intellectuelle occidentalisée, au moment où les progrès de l'ethnologie sortent de l'oubli le passé des États constitués de l'Afrique précoloniale. Parallèlement, le retour sur le continent africain de nombreux combattants de la Grande Guerre, même si la plupart ont été habilement récupérés par l'administration, constitue un ferment de revendications plus radicales[1]. On ne saurait non plus négliger les échos d'un pana-fricanisme qui, dans le sillage de l'Américain Du Bois et du Jamaïcain Marcus Garvey, affirme la solidarité intercontinen-tale du monde noir et ses droits à l'émancipation. Si un Jean Price-Mars et son cadet Léopold Sédar Senghor s'en tiennent à une promotion culturelle de la négritude, la protestation est nettement plus politique chez un N'Krumah ou un Kenyatta, marqués par l'agression italienne contre l'Éthiopie, et sensibles aux thèses marxisantes de l'Antillais George Padmore. Pour autant, et compte tenu de la loyauté des chefferies locales, la quiétude des autorités coloniales n'est guère troublée. Le véri-table éveil de l'Afrique noire au nationalisme ne se produira qu'après 1945.

L'affirmation du nationalisme arabe entre les deux guerres procède à la fois du réveil islamique de la fin du XIXᵉ siècle et d'une série de réactions des populations arabes contre le centra-lisme ottoman et le choc des impérialismes européens. L'éclosion est antérieure à 1914, qu'il s'agisse de son élaboration théorique[2], qui ne sépare pas la nation arabe (l'*umma*) de son ciment reli-

---

1. Par exemple, le Malgache Jean Ralaimongo et le Congolais André Matsoua, tous deux anciens combattants, l'un de 1914-1918, l'autre de la guerre du Rif, se sont orientés vers le sécessionnisme après avoir réclamé en vain la citoyenneté française.

2. Parmi de nombreuses contributions, on ne peut qu'évoquer les noms du Per-san Djamal al-Din al-Afghani (1839-1897), qui prône la régénérescence des peuples arabes par le retour au Coran et à la ferveur religieuse, de l'Égyptien Mohammed Abdou, qui a tenté de concilier la fidélité à l'islam et la rigueur de l'esprit scientifique occidental, et du Syrien Abdel Rahman el-Kawakibi, l'auteur d'*Oum al-Qora* (« *La Mère des Cités* ») qui a jeté les bases d'une nation arabe affranchie du joug ottoman.

gieux, ou d'une ébauche de structuration dans une constellation mouvante d'organisations éphémères[1]. Les bases étaient ainsi jetées d'un nationalisme à deux dimensions : la première, anti-britannique et circonscrite à l'Égypte, n'a cessé de s'affirmer depuis l'occupation de 1882 ; la seconde, encore mal formulée dans son contenu comme dans son cadre géographique, exprime l'hostilité des élites de Damas et de Bagdad au centralisme autoritaire des Jeunes Turcs.

Le premier conflit mondial aurait pu donner corps à ce projet unificateur. Le ralliement de la Turquie aux Empires centraux obligea l'Angleterre à abandonner sa politique traditionnelle de soutien à l'intégrité de l'Empire ottoman et à jouer la carte arabe, ne serait-ce que pour assurer la sécurité de la route des Indes. La répression turque contre certains dirigeants des organisations réformistes arabes, ainsi déliés de leur fidélité au califat d'Istanbul, facilita les contacts entre le colonel Lawrence, agent de la section orientale du Foreign Office, et Hussein, chérif du Hedjaz et de La Mecque, en vue de fonder un vaste royaume arabe sur les dépouilles de l'Empire ottoman. Mais, par cynisme délibéré ou par improvisation, la Grande-Bretagne s'engageait ensuite dans la voie d'un partage de ces mêmes dépouilles avec la France (accord Sykes-Picot, 1916) et de la promesse d'implantation d'un Foyer national juif en Palestine (déclaration Balfour, 1917). Ce double, ou plutôt ce triple langage éclata après la guerre quand Lloyd George et Clemenceau s'accordèrent pour refuser à Fayçal, fils de l'émir Hussein, toute royauté indépendante même réduite à la Syrie. À défaut d'indépendance arabe, la dynastie hachémite dut se contenter de deux trônes étroitement contrôlés, l'un pour Fayçal en Irak, l'autre pour son frère Abdallah en Transjordanie, détachée de la Palestine appelée à accueillir le Foyer national juif. Quant à la France, qui avait chassé Fayçal de Damas en

---

1. Comme les organisations secrètes *al-Fatat* au Levant ou *al-Ahd* à Bagdad. Un congrès syrien se tient à Paris en 1913, qui s'achève par la revendication d'une large autonomie. Voir H. Laurens, *L'Orient arabe. Arabisme et islamisme de 1798 à 1945*, Paris, A. Colin, p. 77-134.

juillet 1920, elle organisa ses mandats du Liban et de Syrie au mieux de ses intérêts.

La disproportion du rapport de forces et le machiavélisme britannique ont donc infligé au nationalisme arabe son premier grand échec. Outre le nationalisme égyptien, qui a évolué séparément, les puissances occidentales n'auront plus à affronter qu'un nationalisme segmenté en de multiples nationalismes locaux, évidemment plus faciles à maîtriser par un dosage de répression et de concessions. La cause de la nation arabe conserve sans doute ses théoriciens de talent, tels Sati al-Housri[1] et, plus tard, Michel Aflak et Salah Al Din Bitar, les fondateurs du Baas[2], et d'actifs propagandistes comme l'émir Chakib Arslan, animateur à Genève du comité syro-palestinien. Mais si elle a suscité l'intérêt, et parfois l'adhésion, des élites politiques montantes, l'unité arabe a dû céder, et pour longtemps, devant l'ampleur des tendances centrifuges.

Ainsi fractionnés, les nationalismes arabes n'en sont pas moins demeurés fort actifs, relayés du reste par certaines influences étrangères, celle, très modeste, du communisme kominternien, et celle, beaucoup plus efficiente, des régimes fascistes après 1933. Trois grandes zones de confrontation avec l'impérialisme européen peuvent être relevées.

En Égypte, qui n'a jamais été à proprement parler une colonie, un premier nationalisme s'était affirmé avant guerre avec la fondation du Parti national et du Parti du peuple, durement traités par Kitchener. Le rétablissement du protectorat britannique en décembre 1914, suivi de la déposition du Khédive et d'une occupation militaire très lourde, ont opéré un regroupement de l'opposition dans le Wafd, une « délégation » dirigée par Saad Zaghlul et chargée de négocier à Londres les conditions de l'indépendance. Le refus britannique déclencha en 1919-1920

---

1. Fonctionnaire ottoman proche des Jeunes Turcs, rallié à Fayçal, il s'est attaché à préciser les termes de patrie (*watan*) et de nation (*umma*), le premier fondé sur le territoire, le second sur la collectivité humaine.

2. Fondé à Damas en 1947, au terme d'une longue gestation, le parti Baas a pour mot d'ordre « Unité, libération, socialisme », et représente une variante laïque du nationalisme arabe.

un vaste soulèvement populaire, avec grève générale et attaques des postes britanniques, qui obligea la Grande-Bretagne à lever le protectorat en 1922, ce qui calma la fièvre nationaliste, mais sans mettre fin à la revendication de l'indépendance complète.

Au Proche-Orient, la France et la Grande-Bretagne, devenues puissances mandataires, ne surent pas toujours éviter les maladresses d'une occupation militaire mal supportée, comme en témoignent le soulèvement du Djebel Druze au Liban en 1926-1927 et la révolte, à plusieurs reprises, des populations chiites et kurdes d'Irak. Un dialogue finit par s'engager avec les fractions les plus modérées du nationalisme en vue d'élaborer un processus constitutionnel conduisant les mandats à l'indépendance, dialogue plus fructueux pour la Grande-Bretagne que pour la France qui maintint jusqu'en 1939 le Liban et la Syrie dans une situation de blocage politique[1]. Mais en Palestine, la cohabitation entre Juifs et Arabes dégénérera à partir de 1930 en affrontements violents de plus en plus mal arbitrés par la puissance mandataire.

Au Maghreb, les centres religieux de Tunis et de Fès, l'activité polyvalente des Oulémas en Algérie ont joué un rôle essentiel dans l'éclosion des nationalismes. Mais la dimension islamique s'est trouvée concurrencée par des tendances laïcisantes plus ou moins inspirées du modèle kémaliste turc. Au Maroc, l'éphémère république rifaine témoigne de cette ambivalence entre tradition et modernisme, comme plus tard le Comité d'action marocaine. En Tunisie, la fondation du Néo-Destour par Habib Bourguiba, en 1934, marque la rupture avec le Destour jugé trop conservateur et religieux. En Algérie, la bourgeoisie francisée est demeurée largement attachée à l'idéal républicain d'assimilation, alors que Messali Hadj, passé de l'orbite communiste à un populisme teinté d'islamisme, maintient une ligne indépendantiste. Cette pluralité d'orientations a fait indéniablement le jeu de la France qui tient bien en main ses possessions d'Afrique du Nord, au prix cependant d'un immobilisme conforme sans doute

---

1. Voir *infra*, p. 68.

aux vœux de colonats rétifs à toute modification du *statu quo*, mais lourd de conséquences pour l'avenir.

C'est en Asie que l'éclosion des nationalismes fut la plus précoce et que ceux-ci se sont inscrits dans des partis ou mouvements solidement organisés. Cette antériorité s'explique par le souvenir très vivant d'anciennes souverainetés déchues et des résistances opposées à la conquête qui, pour certaines, n'ont pris fin qu'au début du siècle. La victoire japonaise sur la Russie en 1905, première victoire d'un pays asiatique sur une puissance impérialiste européenne, eut un large écho, en particulier auprès des lettrés et des jeunes intellectuels épris de progrès et de modernisation. Les révolutions chinoises ne furent pas moins stimulantes, celle de 1911 et celle de 1924-1927, qui, malgré leur insuccès, magnifiaient les efforts conjoints de la bourgeoisie nationale et des classes populaires pour secouer le joug de la condition semi-coloniale imposée par les puissances européennes. Le retentissement en fut considérable, amplifié parfois par les diasporas chinoises du Sud-Est asiatique. L'exemple de Sun Yat Sen et du Guomindang, prônant un nationalisme à la fois inspiré de l'Occident et dressé contre lui, a levé en Indochine avec le VNQDD[1], mais aussi en Indonésie et en Malaisie, des partis ou des groupes s'en réclamant plus ou moins ouvertement. La crise de 1929, dont les effets furent particulièrement dramatiques en Asie, déclencha partout une vague de mouvements sociaux mieux encadrés par les structures syndicales et politiques que dans les décennies précédentes, conférant au nationalisme un appui populaire qui lui faisait encore défaut.

Signe de cette ébullition politique et sociale, mais aussi de la part des métropoles d'une certaine tolérance, même ponctuée de coups d'arrêt répressifs, les colonies d'Asie présentent une cons-

---

1. Il s'agit du Viet Nam Quoc Dan Dang, parti national fondé au Tonkin en 1927 sur le modèle du Guomindang, qui, après avoir encadré divers mouvements sociaux, échoue dans la tentative de mutinerie des tirailleurs annamites de Yen Bay en février 1930, échec qui va précipiter son déclin. Voir *infra*, p. 153-155.

tellation d'organisations d'une étonnante diversité : religieuses ou teintées de religion, nationalistes modérées ou radicales, cercles socialistes, groupes d'intellectuels, association de jeunesse et d'étudiants, mais qui se sont parfois épuisées dans un scission-nisme chronique et ont peiné à trouver leur voie entre l'action légale et le recours à la violence. Le mouvement communiste, dont on a dit l'importance, va tenter de coordonner l'action jusqu'alors désordonnée des masses rurales et ouvrières, et de conférer, avec l'aide de l'intelligentsia moderniste, une signifi-cation nationale à la protestation sociale. Produit de l'activisme du Komintern et d'une génération de révolutionnaires relative-ment autonomes par rapport au centralisme de Moscou, la greffe marxiste n'est nulle part négligeable, mais inégalement effi-ciente. Après avoir réalisé une certaine percée, notamment dans le syndicalisme, le communisme indien n'a pu résister ni à la répression britannique, ni à la puissance d'organisation du Congrès, ni au prestige de Gandhi auprès des masses. De même le communisme indonésien qui, après des débuts prometteurs, a échoué dans une tentative de soulèvement agraire en 1926, très durement réprimée, ouvrant la voie au nationalisme interclas-siste du Parti national. L'influence communiste va être plus féconde en Indochine où la création, en 1930, du Parti commu-niste indochinois (en fait, vietnamien) va révéler les qualités d'arbitre et de chef de Nguyen Ai Quoc, futur Ho Chi Minh, sur la base d'un programme conjuguant lutte anticolonialiste contre la France et lutte des classes contre le féodalisme. L'échec d'une tentative de soviets et de soulèvements paysans, en 1931, l'ayant contraint à l'exil en Chine, ses jeunes lieutenants Pham Van Dong et Vo Nguyen Giap vont mettre à profit l'avènement du Front populaire et la détente qui s'ensuit pour élargir l'implant-ation sociale et géographique du PCI par un réseau compliqué de syndicats, d'amicales, d'associations et de journaux. Comme en Chine, mais selon un cheminement un peu différent, la guerre achèvera de réaliser l'osmose du communisme et du natio-nalisme.

La réponse des métropoles

Répression et concessions

Face à l'essor des nationalismes, les puissances coloniales se sont montrées dans l'ensemble timorées. Rassurées par le loyalisme des peuples colonisés lors du premier conflit mondial, confortées par une opinion publique largement acquise aux bienfaits du système et peu soucieuse d'en modifier les règles du jeu, elles sont restées plus que jamais pénétrées de leur mission civilisatrice et de la légitimité de leur domination. En dénonçant les leaders nationalistes comme une poignée d'agitateurs et en réprimant en conséquence les manifestations contestataires, les dirigeants européens ont conservé jusqu'à la guerre la maîtrise de leurs colonies, mais en s'engourdissant dans la bonne conscience et, inégalement sans doute, dans l'immobilisme politique. Le poids des lobbies coloniaux, très agissants sur place comme en métropole, a joué évidemment en ce sens, mais aussi la conviction très répandue que les masses colonisées ne comprennent et ne respectent que la force, que toute concession en appellerait une autre et que, par un engrenage fatal, le sort des puissances impériales serait bientôt scellé. Il était entendu aussi que les peuples coloniaux, pour certains à peine pacifiés, étaient incapables et pour longtemps de prendre en main leur destinée et que, privés de tout pouvoir arbitral, ils sombreraient immanquablement dans l'anarchie ou dans le communisme. La crise de 1929, puis les menaces de guerre qui se précisent à partir de 1936, ont contribué au repli impérial des grandes puissances et à l'affirmation de l'indissolubilité des liens tissés entre les métropoles et leur empire.

Cette appréciation globale mérite assurément d'être nuancée, mais il n'est pas niable que la répression s'est imposée partout, comme par réflexe, et souvent comme préalable obligé à toute concession ultérieure. Sans doute, le temps des grandes opérations militaires est clos. Seules la guerre du Rif et la conquête de l'Éthiopie peuvent se rattacher, avec des moyens plus modernes, aux guerres de conquête qui ont ouvert la voie à la colonisation. Le recours à l'armée, soit pour les « besoins » de la répression – et les dégâts peuvent être alors considérables[1] –, soit par volonté d'intimidation[2], n'en demeure pas moins fréquent. Mais la pacification aidant, le maintien de l'ordre est davantage affaire de police. Toutes les colonies ont été dotées d'une police politique, encadrée par les Européens, mais truffée d'indicateurs et d'exécutants indigènes, et secondée par un appareil judiciaire docile. La gamme des moyens répressifs est étendue, allant de l'interdiction (journaux, réunions, associations, partis…) aux peines d'amende, de prison ou d'exil. Les leaders nationalistes, même les plus prestigieux, furent durement traités : Gandhi et Nehru furent emprisonnés à maintes reprises ; Sukarno, Hatta, Messali Hadj, Allal el-Fassi furent condamnés à de longues années de relégation ou d'exil. Les conditions de détention sont toujours d'une extrême dureté, comme celles du bagne de Poulo Condor, en Indochine, qui mérite sa sinistre réputation.

La brutalité de la répression montre pourtant ses limites. Outre qu'elle confère à ses victimes l'aura des martyrs (nombre de libérations anticipées ne s'expliquent pas autrement), elle s'inscrit dans une contradiction trop flagrante avec les principes démocratiques dont se réclament les métropoles pour ne pas susciter, au moins dans les cas les plus graves, une protestation publique qui peut épouser la forme d'une campagne de presse, d'une mobilisation d'intellectuels ou d'une interpellation parlementaire. Les aléas de la vie politique et l'alternance qui en découle conduisent souvent à une relève administrative au plus haut niveau qui sanctionne l'impasse politique du seul emploi de

---

1. Quelques exemples en disent long sur le coût humain de la répression militaire : le massacre d'Amritsar au Pendjab en 1919 (400 morts) ; la répression du soulèvement égyptien des années 1919-1920 par les troupes anglaises et australiennes ; le bombardement aérien des populations chiites et kurdes d'Irak par l'aviation britannique ; la répression de la mutinerie de Yen Bay (1930) en Indochine ; celle qui frappa une tentative d'attentat contre le maréchal Graziani, vice-roi d'Éthiopie (février 1937), qui fit au moins 3 000 morts…

2. C'est le fameux « montrer sa force pour ne pas avoir à s'en servir » du maréchal Lyautey, qui place les garnisons à proximité des médinas, multiplie les prises d'armes, défilés et démonstrations aériennes.

la force et ouvre la voie à une reprise du dialogue, à tout le moins à une détente[1].

Cette dernière coïncide généralement avec l'octroi de quelques réformes, à des concessions qui, pour demeurer très en deçà de l'attente des nationalistes, permettent de canaliser les revendications politiques en ne retenant que les plus modérées. Sans doute, des puissances comme l'Italie, le Portugal et la Belgique ne concèdent rien et maintiennent un type de domination qui n'accorde de place que dérisoire aux indigènes. D'autres ont montré plus d'ouverture, ne serait-ce que pour ne pas déroger trop ouvertement aux principes de démocratie et de progrès qui étaient leur credo officiel. Outre les mesures économiques et sociales déjà évoquées, cette action réformatrice s'est déployée triplement.

En premier lieu par une certaine tolérance en matière de presse et de publications qui ont érigé les deux décennies de l'entre-deux-guerres en une sorte d'âge d'or de l'activité journalistique et éditoriale, tournée autant vers la recherche du passé que vers la vulgarisation du savoir moderne et l'évocation des problèmes de l'heure. Pour ne retenir que les exemples français, l'administration coloniale n'a entravé ni l'intense effort de mémoire algérienne des Oulémas, ni l'ébullition culturelle qu'a connue le Vietnam dans les années 1925-1938, dans laquelle s'est forgée une jeunesse avide d'instruction et de modernisation.

Avec déjà plus de réticences, les grandes démocraties impériales ont fait droit, et parfois précocement, aux diverses formes d'une contestation politique (cercles d'études, associations d'étudiants, mouvements de jeunesse et, *in fine*, les partis), non sans recourir aux contrepoids classiques de la pénétration policière, de la manipulation et de l'arrestation des chefs, voire de l'interdiction. Sans doute, le bilan à la veille de la guerre est

---

1. La nomination des gouverneurs Maurice Viollette (Algérie) et Alexandre Varenne (Indochine) par le Cartel des gauches, du général Noguès (Maroc) et du gouverneur général Brévié (Indochine) par le Front populaire en sont des exemples éloquents.

contrasté. L'heure étant à la fermeté, le raidissement est manifeste dans les possessions françaises[1] et néerlandaises. Mais la Grande-Bretagne doit composer avec la représentativité du Parti du Congrès, grand vainqueur des élections de 1937.

Les trois grandes puissances coloniales ont enfin développé jusqu'à un certain point des assemblées incluant une représentation indigène aux niveaux communal, provincial et territorial. Encore faut-il relever que, sauf exception[2], le suffrage demeure étroitement censitaire[3] ou fondé sur les « capacités », et qu'une partie des membres de ces assemblées sont nommés. Ainsi, le *Volksraad* des Indes néerlandaises, institué en 1916, compte 10 membres nommés sur les 30 de la représentation indigène. La représentation des Européens occupe toujours une place disproportionnée à leur nombre, qu'il s'agisse du même *Volksraad* (30 membres sur 60), des Délégations financières d'Algérie[4] et de la plupart des instances délibératives ou consultatives mises en place par la France[5], ou des conseils législatifs des colonies anglaises. Étroitement contrôlées, ces assemblées n'en ont pas moins fait œuvre utile. Avec la formation d'une fonction publique indigène, elles ont permis l'apprentissage des affaires publiques et l'émergence d'une classe politique, appelée à s'affirmer, notamment en Afrique, après la guerre.

---

1. Dissolution du Comité d'action marocaine et du PPA en 1937, du Néo-Destour en 1938.

2. Les quatre communes (Dakar, Saint-Louis, Gorée, Rufisque) du Sénégal et les quatre « vieilles colonies », considérées comme assimilées, élisent au suffrage universel direct conseils municipaux, conseils généraux et députés.

3. En Inde, pourtant très en avance dans ce domaine, le corps électoral ne représente que le quart de la population adulte aux élections de 1937.

4. Créées en 1898 et dotées d'une compétence budgétaire, les Délégations financières comprenaient 24 représentants des colons, 24 des non-colons (en fait propriétaires le plus souvent) et 21 représentants de la population musulmane. Après l'échec du projet Blum-Viollette, et pour le compenser, si l'on peut dire, le nombre des délégués musulmans fut porté à 24. Sur ce projet inabouti, voir *infra*, p. 200.

5. Délégations financières de Madagascar, Chambres des représentants du peuple d'Annam et du Tonkin, Conseil général de Cochinchine, etc.

La principale originalité de la politique coloniale britannique est de ne tenir aucune situation comme définitive. À ce titre, l'idée d'une Fédération impériale qui aurait durablement figé les relations entre la métropole et ses dépendances, très en vogue à la fin du XIXᵉ siècle, ayant beaucoup perdu de son crédit, la Grande-Bretagne s'est ralliée à une conception évolutive conforme à sa propre philosophie de l'histoire. Fermement convaincue de l'excellence de ses institutions, elle a pour ambition déclarée de les introduire dans les diverses parties de l'Empire, reconnaissant ainsi le *self-government* dans le cadre du régime parlementaire comme le terme normal de l'entreprise coloniale. Mais il est certains principes sur lesquels le gouvernement de Londres entend ne pas transiger. Ainsi, le processus émancipateur doit composer avec les intérêts économiques et stratégiques de la métropole, de même que l'accession à l'autonomie puis à l'indépendance ne saurait signifier la rupture des liens essentiels. Au nom d'un darwinisme tenace, les dirigeants britanniques affirment également leur droit de tenir compte du degré de maturité politique des peuples dont ils ont la charge, et de rester seuls juges des étapes et des modalités de l'évolution. Se posant à la fois en missionnaire de la promotion politique et humaine de ces peuples et arbitre des conflits raciaux ou religieux qui menacent leur cohésion, la Grande-Bretagne va adopter entre les deux guerres une gamme de solutions allant de la reconnaissance de l'indépendance au maintien du *statu quo*, l'Inde constituant une sorte de cas intermédiaire fait d'alternances de crispations et de concessions.

S'agissant des Dominions, leur importante contribution à la guerre, leur participation au *War Cabinet* et aux délibérations de la Conférence de la paix ainsi que leur admission à la SDN ne permettait plus de maintenir le régime de validation législative et d'unité diplomatique fondé par la loi de 1865. Sans doute, la revendication d'indépendance était plus fermement énoncée par le Canada et par l'Union sud-africaine que par l'Australie et la Nouvelle-Zélande, inquiètes de la puissance navale du Japon, mais à plusieurs reprises, notamment lors du conflit anglo-turc de 1922 et des accords de Locarno en 1925, les Dominions s'étaient clairement désolidarisés de la politique britannique. La Conférence impériale de 1926 prit acte de ces nouvelles dispositions et adopta, sur rapport du ministre Balfour, la formule du British Commonwealth of Nations qui substituait à la subordination antérieure la libre association de nations pleinement souveraines, unies par une commune allégeance à la Couronne. Après examen par les parlements des Dominions, la proposition fut définitivement adoptée en 1930, votée le 11 décembre sous le nom de « statut de Westminster » qui supprimait la validation législative et conférait pleine indépendance aux Dominions en matière de diplomatie et de défense. Preuve de la flexibilité du système, les accords d'Ottawa compensent, l'année suivante, le relâchement des liens politiques par la préférence impériale en matière douanière.

Face à la montée du nationalisme arabe dont elle avait sapé sciemment le rêve unitaire, la Grande-Bretagne se montra prête également à composer, n'ayant ni le goût ni les moyens de l'administration directe. Mais elle fit preuve de plus d'intransigeance, s'agissant de régions décisives pour la liberté de ses communications avec l'Inde et pour la sécurité de ses approvisionnements pétroliers. Excellant dans l'art d'exploiter l'inexpérience, la vénalité et les divisions, elle est parvenue à maintenir intactes ses positions jusqu'à la guerre, tout en affirmant assurer l'émancipation des peuples dont elle avait la charge.

Le déroulement de cette savante stratégie s'est trouvé facilité par la docilité de la dynastie hachémite installée par ses soins sur les trônes d'Irak et de Transjordanie. Ayant réglé au mieux de ses intérêts le partage des concessions pétrolières, la Grande-Bretagne concéda à l'Irak une constitution de type parlementaire en 1925 et jeta les bases d'une administration moderne. En fait, la constitution fut le plus souvent suspendue par l'application de la loi martiale et la gestion du pays demeurait aux mains de l'oligarchie terrienne et de la bourgeoisie sunnite, au mépris des droits des musulmans chiites et du peuple kurde dont les manifestations d'opposition étaient impitoyablement châtiées. Ayant trouvé en Nouri Saïd, ancien compagnon d'armes du colonel Lawrence, un Premier ministre dévoué à ses intérêts, la Grande-Bretagne accepta, à la demande du roi Fayçal, de lever le mandat par le traité du 30 juin 1930. L'Irak entre à la SDN deux ans plus tard. Mais compte tenu des privilèges pétroliers et militaires demeurant en vigueur, cette indépendance fictive lève dans l'armée une opposition nationaliste génératrice de multiples complots et attentats auxquels les agents de l'Allemagne ne sont pas étrangers. Une évolution analogue, encore que moins troublée, conduit le mandat de Transjordanie, détachée de la Palestine en 1923, à une indépendance tout aussi contrôlée. Souverain sans pouvoir d'un État fantôme, le roi Abdallah, frère de Fayçal, abandonne l'administration aux hauts fonctionnaires britanniques et la défense à la Légion arabe de Glubb Pacha.

Encadrée par le Wafd, l'agitation nationaliste a culminé en Égypte entre 1919 et 1921. L'ampleur du soulèvement populaire a fini par avoir raison de l'entêtement de Lloyd George à prolonger le régime du protectorat. Pressé de transiger, celui-ci a consenti, par la déclaration du 21 février 1922, à restituer sa souveraineté à l'Égypte. Mais les clauses militaires dont elle est assortie et les prérogatives politiques du haut-commissaire britannique reconnues par la constitution de 1912 conduisent le Wafd à rejeter une indépendance jugée illusoire. La vie politique égyptienne va désormais se circonscrire à l'opposition de deux forces : le Wafd qui incarne les aspirations d'une bourgeoisie enrichie et cultivée, principal vecteur d'un mouvement national plus populiste que démocratique, et le roi Fouad (1923-1936) qui, soutenu par l'oligarchie possédante, s'appuie sur l'Angleterre pour protéger son trône, malmène la constitution et gouverne par féodaux interposés. De cette guerre d'usure, Fouad sort indéniablement vainqueur jusqu'aux élections de mai 1936 qui sont un triomphe pour le Wafd. Inquiet de la mainmise italienne sur l'Éthiopie et désireux de se rallier les populations arabes, le cabinet Baldwin négocie avec Nahas Pacha le traité du 26 août 1936 qui accorde à l'Égypte une indépendance complète, assortie de son entrée à la SDN. Mais les clauses militaires du traité[1] continuent d'entretenir,

---

1. L'article 7 du traité prévoit qu'en cas de guerre, l'Égypte prêtera assistance à la Grande-Bretagne en mettant à sa disposition les infrastructures civiles et militaires. Une garnison britannique assure en temps de paix la sécurité du canal de Suez.

surtout dans l'armée, un nationalisme antibritannique attisé par la propagande des pays de l'Axe.

En Afrique, les concessions britanniques ne vont pas aussi loin. La Rhodésie du Sud a bien obtenu en 1923 un statut de quasi-Dominion, mais qui fonctionne au profit exclusif de la minorité blanche[1]. Les planteurs du Kenya ont formulé la même revendication, mais elle s'est heurtée au veto du Colonial Office et aux protestations de la minorité indienne. Un peu partout ont été institués des conseils législatifs, voire des embryons de conseils exécutifs, qui assistent les gouverneurs, mais dont la représentation indigène demeure limitée à quelques notables nommés. Les concessions viendront plus tard, pendant et surtout après la guerre, plus nombreuses et rapides que prévu.

L'exemple de l'Inde

Trois cent quatre-vingt-dix millions d'habitants en 1941, 11 provinces relevant de l'Indian Office et du vice-roi, 567 États princiers conservant une certaine autonomie, un dixième environ des exportations et des placements britanniques, l'Inde est assurément la pièce maîtresse de l'Empire, le principal sujet de fierté de l'Angleterre et une source essentielle, encore que déclinante, de sa prospérité.

Jusqu'à la guerre de 1914, et une fois surmontée la crise ouverte par la guerre des Cipayes en 1857, l'Inde n'a pas suscité de difficultés majeures. Encouragé par le développement de l'éducation et par l'essor d'une presse libre, l'éveil au nationalisme a emprunté les voies les plus modérées. Fondé en 1885 par des *educated natives* soutenus par quelques libéraux anglais, l'Indian National Congress s'est longtemps limité à la revendication d'une meilleure intégration des élites indiennes dans l'administration coloniale. L'immobilisme britannique, la morgue

---

1. Voir *infra*, p. 237.

du Civil Service[1], l'audience de certains événements extérieurs comme les difficultés anglaises pendant la guerre des Boers et surtout la victoire japonaise de 1905, ont conduit, sous l'impulsion du brahmane Tilak, à une radicalisation du mouvement dans les années 1907 et 1908. Sans être unanimement partagée, le *self-government* est devenu la revendication officielle du Congrès. C'est pour y faire face que le vice-roi Minto et le secrétaire à l'Inde Morley firent voter en 1909 l'*Indian Council Act* créant des conseils législatifs partiellement élus à l'échelle des provinces. Mais le suffrage demeure indirect, réduit à une oligarchie de possédants, et les décisions des conseils doivent être soumises à l'approbation du vice-roi. La réforme Morley-Minto était donc loin de satisfaire la fraction la plus avancée du Congrès. Pourtant, le mouvement contestataire est provisoirement désamorcé. En s'appuyant sur la fraction conservatrice du nationalisme indien et sur les États princiers, en utilisant les divisions religieuses[2], l'Angleterre peut envisager sereinement l'avenir. Le somptueux durbar tenu à Delhi par le roi empereur George V en 1911 semble prouver l'allégeance des populations à la couronne.

Ce loyalisme ne fut pas entamé par la guerre de 1914. Hormis quelques troubles au Pendjab, l'Angleterre put lever quelque 600 000 soldats indiens répartis sur divers fronts. Ce sursaut de patriotisme doit beaucoup à l'habileté du vice-roi Hardinge, mais aussi à l'espoir que la contribution indienne serait payante. Les années de guerre voient en effet la multiplication des Home Rule Leagues, animées par Tilak et l'Anglaise Annie Besant, et la revendication conjointe des hindous et des musulmans, réconciliés par le pacte de Lucknow[3] de 1916, d'un statut d'autonomie

---

1. En 1915, le Civil Service ne compte que 5 % de fonctionnaires indiens, généralement subalternes.

2. Le partage de la province du Bengale en 1905 par lord Curzon avantage ostensiblement les musulmans, qui obtiennent en 1909 une représentation électorale séparée dans les conseils provinciaux. Le Bengale sera réunifié en 1911, mais au prix d'un déplacement de la capitale de l'Empire de Calcutta, ville contestataire, à Delhi.

3. Ce pacte repose sur un double compromis : le Congrès admet le principe de la représentation séparée des musulmans, la Ligue accepte celui du gouvernement représentatif.

comparable à celui des Dominions. Londres y souscrit dans une certaine mesure en associant l'Inde à l'*Imperial War Cabinet* et en obtenant pour elle un siège à la SDN. Mieux encore, conformément à une déclaration gouvernementale de 1917 s'engageant à un développement graduel des institutions vers le *self-government*, un nouveau statut, préparé par le vice-roi Chelmsford avec les éléments modérés du Congrès, est adopté fin 1919. Ce nouvel *India Act*, ou réforme Montagu-Chelmsford, instaure un système dyarchique sur la base d'une séparation entre les affaires dévolues à des autorités indiennes responsables et celles qui continueraient de relever des gouverneurs et le vice-roi. À cet effet, les provinces se voient dotées de gouvernements responsables devant les conseils provinciaux, alors qu'une Assemblée législative centrale, majoritairement élue, est placée auprès du vice-roi. Privée de pouvoirs réels, cette Assemblée pouvait devenir l'embryon d'un gouvernement responsable à l'échelle nationale.

Cette réforme aurait été sans doute accueillie favorablement avant la guerre. Les événements de 1919, inscrits dans un contexte de crise économique, d'inflation et de frustration nationale, en décidèrent autrement. Pour faire face à divers troubles, auxquels Gandhi s'était déjà associé, le vice-roi fit adopter en mars l'état d'urgence (*Rowlatt Acts*) qui déclencha une série de manifestations. Le 13 avril, le général Dyer fait tirer sur une foule désarmée à Amritsar, au Pendjab, faisant 400 morts. L'indignation est générale en Inde, contrastant avec l'approbation bruyante des éléments les plus conservateurs de l'opinion britannique. Suspendue pendant quelques mois, l'agitation va reprendre dès juin 1920, associée cette fois-ci à celle des musulmans contre la politique anti-turque de Londres ayant pour perspective l'abolition du califat d'Istanbul qui leur ferait perdre leur guide naturel[1].

Dans l'affirmation du nationalisme indien, le début des années vingt est une phase décisive. La guerre a précipité certaines évolutions qui s'esquissaient au début du siècle, qui vont radicaliser les revendications et élargir leur assise sociale. Le

---

1. Celle-ci devient effective en 1924 après la victoire de Mustapha Kemal et la conférence de Lausanne.

ralentissement des relations commerciales avec la métropole a accéléré l'industrialisation de l'Inde, en particulier dans le secteur textile. À côté d'une société rurale dont l'équilibre est toujours plus compromis par l'explosion démographique[1], les progrès du landlordisme et le fléau de l'usure, le développement de la classe ouvrière et de la catégorie des employés subalternes attise les conflits sociaux. Outre le Parti communiste, dont l'influence n'est pas négligeable dans les syndicats ou dans les organisations paysannes, la gauche du Congrès s'organise autour d'intellectuels radicaux comme Jawaharlal Nehru ou Chandra Bose qui ne séparent pas la libération nationale de l'émancipation sociale.

Inspirateur des décisions du Congrès plus que leader politique, Gandhi domine la période qui s'ouvre au lendemain du premier conflit mondial. Acquis au départ à une coopération loyale avec les Britanniques, quitte à prendre la tête de quelques mouvements contestataires dans les années 1917-1918, il s'en détache au lendemain du massacre d'Amritsar pour lancer en 1920 le premier grand mouvement de désobéissance civile. Son système de pensée, conçu pendant la période sud-africaine de sa vie (1893-1914), réalise la synthèse d'éléments divers, hindouistes, bibliques et occidentaux (Ruskin, Tolstoï). La *satyagraha* (étreinte de la vérité) et son corollaire l'*ahimsa* (le refus de nuire) constituent les termes essentiels de son action. La conquête de l'indépendance, le *swaraj*, se fera par les voies de la non-coopération, ou désobéissance civile, et de la non-violence, qui pourront épouser les formes les plus diverses : boycott des produits britanniques[2], des écoles et de la justice coloniales, refus de l'impôt, grèves, désertion militaire, marches de protestation… Quelle que soit l'intransigeance de son action, Gandhi récuse tout fanatisme. Accessible au compromis avec la Grande-Bretagne, il refuse de suivre les extrémistes du Congrès dans la voie d'un séparatisme unilatéral et prône un *partnership* librement négo-

---

1. La population de l'Inde avait augmenté de 20 millions entre 1901 et 1921, et s'accroît de plus de 80 millions entre 1921 et 1941, passant de 306 à 389 millions.
2. Inspiré du mouvement nationaliste irlandais, et déjà prôné par Tilak avant la guerre.

cié. De même plaide-t-il, à la différence des intégristes de l'hindouisme, en faveur d'une intégration des musulmans dans le combat national. Aussi ne réalise-t-il pas l'unanimité dans les rangs du Congrès. Critiqué par la droite qui juge le *swaraj* prématuré et se prête volontiers au jeu institutionnel octroyé par les Britanniques, il l'est aussi par les swarajistes radicaux qui lui reprochent son traditionalisme et son sens du compromis. En ce sens, la loyauté de Nehru, son fidèle et néanmoins critique disciple, lui a été précieuse.

Au total, le rôle politique de Gandhi dans le processus d'indépendance de l'Inde semble avoir été triple. Il a su délivrer les masses du sentiment d'infériorité et de peur tenace qui les tenait dans la sujétion britannique ; il a su transformer le Congrès, de club informel qu'il était initialement, réservé à une élite éduquée, en un grand parti de masse doté de structures permanentes et d'une pyramide de sections locales et provinciales ; il sut enfin donner un contenu original à un but commun en prenant la tête des trois grandes manifestations de masse – 1920-1922, 1930-1934, 1942 – qui ont affaibli le régime britannique et ouvert la voie à l'indépendance[1].

Lancé en août 1920, et approuvé de justesse par le Congrès, le premier mouvement de désobéissance civile, axé sur la défense du califat et l'obtention du *swaraj*, prend suffisamment d'ampleur pour qu'il soit procédé à l'arrestation de Gandhi en mars 1922, libéré deux ans plus tard pour raisons de santé. Les années qui suivent sont fort confuses. Tandis que le Congrès se déchire entre swarajistes radicaux, qui s'attachent à bloquer le fonctionnement des conseils provinciaux, et la fraction modérée, animée par Motilal Nehru[2], qui accepte de jouer le jeu institutionnel, Gandhi opère une semi-retraite[3] dont il ne sortira qu'en 1928. Entre-temps, le retour à un calme relatif a permis la

---

1. Nous suivons ici l'analyse de Cl. Markovitz, *Gandhi*, Paris, Presses de Science Po, 2000.

2. Il s'agit du père de Jawaharlal Nehru, animateur à partir de 1923 du Swaraj Party, issu de la droite du Congrès.

3. C'est l'époque où il tente, par l'exemple, de diffuser la pratique du tissage à la main et de lutter contre le sort dégradant fait aux intouchables.

nomination d'une commission présidée par Sir John Simon, chargée d'explorer les voies d'un nouveau statut. Mais aucun Indien n'ayant été invité à y siéger, les troubles reprennent dès 1928, suivis d'une deuxième campagne de désobéissance civile que symbolise la marche du sel en mars 1930. À nouveau arrêté, et à nouveau libéré, le Mahatma, qui est alors à l'apogée de son charisme, accepte de se rendre à Londres, en août 1931, à la conférence de la Table Ronde. Mais aucun terrain d'entente n'est possible, le Congrès ayant opté pour une indépendance complète à l'instar de celle accordée aux Dominions. L'agitation reprend donc, ponctuée d'attentats terroristes auxquels répondent la répression et la contre-violence du colonat anglais. Gandhi suspend en avril 1934 la campagne de désobéissance civile, non sans avoir désamorcé par un « jeûne à mort » une tentative de création d'un électorat séparé pour les intouchables.

De guerre lasse, et unilatéralement, le gouvernement britannique accorde un nouveau statut avec le Government of India Act d'août 1935. Celui-ci abolit le système dyarchique au niveau provincial, les provinces étant dotées de gouvernements responsables devant les assemblées élues par un électorat élargi[1] ; mais la dyarchie est instaurée au niveau fédéral, le vice-roi conservant d'importants pouvoirs discrétionnaires. Il ne s'agit donc pas d'un statut de Dominion et, comme tel, il est rejeté par le Congrès qui accepte néanmoins, contre l'avis de Nehru mais avec l'approbation de Gandhi, de jouer le jeu des élections provinciales de 1937. Avec la majorité absolue conquise dans sept provinces sur onze, il a fait amplement la preuve de sa représentativité, mais sans parvenir à mettre fin à ses perpétuels conflits de lignes[2] ni empêcher la Ligue musulmane, qui a essuyé un cuisant échec aux élections, de dériver vers le séparatisme. La Grande-Bretagne demeure provisoirement maîtresse de la situa-

---

1. D'un *India Act* à l'autre, le corps électoral est passé de 6 millions en 1919 à une trentaine de millions en 1935, avec une amorce d'électorat féminin.

2. Le conflit se focalise entre la majorité gandhiste et la minorité de gauche animée par Subhas Chandra Bose, socialisant et adepte des méthodes violentes. Élu à la présidence du Congrès, il est contraint à la démission en 1939 et forme son propre parti, le Forward Bloc.

tion, mais la Deuxième Guerre mondiale va provoquer une nouvelle surchauffe des esprits bien différente de la vague de loyalisme qui avait caractérisé la Première.

La politique coloniale française

L'opposition classique entre la conception évolutive de l'Empire britannique et le statisme de la politique française est en gros recevable mais mérite quelques nuances[1]. Car la France n'a pas méconnu les exigences de certaines évolutions, à tout le moins d'un certain réformisme. Si les années vingt s'inscrivent, sauf exception, dans la continuité des choix antérieurs, l'Exposition coloniale de 1931, qui coïncide avec l'entrée de la France dans la crise, a été l'occasion d'un certain nombre de remises en question. Sans qu'il soit mis fin à l'absurde partage des centres de décision en trois ministères distincts, ni remédié à la médiocrité administrative du ministère des Colonies, la création en 1935 d'un Haut Comité méditerranéen et de l'Afrique du Nord, doté d'un secrétariat très actif, et la conférence des gouverneurs généraux de 1936 traduisent un souci nouveau de coordination. La crise de 1929 a été l'occasion de poser les termes d'un développement économique centré sur la seule satisfaction des intérêts de la métropole et des colonats, mais aussi sur le développement du marché intérieur des possessions d'outre-mer, l'élévation des niveaux de vie par le développement des infrastructures et de l'industrialisation.

Il convient aussi de ne pas exagérer l'importance des mouvements nationalistes qui n'ont nulle part atteint l'audience des grands partis de masse des Indes britanniques et néerlandaises. Une confiance durable dans les vertus de l'assimilation et dans les possibilités d'élévation intellectuelle et sociale offertes par le modèle républicain a retardé le développement des nationalismes autochtones, affaiblis aussi, comme en Indochine ou en

---

1. On ne retiendra ici que les caractères généraux d'une politique coloniale qui trouvera de plus amples développements dans les chapitres suivants.

Algérie, par une concurrence imputable à leur diversité d'inspiration.

Mais, en laissant se perpétuer de nombreux abus, en imprimant à ses réformes le caractère de concessions aussi tardives que réticentes, en n'offrant aux forces d'opposition que l'indifférence ou la répression, la métropole a laissé passer les chances d'un dialogue fructueux. Par la promotion effective d'une classe moyenne et de quelques élites francisées, elle s'est dotée des moyens d'une politique d'association. Les pesanteurs bureaucratiques et les lobbies coloniaux ont conjugué leurs efforts pour maintenir le *statu quo* colonial auquel il est vrai l'opinion publique, à la fois surinformée et mal informée, semblait attachée, à l'instar d'une classe politique que les problème coloniaux, du reste, ne passionnaient guère[1]. Ce statisme, doublé d'une répression souvent disproportionnée à l'ampleur réelle de l'agitation, a rejeté dans la revendication de l'indépendance ce qui n'était au départ qu'une quête d'intégration ou de retour aux sources des protectorats.

Prises dans leur ensemble, les deux décennies de l'entre-deux-guerres relèvent d'une gestion moins délibérément immobiliste que conservatrice, comme si la France ne parvenait pas à se départir de ses choix antérieurs. Ainsi fut perpétuée cette stratégie « autarchique » qui, par un jeu complexe de mesures douanières, de contingentements et de prix fixés, maintenait l'économie coloniale dans le giron de la métropole. L'Empire qui n'était en 1913 que le troisième partenaire commercial de la France s'est hissé au premier rang dès 1928. Cette complémentarité accrue ne serait pas en soi critiquable si elle ne revenait à conférer une véritable rente de situation à nombre d'entreprises françaises plus soucieuses de l'écoulement de leurs marchandises que de la modernisation de leurs usines, et si elle ne contraignait pas les populations coloniales, maintenues dans un état de sous-industrialisation imposée, à acheter à des prix plus élevés que les coûts mondiaux. Comme tel, le système était bien

---

1. Les séances parlementaires consacrées aux problèmes coloniaux se déroulaient le plus souvent dans des hémicycles à peu près déserts.

critiqué[1], mais les propositions émises ne pesèrent pas lourd face aux arguments décisifs des grandes fédérations patronales du textile et de la métallurgie[2] et ceux des colonats locaux. De même n'est-il pas mis fin au principe malthusien régi par la loi du 13 avril 1900 qui, dans un souci d'économie, stipule que les colonies doivent pour l'essentiel autofinancer leurs propres dépenses, réduisant la part de l'État au traitement des fonctionnaires et au remboursement de certains emprunts, ce qui revenait à freiner l'équipement public au profit des placements spéculatifs. L'abandon de l'ambitieux plan Sarraut de 1921 ne s'explique pas autrement. Les années de crise ont sans doute obligé l'État à une intervention accrue en raison du ralentissement des rentrées fiscales et du déficit des budgets coloniaux, mais l'avenir industriel de l'Empire ne sera sérieusement envisagé qu'à partir des années quarante.

Dans le domaine social, des progrès remarquables ont été réalisés sur le plan sanitaire, auxquels sont associés les noms de Calmette, de Yersin, de Jamot : construction d'hôpitaux et de dispensaires, éradication de certains fléaux, formation d'un personnel spécialisé[3] témoignent d'un effort tenace auquel les missions catholiques et protestantes ont leur part. L'effort en matière scolaire (au sens large) n'est nulle part négligeable, avec de belles réalisations en Indochine et à Madagascar, même si trop de jeunes diplômés se heurtent à la parcimonie des administrations coloniales en matière d'emploi. En aval, il n'est guère porté de remèdes à la misère des paysanneries, ni à l'extension du chômage, moins par carence délibérée que par réaction instinctive des colons européens qui ne supportent pas que l'administration puisse intervenir hors de leurs intérêts exclusifs. Le travail forcé,

---

1. Notamment par des technocrates modernistes, tels Edmond Giscard d'Estaing, auteur d'un rapport sur l'Afrique occidentale remis en 1932, et Paul Bernard, favorable à l'élévation du niveau de vie par une industrialisation de l'Indochine. Voir J. Marseille, *Empire colonial et capitalisme français. Histoire d'un divorce*, Paris, Albin Michel, 1984.

2. Débouché essentiel pour certaines branches du capitalisme français, l'Empire absorbe, en 1930, 50 % des exportations métropolitaines des tissus de coton, 60 % du ciment, un tiers des machines-outils et des automobiles.

3. Voir, à titre d'exemple, L. Monnais-Rousselot, *Médecine et colonisation. L'Aventure indochinoise (1860-1939)*, Paris, Éd. du CNRS, 1999.

dans ses diverses appellations et modalités, n'a guère été entamé par les mises en garde du Bureau international du travail et n'a reculé, sans disparaître, que dans les années trente.

Quelques concessions politiques, inspirées par Clemenceau, ont été accordées au lendemain de la guerre à titre de reconnaissance pour la contribution des peuples colonisés à la victoire. Ainsi, les droits électoraux des musulmans d'Algérie ont été étendus (loi Jonnart), des facilités accordées à la naturalisation des indigènes, de même qu'une représentation légèrement accrue de ces derniers aux instances consultatives et délibératives. Mais la majorité du Bloc national, sensible à la protestation des colons et effrayée par l'effervescence sociale et politique des années d'après guerre, les a contrebalancées par une reprise en main dont témoigne, par exemple, le rétablissement du code de l'indigénat en Algérie. Par la suite, et en dépit d'un contrôle assez strict, la France n'a pas entravé la maturation intellectuelle des nationalismes, mais il n'en a pas été de même pour les formes organisées de l'opposition auxquelles elle a répondu par l'indifférence et l'emploi de la force. Au plus fort de la crise, entre 1930 et 1934, certains gouverneurs ou résidents généraux se signalent par la vigueur de la répression. Tel le gouverneur général Pasquier à l'occasion de la révolte de Yen Bay et des troubles communistes dans les années 1930-1931, tel Jules Carde qui traite durement les élus musulmans d'Algérie pourtant favorables à l'assimilation, tel Marcel Peyrouton qui se forge en Tunisie et au Maroc la réputation méritée d'un proconsul à poigne.

Dans ce contexte général peu propice aux évolutions, les expériences du Cartel des gauches (1924-1926) et du Front populaire (1936-1938) ont levé quelques espoirs et amorcé quelques gestes. La première, dominée par le Parti radical, très attaché au *statu quo*, ne pouvait se montrer très innovante. Du moins le gouvernement Painlevé procéda-t-il, en 1925, à la nomination de deux gouverneurs généraux de grande valeur, socialistes modérés l'un et l'autre, Alexandre Varenne en Indochine et Maurice Viollette en Algérie, tous deux épris de modernisation et d'équité, mais qui durent quitter leur poste au bout de deux ans, sous la pression des milieux d'affaires pour le premier, des colons pour le second[1]. De cet échec, Viollette a retiré la conviction que seule une politique hardiment assimilatrice, passant par la reconnaissance de la citoyenneté française à l'élite musulmane, permettra d'empêcher la dérive de l'Algérie vers le séparatisme.

Le programme du Front populaire n'accordait aux colonies qu'une place modeste. Faute d'unité de doctrine de ses diverses composantes, mais aussi parce que pas plus à gauche qu'à droite ce domaine n'était prioritaire. La nouvelle majorité s'en remit aux conclusions d'une commission parlementaire d'enquête, mais Léon Blum fit appel dans son gouvernement à des hommes attachés au dialogue et aux réformes, tels Marius Moutet aux Colonies, avocat et membre de la Ligue des droits de l'homme, Maurice Viollette, ministre d'État chargé des questions algériennes, et Pierre Viénot, secrétaire d'État chargé des protectorats et des mandats. Cette promotion fut suivie d'importants changements dans la haute administration coloniale qui marquaient bien une orientation nouvelle. Celle-ci prit diverses formes : large amnistie politique, reprise du dialogue avec les leaders nationalistes en Tunisie et au Maroc, et surtout l'introduction, encore que modulée[2], d'une législation sociale portant sur le droit syndical, la durée du travail, le salaire minimum, les accidents du travail, la lutte contre l'usure, etc.

Ce vent de réformes lève un peu partout un regain d'activisme politique et de revendications sociales que les gouvernements Blum et Chautemps tolèrent mais ne légalisent pas. Outre les réticences du Parti radical à s'engager plus avant, ils doivent affronter la bruyante réaction des colonats et la montée des tensions internationales, surtout en Méditerranée. On ne peut expliquer autrement l'échec des deux avancées politiques les plus audacieuses du Front populaire, celui du projet Blum-Viollette en Algérie et celui des traités Viénot au Levant.

---

1. Viollette fut contraint à la démission pour avoir tenté d'interdire des exportations de blé dur alors que les populations algériennes souffraient de disettes.
2. Et pas forcément appliquée. Voir par exemple R. Galissot, *Le Patronat européen au Maroc (1931-1942)*, Rabat, Éditions techniques nord-africaines, 1964.

Conformément aux vues de l'ancien gouvernement général, le premier visait à conférer une citoyenneté française complète, sans abandon du statut local, à une minorité de musulmans et à partir de critères électifs et méritocratiques[1]. Ce projet, pourtant modeste, se heurta au tir de barrage des Français d'Algérie, épaulés par leurs élus et par la presse, qui ne voulurent pas comprendre qu'une citoyenneté franco-musulmane pouvait être dans l'avenir un sérieux obstacle au développement du nationalisme algérien. Le projet fut abandonné en 1937, non sans laisser quelques séquelles.

Au Levant, où elle a maintenu trop longtemps un régime militaire dont les maladresses ont suscité quelques soulèvements, la France a fait droit aux recommandations de la SDN en accordant des constitutions au Liban et à la Syrie, respectivement en 1926 et 1930. Mais outre que celles-ci étaient fréquemment suspendues, les progrès de l'administration directe, qui revenait à doubler chaque fonctionnaire d'un contrôleur français, ont levé une opposition politique, plus combative en Syrie qu'au Liban où les milieux maronites étaient largement ralliés au mandat. Pour la désamorcer, l'exemple britannique aidant, Pierre Viénot négocia et signa les traités franco-syrien et franco-libanais de septembre et novembre 1936. Les clauses en étaient à peu près identiques : l'indépendance serait reconnue au terme d'un délai de trois ans, assortie de diverses garanties, militaires notamment, des intérêts français. Bien accueillis dans les deux pays, les traités se sont heurtés en France à une conjonction d'oppositions – économiques, militaires, religieuses –, qui, faute de ratification, renvoyèrent *sine die* l'indépendance. Cette nouvelle occasion manquée pèsera lourd dans les événements ultérieurs, mais il est clair qu'avec la formation du gouvernement Daladier[2], en avril 1938, la France n'entend plus rien concéder.

---

1. On estime à 25 000 au maximum le nombre des Algériens qui auraient bénéficié de la citoyenneté. Pour une analyse plus détaillée, voir *infra*, p. 200.

2. Le voyage de Daladier en Afrique du Nord, entrepris en janvier 1939 en réponse aux revendications italiennes sur la Tunisie et Djibouti, traduit bien ce raidissement impérial.

2

Les impacts coloniaux
de la Deuxième Guerre mondiale

En matière coloniale, le premier conflit mondial n'avait pas été une véritable césure. Hormis quelques résistances aisément surmontées, les colonies avaient fourni à l'effort de guerre une contribution considérable, requise plus que spontanée et souvent disproportionnée à leurs moyens, mais que les puissances coloniales victorieuses surent habilement présenter comme le signe irréfutable du loyalisme et de l'attachement. L'après-guerre avait bien levé ici ou là quelques remises en cause, mais trop éparses et trop timides pour menacer le triomphalisme colonial.

La Deuxième Guerre mondiale revêt bien plus d'importance. L'extension du conflit aux continents asiatique et africain a érigé les empires en enjeux stratégiques et politiques majeurs. Ceux-ci dont devenus le champ d'occupations et de propagandes étrangères qui plaçaient les puissances coloniales dans une position défensive. Partout la guerre a coïncidé avec l'affirmation des nationalismes et la radicalisation de leurs revendications auxquelles les métropoles n'ont, trop souvent, apporté que des réponses dilatoires.

Au lendemain de la guerre, le retour au *statu quo* colonial se révèle impossible. L'affaiblissement des puissances européennes, l'avènement de la bipolarité et l'amorce d'une internationalisation inscrite dans la Charte des Nations unies enclenchent un mouvement d'émancipation que vont favoriser un ensemble de facteurs cumulatifs et de forces convergentes.

Reculs impériaux

Défaites, occupations, propagandes

L'entrée en guerre, en 1939, n'avait guère suscité d'enthousiasme dans les colonies. Au contraire, des signes inquiétants d'insoumission étaient apparus en Inde, où le Congrès fit savoir son opposition à alimenter sans contrepartie l'effort de guerre britannique, et au Maghreb, travaillé par la propagande allemande. L'Afrique noire, plus docile, constatait une nouvelle fois l'affrontement des belligérants européens, ce qui revenait à une remise en cause de la supériorité universelle des Blancs, principe intangible du système colonial. À ce crédit déjà entamé, les aléas de la guerre vont apporter une confirmation. Même si elles ne lèvent dans l'immédiat aucune manifestation d'hostilité, la capitulation des Pays-Bas[1] et de la Belgique, la défaite et l'occupation de la France et, plus tard, la chute de Singapour, réputée « imprenable », portent un coup fatal au mythe de l'invulnérabilité des puissances coloniales.

Signe de la réversibilité des dominations, un certain nombre de colonies changent de mains et doivent subir l'occupation d'une puissance étrangère plus ou moins appliquée à saper les fondements du colonialisme antérieur. Ainsi en va-t-il de l'espace colonial anglais et hollandais, et dans une certaine mesure français en Indochine, intégré de force dans l'orbite japonaise. Mais aussi de la Tunisie, occupée quelques mois par les forces de l'Axe qui ont su y trouver quelques sympathies, des mandats du Levant et de Madagascar où l'occupation militaire britannique a été source d'intrigues antifrançaises.

L'occupation américaine de l'Afrique du Nord ne revêt pas moins d'importance. Dès 1941, un actif réseau de consuls s'est employé à faire savoir leur sollicitude aux populations par la signature d'accords d'approvisionnement ou par des encourage-

---

1. Double capitulation puisqu'à celle de la métropole, le 16 mai 1940, s'ajoute celle du 8 mars 1942 aux Indes néerlandaises.

ments discrets à quelques leaders nationalistes, tels ceux prodigués à Ferhat Abbas par Robert Murphy, consul général à Alger, ou au vieux destourien Abdelaziz Taalbi par Hooker Doolittle, son homologue à Tunis. Mais les Américains ne souhaitaient pas dresser les autochtones contre la France et entendaient traiter prioritairement avec elle. Leur action demeurait discrète. Le débarquement du 9 novembre 1942 leur ouvre des possibilités plus larges. Les occupants apportent avec eux les signes tangibles d'une opulence qui contraste avec la pauvreté des moyens de la France, obligée d'en passer par eux pour équiper et armer les divisions de la France combattante. Ils apportent aussi le message libérateur de la Charte de l'Atlantique[1], inégalement perçu et parfois déformé, mais dont l'impact est considérable, quels que soient les efforts déployés par les puissances coloniales pour exclure les peuples colonisés de son champ d'application. Si les autorités françaises parviennent à circonscrire cette séduction en Algérie[2], il n'en va pas de même dans les protectorats : au Maroc où, en marge de la conférence d'Anfa, Roosevelt a eu avec le sultan Mohammed Ben Youssef, le 22 janvier 1943, un entretien prometteur ; et en Tunisie où les Américains ont ostensiblement misé sur le bey Moncef puis, après sa destitution, sur Habib Bourguiba.

Occupées ou non, les colonies sont l'objet de propagandes parfois adverses, mais toujours convergentes. La plus tenace et la plus systématique fut la propagande japonaise, d'autant plus efficace qu'elle allait de pair avec un soutien, même rétif et tardif, aux forces nationalistes. Efficace aussi, la propagande de l'Allemagne nazie, liée à un dessein d'intégration à une Eurafrique sous hégémonie allemande, s'est prioritairement orientée vers le Maghreb, parfois secondée par celle de l'Italie (Radio Bari). Il est sans doute difficile d'en mesurer l'impact, compte tenu de la pénétration encore faible de la TSF et du recours aux techniques

---

1. Voir *infra*, p. 102.
2. C'est en vain que, faiblement soutenu par Robert Murphy, Ferhat Abbas adresse son *Manifeste du peuple algérien* (février 1943) aux gouvernements français *et* alliés.

de brouillage. Mais il est certain que les succès militaires allemands ont suscité une réelle admiration et que certains cadres (généralement de jeunes intellectuels) du Néo-Destour ou du MTLD ont été un temps gagnés à la cause de l'Axe. Mais il est vrai aussi que cette influence est allée déclinant, compte tenu de l'évolution même de la guerre, d'autant plus qu'il n'entrait pas dans les projets allemands de promettre une indépendance pure et simple aux peuples d'Afrique du Nord[1]. C'est donc la propagande américaine qui semble bien, à terme, l'avoir emporté. Propagande plus discrète que celle des puissances fascistes, mais multiforme et insidieuse, allant des publications de l'Office of War Information à de multiples contacts officiels. À la fin de la guerre, la conviction s'est largement répandue, notamment en Afrique, que les États-Unis sont maîtres du jeu et que leur victoire signifie l'expiration à brève échéance du vieil ordre colonial.

Il convient de s'arrêter sur les effets déstabilisateurs de l'occupation japonaise en Asie. Nul n'ignore qu'après l'attaque de la base américaine de Pearl Harbor, le 7 décembre 1941, le Japon s'est rendu maître d'une grande partie du continent au terme d'une série de victoires fulgurantes remportées malgré une constante infériorité numérique. À l'Indochine, déjà occupée depuis septembre 1940, il ajouta Hongkong, la Malaisie et Singapour, les Indes néerlandaises, Bornéo, la Birmanie et les Philippines. Tel est le point de départ d'une occupation longue de plus de trois ans qui, si elle n'a pas rallié massivement les populations, a puissamment contribué à l'essor des nationalismes.

En instrumentalisant un panasiatisme qui depuis 1905 n'avait cessé d'être la référence de bien des mouvements nationaux, le Japon se posait en ordonnateur de la marche à l'indépendance et au bien-être des possessions asiatiques dans le cadre d'une har-

---

1. Sur l'ensemble de la question, voir Ch. Metzger, *L'Empire colonial français dans la stratégie du Troisième Reich (1936-1945)*, *op. cit.*, t. I, p. 457-470, et Ch.-R. Ageron, « Les populations du Maghreb face à la propagande allemande », *Revue d'histoire de la Deuxième Guerre mondiale*, n° 114, avril 1979, p. 1-39.

monieuse division du travail. Il leur tracerait la voie d'une dignité retrouvée en extirpant l'héritage du colonialisme blanc, entaché de matérialisme et de corruption, au profit d'un ordre moral et politique fondé sur le retour à la tradition. Pour matérialiser cet ordre nouveau dans la « sphère de coprospérité asiatique[1] », un ministère de la Grande Asie orientale fut créé à l'automne 1942, comme organe de coordination et d'impulsion.

C'est peu dire que l'occupation japonaise ne répondit que de très loin à ces postulats. Économiquement, la division du travail resta un leurre. Trop absorbée par les commandes militaires et de plus en plus démunie de la flotte marchande nécessaire, l'économie japonaise ne put subvenir aux besoins des pays conquis qui furent réduits à un rôle de pourvoyeurs de matières premières stratégiques (pétrole, hévéa, minerais) et de produits alimentaires. Cette fonction prédatrice fut aggravée par d'énormes réquisitions de ressources et de main-d'œuvre qui aboutirent à une désorganisation complète des circuits productifs. Partout s'installa la pénurie, l'inflation et la misère, jusqu'aux terribles famines qui sévirent à la fin de la guerre au Tonkin et en Indonésie. Politiquement, le comportement des Japonais, des généraux satrapes à la soldatesque pillarde, démentait quotidiennement les protestations d'amitié et de solidarité officiellement ressassées. L'arrogance et la cruauté des militaires, secondés par le redoutable *Kempetai*[2], détachèrent vite de l'occupant des populations qui avaient accueilli les victoires japonaises avec intérêt, parfois avec enthousiasme.

S'il y a loin de la rhétorique libératrice aux réalités d'une occupation implacable, les retombées de celle-là n'en sont pas moins considérables. Elles résultent d'abord d'un effort constant de dénigrement du colonisateur « blanc » prodigué par les services de propagande de l'armée, par une presse muselée et par diverses officines locales auxquelles collaboraient, par conviction ou par intérêt, des autochtones. Un effort particulier fut

---

1. Expression utilisée la première fois en août 1940 par le ministre des Affaires étrangères Matsuoka.

2. Gendarmerie militaire, souvent comparée à la Gestapo.

entrepris en direction de la jeunesse. À cette mise en condition, il convient d'ajouter l'éradication par la force des cadres européens, immédiate aux Indes néerlandaises, en Malaisie et en Birmanie, plus tardive en Indochine où les Japonais acceptèrent, jusqu'au coup de force du 9 mars 1945, une cohabitation avec l'autorité française.

Dans ce gigantesque transfert d'autorité, le Japon dut rechercher des appuis, pour des raisons politiques et pratiques. Encore agit-il avec circonspection, par prudence et en raison des divergences entre civils et militaires, et entre les militaires eux-mêmes. Aussi s'appuyèrent-ils dans un premier temps sur des formations conservatrices et plus encore religieuses (musulmanes en Malaisie et en Indonésie, bouddhistes au Cambodge, sectes de Cochinchine…) dont les conceptions à la fois anticolonialistes et passéistes s'accordaient assez bien avec les leurs. Ailleurs, les partis politiques furent dissous et remplacés par un parti unique sévèrement contrôlé comme le Kalibafi aux Philippines ou l'organisation Hokokai en Indonésie.

L'évolution de plus en plus défavorable du conflit, les difficultés croissantes de l'administration directe, la montée des mouvements de résistance armée obligèrent l'occupant à aller plus loin et à concrétiser les vagues promesses d'émancipation. Tel fut le cas de la Birmanie et des Philippines, reconnues indépendantes en août et octobre 1943, mais immédiatement ligotées par des traités d'alliance. En Indonésie, le gouvernement nippon s'en tint, et encore tardivement, à une promesse d'indépendance, mais toléra en 1943-1944 l'organisation d'un mouvement nationaliste, le Putera, dirigé par Sukarno, et dont les cadres furent affectés à des postes administratifs importants[1]. En Indochine enfin, la cohabitation avec l'amiral Decoux prit fin brutalement le 9 mars 1945 et les trois souverains d'Annam, du Cambodge et du Laos se virent octroyer une indépendance accueillie avec plus ou moins d'empressement[2]. Pour n'être dotées d'aucun contenu réel, ces indépendances n'en revêtent

---

1. Pour plus de détails, *infra*, p. 144-145.
2. *Ibid.*, p. 157.

pas moins une extrême importance pour l'avenir tant elles compromettent toute volonté de réappropriation de la part des anciennes métropoles.

Le regain de nationalisme des peuples d'Asie ne s'est pas seulement développé à l'ombre de l'occupation japonaise mais aussi contre elle. Les duretés du règne nippon, le mauvais traitement imposé à certaines minorités – la minorité chinoise notamment, toujours suspecte de sympathies pour le Guomindang ou pour le communisme –, l'opportunisme commandé par l'évolution de la guerre et le soutien des grandes puissances alliées sont autant de facteurs constitutifs d'une résistance armée dont « l'antifascisme » ne cédait rien de l'anticolonialisme qui l'a généralement précédé. Ainsi en va-t-il de la résistance indonésienne dirigée par Sjahrir, du Viet Minh, fondé en 1941, antijaponais *et* antifrançais, et de la Malayan People's Anti-Japanese Army dominée par les communistes chinois. Les résistances birmane et philippine offrent un cas de figure un peu différent dans la mesure où ses dirigeants ont initialement collaboré avec les Japonais, avant de retourner contre les alliés vainqueurs leur revendication d'indépendance.

« Quit India »

Dans aucune colonie la Grande-Bretagne n'a rencontré autant de difficultés qu'en Inde, et rien n'illustre mieux l'ampleur du chemin parcouru que la dégradation des relations anglo-indiennes durant le second conflit mondial. Durant la Première Guerre, réserve faite de quelques troubles au Pendjab, l'Inde avait été l'auxiliaire dévoué de l'effort de guerre britannique, mobilisant ses ressources et fournissant des contingents importants. Elle en avait été modestement récompensée par une participation à l'*Imperial War Cabinet*, un siège à la SDN et l'octroi d'un nouveau statut. En 1939, une telle bonne volonté n'était plus de mise. Dès avant l'entrée en guerre, l'envoi de troupes indiennes pour renforcer les garnisons de Singapour et du Moyen-Orient avait suscité la protestation du Congrès. Plus gravement, quand le vice-roi Linlithgow engagea l'Inde dans le conflit sans en référer aux instances représentatives[1], le Congrès signifia son opposition à toute forme de participation à la guerre, condamnant la levée des troupes et la confiscation des ressources au profit de la Grande-Bretagne.

Les ponts sans doute ne sont pas coupés, mais le refus de Churchill d'envisager toute contrepartie politique à une démarche plus coopérative convainc Gandhi, décidé cette fois à en découdre, de recourir à nouveau à la désobéissance civile. Compte tenu des réserves de Nehru, soucieux de maintenir l'Inde dans la ligne de l'antifascisme défendue par la nation britannique, ce fut une campagne d'ampleur limitée, réduite aux seuls volontaires, et qui ne gêna guère les enrôlements[2].

La chute de Singapour, le 15 février 1942, suivie de peu par la prise de Rangoon par les Japonais, porte, on l'a dit, un coup terrible au prestige impérial. Une vague de rumeurs accrédite la thèse d'un effondrement imminent de la domination britannique. Pour y faire face, et compte tenu de la gravité de la menace japonaise dans l'océan Indien, Churchill consent à faire un geste. Cédant à la pression des travaillistes et des Américains, qui souhaitaient l'appui du peuple indien à la cause alliée, il dépêche Sir Stafford Cripps, personnalité de la gauche du *Labour* et ami personnel de plusieurs membres du Congrès. Son plan, ostensiblement tracé à Londres, est d'ériger l'Inde après la guerre en *self-governing Dominion* au terme d'une procédure institutionnelle assez lourde[3] et sous réserve que toute province (sous-entendu musulmane) serait libre de ne pas l'intégrer et de conserver son statut actuel. Un traité serait signé sur la protection des mino-

---

1. Aux termes de l'*India Act* de 1935, cette mesure n'était pas en soi illégale, le vice-roi conservant pleine autorité sur la politique extérieure et la défense, mais elle était évidemment maladroite.

2. L'armée indienne passe de 200 000 hommes en octobre 1939 à 430 000 en janvier 1941 et 850 000 en janvier 1942, la Grande-Bretagne prenant à sa charge la moitié des dépenses militaires.

3. Il s'agissait d'élire d'abord des assemblées provinciales qui désigneraient leurs représentants à l'Assemblée constituante qui, avec les représentants (nommés) des États princiers, élaboreraient la nouvelle constitution.

rités. D'emblée les leaders du Congrès s'inquiètent de ce droit d'option qui risque de conduire à une balkanisation de l'Inde. L'élection au scrutin indirect de l'Assemblée constituante est également attaquée et plus encore le futur traité qui pourrait bien ménager un droit d'intervention de l'ancienne puissance coloniale dans les affaires intérieures d'un État devenu souverain. Aussi, malgré les bonnes dispositions de Nehru, le plan est rejeté le 10 avril 1942, à la satisfaction non dissimulée de Churchill.

L'échec de la mission Cripps a pour effet de durcir la position du Congrès. Persuadé que les Britanniques sont dans une position intenable, Gandhi fait preuve d'une détermination que Nehru ne peut que partiellement freiner par l'adoption, le 14 juillet 1942, de la célèbre *Quit India Resolution*. Celle-ci est sans doute moins comminatoire que ne le laisserait entendre son intitulé. Le Congrès réclame certes l'indépendance immédiate et refuse toute coopération militaire, mais il n'exclut pas *a priori* le maintien des troupes alliées pour protéger le pays d'une agression japonaise et porter secours à la Chine. C'est pourtant comme une véritable déclaration de guerre que l'interprète le gouvernement britannique. Le 9 août, le vice-roi fait procéder à l'arrestation de la plupart des dirigeants et des cadres du Congrès, parmi lesquels Gandhi et Nehru. La réaction populaire qui suit, faite d'émeutes, de sabotages, de grèves et même d'ébauches de gouvernements parallèles, donne lieu à une sévère répression. On ne compte pas moins de 92 000 arrestations et d'un millier de morts. Sans doute le Congrès a-t-il sous-estimé la capacité de riposte des Britanniques au moment où, précisément, l'avancée japonaise a été stabilisée. Il a également pâti de l'abstention des masses musulmanes. Sous l'impulsion de Jinnah, la Ligue musulmane a adopté en effet à Lahore, en mars 1940, la *Pakistan Resolution* préfigurant la création d'un État pakistanais indépendant. Elle a donc tout intérêt à se dissocier du Congrès et à mettre à profit l'effacement de ce dernier pour consolider ses positions. C'est donc dans une relative quiétude que les autorités britanniques procèdent aux réquisitions et à la levée de nouvelles troupes, même si la terrible famine du Bengale en 1943 a facilité les enrôlements.

À terme pourtant, la campagne *Quit India* a certainement joué en faveur de l'indépendance, et d'une indépendance rapide, dans la mesure où la direction du Congrès est sortie renforcée de cette apparente défaite. L'emprisonnement a conféré l'aura du martyr à des hommes politiques qui, depuis l'acceptation de l'*India Act* de 1935 et les élections de 1937, semblaient s'être engagés dans la voie du compromis. Les Britanniques, du reste, jugèrent préférable de faire sortir Gandhi de prison dès mai 1944. De plus, la vigueur de la réaction populaire avait eu valeur d'avertissement, au nom d'une indépendance immédiate que les masses pouvaient exiger même en l'absence de leur encadrement politique. Il est plus que probable que le souvenir des violences de 1942 a joué par la suite dans la décision de ne pas se maintenir en Inde par la force. Sans doute Churchill en est-il conscient quand il autorisera, en 1945, le vice-roi Wavell, successeur de l'intransigeant Linlithgow, à former un gouvernement intérimaire chargé d'élaborer une nouvelle constitution[1]. Et ce sera à coup sûr la conviction de son successeur, le travailliste Attlee.

Un autre coup porté au prestige britannique réside dans la formation de l'Indian National Army, levée en 1943 à l'initiative du nationaliste dissident Subhas Chandra Bose. Ancien président du Congrès, celui-ci avait rompu avec Gandhi et Nehru et créé son propre parti, le Forward Bloc. Après avoir tenté d'intéresser Hitler à sa cause – en vain, car ce dernier considérait l'empire britannique comme un élément de l'équilibre mondial –, il s'était mis au service du Japon moyennant une promesse d'indépendance. Recrutée par un mélange de menace et de propagande patriotique parmi les prisonniers indiens capturés par le Japon en Malaisie et à Singapour, son armée atteint une vingtaine de milliers d'hommes. Une tentative d'invasion de la province de l'Assam, lancée en mai 1944 à partir de la Birmanie, échoue en quelques semaines. Mais en l'absence des chefs du Congrès, emprisonnés, les masses indiennes s'enflamment pour la cause de ces

---

1. Voir *infra*, p. 126.

« traîtres », qui ne sont nullement perçus comme tels. Il en ira de même quand, après la guerre, le procès des officiers félons tournera à l'émeute. Comme la campagne *Quit India*, cette affaire a contribué à dissuader les Britanniques de se maintenir par la force.

L'Inde n'est du reste que le signe le plus tangible d'un effritement général de la puissance britannique, devenue dès 1942 le brillant second des États-Unis en guerre. L'opinion anglaise n'en est guère consciente qui conserve intacte sa foi dans l'Empire et exhibe fièrement sa contribution à la victoire alliée. Contribution considérable sans doute, en hommes, en ressources et en matériels, mais qui n'a pu être assurée que par un lourd endettement auprès des Dominions et des colonies. Territorialement et politiquement, l'impérialisme britannique peut même sembler au zénith. La Grande-Bretagne s'est réinstallée en force là d'où elle avait été délogée : en Birmanie, en Malaisie, à Singapour, à Hongkong. Elle a sauvé ses positions là où elle avait été simplement menacée : en Irak, où elle a aisément surmonté le coup d'État pro-allemand qui a porté un moment Rachid Ali au pouvoir (avril-mai 1941), et en Égypte où les intrigues du roi Farouk et d'une partie de l'armée ont été déjouées par la force. Elle les a consolidées en Iran, qu'elle occupe partiellement depuis 1941, et au Levant où elle fait tout pour accélérer l'indépendance des mandats français. Et c'est sous ses auspices que naît la Ligue arabe, patronnée par Anthony Eden, créée en mars 1945 par des dirigeants aussi anglophiles que l'Irakien Nouri Saïd et l'Égyptien Nahas Pacha.

Cette vision un peu trop comptable pêche par un optimisme à courte vue. Par l'action conjointe des indépendances octroyées et de la résistance armée, l'occupation japonaise a renforcé en Asie un nationalisme exigeant avec lequel il va inévitablement falloir composer. De façon plus diffuse et plus amortie, compte tenu des exigences de l'alliance anglo-américaine, les États-Unis ont levé partout les espoirs d'une émancipation rapide, par la Charte de l'Atlantique sans doute, mais aussi par de multiples encouragements et contacts directs en Inde, en Afrique occidentale, dans les Antilles britanniques[1]. Même les Dominions les plus fidèles, l'Australie et la Nouvelle-Zélande, qui s'étaient spontanément placés au service de la Couronne en septembre 1939, ont vécu la chute de Singapour comme une sorte de trahison et regardent désormais vers les États-Unis pour assurer leur sécurité et celle des océans. Jusqu'à la lointaine Afrique qui, dans ces années de guerre, a connu d'intenses bouleversements liés à l'enrôlement[2], aux mouvements de troupes, à l'activisation des secteurs économiques urbains, donne les signes d'une fermentation sociale (syndicats[3], grèves) et politique (journaux, associations et même le premier parti politique[4]). La métropole n'y est pas insensible, qui a entrepris ici ou là quelques réformes et étendu la compétence des conseils locaux, mais très en deçà de la revendication des élites. En écho, le panafricanisme, qui a réalisé de grands progrès pendant la guerre aux États-Unis, avec la neutralité bienveillante de l'administration démocrate, prépare le Vᵉ congrès panafricain qui se tiendra à Manchester en octobre 1945.

La crise de l'empire colonial français

Par l'action conjuguée de la défaite de 1940, des occupations et des propagandes étrangères, l'empire français est sans doute le plus affaibli au lendemain de la guerre. À cela s'ajoute la rivalité de légitimité et d'influence entre Vichy et la France libre, dont l'image de la France n'est pas sortie grandie, et les lour-

---

1. Cette thèse des responsabilités américaines dans le recul impérial de la Grande-Bretagne a été soutenue avec insistance par l'historien britannique Max Beloff, auteur d'*Imperial Sunset*, Londres, Methuen, 1969, 3 vol.

2. Les colonies de l'Afrique de l'Ouest ont fourni 146 000 soldats à l'armée britannique, celles de l'Afrique orientale et centrale, 280 000.

3. Entre 1940 et 1945, le nombre des syndiqués est passé de 900 à 6 000 en Gold Coast et de 4 600 à 30 000 au Nigeria. Voir H. d'Almeida-Topor, *L'Afrique au XXᵉ siècle*, Paris, A. Colin, 1993, p. 183.

4. Le National Council of Nigeria and the Cameroons, créé en 1944 par Azikiwe.

deurs d'une exploitation coloniale, pas toujours très différentes d'un régime à l'autre, génératrices de multiples mécontentements. La contribution de l'empire dans le redressement français est indéniable, mais, dans l'euphorie de la victoire, la métropole, mal informée de la gravité de certaines situations, sous-estime les forces centrifuges et, après quelques réformes indispensables, maquille sous de généreuses intentions ce qui apparaît bien comme une tentative de restauration coloniale.

Entre Vichy et la France libre

Dans la course à la légitimation impériale qui suit la signature de l'armistice (22 juin 1940), Vichy eut d'abord l'avantage. Le prestige du maréchal Pétain, la légalité de son accession au pouvoir, les automatismes de la discipline administrative et militaire eurent raison des hésitations de quelques proconsuls tentés un moment de poursuivre le combat[1]. Seule l'Afrique équatoriale se rallie finalement à la France libre, au terme de décrochages opérés entre août et novembre 1940. Encore ce ralliement ne dut-il rien aux populations locales. Il fut affaire d'administrateurs (Félix Éboué au Tchad) et de militaires (Leclerc au Cameroun, Larminat au Congo)[2]. Une tentative de débarquement anglo-gaulliste à Dakar (23 septembre) pour rallier l'Afrique occidentale échoua complètement. Le drame de Mers el-Kébir, le 3 juillet précédent, avait fait son œuvre et avait ancré le personnel dirigeant dans un antibritannisme et un antigaullisme résolus.

---

1. Le général Weygand sut persuader Noguès, résident général au Maroc et commandant des troupes d'Afrique du Nord, de rester dans l'obéissance. Noguès estima que les clauses de l'armistice, et plus encore les clauses coloniales, n'étaient pas déshonorantes, et fit soumission à Vichy, entraînant dans son sillage la plupart des chefs réunis dans un éphémère « bloc africain ».

2. À ce ralliement de l'AEF à la France libre, il convient d'ajouter celui des possessions du Pacifique (Nouvelles-Hébrides, Nouvelle-Calédonie, Polynésie) en juillet-août 1940, mais non de l'Indochine où Vichy dépêcha l'amiral Decoux, plus sûr que le général Catroux.

L'essentiel de l'Empire restait donc dans l'escarcelle de Vichy. Malgré la brièveté de son *imperium*, l'empreinte de ce régime n'est pas négligeable. Diverses publications françaises et étrangères ont récemment relayé une historiographie répétitive et peu stimulante sur le sujet, et remis en perspective l'importance de l'épisode vichyste à l'interface de l'apogée colonial et de la décolonisation[1].

La thématique impériale de Vichy n'offre assurément rien de très original. Elle hérite de cette exaltation de la « plus grande France » que la IIIᵉ République avait portée au pinacle, à cette différence près qu'elle s'inscrit désormais dans une rhétorique de la défaite. L'Empire ne s'identifie plus à la grandeur française, il est devenu « la dernière carte de la France », le « suprême espoir de la France vaincue ». Thèmes consolateurs qui s'ajoutent à ceux déjà anciens de la mission civilisatrice de la France et de la loyauté des populations. On trouvera plus d'originalité dans l'étonnante mobilisation de moyens pour les populariser : campagnes d'affiches, émissions radiophoniques et reportages cinématographiques, création d'une Quinzaine coloniale et même d'un Train de l'Empire qui sillonna la France en 1941. Cette intense propagande fut assez habile, à tel point qu'on a pu se demander si, jointe à celle de la France libre (dont les thèmes n'étaient pas très différents), elle n'a pas contribué à cette crispation de l'opinion française qui se serait convertie en ces années de guerre au caractère indissoluble des liens unissant la France à ses colonies, préparant ainsi une décolonisation « à la française » particulièrement rétive[2].

Vichy tenta aussi de projeter l'empire dans l'avenir. Ce que l'on sait de ses projets constitutionnels rompait avec la concep-

---

1. Parmi les ouvrages les plus significatifs, J. Cantier et E. Jennings (dir.), *L'Empire colonial sous Vichy*, Paris, O. Jacob, 2004 ; J. Cantier, *L'Algérie sous le régime de Vichy*, Paris, O. Jacob, 2002 ; E. Jennings, *Vichy sous les tropiques. La révolution nationale à Madagascar, en Guadeloupe, en Indochine, 1940-1944*, trad., Paris, Grasset, 2004. Voir aussi le dossier « Vichy et les colonies », in *Outremers, Revue d'Histoire*, n° 342-343, 2004, p. 5-174.

2. La question a été judicieusement posée par Charles-Robert Ageron, in *Histoire de la France coloniale, 1914-1990*, t. II, A. Colin, 1991, p. 322.

tion étroitement patrimoniale de la IIIe République au profit d'une intégration organique avec instauration d'un Conseil de l'Empire, voire d'une citoyenneté impériale, qui peuvent annoncer, dans une certaine mesure, les dispositions concernant l'Union française de la Constitution de 1946. Dans le domaine économique, Vichy, ou plus exactement un groupe de technocrates gravitant autour des secrétariats d'État aux Colonies et à la Production industrielle, fit preuve de vues audacieuses en tranchant le débat déjà ancien en faveur d'une politique d'équipement et d'industrialisation des colonies, ce qui revenait à abandonner la loi néfaste et malthusienne d'avril 1900 qui obligeait celles-ci à s'autofinancer sans rien coûter à la métropole. Outre le plan quinquennal d'industrialisation de l'Algérie (1941), dont la paternité revient à Weygand et qui connu un début de réalisation[1], l'Afrique noire fut dotée en octobre 1940 d'un Fonds de solidarité alimenté par des ressources publiques et d'un plan décennal de développement[2]. Ce plan, certes, ne fut pas appliqué, mais il inspira la politique de promotion de l'économie africaine de la IVe République (plans quadriennaux de 1949-1952 et 1954-1957) et de ses instruments financiers.

Le versant strictement colonial du régime de Vichy s'appuie sur une doctrine essentialiste assez rudimentaire et sur une transposition à peine adaptée aux réalités locales des principes de la Révolution nationale. À l'opposé de l'assimilation, qui avait été l'idéal proclamé par la République, Vichy et les publicistes qui l'inspirent, tel André Demaison, ancien chroniqueur colonial de l'*Action française*, tiennent l'indigène pour un être primitif, un rural et un manuel, pour lequel tout effort d'élévation à un niveau supérieur serait aussi vain que dangereux. On va donc, comme en métropole, encourager le retour à la terre et à l'artisanat, réactiver le respect des élites traditionnelles, les coutumes locales et le folklore. Cette orientation passéiste et réactionnaire,

---

1. Voir D. Lefeuvre, « Vichy et la modernisation de l'Algérie. Intentions et réalités », *Vingtième Siècle*, n° 42, avr.-juin 1994, p. 7-16.
2. Voir C. Coquery-Vidrovitch, « Vichy et l'industrialisation aux colonies », *Revue d'histoire de la Deuxième Guerre mondiale*, n° 114, 1979, p. 69-94.

servie avec zèle par des amiraux mués en gouverneurs[1], va emprunter plusieurs voies. La première visait à saper l'héritage de la IIIᵉ République par la dissolution de ses modestes instances délibératives, symboles de la démagogie parlementaire, par la dénaturalisation des citoyens de fraîche date, par une stricte application de la législation antisémite et antimaçonnique[2]. La seconde s'employait à instaurer un ordre patriarcal et hiérarchisé, régulé par le culte du maréchal Pétain[3], mais que l'obsession de la « dissidence » a fait dégénérer dans un système d'omnipotence administrative et policière.

Dans ce cadre général, la politique indochinoise de l'amiral Decoux occupe une place particulière. L'Indochine est en effet la seule possession coloniale à avoir été durablement occupée par une puissance étrangère, et c'est pour y faire face que le représentant de Vichy dut mener à bien une politique originale, à la fois prudente et audacieuse. Prise entre les feux croisés de l'agitation communiste et de l'activisme nippon, la politique de

---

1. À la tête des possessions impériales, Vichy a fait la part belle aux amiraux : Decoux en Indochine, Abrial en Algérie, Estéva en Tunisie, Robert (nommé par Mandel en 1939 et confirmé) aux Antilles ; sans négliger les militaires : Noguès au Maroc, Dentz au Levant, Weygand délégué du gouvernement en Afrique française de septembre 1940 à novembre 1941. Les civils ont eu les restes : Boisson en AOF, Cayla puis Annet à Madagascar.

2. Antisémitisme et antimaçonnisme furent appliqués dans les colonies avec une égale vigueur, à tel point que l'on s'est demandé si l'Empire n'était pas le banc d'essai de la ségrégation métropolitaine. Outre l'abolition du décret Crémieux en Algérie (loi du 7 octobre 1940), les juifs furent chassés de l'administration et de l'armée, soumis au *numerus clausus* scolaire et universitaire, leurs biens confisqués, même dans les possessions où leur nombre était infime (Madagascar, Indochine). Voir M. Marrus et R. Paxton, *Vichy et les Juifs*, Paris, Calmann-Lévy, 1981. Initialement tout aussi sévère, la répression antimaçonnique connut quelques atténuations, en AOF notamment, pour ne pas trop désorganiser l'administration coloniale, et ne fut pas poursuivie après le retour de Laval en avril 1942.

3. Outre le sempiternel « Maréchal, nous voilà… » dont les populations indigènes se lassèrent vite, le culte du Maréchal fut omniprésent dans les colonies, associé à de curieux syncrétismes. En Indochine, Pétain devint une réincarnation de Confucius, comme lui chargé d'ans, d'expérience et de sagesse. À Madagascar, il était le lointain descendant d'Adrianampoinimerima, le roi unificateur de l'île. Même tendance avec le culte de Jeanne d'Arc, étroitement lié à celui du Maréchal ; en Indochine, elle est associée aux sœurs Trung, héroïnes de la lutte contre l'envahisseur chinois ; en Guyane, à la mère Javouhey, émancipatrice des Noirs.

Decoux fut d'abord celle de l'ordre. Les mouvements insurrec-
tionnels de septembre et décembre 1940 furent sévèrement
réprimés, de même que l'administration dut sévir contre les sympathies ouvertement pro-nippones, nombreuses dans les sectes
cochinchinoises et les milieux bouddhistes.

C'est précisément pour s'opposer aux séductions de la propagande japonaise, fondée sur la solidarité asiatique et le discrédit
du pouvoir blanc, que Decoux s'attacha à fidéliser la population
par des voies nouvelles. Le culte du Maréchal fut massivement
utilisé comme figure tutélaire de l'Indochine, mais conjugué à
un hommage insistant aux patriotismes locaux : égards tout particuliers prodigués aux souverains protégés, réhabilitation du
terme « Vietnam » jusqu'alors jugé séditieux, encouragements à
l'enseignement de la langue et de la culture vietnamiennes
(revue *Tri Tan*), pouvoirs accrus des notables et large ouverture
de l'administration aux autochtones avec égalité de traitement.
Les anciennes Assemblées consultatives furent dissoutes, rem-
placées par un Conseil fédéral[1] dans le cadre d'une Fédération
substituée à l'ancienne Union indochinoise. Comme ailleurs, la
jeunesse fut mobilisée et encadrée, mais avec une orientation
« franco-vietnamienne » originale, qui tranche avec la quasi-
ségrégation pratiquée ailleurs. Sous l'égide du capitaine de vais-
seau Ducoroy, commissaire aux sports et à la jeunesse, des centaines d'associations furent créées où les inévitables défilés
s'achevaient par un hommage conjoint rendu aux deux dra-
peaux. Étayés par la construction de nombreux stades, la gym-
nastique et le sport furent généralisés, relayés par la presse et la
radio, tel ce tour cycliste d'Indochine de 1943 dont les étapes
coïncidaient avec les sites les plus liés à la mémoire nationale.

Dans le domaine économique, et compte tenu d'une situation
de quasi-autarcie aggravée par l'ampleur des prélèvements japonais, Decoux recourut à un système d'économie dirigée qui

---

1. Le Conseil fédéral était composé de 25, puis de 53 membres, tous nommés,
mais, fait nouveau, les Indochinois y étaient majoritaires. Le terme de Fédération
indochinoise a été conservé par De Gaulle et le gouvernement provisoire (Déclaration du 24 mars 1945).

combina des travaux d'hydraulique pour l'extension de la rizi-
culture, la promotion de nouvelles cultures, de l'artisanat et des
produits de substitution. L'usure du matériel et la mauvaise
récolte de 1944 compromirent sans doute cet effort, qui permit
néanmoins la rapide reprise de l'économie indochinoise dès
1947.

Despotisme éclairé, a-t-on dit. La politique de l'amiral
Decoux a assurément signé la page la plus originale de la politique
coloniale de Vichy, orientée vers la création d'un État vietnamien associé à la France. Mais ce fut une politique à double tranchant. Elle n'a pu empêcher le renforcement de l'emprise
communiste[1]. Et elle a levé le sentiment patriotique d'une génération qui, à la faveur du vide politique créé par les événements
de 1945, va basculer, pour une partie d'entre elle, dans le nationalisme du Viet Minh.

La politique de Vichy recueillit dans l'ensemble l'adhésion
des colonats, très remontés contre la « République », surtout
contre le Front populaire dont les réformes avaient paru menacer
leurs intérêts. De façon assez vindicative, la population européenne adhéra aux thèmes d'ordre, d'autorité et de hiérarchie, qui
lui étaient à la fois familiers et rassurants, thèmes complaisam-
ment relayés par la hiérarchie catholique comme par l'organisation de la Légion des combattants. L'application de la législation
antisémite trouva des soutiens actifs dans les rangs du Parti populaire français dont l'implantation avait progressé avant guerre. Le
pétainisme demeura fervent en Algérie, voire dans certains cercles
catholiques d'Afrique noire, au-delà de l'épisode vichyste. À
l'inverse, la résistance y fut tardive, et moins commandée par une
répudiation des orientations coloniales du régime que par une
réaction patriotique et une volonté de retour dans la guerre.

---

1. C'est en mai 1941 qu'est né le Viet Minh, large front patriotique dominé par
le Parti communiste indochinois. Ses actions de résistance sont minces jusqu'en
1945, date à laquelle il s'impose au Vietnam à la faveur de la capitulation japonaise.

Chez les indigènes, la perception de la période est plus complexe. Une minorité, on l'a dit, fut sensible aux propagandes étrangères et à leur message pseudo-libérateur : propagande japonaise en Indochine, italienne en Tunisie, allemande dans l'ensemble du Maghreb où certains éléments du nationalisme marocain, du Néo-Destour et du PPA jouèrent un temps la carte de l'Axe. Le plus grand nombre fit preuve de loyalisme. Mais l'adhésion du début le céda assez vite à un désenchantement qui se mua en opposition plus ou moins ouverte tout au long des années 1941-1942.

Trois facteurs endogènes semblent avoir commandé cette impopularité. Le premier résulte des dégradations générales de la vie matérielle, explicables par la situation de quasi-blocus à laquelle étaient soumises les colonies. Vichy tenta d'y faire face par la signature d'accords commerciaux (accord Murphy-Weygand pour l'Afrique du Nord, accord Robert-Greenslade pour les Antilles) et par une prise en charge étatique des circuits de production et de commercialisation. Mais à côté de quelques réussites ponctuelles (développement des cultures vivrières, essor de l'artisanat) et même s'il est vrai que l'effondrement économique de l'Empire a pu être évité, Vichy ne put empêcher ni l'inflation, ni la pénurie croissante, assortie de l'inévitable marché noir, ni la paupérisation des indigènes. Les deux autres, largement complémentaires, résident dans le durcissement des relations intercommunautaires et les excès d'une administration coloniale tatillonne et punitive. Le regain de racisme blanc est partout attesté, jusqu'à accréditer aux Antilles l'idée (fausse) d'un prochain rétablissement de l'esclavage[1]. Ce regain relevait-il d'une intention délibérée du pouvoir colonial vichyste ou de débordements plus ou moins tolérés de la population européenne, attisés par des organisations parallèles comme la Légion ou le PPF ? La question n'est pas définitivement tranchée[2]. Mais la radiation de nombreux indigènes des conseils municipaux, le

---

1. Voir E. Jennings, *Vichy sous les tropiques*, *op. cit.*, p. 169-170.
2. Sur le débat d'historiens suscité par le racisme de Vichy, voir J. Cantier et E. Jennings (dir.), *L'Empire colonial sous Vichy*, *op. cit.*, p. 211-231.

durcissement du statut de l'indigénat, la mise en place d'un lourd système de censure et de contrôle policier étaient un démenti quotidien à la propagande qui magnifiait la générosité et la concorde des races. Pour beaucoup, Vichy a été vécu comme une revanche de l'homme blanc. Il en résulta une résistance moins ouverte que larvée, faite d'inertie, de désobéissance, et même de fuite[1], qui a indéniablement facilité les ralliements à la France libre.

Pour autant, on ne saurait réduire Vichy à une simple parenthèse, à une gestion autoritaire du *statu quo* colonial. Comme en métropole, Vichy combine outre-mer des aspects réactionnaires et des vues modernistes. L'essentiel n'est pas là, mais dans l'impact d'une exportation systématique de la Révolution nationale qui s'est en fait retournée contre la France. En disqualifiant la République et son modèle assimilationniste, en exaltant le passé et les traditions, en mobilisant la jeunesse, Vichy a bien involontairement levé une double opposition anticolonialiste[2]. Aux Antilles, en Guyane, à la Réunion, c'est le retour à l'assimilation qui a été revendiqué, et, à très court terme, un statut de départementalisation. Ailleurs, en Indochine surtout, dans une moindre mesure à Madagascar et au Maghreb, Vichy a amplifié le mouvement national, forgé les cœurs et les corps d'une jeunesse qui s'est retournée contre la France. Sans doute la Révolution nationale n'était-elle pas un bon objet d'exportation coloniale. Car de la Révolution nationale avec la France à la révolution nationaliste *contre* la France, il n'y a qu'un pas à franchir. La décolonisation française s'alimente assurément à bien d'autres causes, mais Vichy est un jalon dans la distanciation croissante des populations colonisées à l'égard de la métropole.

---

1. Tels ces 2 000 Guadeloupéens qui trouvèrent refuge dans l'île anglaise de la Dominique et qui participèrent à la reconquête des Antilles en 1943. Voir E. Jennings, « La Dissidence aux Antilles, 1940-1943 », *Vingtième Siècle*, n° 68, octobre 2000, p. 55-71.

2. Thèse brillamment développée par E. Jennings, *Vichy sous les tropiques*, *op. cit.*, p. 307-310, qu'il conviendrait peut-être de tempérer.

Le ralliement progressif de l'Empire à la France combattante a plus contribué à prolonger cette distanciation qu'il ne l'a enrayée. Car si Londres et De Gaulle sont en métropole l'antithèse de Vichy et de Pétain, il n'en va pas exactement de même dans les colonies où les termes de la domination impériale et le traitement des populations ne sont guère différents.

Il convient d'abord de relever que, sauf aux Antilles, le ralliement en question ne doit à peu près rien à un quelconque basculement des populations indigènes. En Algérie, le débarquement anglo-américain de novembre 1942 fut bien préparé par une poignée de résistants, mais exclusivement français[1]. Ailleurs, c'est par la voie de l'occupation étrangère (Madagascar, Afrique du Nord), parfois étayée par les forces de la France libre (Levant) que s'est opéré le ralliement, ou dans le cadre d'un rapport de forces politico-militaire qui commandait la rupture avec Vichy (AOF). On peut estimer qu'à l'été 1943, hormis l'Indochine où Decoux maintient jusqu'au bout l'allégeance à Vichy, l'empire colonial français est devenu partie intégrante de la France libre. Le choix d'Alger comme nouvelle capitale symbolise cette translation.

L'Empire doit prioritairement pourvoir à la rentrée de la France dans la guerre. Tandis que le général Giraud négocie aux États-Unis les modalités de l'aide américaine par une extension de la loi du prêt-bail, l'administration se voit assigner la tâche de lever le maximum de troupes. Pour « défendre l'Empire contre quiconque », Vichy, sous l'impulsion du général Weygand, avait ouvert la voie en maintenant des effectifs importants en Afrique du Nord (112 000 hommes) comme en Afrique noire et à Madagascar (56 000). En moins de trois ans, ces effectifs firent plus que doubler. Aux côtés des 175 000 Français d'Afrique du Nord, le Maghreb fournit 235 000 soldats « indigènes », l'Afrique noire et Madagascar, une centaine de milliers d'hommes. Chiffres

---

1. De tendances néo-pétainiste ou giraudiste (le fameux « groupe des cinq ») et gaulliste (R. Capitant, L. Joxe, le commissaire Achiary). Un certain nombre de jeunes juifs, en butte à l'antisémitisme officiel, s'y sont joints.

importants assurément, mais qui ne répondirent qu'imparfaite-ment aux attentes de la mobilisation compte tenu d'un taux élevé d'insoumission.

La contribution à l'effort de guerre pesa aussi sur les ressources et la main-d'œuvre. Dans cette « bataille de la production », les administrateurs, même estampillés « France libre », eurent sou-vent la main lourde. Un peu partout, on recourut aux impopu-laires plans de cultures obligatoires, à la réquisition des produits, à une aggravation du travail forcé assortie de peines sévères pour les contrevenants[1]. Un effort financier considérable fut égale-ment exigé des populations, non sans abus et injustices flagrants, sous forme d'augmentations d'impôts, nouvelles impositions, emprunts plus ou moins forcés, alors que les salaires demeu-raient bloqués, provoquant des formes diverses de protestations. Sans doute faut-il reconnaître à Félix Éboué, gouverneur de l'Afrique équatoriale française, l'initiative d'une politique indi-gène plus humaine, qui a inspiré, avec l'aval du général de Gaulle, certaines conclusions de la conférence de Brazzaville. Il rappela le respect dû par l'administration aux chefs coutumiers, désigna une élite francisée apte à assumer des responsabilités de gestion[2], et tenta de limiter les abus du travail forcé par la créa-tion d'offices du travail et de la main-d'œuvre. Pour le reste, la France libre se montra avare de réformes, mais prodigue en commissions d'études – commission des réformes musulmanes en Algérie, commissions franco-marocaines, commission de l'Indochine, commission franco-malgache… – dont les travaux, trop souvent, se perdirent dans les sables.

Sur le plan politique, le général de Gaulle était conscient de la nécessaire réorganisation de l'Empire sur des bases plus larges et plus justes. Il n'ignorait pas que, la guerre finie, le sort des

---

1. À Madagascar par exemple, à côté du travail forcé qui ne touchait qu'une minorité, un arrêté du 1ᵉʳ mai 1943 porta de dix à vingt le nombre de journées obli-gatoires pour tous les « travaux d'intérêt général ». Ce rétablissement de la « corvée d'État » est habituellement retenu comme l'une des causes de l'insurrection de 1947.
2. Ce sont les fameux « notables éduqués », appellation maladroite mais qui fut finalement ratifiée par De Gaulle.

colonies serait posé à l'échelle internationale et que l'administration américaine fourbissait les armes d'une dépossession dont la France ferait prioritairement les frais. C'est donc par conviction et par libéralisme calculé que le chef de la France libre affirma la nécessité de rompre avec l'immobilisme antérieur. À l'intention de l'Indochine, la déclaration du 8 décembre 1943 reconnaît le « sentiment national » des peuples qui la composent, et envisage pour l'avenir un statut nouveau, de type fédéral, au sein de la communauté française. Le 12 décembre, dans un discours prononcé à Constantine, De Gaulle annonce l'extension de la citoyenneté française à des dizaines de milliers de musulmans d'Algérie[1], et le droit reconnu à tous les autres d'élire les assemblées locales. Pour l'Afrique enfin, la conférence de Brazzaville, ouverte le 30 janvier 1944, entend préparer la voie à une large réforme institutionnelle sur la base de quelques principes novateurs : une représentation équitable dans la future Assemblée constituante, l'élection d'assemblées locales, la fin de l'indigénat et du travail forcé, la répudiation du pacte colonial, une large ouverture de la fonction publique aux indigènes, etc. Mais entre le *programme* fédératif de la conférence et ses *conclusions* assimilationnistes, Brazzaville fonde une ambiguïté qui sera, deux ans plus tard, celle de l'Union française, oscillant entre la générosité des principes et le conservatisme de ses dispositions concrètes.

Face à la montée générale des nationalismes, les autorités de la France libre entendaient ne pas se laisser déborder. En signe de rupture avec Vichy, elles firent preuve d'une certaine tolérance, ajoutant à l'amnistie des prisonniers politiques le retour à la liberté de la presse et à la formation des partis[2]. Mais toute menace séparatiste fut impitoyablement réprimée, pour des raisons

---

1. L'ordonnance du 7 mars 1944 retint le nombre de 65 000 Algériens accédant à la citoyenneté française dans le maintien du statut personnel. L'avancée est indéniable par rapport au projet Blum-Viollette de 1936, mais le progrès de l'assimilation n'était plus à l'ordre du jour même chez les nationalistes modérés. Voir *infra*, p. 201.

2. À l'exception du Parti du peuple algérien (PPA) de Messali Hadj qui demeure interdit.

de principe (la France était en guerre) et pour parer à tout risque d'extension. L'exemple est venu des mandats du Levant où les forces anglo-gaullistes étaient intervenues en juin 1941 contre celles de Vichy, avec du reste des objectifs dissemblables[1]. Après la reddition de ces dernières (armistice de Saint-Jean-d'Acre), l'indépendance de la Syrie et du Liban fut doublement proclamée par les vainqueurs. Une telle émulation ne pouvait que donner des ailes aux nationalistes syriens et libanais qui, dans la foulée des élections de juillet 1943, réclamèrent l'indépendance immédiate et le transfert effectif des pouvoirs. Or, De Gaulle entendait assortir l'indépendance d'un traité qui garantirait les droits de la France et qui, comme tel, ne pourrait être valablement signé qu'après la guerre, ce qui revenait pour l'heure à maintenir les mandats dans une version à peine allégée. Le Parlement libanais passa outre et adopta une nouvelle constitution sans référence au mandat. Le délégué du CFLN à Beyrouth, le diplomate Jean Helleu, crut bon de réagir par la force en faisant arrêter les principaux dignitaires de l'État libanais, provoquant *ipso facto* une menace d'intervention britannique. En remplaçant Helleu par le général Catroux et en accordant de nouveaux transferts de pouvoir, De Gaulle dénoua la crise, mais il est clair que la question des mandats serait posée avec insistance au lendemain de la guerre.

Même attitude de fermeté en Afrique du Nord où la montée des nationalismes, due à l'interaction de multiples facteurs déjà évoqués, est patente. En Tunisie, De Gaulle n'a pas cru devoir revenir sur la déposition du populaire bey Moncef, dont la décision revient au général Giraud sous couvert de l'accusation fallacieuse de sympathies pro-axistes. Au Maroc, la dégradation des conditions de vie et les effets de l'occupation américaine cristallisent une hostilité des populations urbaines récupérées par le jeune

---

1. Il s'agissait dans les deux cas d'empêcher une éventuelle occupation de la région par l'Allemagne à l'époque où celle-ci soutenait le coup d'État de Rachid Ali en Irak. Mais pour la Grande-Bretagne, il s'agissait de consolider son influence au Moyen-Orient, pour la France libre d'affirmer ses droits sur les mandats. Cette divergence fut en principe levée par l'accord De Gaulle-Lyttelton du 27 juillet, qui ne mit pas fin pour autant aux intrigues britanniques.

parti de l'Istiqlal qui fait connaître en janvier 1944 un *Manifeste* centré sur la revendication de l'indépendance immédiate. Les manifestations d'adhésion qui accueillent ce texte dégénèrent à la fin du mois en émeutes à Rabat et à Fès après la maladroite arrestation des leaders nationalistes sur ordre du résident général Puaux. À cette répression s'ajoutera celle, bien plus vigoureuse, qui, en Algérie, suivra les troubles du Constantinois en mai 1945.

Entre réformes et réaction

Mystique impériale et promesses de réformes : en cette année 1945, la France ne marchande pas les marques de sa reconnaissance. Le gouvernement provisoire présidé par le général de Gaulle, la presse, les partis – y compris le Parti communiste – exaltent à l'envi la contribution des « 500 000 soldats d'outre-mer » à la victoire et célèbrent l'atout impérial pour la reconstruction du pays. Le ministère des Colonies[1] déploie en ce sens une campagne d'affichage et l'École de la France d'outre-mer, sous l'enthousiaste direction de Robert Delavignette, connaît un surprenant afflux de candidatures. Jamais l'idée coloniale n'a a été si populaire et optimiste[2]. Pour s'acquitter de sa dette, la France se dit prête aux plus larges concessions, étant entendu que sa souveraineté ne saurait nulle part être mise en cause. Nul doute que dans le sillage de la conférence de Brazzaville, un vent de réformes souffle sur l'Empire. Le gouvernement provisoire accorde par ordonnance une large représentation « indigène » aux représentants de la future Assemblée constituante[3]. Celle-ci,

---

1. Cette vieille appellation a été maintenue à la Libération. Ce n'est qu'en janvier 1946, avec le cabinet Félix Gouin, qu'elle a été remplacée par celle de ministère de la France d'outre-mer.
2. Voir R. Girardet, *L'Idée coloniale en France de 1871 à 1962*, Paris, La Table ronde, 1972. L'auteur oppose très finement l'unanimisme colonial des années trente, recours d'une puissance menacée de déclin, à celui de la Libération, expression d'un sentiment de puissance retrouvée et de foi dans l'avenir.
3. Sur 586 députés, 64 (soit 11 %) seront élus outre-mer. Compte tenu des collèges séparés, les « indigènes » en représentent à peu près la moitié.

élue le 21 octobre 1945, et nettement orientée à gauche, adopte coup sur coup la loi Césaire (19 mars 1946) accordant le statut de département d'outre-mer aux quatre « vieilles colonies » de Martinique, Guadeloupe, Guyane et de la Réunion, et la loi Lamine Guèye (7 mai) conférant la citoyenneté française à tous les ressortissants d'outre-mer[1]. Pour l'Afrique, l'Assemblée vote la loi du 11 avril 1946 interdisant toute forme de travail forcé et adopte, avant de se séparer, la création d'un Fonds d'investissement et de développement économique et social, le FIDES, dont les initiales ont valeur emblématique.

La France cependant est-elle aussi maîtresse des destinées de l'Empire que se plaît à le croire l'opinion ? Car le nouvel ordre international pas plus que certaines réalités locales ne sont favorables à la perpétuation de l'ordre colonial. Sans doute le président Truman est-il moins délibérément hostile que Roosevelt au maintien des colonies françaises. Mais s'il n'est plus question de *trusteeship* international sur telle ou telle portion de l'Empire, l'anticolonialisme américain n'est guère entamé[2]. Et la France va devoir compter avec deux organisations internationales, l'ONU et la Ligue arabe, dont les principes émancipateurs sont accueillis avec ferveur par les élites de toutes les possessions.

Faut-il s'étonner dès lors des premiers craquements qui, s'inscrivant dans la continuité des événements antérieurs, disent à quel point la souveraineté de la France est aussi fragile qu'aléatoire ? Si l'Afrique noire, bien tenue en main par les gouverneurs, ne donne ici ou là – au Cameroun, en Guinée, au Sénégal – que des signes de nervosité, la situation se détériore gravement en Algérie et dans les mandats du Levant, tout en demeurant insaisissable en Indochine.

En Algérie, l'ordonnance du 7 mars 1944 élargissant les droits civiques des musulmans, et qui aurait pu paraître géné-

---

1. Citoyenneté française ne signifie ni citoyenneté unique ni suffrage universel. La citoyenneté pour tous revient surtout à supprimer l'indigénat et à garantir les libertés fondamentales.

2. Voir *infra*, p. 101-102.

reuse dix ans plus tôt, a été mal accueillie par l'opposition musulmane, même la plus modérée. Début 1945, le nationalisme algérien connaît, sous l'impulsion du PPA, une brusque radicalisation qui culmine avec les événements déclenchés le 8 mai dans le Constantinois. À Sétif et à Guelma, le massacre d'une centaine d'Européens va de pair avec une tentative de soulèvement. La dure répression qui s'ensuit, et dont le bilan se compte sans doute par milliers de victimes, va assurer à l'Algérie le répit trompeur d'une décennie de paix[1].

Au Levant, l'indépendance du Liban et de la Syrie avait certes été reconnue. Mais De Gaulle entendait toujours, même après la crise de novembre 1943, la subordonner à la signature de traités d'alliance qui garantiraient les intérêts économiques et culturels, voire militaires, de la France. Il a, à cette fin, maintenu sur place quelques milliers d'hommes sous commandement français. C'était compter sans l'impatience des gouvernements syro-libanais et les manœuvres des Britanniques. Des incidents éclatent à Beyrouth le 8 mai, jour de la capitulation allemande, puis à Damas où la France riposte par un simulacre de bombardement. La Grande-Bretagne adresse à la France un ultimatum assorti d'une menace d'intervention militaire. Les gouvernements syrien et libanais en ayant appelé à l'ONU, la France préfère négocier, mais dans les plus mauvaises conditions. L'accord du 14 mars 1946 prévoit l'évacuation simultanée des troupes françaises et britanniques et la confirmation de l'indépendance complète des deux anciens mandats. Mais la France part sous les injures de la Ligue arabe et sans avoir signé le moindre traité[2]. Cette humiliante sortie aura pour son image un effet désastreux dans diverses parties de l'Empire.

En Indochine, à la suite du coup de force japonais, la France est provisoirement hors jeu. Des indépendances assez factices

---

1. Pour une analyse plus complète, voir *infra*, p. 201-202.
2. De Gaulle, qui avait quitté la direction du gouvernement provisoire le 20 janvier 1946, n'a jamais pardonné à Bidault la gestion jugée calamiteuse de cette crise. Après son retour au pouvoir en 1958, il s'est attaché à rétablir ce qui pouvait l'être de l'influence française dans la région.

ont été accordées par l'occupant au Vietnam, au Cambodge et au Laos, mais qui deviennent effectives avec la capitulation japonaise. Le 2 septembre, Ho Chi Minh proclame la République démocratique du Vietnam et fait occuper le pays par les forces du Viet Minh. La France, sans doute, reprend pied fin septembre à Saigon, aidée cette fois-ci par la Grande-Bretagne. Mais les forces du général Leclerc se heurtent d'emblée à la guérilla vietminh en Cochinchine. La France va devoir composer avec un État vietnamien, pauvre en moyens certes, mais solidement implanté. Entre la volonté plus ou moins sincère de négocier et celle d'en découdre, partagées du reste par les deux parties, l'incertitude sera levée en moins d'un an.

De ces dures réalités, l'opinion publique était fort mal informée, à peine moins du reste que la classe politique qui demeurait attachée à la mystique impériale. Encore fallait-il donner un cadre institutionnel approprié à ce qui fut l'Empire, et que l'on appelait désormais Union française. Changement de nom significatif, puisqu'il s'agissait de substituer à une domination, même fondée sur des « traités », une union librement consentie. Cela étant, l'unité de vues faisait défaut sur la nature de cette union. Se ferait-elle par l'assimilation qui unit les hommes ou par la fédération qui unit des peuples ? La première s'inscrivait dans la tradition républicaine et avait la faveur des partis de gauche par idéal démocratique et égalitaire. La seconde avait été avancée par le général de Gaulle, en partie pour des raisons d'ordre international, et avait eu un temps la faveur du MRP qui la considérait comme plus respectueuse de la personnalité des diverses possessions, mais qui en redoutait les virtualités centrifuges.

Cette absence de doctrine pesa sur les travaux préparatoires, dévolus d'abord à des commissions d'experts, puis aux deux Assemblées constituantes. La première, élue en octobre 1945 et dominée par les partis de gauche, élabora un texte indéniablement progressiste, mais qui ne consacrait à l'Union française qu'une dizaine d'articles dispersés et ne lui accordait d'autre structure qu'un modeste Conseil strictement consultatif[1]. Ce projet ayant été rejeté par référendum le 5 mai 1946, la seconde constituante, élue le 2 juin, travaille à partir des articles du texte précédent, mais aussi avec la volonté de les regrouper dans un chapitre entièrement consacré à l'Union française. Un intergroupe de députés « autochtones », dominé par Léopold Senghor et Ferhat Abbas, fit alors passer, avec le soutien des voix de gauche, des dispositions à caractère nettement fédéraliste. À la répudiation de toute souveraineté unilatérale s'ajoutait la dévolution à une assemblée *ad hoc* du soin d'élaborer une constitution particulière pour l'Union française. C'en était trop pour le MRP, sorti renforcé du scrutin du 2 juin. À l'appel du radical Henriot, qui se livra à une attaque en règle contre ce fédéralisme « anarchique et acéphale », Georges Bidault, président du gouvernement provisoire, vint en personne devant la commission pour que soient substantiellement modifiées les dispositions initialement adoptées[2], ce qui fut fait. Le 21 septembre, la Constituante adopta le Titre VIII sur l'Union française et, le 13 octobre, les Français adoptèrent la constitution à une courte majorité. Mais cette fois-ci, les élus « autochtones » ont fait campagne pour le *non* ou pour l'abstention.

De fait, les dispositions de la Constitution du 23 octobre 1946 consacrées à l'Union française se montrent peu innovantes. Ou plutôt, le contraste est frappant entre la générosité des principes fondateurs de l'Union énumérés dans le préambule – répudiation de l'arbitraire colonial, égalité des droits, exercice des libertés… – mais qui n'ont pas force de loi, et le caractère très restrictif des dispositions institutionnelles.

---

1. Il s'agit des articles 71, 72 et 73 du projet constitutionnel du 19 avril 1946. Les conseillers étaient élus, sans plus de précision, par les conseils généraux de la métropole et les assemblées territoriales des Territoires d'outre-mer. Les électeurs d'outre-mer firent bon accueil à ce texte qui, à la différence des métropolitains, lui accordèrent une majorité de suffrages.

2. Ce faisant, Bidault malmenait la tradition républicaine qui voulait que le gouvernement n'interférât pas dans les travaux constitutionnels d'une assemblée souveraine.

Celles-ci en effet ne sont guère contraignantes. Le président de la République est *de jure* le président de l'Union française, sans plus de précision de ses pouvoirs[1]. Le Haut-Conseil est un pseudo-gouvernement de l'Union, privé de tout pouvoir de décision[2]. L'Assemblée, composée pour moitié de représentants de la France métropolitaine, pour l'autre de représentants élus par les départements et territoires d'outre-mer, ou nommés par les États associés, n'a qu'un rôle purement consultatif[3]. La conduite de l'Union appartient donc au gouvernement français (art. 65) et à l'Assemblée nationale, seule habilitée à valider sous forme de lois des propositions de résolution adoptées par l'Assemblée de l'Union française. Le droit de vote, malgré la citoyenneté attribuée à tous, n'est pas universel (il ne le deviendra qu'en 1956) et s'exerce le plus souvent dans le cadre du double collège. La Constitution proclame enfin (Titre X, art. 85) la République une et *indivisible*, ce qui revient à fermer toute possibilité de « sortie », c'est-à-dire d'indépendance, aux Territoires d'outre-mer (en gros, l'Afrique) tout en l'entrouvrant aux États associés (l'Indochine).

Au terme de débats longs et confus, l'Union française est née dans l'équivoque. Sa construction institutionnelle, malgré quelques apparences, n'a rien de fédéral. La place de l'Algérie (jamais nommée) n'y est pas clairement définie[4], celle des États associés

---

1. Vincent Auriol s'est montré un actif président de l'Union française, qui se voulait régulièrement informé des problèmes comme l'attestent les sept volumes de son *Journal du Septennat* (1947-1953). Mais s'il dénonçait en privé certains errements, il s'est surtout posé en défenseur du *statu quo*.
2. Il comprend les représentants des États associés (Vietnam, Cambodge, Laos) et les ministres de la République concernés. Tardivement constitué, en 1950, il a tenu en tout et pour tout trois réunions.
3. L'histoire de l'Assemblée de l'Union française reste à écrire. Cette institution discrète et oubliée ne manque pourtant pas d'intérêt, même si sa composition prête parfois à sourire tant elle s'est montrée accueillante aux recalés du suffrage universel et au clientélisme des partis. Mais elle a compté dans ses rangs des personnalités de valeur, comme Alain Savary ou l'historien Charles-André Julien, et a permis aux élus d'outre-mer un certain apprentissage du travail parlementaire. Voir B. Droz, « L'évolution de l'Union française », *Historiens et Géographes*, numéro spécial « IVᵉ République », n° 357-358, p. 351-361.
4. L'Algérie fera l'objet d'un statut spécial adopté en août 1947, lui aussi novateur par certains aspects et conservateur dans ses dispositions générales.

ne l'est guère plus et les protectorats du Maroc et de la Tunisie n'en font pas partie[1]. Faute d'État fédéral, il y a un État puissamment fédérateur, la France, qui conduit à sa guise la politique de l'Union. C'en était revenir, ou peu s'en faut, à la vieille association chère à Albert Sarraut.

La constitution a été adoptée, à une courte majorité, par le référendum du 13 octobre 1946. Le 10 novembre ont lieu les élections législatives, qui reconduisent le tripartisme. Le 23 novembre, c'est le bombardement de Haiphong, suivi le 19 décembre par l'insurrection de Hanoi. La guerre d'Indochine commence. Quelques mois plus tard ce sera la répression de l'insurrection de Madagascar. Un an plus tard, le trucage éhonté de l'élection de l'Assemblée algérienne. La IVe République aborde mal la décolonisation. Ou plutôt, elle l'aborde dans les termes constitutifs de cette décolonisation « à la française », dont la France du reste n'a pas le monopole[2], mais qu'il convient d'expliquer.

Encadrée par deux guerres coloniales, celle d'Indochine et celle d'Algérie, cette décolonisation a été entravée par une réticence de principe à l'égard de tout mouvement de libération des peuples, par le primat du réflexe répressif sur le dialogue, par une politique de réformes au compte-gouttes et des concessions à reculons. Cette démarche rétive est d'abord imputable à la formation intellectuelle d'une génération politique qui n'a été que partiellement renouvelée à la Libération. Grandie dans le culte républicain des bâtisseurs de l'Empire et de la grandeur impériale, cette génération identifie instinctivement le rang international de la France, laborieusement recouvré, au maintien coûte que coûte du patrimoine colonial. Ce credo conservateur s'étend d'une large fraction des socialistes à la droite, même si certains radicaux (Pierre Mendès France, Edgar Faure)

---

1. Le sultan et le bey ont en effet refusé le statut d'État associé qui leur a été imposé avec insistance, craignant de voir leur pays figé durablement dans le giron de l'Union française.

2. Les décolonisations hollandaise et portugaise peuvent à bien des égards lui être rattachées.

et quelques MRP (Robert Buron, Pierre Pflimlin) ont eu le courage ou la lucidité de déroger au conformisme ambiant. À cette donnée essentielle, et qui expliquerait à elle seule toutes les crispations, s'ajoutent les vices de fonctionnement de la IVᵉ République : une instabilité gouvernementale endémique qui contrecarre toute définition d'une politique évolutive, des gouvernements de coalition fondés sur le compromis et le marchandage[1], le poids d'un lobby colonial actif dans la presse, dans les couloirs des ministères, dans les partis[2] et jusque dans les travées de l'Assemblée nationale. Et après la perte de l'Indochine et le camouflet de Suez[3], il va falloir compter avec le « malaise » d'une armée bien décidée à conserver l'Algérie, et à imposer aux politiques, fussent-ils de gauche, ses méthodes de pacification.

Toujours en retard d'une réforme, placée à la remorque de l'événement, contrainte de négocier *in extremis* dans les plus mauvaises conditions, la IVᵉ République n'a eu ni les institutions ni le personnel politique d'une politique cohérente de décolonisation. Le général de Gaulle n'avait sans doute pas fait preuve à la Libération d'une très grande audace, et moins encore ceux qui se réclamaient de lui. Mais son retour au pouvoir, en 1958, va de pair avec une refonte institutionnelle qui conférera enfin au pouvoir exécutif l'autorité nécessaire et coïncide avec une appréciation plus réaliste des grandes mutations en cours. L'Afrique noire pourra ainsi, sur un terrain il est vrai déjà bien préparé, s'affranchir sans heurts, et l'Algérie être mise dès 1959 sur la voie de l'indépendance par la reconnaissance du droit de l'autodétermination à son peuple.

---

1. Dans les gouvernements de « Troisième force » qui s'échelonnent de 1947 à 1951, le compromis était en gros le suivant : en échange du maintien des nationalisations et de l'armature de l'État-providence adoptées à la Libération, la SFIO abandonne la direction des affaires coloniales aux partis conservateurs en la matière (radicaux, MRP et Indépendants).

2. Les partis les plus colonialistes de la IVᵉ République ont été le parti radical, par tradition et en raison du poids croissant de ses élus d'Afrique du Nord, et le RPF dont nombre de membres étaient notoirement liés à l'affairisme colonial.

3. Sur Suez et le malaise de l'armée, voir *infra*, p. 119-121.

Les prémices de la décolonisation

C'est une évidence d'affirmer que la décolonisation fut d'abord le produit d'une épreuve de force, inégalement violente et conflictuelle, entre colonisateur et colonisé. C'en est presque une autre d'avancer que les peuples colonisés ont bénéficié après guerre d'un ensemble de facteurs exogènes propices à leur émancipation. La conférence de Berlin, en 1884-1885, avait internationalisé le partage de l'Afrique. Celles de San Francisco, de Genève, de Bandung, sont autant de jalons d'une internationalisation qui a puissamment contribué à l'accélération des indépendances.

Le nouvel ordre international

Dans la nouvelle configuration mondiale qui s'est mise en place au lendemain de la guerre, deux réalités majeures se dégagent : la bipolarité Est-Ouest et l'Organisation des Nations unies, qui vont jouer conjointement ou séparément la carte des émancipations coloniales.

L'effacement international des pays coloniaux, en proie à de multiples problèmes de reconstruction et soumis à la dépendance de l'aide américaine, a contribué à l'affirmation des deux grands vainqueurs de la guerre, également favorables à la fin des empires : les États-Unis par tradition historique et l'Union soviétique par référence idéologique, même si dans l'un et l'autre cas ces fondements théoriques n'excluent pas une certaine convoitise des dépouilles.

On s'est beaucoup interrogé sur la nature de l'anticolonialisme américain. Il s'appuie sur le rappel d'une évidence : l'émancipation des treize colonies d'Amérique par une guerre d'indépendance. Ancienne colonie, les États-Unis ne peuvent donc que comprendre et soutenir la lutte des peuples colonisés. On préfère ignorer ce que cet analogisme peut avoir de réducteur, voire de mystificateur. Faut-il rappeler que certains de ces

États révoltés étaient officiellement esclavagistes ; que les « insurgents » américains étaient des colons et non des colonisés ; et que ces mêmes colons ont par la suite massacré sans états d'âme nombre de leurs colonisés – les Indiens –, et maintenu ce qui en restait dans une situation d'infériorité manifeste ?

Pour autant, le moralisme et l'égalitarisme qui sont au cœur de la mentalité américaine ont fini par conférer une certaine sincérité à cet anticolonialisme. Nul doute que Roosevelt était réellement choqué dans ses convictions démocratiques au vu de l'arriération matérielle et juridique des populations assujetties, à la France notamment. Mais cette condamnation doit s'inscrire dans d'autres considérations, toutes matérielles celles-là. De longue date, le système colonial est condamné parce qu'il entrave le libre commerce et porte atteinte de ce fait aux intérêts économiques des États-Unis. Au nom du principe de la *porte ouverte*, véritable axiome de la politique extérieure américaine depuis la fin du XIXᵉ siècle[1], les États-Unis réclament le démantèlement des reliquats du pacte colonial (monopoles, contingentements, droits de douane élevés…) qui freinent le déploiement de leurs exportations et de leurs capitaux. Idéalisme démocratique et intérêts bien compris font donc bon ménage, et leur juxtaposition dans la Charte de l'Atlantique, dont on a dit le large écho dans les colonies, n'est pas fortuit[2]. Aussi, quand joignant le geste à la parole, les États-Unis ont accordé leur indépendance aux Philippines, le 4 juillet 1946, celle-ci a été encadrée par tout un ensemble de dispositions antérieures[3] et de nouveaux accords

---

1. Cette thèse a été exposée dès 1899 pour dénoncer le *break up of China* par les puissances européennes, et notamment le régime des concessions.
2. La rédaction est la suivante : Art. 3. – Ils (les pays signataires) respectent le droit de chaque peuple de choisir la forme de gouvernement sous laquelle il doit vivre ; ils désirent que soient rendus les droits souverains et le libre exercice du gouvernement à ceux qui en ont été privés par la force. Art. 4. – Ils s'efforcent […] d'ouvrir également à tous les États, grands ou petits, vainqueurs ou vaincus, l'accès aux matières premières du monde et aux transactions commerciales qui sont nécessaires à leur prospérité économique.
3. L'indépendance de 1946 découle du *Philippine Independence Act* du 24 mars 1934 qui prévoyait l'accession de l'archipel à l'indépendance au terme d'une période probatoire de dix ans.

qui, la complaisance du personnel politique philippin aidant, plaçait le pays sous l'étroite tutelle des États-Unis.

L'anticolonialisme de principe s'est du reste tempéré d'une présidence à l'autre. Dès la conférence de Yalta, Roosevelt avait dû renoncer, devant la résistance anglaise et l'indifférence soviétique, à son vaste projet de mise sous tutelle internationale (*trusteeship*) des possessions coloniales. On s'en tint à une tutelle réduite aux anciens mandats de la SDN et aux colonies des pays vaincus (Japon et Italie), disposition qui fut entérinée à la conférence de San Francisco. Son successeur Truman, moins dogmatique, et dans un contexte de guerre froide grandissante, ne souhaitait pas un affaiblissement trop rapide des puissances coloniales, par solidarité occidentale, puis atlantique. L'Indochine en fournit un exemple probant. Mais dès lors que la menace communiste était inexistante, ou simplement écartée comme en Indonésie, l'anticolonialisme reprenait le dessus, poussant plus ou moins discrètement à l'indépendance[1]. Contrainte en effet à une certaine réserve, l'administration américaine encourageait quelques puissants relais : campagnes de presse, solidarités syndicales (AFL-CIO), forces religieuses (Conseil fédéral des Églises)…

L'anticolonialisme soviétique, dont on a dit les fondements idéologiques mais aussi la ligne sinueuse suivie pendant l'entre-deux-guerres[2], a retrouvé en principe son intransigeance. À la conférence de Téhéran, en novembre 1943, Staline s'était dit « totalement d'accord » avec les propositions radicales de Roosevelt, quitte ensuite à ne plus les soutenir quand celui-ci les avait atténuées. À l'ONU, l'URSS soutint de ses votes la cause de la République indonésienne et le Kominform orchestra plusieurs campagnes contre la guerre d'Indochine, même si l'aide soviétique au Viet Minh est restée en deçà de celle de la Chine.

---

1. Notamment en Afrique du Nord où l'administration américaine était ouvertement favorable à l'indépendance des protectorats. Tenue à plus de retenue en Algérie, elle a été contournée et devancée par le jeune sénateur John F. Kennedy qui prit position, le 2 juillet 1957, en faveur de la personnalité et de l'indépendance algériennes.

2. Voir *supra*, p. 31-32 et 42-43.

Staline, dont la vision du monde était surtout européocentrée, accordait en fait assez peu d'intérêt aux problèmes coloniaux. Ses successeurs, et d'abord Khrouchtchev, furent plus vigilants, ne serait-ce que pour ne pas abandonner à la Chine populaire le flambeau d'un anticolonialisme radical et offensif. Outre de nombreux voyages dans les pays du tiers monde, Nikita Khrouchtchev se livra à quelques diatribes d'une rare violence[1]. Mais ce soutien à la décolonisation, surtout actif en Afrique, devait demeurer compatible avec les exigences de la coexistence pacifique, et de surcroît ménager la France gaullienne en raison de sa politique d'indépendance à l'égard des États-Unis.

Pour être modulable, l'anticolonialisme des deux grandes puissances n'en est pas moins convergent. L'épisode de Suez[2] l'illustre bien, qui voit les deux pays conjuguer leurs efforts et leurs menaces de représailles – financières pour l'un, atomiques pour l'autre – en vue d'une capitulation des Franco-Britanniques. Il est symptomatique que, hormis le cas de l'Indochine, dont la guerre s'inscrivait dans la confrontation Est-Ouest, et hormis la brève tension suscitée par l'ex-Congo belge pendant l'été 1960, la décolonisation n'ait suscité aucune crise grave entre les deux Grands. Celles-ci viendront plus tard, en Asie et en Afrique, une fois passé le cap des indépendances.

Même s'il y a lieu de s'interroger sur son efficacité réelle, l'intervention de l'ONU occupe une place considérable dans l'histoire de la décolonisation. Cette place est même disproportionnée par rapport aux clauses de la Charte des Nations unies adoptée à San Francisco le 26 juin 1945, très modérées et restrictives en matière coloniale. En fait, dès avant Yalta, Roosevelt avait dû remiser sous la pression britannique son grand projet de

---

1. Tel ce discours prononcé le 12 octobre 1960 devant l'Assemblée générale de l'ONU où, ayant dénoncé la situation de « cent millions d'hommes » vivant encore sous le joug colonial, il frappa le pupitre de sa chaussure pour mieux se faire comprendre.

2. Voir *infra*, p. 119-121.

trusteeship international que lui avaient préparé Summer Welles et Cordell Hull. Une fois Roosevelt disparu, la conférence de San Francisco, où la France épaula la Grande-Bretagne, porta un coup de grâce à cet anticolonialisme planétaire[1] et accoucha de dispositions à peine plus ambitieuses que celles de la Charte de la SDN.

Aux termes de la Charte de 1945, il était prévu en effet que les anciens mandats[2] deviendraient territoires sous tutelle, administrés par une puissance « tutélaire » sous le contrôle du Conseil de tutelle de l'ONU, doté d'un droit de regard et de suggestion en vue d'une indépendance rapide. La Libye et la Somalie italienne étaient rangées dans ce statut, mais il apparut vite que les anciennes possessions japonaises, la Corée notamment, formeraient un cas à part. Pour les « territoires non autonomes », c'est-à-dire l'essentiel des colonies (et des protectorats), la charte ne faisait obligation aux puissances coloniales que de « promouvoir le progrès des populations » et de fournir des renseignements à l'Organisation[3]. De plus, la France obtint que, reprenant une disposition déjà inscrite dans le Pacte de la SDN, les Nations unies se voient interdire « toute intervention dans les affaires qui relèvent essentiellement de la compétence nationale des États ». C'est le fameux « article 2, paragraphe 7 » de la Charte, dont la France fera effectivement grand usage[4].

---

1. Le Département d'État continuait certes de faire valoir une ligne anticolonialiste, mais il n'était pas suivi par ceux de la Guerre et de la Marine, surtout soucieux de multiplier les bases américaines sur les continents et les océans.

2. Il s'agit des mandats de « type B », car les mandats A sont devenus indépendants (Irak, Transjordanie) ou en passe de l'être totalement (Liban, Syrie), la Palestine étant un cas à part.

3. Dispositions adoptées sous la pression de l'Australie et de la Nouvelle-Zélande qui avaient alors des gouvernements travaillistes, et auxquelles la Grande-Bretagne et la France, ayant sauvé l'essentiel, se plièrent de bonne grâce.

4. Avec un succès mitigé. Car, d'une part, le terme d'« intervention » prête à discussion (une inscription à l'ordre du jour pour examen est-elle une intervention ?), d'autre part certains pays requérant ont tourné la difficulté en invoquant l'art. 11 § 2 de la Charte qui confère à l'Assemblée générale le doit de discuter de toute question se rattachant au maintien de la paix.

Sur des bases aussi restrictives, le rôle de l'ONU fut initialement modeste. Les indépendances des Philippines, de l'Inde et du Pakistan, de Ceylan et de la Birmanie, lui échappèrent totalement, ainsi du reste que la question indochinoise. Elle fut bien saisie en 1947 du dossier palestinien, mais qui concernait en fait plus un problème de maintien de la paix que de décolonisation. Ce n'est qu'avec le sort des anciennes colonies italiennes qu'elle fit travail utile[1]. Son intervention fut active dans le règlement de la question indonésienne, mais, compte tenu de la quasi-unanimité des intervenants et de la détermination américaine, l'Organisation n'a guère été ici que l'instrument juridique d'une volonté générale dans la condamnation du colonialisme néerlandais[2].

Au début des années cinquante, c'est au tour de la France d'affronter l'anticolonialisme du groupe afro-asiatique dont les effectifs sont passés de 13 membres en 1948 à 23 en 1955. L'Égypte ouvre le feu en octobre 1951 en déposant une plainte pour violation des principes de la Charte au Maroc. C'est ensuite l'affaire tunisienne qui vient à l'ordre du jour, en mars 1952. Les questions marocaine et tunisienne sont ainsi évoquées chaque année jusqu'en 1956, date de l'indépendance des deux protectorats et date à laquelle l'Algérie a déjà pris le relais. De cette situation inconfortable, la France ne s'est pas trop mal tirée, parvenant à faire dériver les inscriptions à l'ordre du jour du Conseil de sécurité à l'Assemblée générale (un moindre mal) et à obtenir de cette dernière, grâce au soutien tacite des États-Unis et des États latino-américains, des résolutions point trop sévères[3]. Il n'en reste pas moins que les émissaires nationalistes d'Afrique du Nord ont trouvé à l'ONU une tribune complaisante et les encouragements des pays frères. Obtenir l'inscription à l'ordre du jour était bien plus qu'une victoire de procédure, c'était aussi un acte de reconnaissance des combattants et de légitimation de leur

---

1. Voir *infra*, p. 279-280.
2. Seule la France se fit l'avocat des Pays-Bas au Conseil de sécurité, usant même, fait rarissime, de son droit de veto en 1947.
3. Voir M.-Cl. Smouts, *La France à l'ONU*, Paris, Presses de la FNSP, 1979.

lutte. Les diplomates algériens peuvent ainsi se féliciter d'avoir obtenu de l'Assemblée générale, fin 1960, la reconnaissance des « droits du peuple algérien à sa libre détermination et à l'indépendance[1] ».

L'action de l'ONU dans l'ancien Congo belge n'est pas moins importante. Appelée par Patrice Lumumba (sur les conseils d'Eisenhower) en juillet 1960, l'action des Casques bleus a sans doute été hésitante dans l'éradication du séparatisme katangais, faute de directives claires du Conseil de sécurité. Elle s'est heurtée à l'opposition soviétique, aux réserves de la France et de la Grande-Bretagne, et n'a été vraiment soutenue que par les États-Unis. Mais pour s'être révélée longue et coûteuse, cette intervention de police internationale à grande échelle a somme toute été un succès, préservant l'unité et l'indépendance du pays.

Les années 1960-1963 sont celles de la première vague des indépendances africaines, à l'heure où triomphe le principe d'universalité de l'ONU. De 51 membres, en 1945, l'Organisation en compte 118 fin 1965. En son sein, le groupe afro-asiatique est passé de 23 membres en 1955 à 46 en 1960 et 70 (soit plus de la moitié des membres de l'ONU) fin 1971. Sans attendre d'être majoritaire, car soutenu en la circonstance par les pays de l'Est, l'anticolonialisme du groupe s'est exprimé le 14 décembre 1960 par l'adoption d'une Déclaration sur l'octroi de l'indépendance aux peuples et pays coloniaux. Cette déclaration n'est qu'une résolution de l'Assemblée générale, donc non contraignante. Mais pour lui donner du poids, un comité de 17 membres, porté à 24 deux ans plus tard[2], fut désigné. Ainsi est né le Comité de décolonisation de l'ONU, organe non prévu par la Charte, structure permanente dotée de sous-comités, d'un secrétariat, de missions et de rapports *ad hoc*. Confronté surtout à la dernière phase

---

1. Résolution 1573, XVIe session de l'Assemblée générale, 19 décembre 1960. La France a dû déployer les grands moyens, notamment auprès de jeunes États francophones d'Afrique, pour que soit écarté un contrôle de l'ONU sur le référendum d'autodétermination. Même ainsi allégée, cette résolution n'a pas peu contribué à l'hostilité du général de Gaulle à l'égard du « machin ».

2. Représentant 5 pays occidentaux, 4 pays communistes, 3 pays d'Amérique latine et 12 pays afro-asiatiques.

de la décolonisation africaine, particulièrement laborieuse et conflictuelle, il a déployé un activisme considérable contre le colonialisme portugais, le séparatisme sud-rhodésien et le régime d'apartheid d'Afrique du Sud. Activisme assez vain car le Portugal de Salazar ne tenait aucun compte des résolutions de l'ONU et la décolonisation portugaise découle avant tout du changement de régime intervenu à Lisbonne en 1974. L'indépendance du Zimbabwe, l'ex-Rhodésie du Sud, est surtout affaire de rapport de forces sur le terrain et le démantèlement de l'apartheid est d'abord redevable aux mutations du régime sud-africain, elles-mêmes commandées par le raidissement des États-Unis et des pays occidentaux. En revanche, la ténacité de l'ONU est indéniable, et finalement payante, dans le règlement de la question namibienne[1].

Si, même avec des succès divers, l'ONU a accompagné, voire amplifié le processus de décolonisation, il y a lieu d'être plus réservé sur le rôle effectif joué par deux organisations confrontées au même problème : l'une régionale, la Ligue arabe, l'autre continentale, l'Organisation de l'unité africaine.

Fondée le 22 mars 1945, la Ligue arabe s'est rapidement émancipée de la tutelle britannique qui avait présidé à sa naissance, pour afficher un programme délibérément anti-impérialiste qu'elle expérimente avec succès quand la France doit reconnaître l'indépendance définitive de la Syrie et du Liban, et qui soulève de grands espoirs en Afrique du Nord. C'est auprès d'elle que Bourguiba va rechercher un appui à la cause tunisienne et, dans son fameux discours de Tanger (10 avril 1947), le sultan marocain lui décerne une mention flatteuse. C'est sous son patronage qu'est fondé au Caire, en décembre 1947, un Comité de libération du Maghreb, présidé par le prestigieux Abd el-Krim. Espoirs déçus. Obnubilée par la question israélo-palestinienne, la Ligue n'a accordé à la lutte pour l'émancipation des deux protectorats qu'un

---

1. Voir *infra*, p. 243-244.

soutien fort modeste, à peu près exclusivement verbal[1], que les deux pays, une fois indépendants, lui ont fait payer en n'adhérant à l'organisation qu'au terme d'un confortable délai. L'indépendance de la Libye relève surtout des décisions de l'ONU. Quant à celle de l'Algérie, elle est, sur le plan extérieur, bien plus redevable au soutien direct du colonel Nasser et aux offensives diplomatiques du GPRA qu'à la Ligue arabe, dont la presse occidentale a beaucoup exagéré les « machinations ».

Fondée en 1963, à une date où le mouvement d'indépendance des possessions africaines est largement entamé, l'OUA résulte d'abord d'un compromis, appelé à entretenir des divisions durables, entre les tenants d'une organisation intégratrice des États en vue de promouvoir une authentique unité africaine (les « progressistes ») et les tenants d'une simple association placée sous le signe de la coopération (les « modérés »)[2]. La Charte adoptée à Addis-Abeba, capitale-symbole du plus vieil État indépendant d'Afrique, consacra les vues de ces derniers dès lors qu'étaient affirmés les principes d'égalité souveraine des États et de non-ingérence dans leurs affaires intérieures. S'agissant de la décolonisation, l'unité s'était faite aisément sur le « dévouement sans réserve à la cause de l'émancipation totale des territoires africains non encore indépendants[3] ». Un comité de libération avait même été fondé, basé à Dar es-Salam, et Kwame N'Krumah ouvrit même au Ghana des camps d'entraînement aux « combattants de la liberté », qui contribuèrent surtout à la déstabilisation de certains États voisins.

Hormis un soutien diplomatique prodigué aux peuples en lutte, mais plus efficacement relayé par l'ONU, l'OUA n'a guère eu de prise sur l'achèvement de la décolonisation africaine. Faute de moyens financiers assurément, mais surtout en raison

---

1. La proposition de boycott des produits français par les États membres, formulée par Abd el-Krim, ne fut pas retenue.
2. Dans le sillage de la crise ouverte par l'indépendance du Congo belge et de l'aide à apporter ou ne pas apporter à Patrice Lumumba, ces deux tendances s'étaient préalablement regroupées : le groupe de Casablanca, avec 6 États (Égypte, Ghana, Guinée, Mali, Maroc, et le GPRA) exprimait les vues des progressistes ; celui de Monrovia, avec 21 participants, celles des modérés.
3. Charte de l'OUA, art. 3, § 6.

de ses divisions. Sans doute condamna-t-elle le séparatisme sud-rhodésien et l'apartheid sud-africain, mais sans parvenir à dégager une ligne ferme face aux régimes de Salisbury et de Pretoria. Au nom du « réalisme » et du « dialogue », les sanctions économiques furent constamment tournées, et même clandestinement par certains États qui offraient pourtant des « sanctuaires » aux combattants de l'ANC ou de la ZANU[1].

Le rôle des Églises

Il n'est guère besoin de rappeler l'étroite relation qui unit religion et colonisation. L'œuvre d'évangélisation a sans doute précédé le grand élan impérialiste de la seconde moitié du XIXᵉ siècle, au point que la défense des missions a pu, en Asie comme en Afrique, s'ériger en justification de la conquête coloniale. Mais à partir des années 1870-1880, colonisation et évangélisation ont progressé conjointement, comme l'atteste la courbe des fondations missionnaires[2], et dans une symbiose que les progrès de l'anticléricalisme, en France notamment, n'ont pu entamer[3]. Officiellement reconnues et subventionnées, dotées d'un riche patrimoine foncier, les missions se sont vu assigner une fonction majeure, parfois proche du monopole, en matière d'enseignement, de formation professionnelle et d'action sanitaire. Peu présente en terre d'islam, où elle s'est heurtée à de fortes résistances, l'œuvre missionnaire est considérable en Afrique[4], à Madagascar, en Asie et en Océanie.

---

1. Voir *infra*, p. 242-244 et 275.
2. Pour la France, cette courbe s'établit comme suit : 15 fondations pour la décennie 1871-1880, 46 entre 1891 et 1900, 39 entre 1901 et 1910, 51 entre 1911 et 1920, 45 entre 1921 et 1930. Voir S. Delacroix (dir.), *Histoire universelle des Missions*, t. IV, Paris, Grund, 1959, p. 11-24.
3. La loi de séparation des Églises et de l'État de décembre 1905 prévoyait un régime dérogatoire pour les colonies. La loi y a été appliquée plus tardivement, avec de multiples aménagements, ou pas du tout. Voir *Outre-Mers*, dossier « La loi de 1905 et les colonies », n° 348-349, 2005, p. 5-135.
4. Voir B. Salvaing, « Missions chrétiennes, christianisme et pouvoir en Afrique noire du milieu du XIXᵉ siècle aux années 1960 », *Outre-Mers*, n° 350-351, 2006, p. 295-333.

Une telle collusion n'émouvait guère l'opinion. En France, l'anticléricalisme, du reste en perte de vitesse entre les deux guerres, demeurait discret sur cette dimension coloniale, et l'anticolonialisme, lui aussi en voie de marginalisation, mettait surtout l'accent sur les méfaits de l'administration et du capitalisme coloniaux. À l'Exposition coloniale de 1931, l'Église avait trouvé toute sa place avec l'édification d'un pavillon des missions et l'homélie du cardinal Verdier, archevêque de Paris, qui avait célébré « l'action civilisatrice de la France dans l'étroite union de l'intérêt national et de l'intérêt chrétien ». Dans les milieux catholiques, les voix discordantes étaient rares. Dans les années trente, les militants des *Semaines sociales* s'étaient émus à plusieurs reprises[1] de la perpétuation du travail forcé et de la répression des premières manifestations nationalistes. Dans l'éphémère revue *Sept* (1934-1937), le juriste Joseph Folliet faisait preuve d'une grande audace en réduisant la colonisation à une tâche d'éducation préparant les communautés coloniales à se passer, en temps voulu, de la domination des métropoles.

C'est en fait du Vatican que va venir une prise de distance appelée à s'élargir. Déjà Léon XIII, conseillé par Mgr Lavigerie, archevêque d'Alger et fondateur des Pères blancs, avait jeté les bases d'une théologie de la colonisation fondée sur l'égalité des races et le respect de la personne humaine. Une telle précaution était d'autant plus nécessaire que le colonialisme avait perdu de son esprit de croisade pour se charger de mobiles politiques et commerciaux auxquels l'Église entendait demeurer étrangère. Face à la colonisation contingente, l'universalité de l'Église romaine commandait de préparer l'avenir. Telle a été la préoccupation constante de Benoît XV et surtout Pie XI. Très influencé par le père Lebbe, missionnaire en Chine, ce dernier a promulgué en 1926 l'encyclique *Rerum Ecclesiae* qui, le tassement de l'élan missionnaire aidant, insiste sur la formation à vaste échelle d'un clergé indigène[2]. Quant à Pie XII, directement

---

1. Congrès de Marseille en 1930, de Versailles en 1936.
2. Pie XI consacre en 1933 le premier évêque vietnamien, Mgr Tong. En 1939 sont consacrés les premiers évêques africain et malgache.

confronté à la vague de décolonisation, il sut donner les gages d'une souplesse et d'un sens des évolutions qui contrastent avec la rigidité dont il fit preuve dans d'autres domaines.

Au centre de sa démarche, l'encyclique *Fidei Domum* du 21 avril 1957, qui reprend tout un ensemble de textes comme l'encyclique *Evangelii Praecones* du 2 juin 1951, ainsi que les messages de Noël 1954 et 1955. Le tout forme un ensemble doctrinal dont on peut retenir quelques thèmes : le refus de l'Église universelle de se lier à une culture particulière, puisque l'Évangile transcende toutes les cultures comme parole et acte de Dieu ; les torts que les nations civilisées ont pu causer aux peuples qu'elles avaient mis en tutelle ; la nécessaire évolution des peuples colonisés vers une liberté juste et progressive, et leur accès aux responsabilités politiques, suivi d'une coopération étendue à tous les domaines. Sans nier la cohérence de cette synthèse, il est clair que l'Église redoutait de voir les peuples colonisés lier l'impérialisme et le christianisme dans un même rejet. Il est clair aussi que cette position évolutive s'appliquait là où le communisme n'était pas menaçant. Dans le cas contraire, en Indochine notamment, le Vatican fut infiniment plus prudent, couvrant de sa caution la reconquête militaire française et apportant son soutien à la solution Bao Dai. L'exode des catholiques du Nord-Vietnam vers le Sud, en 1954, a donné lieu à une bruyante exploitation orchestrée par le cardinal Spellmann, archevêque de New York.

Le Vatican s'est attaché conjointement à multiplier les circonscriptions ecclésiastiques depuis les vicariats et préfectures apostoliques qui constituent le stade initial de l'évangélisation. Dans cette démultiplication, l'Afrique est privilégiée avec la création de onze provinces ecclésiastiques en 1955. Parallèlement, la promotion d'un épiscopat africain s'accélère depuis le début des années cinquante et se poursuit sous le pontificat de Jean XXIII. En 1961, les évêques « indigènes » tiennent la moitié des archidiocèses (33 sur 66) et près du quart des diocèses (56 sur 235) relevant de la Congrégation de la foi[1]. Le Vatican a

---

1. Voir C. Alix, « Le Vatican et la décolonisation », in M. Merle (dir.), *Les Églises chrétiennes et la décolonisation*, Paris, A. Colin, 1967, p. 46.

délibérément choisi de promouvoir l'épiscopat autochtone, non sans résistances manifestes comme dans les colonies portugaises. Ce rôle anticipateur a pu soulever des critiques dans les rangs mêmes de l'Église[1], mais aussi dans ceux de la gauche laïque confrontée à la décolonisation, qui s'est plu à dénoncer la collusion « du Kominform et du Vaticanform », et jusque dans les rangs du protestantisme de tradition gallicane[2].

Face à la décolonisation, la cohésion globale de l'Église romaine ne s'est trouvée que partiellement vérifiée dans l'Église de France et l'opinion catholique française, les plus directement confrontées au problème. Le décalage n'a que passagèrement affecté l'épiscopat, pourtant travaillé par des divergences[3], qui s'est inscrit dans une voie moyenne qui se voulait à la fois obéissante à Rome et arbitrale des diverses tendances du catholicisme français. Sans doute aussi, l'évolution générale de l'opinion catholique ne se différencie pas fondamentalement de l'opinion publique générale. Encore impressionnante par sa masse – 37 % de pratiquants réguliers en 1955 –, cette France catholique ne déroge pas au conformisme de l'opinion globale et à sa courbe d'évolution qui va d'un attachement à peu près unanime aux possessions d'outre-mer après la guerre au consentement tacite d'une décolonisation accélérée à l'orée des années soixante. Mais ce positionnement « centriste » n'exclut pas des choix plus radicaux. Aux positions extrêmes de l'ultra-colonialisme et de l'anticolonialisme, les catholiques sont probablement plus nombreux que la moyenne nationale. À la pointe du combat pour le maintien de l'Indochine et de l'Algérie française, voire dans les rangs de l'OAS, elle s'est trouvée surreprésentée. La décolonisation a fourni à l'intégrisme catholique un précieux ballon d'oxygène après sa traversée du désert entamée en 1926 par la

---

1. Tel Mgr Marcel Lefebvre, alors archevêque de Dakar.
2. Ainsi, F. Méjean, *Le Vatican contre la France d'outre-mer ?*, Paris, Fischbacher, 1957.
3. Le cardinal Feltin (Paris), vicaire aux Armées, et Mgr Saliège (Toulouse), signataires en 1956 d'un appel au « renouveau de l'Algérie française », expriment des vues colonialistes, à la différence du cardinal Gerlier (Lyon) et de Mgr Chappoulie (Angers), beaucoup plus progressistes.

condamnation de l'Action française et poursuivie à la Libération. L'opposition au concile de Vatican II ne fera que prendre le relais. À l'inverse, les catholiques sont nombreux à la tête du combat pour la décolonisation que beaucoup rattachent à un problème de morale chrétienne en raison de la violence faite par un peuple à un autre. La crise des protectorats et la guerre d'Algérie fournissent de nombreux exemples de ce positionnement critique à l'égard des messages jugés trop lénifiants de la hiérarchie, qu'il s'agisse des intellectuels[1], du syndicalisme et des organisations de jeunesse chrétienne. Reflet de cette diversité, la presse catholique peut exprimer des opinions résolument colonialistes (*Verbe*, revue dirigée par l'ancien communiste Georges Sauge, *La France catholique*, dirigée par Jean de Fabrègues) alors que des revues comme *Esprit*, *Études*, *La Vie intellectuelle* sont favorables à la décolonisation. À la pointe de ce combat, l'hebdomadaire *Témoignage chrétien*, dirigé par Georges Montaron, évoquait même dès 1946 le « devoir de décolonisation ».

Illustrées par les noms de David Livingstone, d'Albert Schweitzer et de Maurice Leenhardt, les missions protestantes sont d'implantation plus tardive. Le second XIXᵉ siècle est l'âge d'or de leur expansion avec une tendance à la dispersion, voire à la division, qui n'a été corrigée que tardivement[2]. Leur pénétration est relativement modeste en Asie du Sud-Est, sauf pour les missions hollandaises en Indonésie ; beaucoup plus conséquente

---

1. Les intellectuels catholiques ont été peu nombreux (Paul Mus, Jacques Madaule…) à prendre position contre la guerre d'Indochine. Ils l'ont été davantage pour plaider la cause de l'indépendance des protectorats (Comité France-Maghreb avec Louis Massignon et François Mauriac) et à dénoncer l'usage de la torture en Algérie (Henri-Irénée Marrou, Pierre-Henri Simon, Robert Barrat et le Centre catholique des intellectuels français). Voir E. Fouilloux, « Intellectuels catholiques et guerre d'Algérie », in J.-P. Rioux et J.-F. Sirinelli (dir.), *La Guerre d'Algérie et les intellectuels français*, Bruxelles, Complexe, 1991, p. 79-114.
2. Une conférence mondiale tenue à Édimbourg en 1910 a donné naissance, avec de substantiels délais, au Conseil international des Missions et le Conseil œcuménique des Églises qui ont fusionné en 1961 lors de l'assemblée générale de New Delhi.

en Afrique noire, à Madagascar et en Océanie. Leurs tâches d'évangélisation, d'enseignement et de santé ne diffèrent en rien de celles des missions catholiques, au point d'entretenir des rivalités non dénuées d'arrière-pensées politiques, mais elles les ont exercées avec plus de liberté et d'ampleur de vues qui s'expliquent par leur autonomie et leurs moyens financiers. Le poids croissant des missions américaines, indépendantes de tout pouvoir colonial et richement dotées, n'y est pas étranger.

Outre la formation du clergé des « Jeunes Églises », qui se sont elles-mêmes affranchies des maisons fondatrices, les missions protestantes ont réalisé une œuvre éducative remarquable par la multiplication d'écoles rurales et professionnelles. La traduction de la Bible en langue vernaculaire, en affermissant leurs structures et en les faisant parfois accéder à l'écrit, a été un puissant outil d'acculturation. Moins frileuses que les missions catholiques, qui défendaient un savoir élémentaire à vocation essentiellement pratique, elles ont encouragé, à l'instar de la *Church Missionary Society*, la formation d'une élite occidentalisée qui trouvait dans les universités africaines, voire britanniques ou américaines, les compléments d'une formation supérieure. Sur un autre plan, mais de façon convergente, les épouses des missionnaires protestants se sont dévouées à l'émancipation et à l'éducation des femmes indigènes.

Plus autonomes par rapport au colonisateur, les missions protestantes ont contribué à humaniser la colonisation, voire à en dénoncer les excès. La décolonisation y a trouvé un terrain préparé, même si les comportements locaux ne coïncident pas toujours avec la hardiesse des prises de position au sommet. C'est en effet dès 1946 que la Commission des Églises pour les affaires internationales, émanation du Conseil international des Missions, opte pour la « promotion des peuples colonisés à l'indépendance dans le libre jeu des institutions politiques[1] ». Ce principe est rappelé avec vigueur lorsque éclate en 1961 la rébellion armée en Angola.

---

1. Charte de la CEAI, art. 8. Voir R. Mehl, *Décolonisation et missions protestantes*, Paris, Société des missions évangéliques de Paris, 1964.

Sans nier, au total, la symbiose des Églises et du colonialisme, sans nier non plus la part prise par celles-ci dans l'européocentrisme colonial destructeur des patrimoines culturels[1], il n'en reste pas moins que les Églises ont anticipé la décolonisation et l'ont accompagnée. Elles ont fourni les instruments d'une critique rationnelle du colonialisme et contribué à maintenir le lien d'une continuité idéologique par-delà la rupture politique de l'indépendance.

Bandung et Suez

On peut s'étonner de voir figurer ici la conférence de Bandung, tenue dix ans après la fin de la guerre et à une date où la décolonisation de l'Asie était pratiquement achevée. Ce serait oublier que Bandung a une préhistoire que l'on peut faire remonter fort loin, au Congrès des peuples de l'Orient réuni à Bakou en 1920, ou, plus sûrement, au Congrès des peuples opprimés tenu à Bruxelles[2] en janvier 1927, qui fut pour Nehru une véritable révélation. Dès avant l'indépendance de l'Inde, celui-ci avait réuni à New Delhi, en mars-avril 1947, une *Asian Relations Conference* où les orateurs témoignèrent d'une irréductible méfiance à l'égard de l'impérialisme occidental, américain compris. La conférence décida de se doter d'une organisation permanente qui finalement ne vit pas le jour. Mais peu après s'esquissait à l'ONU, à la faveur de la discussion de la question indonésienne, un groupe arabo-asiatique qui devint, fin 1950, groupe afro-asiatique avec l'adhésion de l'Éthiopie et du Liberia, et dont le but était double : prendre la tête d'un anti-impérialisme militant et définir une ligne indépendante des blocs au service de la paix alors menacée par les développements de la guerre de Corée.

La conférence de Bandung s'inscrit dans la continuité de cette démarche anticolonialiste par principe et neutraliste par

---

1. Voir G. Balandier, *Sens et puissance*, Paris, PUF, 1971.
2. Sur ces deux congrès, voir *supra*, p. 32 et 42.

intérêt. Plus directement, elle procède de l'inquiétude de certains États face à l'extension de la guerre froide à l'Asie du Sud-Est[1] et des problèmes économiques liés à la baisse brutale du prix des matières premières après le boom coréen. Elle procède aussi de la grande inconnue qu'étaient les choix de politique extérieure de la Chine populaire, plus ou moins suspectée, par l'Inde et la Birmanie surtout, de tentations annexionnistes et d'infiltration communiste dans les communautés chinoises d'Asie du Sud-Est. Aussi, quand, en avril 1954, les chefs des gouvernements de Ceylan, de l'Inde, du Pakistan, de Birmanie et d'Indonésie se réunissent à Colombo (Ceylan) en vue d'organiser une grande conférence afro-asiatique, l'idée se heurte aux réticences de Nehru qui entend normaliser préalablement les relations sino-indiennes[2] et qui exige qu'à tout le moins la Chine soit invitée pour mieux l'encadrer sur la scène asiatique. Rendez-vous est finalement pris à Bandung, dans l'île de Java, en partie pour redresser l'image du président Sukarno alors en proie à de graves difficultés intérieures.

La composition de la conférence, arrêtée à Bogor (Indonésie) fin 1954, est à bien des égards instructive, non exempte de contradictions. Au total, *25 États* furent invités, ce qui revenait à exclure les mouvements de libération en lutte pour l'indépendance qui, pour certains, eurent droit à un poste d'observateur[3]. Certains États invités n'étaient encore qu'en gestation, tels la Gold Coast et le Soudan, alors que le Nigeria, dans une situation comparable, ne l'était pas. La Fédération d'Afrique centrale, qui n'était qu'un pseudo-État[4], préféra décliner l'invitation. On peut également se demander pourquoi les deux Vietnam furent invités,

---

1. Guérilla en Malaisie, dégradation de la situation en Indochine, signature du pacte de Manille créant l'OTASE et première crise entre Pékin et Taiwan.

2. Ce fut chose faite avec la signature du traité sino-indien du 29 avril 1954, dont le préambule inscrit des principes qui seront retenus par la conférence de Bandung : respect mutuel, non-agression, non-ingérence, égalité et avantages mutuels, coexistence pacifique.

3. Ce fut le cas de l'Istiqlal, du Néo-Destour et du FLN algérien, représentés respectivement par Allal el-Fassi, Salah Ben Youssef et M'hamed Yazid. Le mouvement indépendantiste chypriote EOKA était représenté par Mgr Makarios.

4. Voir *infra*, p. 236-237.

et non leurs homologues coréens. Plus significative est la non-invitation des pays latino-américains, considérés comme trop inféodés à l'impérialisme *yankee*, et l'exclusion de l'Union soviétique, mollement soutenue par la Chine populaire, qui s'explique moins par sa domination sur les peuples d'Asie que par son leadership sur le bloc communiste et son statut de grande puissance. Pour autant, en juxtaposant États communistes, pro-occidentaux (comme le Japon) et neutralistes, les organisateurs avaient administré la preuve d'une volonté de compromis.

Ouverte le 18 avril 1955 dans un grand déploiement média-tique[1], la conférence a entendu de nombreux discours, pour certains d'une rare violence. Le problème était de les accorder dans une synthèse. La condamnation du colonialisme y figure en bonne place[2], mais il fallut toute la diplomatie de Zhou Enlai pour lui donner une forme acceptable. Devait-on suivre la proposition du délégué pakistanais portant sur une contribution militaire des participants à la libération de l'Algérie ? Ou celle des délégués thaïlandais et philippins portant sur une condamnation explicite du colonialisme de l'URSS et de la Chine sur certaines régions périphériques ? Nehru s'opposa à la première, Zhou Enlai à la seconde, et tous deux coupèrent court à toute évocation du Tibet. C'est donc le colonialisme « traditionnel » qui fut visé dans le communiqué final du 24 avril, inscrit dans une formulation générale. Il s'y ajoutait une reconnaissance spécifique des droits de l'Indonésie sur la Nouvelle-Guinée occidentale[3] et sur le droit à l'indépendance des peuples d'Afrique du Nord[4].

Pour s'en tenir à la seule dimension anticoloniale, il convient de ne pas exagérer la portée de la conférence. Si Bandung fut un

---

1. En ce printemps 1955 placé sous le signe de la détente Est-Ouest, l'attention des médias s'est déplacée à Bandung où plus de 400 journalistes ont « couvert » l'événement.

2. Elle est le sixième des « Sept piliers de la paix » : « Droit d'autodétermination de tous les peuples et condamnation de l'exploitation coloniale sous toutes ses formes ».

3. Voir *infra*, p. 151.

4. En des termes jugés trop lénifiants par les observateurs maghrébins, la France étant seulement « pressée d'aboutir sans retard à une solution politique ».

« coup de tonnerre », selon l'expression de Léopold Senghor[1], elle le doit pour une part à son retentissement médiatique, pour une autre à la présence des grands noms du tiers monde naissant : Zhou Enlai (le vrai gagnant de la rencontre), Nehru, Sukarno, Nasser... Car hormis la signature de quelques accords bilatéraux, les résultats pratiques de la conférence sont minces. La question chypriote demeura en l'état, Londres ne souhaitant pas indisposer la Turquie par l'octroi d'une indépendance jugée prématurée. Le soutien aux peuples en lutte n'en est pas sorti renforcé, sauf moralement, la conférence n'ayant mis en place aucune structure de coordination. Washington se désintéressa ouvertement, à tort sans doute, d'une conférence que le Kremlin prit bien plus au sérieux, ne serait-ce que pour ne pas abandonner à la Chine populaire la cause du tiers-mondisme international. Dans l'histoire de la décolonisation, la vraie place de Bandung doit être appréciée comme un maillon dans une chaîne d'événements situés entre 1954, l'année de la défaite française de Dien Bien Phu, et 1956, l'année de Suez, qui se sont conjugués pour précipiter la faillite du colonialisme européen.

Parmi les sources assurément complexes de l'expédition de Suez, la décolonisation n'occupe à première vue qu'une place secondaire au regard de ses considérants capitalistes, diplomatiques et militaires[2]. Mais si pour la Grande-Bretagne il s'agit de maintenir au Moyen-Orient des positions menacées par la montée du nassérisme, pour la France il s'agit d'abord de l'Algérie. Le Caire accueille en effet la délégation extérieure du FLN, livre des armes à l'ALN et inonde, par la *Voix des Arabes*, l'Afrique du Nord de propos incendiaires. Abattre Nasser revenait donc à

---

1. Envoyé comme observateur par le gouvernement Edgar Faure, dont il était secrétaire d'État.
2. Le premier découle de la nationalisation (contre promesse d'indemnisation) de la Compagnie de Suez par le colonel Nasser le 26 juillet 1956 ; le deuxième du refus de l'Égypte d'adhérer au pacte de Bagdad (1955) en échange de l'aide anglo-américaine au financement du barrage d'Assouan ; le troisième, de la livraison à l'Égypte d'armes soviétiques menaçantes pour l'État d'Israël.

étrangler le FLN dans son sanctuaire. Cette vision bien sommaire, qui ignorait ou préférait ignorer toute la dimension endogène du nationalisme algérien, était pourtant partagée par de larges pans de la classe politique et de l'opinion publique, comme telles favorables à une politique de force.

Nasser ayant refusé toute transaction à la nationalisation du canal de Suez, le débarquement franco-britannique commence le 5 novembre 1956, précédé par une offensive israélienne dans le Sinaï. La réussite militaire est complète, mais le fiasco diplomatique est immédiat. Par des voies différentes mais convergentes, les États-Unis et l'Union soviétique enjoignent que soient stoppées les opérations. Démonstration est faite que le Royaume-Uni et la France ne sont plus des puissances à part entière libres de leurs décisions. La leçon est dure pour les Britanniques qui doivent essuyer les critiques à peu près unanimes des membres du Commonwealth pour ce regain de « colonialisme » (Nehru) et qui voient entamées leurs dernières positions au Moyen-Orient[1]. C'est toute une conception quelque peu arrogante de la grandeur impériale qui s'est effondrée à Suez. Successeur d'Anthony Eden, contraint à la démission, Harold Macmillan, pourtant partisan de la manière forte dans cette affaire, en prend acte et va devoir négocier à court terme l'indépendance de Chypre[2] et ouvrir, dès 1957 avec le Ghana, le cycle des indépendances africaines.

---

1. Évacuation des bases britanniques de Jordanie, coup d'État nationaliste en Irak (juillet 1958) qui abolit la monarchie hachémite traditionnellement dévouée aux intérêts britanniques.

2. Possession britannique depuis 1878, Chypre relève moins de la colonisation que de l'impérialisme naval du Royaume-Uni. L'île jouissait d'une assez large autonomie, mais les patriotes chypriotes grecs réclamaient de longue date l'*enosis* (le rattachement à la Grèce) que la minorité turque refusait obstinément. Organisés par l'OEKA, dirigée par Georgios Grivas, et soutenus par l'archevêque Makarios, la guérilla et le terrorisme s'intensifient à partir de 1955, provoquant l'exil de Makarios en 1956. Affaiblie par la crise de Suez, la Grande-Bretagne doit se résigner à signer les accords de Zurich et de Londres qui reconnaissent à Chypre une indépendance proclamée le 16 août 1960, mais où la coexistence des deux communautés va se révéler difficile. Autre possession britannique en Méditerranée, l'île de Malte accède à l'indépendance en septembre 1964.

Pour la France, les conséquences ne sont pas moindres. Suez a ébranlé ses positions dans le monde arabo-musulman, tous les pays du Moyen-Orient, à l'exception du Liban, ayant rompu leurs relations avec Paris. Le FLN qu'elle entendait affaiblir est sorti renforcé. De façon inattendue du reste, dans la mesure où la popularité même de Nasser l'a conduit à desserrer l'emprise égyptienne[1] et à rechercher, non sans succès, des soutiens élargis aux pays occidentaux[2] et aux pays de l'Est. Sans compter l'effet désastreux en Afrique où la France se croit encore maître du temps et néglige de réformer l'Union française. Sans compter enfin le fameux « malaise de l'armée », fait d'humiliation et d'un sentiment de trahison, qui va peser lourd dans l'effondrement de la IVe République et compliquer ensuite la tâche du général de Gaulle dans la voie de l'indépendance algérienne.

---

1. En 1958, la capitale choisie comme siège du GPRA sera Tunis et non Le Caire.

2. La déclaration du jeune sénateur Kennedy, le 2 juillet 1957, favorable à l'indépendance algérienne, peut être considérée comme un contrecoup de la reculade de Suez.

3

L'Asie

Il est naturel que la décolonisation ait débuté par l'Asie. Le souvenir très vivant d'une souveraineté déchue et de l'âpre résistance à la conquête européenne, les exemples contagieux de la victoire japonaise de 1905 et de la révolution chinoise de 1911, joints à une configuration sociale et culturelle diversifiée, avaient conféré aux mouvements asiatiques une antériorité et une maturité indiscutables dans la lutte contre la colonisation. Le coup de grâce est venu de la Deuxième Guerre mondiale. La défaite de la France et des Pays-Bas, les difficultés de la Grande-Bretagne, notamment la chute de Singapour, ont provoqué une perte de prestige des puissances coloniales qui a trouvé prolongement et amplification avec l'occupation japonaise. On a dit combien celle-ci s'est employée à discréditer le colonialisme blanc et, dans une certaine mesure, à s'appuyer sur les élites nationalistes jusqu'à leur octroyer *in extremis* des indépendances qui, pour être fictives, n'en léguaient pas moins aux puissances coloniales des conditions difficiles de réappropriation.

Mais cette précocité ne signifie pas que les décolonisations asiatiques aient été plus aisées qu'ailleurs. Deux facteurs majeurs expliquent le caractère plus ou moins conflictuel de leur déroulement : l'inégale préparation des métropoles et l'implantation du communisme. Si la Grande-Bretagne, naturellement portée au pragmatisme et fidèle à une longue tradition évolutive, a su se départir de la grandeur impériale dont l'Empire des Indes était le principal support, mais d'un intérêt

économique déclinant, ni les Pays-Bas ni la France ne concevaient leur reconstruction sans leurs possessions asiatiques.
Mal informés des progrès récents du nationalisme, les deux
pays ont fait prévaloir des solutions de force assorties de compromis boiteux, pour finalement devoir céder la place. L'une
des justifications de cette crispation colonialiste résidait dans la
lutte contre le communisme, dont l'osmose avec le nationalisme est l'une des grandes originalités de l'anticolonialisme
asiatique. Initiée par le communisme chinois, dans lequel
revendication sociale et nationale ont fini par se confondre,
cette osmose s'est inégalement affirmée : à peu près inexistante
en Inde, elle s'est révélée partielle et sans lendemain en Indonésie, mais beaucoup plus complète et efficiente en Malaisie et en
Indochine dont elle a contribué à retarder les indépendances par
l'intégration des guerres de libération nationale dans la confrontation Est-Ouest[1].

Si les principaux épisodes de la décolonisation asiatique
concernent bien le Royaume-Uni, les Pays-Bas et la France, on
ne saurait ignorer celle de la Corée (et accessoirement de
Taiwan), dès lors que, conformément à la déclaration du Caire
(1er décembre 1943), la capitulation du Japon devait entraîner
ipso facto la perte de ses dépendances. La résistance coréenne,
active en Chine (Kim Ku), aux États-Unis (Syngmann Rhee) et
en Corée même n'a pas signifié pour autant la reconnaissance
d'une indépendance immédiate mais un régime d'occupation
militaire américaine et soviétique. Le démantèlement des entreprises nippones, le désarmement des troupes et le rapatriement
des ressortissants japonais, conduits avec célérité, précèdent les
indépendances proclamées en 1948 au sud et au nord. Celles-ci
ont fondé une situation de partition nationale qui survit
aujourd'hui.

---

1. Cette imbrication de la décolonisation asiatique dans la guerre froide est
bien mise en valeur par F. Joyaux, *La Nouvelle Question d'Extrême-Orient*, Paris,
Payot, 1985-1988, 2 vol.

Les Indes anglaises

L'Empire des Indes : indépendance et partition

La victoire des travaillistes en juillet 1945 ne signifiait nullement la reconnaissance immédiate de l'indépendance de l'Inde. Traditionnellement divisé sur la question coloniale, le *Labour* avait certes, depuis 1943, préparé la voie à la levée d'une dépendance « devenue dommageable aussi bien pour la Grande-Bretagne que pour l'Inde et pour la cause des Nations unies[1] ». Mais, dans l'immédiat, le nouveau Premier ministre, Clement Attlee, avait maintenu sur place le vice-roi Wavell, nommé par Churchill en 1943, et s'en tenait aux termes de la mission Cripps dont les propositions avaient été hautement refusées par le Congrès[2].

Militaire plus que politique, mais homme de bonne volonté et bon administrateur, Wavell était bien conscient que les Britanniques ne pourraient rester en Inde par le seul recours à la force. Sans doute, le mouvement *Quit India*, lancé par le Congrès en août 1942, avait échoué. Non seulement les Britanniques n'avaient pas quitté l'Inde, mais ils étaient parvenus à y puiser les hommes et les ressources nécessaires à leur effort de guerre. L'ampleur du soulèvement avait néanmoins prouvé la fragilité du *British Raj* et renforcé le Congrès dans la voie de la fermeté, c'est-à-dire de l'indépendance immédiate. Elle avait aussi indirectement renforcé l'audience de la Ligue musulmane[3]. Celle-ci s'était bien gardée de s'associer à la grande vague de désobéissance lancée après la résolution *Quit India* et avait mis à profit la démission des gouvernements provinciaux tenus par le Congrès pour renforcer ses positions au Bengale et au Pendjab, mais aussi dans le Sind et en Assam, et étoffer, avec la bienveillance des Britanniques, ses structures et son assise populaire.

---

1. Congrès du parti travailliste 1943, *Annual Conference Report*.
2. Voir *supra*, p. 76-77.
3. Acquise depuis la résolution de Lahore (1940) à la création d'un Pakistan indépendant. Voir *supra*, p. 77.

Conscient de ces évolutions, et malgré la mauvaise volonté évidente de Churchill, Wavell réunit le 25 juin 1945 une conférence à Simla, avec pour but la formation d'un gouvernement provisoire. Très sûr de lui, Jinnah se pose en unique représentant de la minorité musulmane et exige que les ministres musulmans soient tous nommés par la Ligue. L'affirmation d'une légitimité aussi exclusive est inacceptable pour le Congrès, qui compte dans ses rangs nombre de musulmans représentatifs. Plutôt que de chercher de nouveaux interlocuteurs, Wavell préfère dissoudre la conférence, à la grande satisfaction des fonctionnaires du Civil Service, hostiles à toute évolution rapide.

La victoire des travaillistes et la formation du cabinet Attlee sont bien accueillies en Inde, ne serait-ce que parce qu'elles représentent une alternative à l'intransigeance churchillienne. Attlee et Bevin souhaitent procéder avec prudence et s'en tiennent dans l'immédiat à l'offre de Stafford Cripps de 1942. Les événements vont en décider autrement. Entretenue par les difficultés économiques du moment (inflation, pénuries de toutes sortes) et par les retombées du procès intenté pour trahison aux officiers de l'Indian National Army de Chandra Bose[1], l'agitation populaire culmine avec les émeutes de Calcutta des 21-23 novembre 1945. Au même moment se tiennent les élections provinciales qui confirment l'audience dominante des deux grands partis dans leurs zones respectives. Elles montrent aussi à quel point la Ligue musulmane a progressé depuis 1937. Le parti d'Ali Jinnah remporte 90 % des sièges attribués aux musulmans, obtenant la majorité absolue au Bengale et au Sind, et la majorité relative au Pendjab.

C'est au vu de ces résultats qu'Attlee se rallie à une indépendance qu'il juge désormais inéluctable, comme en témoigne son discours aux Communes du 15 mars 1946. Encore veut-il que la transition s'effectue dans l'ordre et, si possible, dans le maintien de l'unité du sous-continent, ne serait-ce que pour garantir

---

1. Voir *supra*, p. 78-79.

l'unité de l'armée[1]. Aussi envoie-t-il une mission gouvernementale[2] pour négocier la structure fédérale du gouvernement auquel serait transférée la souveraineté. Une conférence tripartite se tient à nouveau à Simla. Celle-ci débouche sur le plan du 16 mai[3] que chacun signe mais veut interpréter au mieux de ses intérêts. Wavell ayant chargé Nehru de former un gouvernement intérimaire, Jinnah accepte finalement que cinq de ses partisans en fassent partie, parmi lesquels son fidèle Liaquat Ali Kahn aux Finances, qui pratique d'emblée une politique d'obstruction.

Mais déjà l'irréparable a été commis au Bengale où, pour contrer une tournée organisée par Nehru, Ali Jinnah a appelé à un *National Action Day* qui a dégénéré à Calcutta, du 16 au 18 août, faisant plusieurs milliers de victimes, majoritairement hindoues. Le *Great Calcutta Killing*, prolongé par d'autres affrontements sanglants dans la province voisine du Bihar, est en fait le point de départ d'un engrenage qui va conduire aux tragédies de l'été et de l'automne 1947. Tout laisse à penser que le leader de la Ligue musulmane au Bengale, Suhrawardy, ait visé, avec l'accord tacite de Jinnah, à provoquer l'exode des hindous de Calcutta de façon à rattacher la ville à un Bengale pakistanais[4]. De fait, l'extension des troubles, la paralysie croissante de l'administration, le boycott de l'Assemblée constituante par les élus musulmans créent une situation à ce point inextricable que Wavell en vient à préconiser un retrait graduel des forces britanniques qui laisserait les adversaires en découdre à leur guise.

Attlee et Bevin jugent préférable d'annoncer, le 20 février 1947, un retrait total, mais suffisamment éloigné – la date retenue étant le 30 juin 1948 – pour laisser à Londres quelques possibilités

---

1. Attlee redoutait que l'éclatement de l'armée indienne ne créât un vide politique favorable à une pression soviétique, à l'instar de la situation en Iran en cette année 1946.

2. Les négociateurs britanniques sont Pethieck Lawrence (secrétaire à l'Inde), Stafford Cripps et le ministre Alexander.

3. Ce plan tente de satisfaire les revendications musulmanes tout en maintenant l'unité politique de l'Inde. Celle-ci deviendrait une Union fédérale dont les compétences se réduiraient à la diplomatie, à la défense et aux communications.

4. La province du Bengale est en majorité musulmane, mais non Calcutta, qui compte une majorité d'hindous.

d'arbitrage. Encore fallait-il un courtier d'une autre envergure que Lord Wavell. Pour le remplacer, le choix se porte sur l'amiral Mountbatten. Choix habile en raison de son prestige militaire, lié à ses récentes victoires en Birmanie et en Malaisie, et de ses liens avec la famille royale qui interdisent de faire peser sur lui, comme sur ceux qui l'avaient nommé, le soupçon de vouloir brader la perle de l'Empire.

Ayant tenté en vain de faire évoluer la position de Jinnah et les heurts se multipliant, au Pendjab notamment, Mountbatten s'est convaincu dès avril 1947 de l'inévitable partition, à laquelle se rallie le Congrès. Doté de pouvoirs extraordinaires, le vice-roi propose un premier plan laissant aux provinces et aux États princiers[1] le choix entre l'appartenance à l'Inde ou au Pakistan, ou l'indépendance pure et simple. Plan immédiatement rejeté par Nehru en raison de ses risques évidents de balkanisation. Il se rabat sur une bipartition, les provinces du Pendjab et du Bengale – majoritairement musulmanes mais à fortes minorités hindoues et sikhs – devant être elles-mêmes partagées. Le sort de l'État princier du Jammu-el-Cachemire serait réglé par référendum.

Ce plan est adopté le 2 juin 1947 par le Congrès et la Ligue musulmane. Comme tel, il sert de base à l'*India Independence Act*, adopté le 10 juillet 1947 par la Chambre des Communes, pratiquement sans opposition malgré les objurgations de Churchill. Entre-temps, et compte tenu de la désagrégation de l'administration, la date du transfert effectif des pouvoirs a été avancée au 15 août, date du second anniversaire de la reddition japonaise.

Hâtivement nommée, une commission présidée par le juge Radcliffe doit procéder au tracé des frontières du Pendjab et du Bengale, c'est-à-dire en fait des deux Pakistan. Ses travaux doivent

---

1. Officiellement au nombre de 562, les États princiers représentent les 2/5 de la superficie de l'Empire des Indes et 1/5 de sa population. La Grande-Bretagne, qui leur avait en partie dû son salut lors de la guerre des Cipayes (1857-1858), avait confirmé leurs droits régaliens assortis de privilèges divers. Mais en 1947, elle les abandonna à leur sort.

demeurer secrets jusqu'à l'indépendance pour ne pas aggraver les tensions communautaires. Vaine précaution, car l'incertitude alimente précisément toutes les haines et les phantasmes qu'attisent les extrémistes des deux bords. Au Pendjab, les sikhs manifestent leur hostilité à toute intégration au Pakistan. Au Bengale, Gandhi, qui depuis sa sortie de prison en 1944 a renoncé à toute participation politique active, recourt à des manifestations et à des jeûnes pour maintenir envers et contre tous une Inde inter-communautaire. Quant aux États princiers, la plupart, mais non sans réticences, rejoignent l'Inde aux conditions fixées par le Congrès, lesquelles abrogent leurs pouvoirs étatiques mais leur conservent l'essentiel de leurs richesses. À la date fatidique du 15 août, seuls trois États (dont le Cachemire) n'ont pas effectué leur choix.

Les 14 et 15 août 1947, les indépendances sont effectives : le Pakistan et l'Inde deviennent des Dominions indépendants, membres du Commonwealth. Nehru devient Premier ministre de l'Inde, Ali Jinnah lieutenant général du Pakistan. Les grandioses cérémonies de Dehli et de Karachi, la liesse générale et même quelques scènes de fraternisation entre hindous et musulmans sont pourtant assombries par un nouveau déchaînement de vio-lences, les unes liées à l'annonce du tracé des frontières (entre musulmans et sikhs au Pendjab notamment), les autres au dépla-cement des populations musulmanes et hindoues tentant de gagner leurs États respectifs. Ce gigantesque exode, qui semble avoir affecté 10 à 15 millions de personnes, s'est effectué durant l'été et l'automne 1947 dans un climat de violence et de cruauté – attentats, massacres collectifs, viols, enlèvements et pillages – qui a longtemps hanté la mémoire des deux peuples, et dont le bilan se situe entre 300 000 et 500 000 morts[1]. En décembre 1947, un semblant d'ordre est revenu. Gandhi qui, au terme d'un nouveau jeûne, est parvenu à la signature garantissant la vie, les biens et la religion des musulmans de l'Inde, est assassiné le 30 janvier 1948 par Nathuram Godse, qui appartenait à un

---

1. Ces transferts sont du reste très incomplets puisque 35 millions de musul-mans demeurent en Inde en 1948, facteur d'affrontements ultérieurs.

groupe de fanatiques hindous. Des troubles sporadiques ponc-
tuent encore l'année 1948.

La violence qui a accompagné et suivi l'indépendance n'est du
reste que l'un des aspects de la partition. D'autres ont concouru à
empoisonner d'emblée les relations entre les deux États. Sous la
direction du musulman Chaudhuri et de l'Indien Patel[1], un Conseil
de partition travaille au partage et à la dévolution du patrimoine
impérial, dans la proportion de 80 % à l'Inde et de 20 % au Pakistan, en gros conforme à leur population respective. La négociation
achoppe sur de nombreux points : les dettes de l'Empire, que
l'Angleterre a obligeamment abandonnées aux deux États successeurs, mais surtout les services de renseignement, l'armée et les
armements pour lesquels le Pakistan a pu se plaindre à bon droit de
la mauvaise volonté de l'Inde. Outre le handicap de deux entités
territoriales distantes de 1 700 km, on a aussi relevé que les transferts de populations ont dans l'ensemble plus pénalisé le Pakistan
que l'Inde, le départ des hindous et des sikhs du Pendjab et du Sind
ayant privé le Pakistan d'une élite économique irremplaçable.

Restait le cas du Cachemire, État princier, musulman aux
trois quarts de sa population, mais gouverné par un radjah hin-
dou qui ne voulait pas opter pour l'Inde par crainte des représailles pakistanaises. La crise est ouverte dès octobre 1947
quand des milices pathanes venues du Pakistan pénètrent au
Cachemire et introBnisent un gouvernement du « Cachemire
libre ». À l'appel du radjah, l'Inde accepte d'intervenir à condition que le Cachemire s'intègre à l'Inde après référendum. Il
s'ensuit une guerre d'usure indécise jusqu'à ce que l'ONU
impose un cessez-le-feu, le 1ᵉʳ janvier 1949, sur la base des positions militaires respectives, plutôt favorables à l'Inde[2], chaque
État administrant provisoirement sa zone d'occupation. Faute de
référendum, toujours différé par l'Union indienne qui y mettait

---

1. Vallabhbhai Patel, l'un des plus fidèles disciples de Gandhi, fut durant cette
période cruciale le bras droit de Nehru, mais aussi l'un de ses compétiteurs. Représentant de l'aile conservatrice du Congrès, sa mort en 1950 a indéniablement facilité la longue gouvernance de Nehru.

2. Celle-ci contrôle en effet près des deux tiers du territoire du Cachemire et
les trois quarts de sa population.

comme préalable le retrait des troupes pakistanaises, ces administrations provisoires se transforment en annexions de fait. Le Cachemire est dès lors partie prenante des guerres indo-pakistanaises de 1965 et de 1971, et entre pour beaucoup dans la nucléarisation ultérieure des deux États.

Les conséquences de ce premier conflit sont en effet considérables. Pour le Pakistan, le Cachemire est le symbole de la partition inachevée. L'Inde est devenue l'ennemi prioritaire, plus puissant et plus peuplé, qui entretient une vulnérabilité propice à la militarisation croissante de l'État pakistanais[1]. Il en découle aussi une divergence précoce des choix extérieurs. Les deux pays ont certes fait partie du groupe de Colombo et des puissances invitantes à la conférence de Bandung. Mais dès 1954, le Pakistan a opté pour l'alliance américaine[2] tandis que l'Union indienne faisait le choix du non-alignement et plus tard, par hostilité à l'impérialisme américain, celui d'une alliance privilégiée avec l'URSS.

Longtemps citée comme l'illustration du pragmatisme britannique et comme un modèle de décolonisation négociée, l'indépendance de l'Empire des Indes[3] fait aujourd'hui l'objet d'une

---

1. La mort prématurée de Jinnah en 1948, puis l'assassinat du Premier ministre Liaquat Ali Khan en 1951 ont affaibli le système représentatif et parlementaire, de plus en plus livré au factionalisme des partis, et ouvert la voie de la dictature militaire du général Ayub Khan en 1958.
2. Le Pakistan adhère à l'OTASE en 1954 et au Pacte de Bagdad en 1955.
3. Pour être complète, l'indépendance de l'Union indienne passait par la réappropriation des comptoirs français (Chandernagor, Pondichéry, Karikal, Mahé, Yanaon) et de l'enclave portugaise de Goa. Elle fut plus ardue que prévue en raison des manœuvres dilatoires de la IVe République et de la résistance de Salazar. Sous couvert d'une assimilation en trompe-l'œil, la France avait surtout pratiqué le pourrissement économique et le truquage électoral. L'accord franco-indien de juin 1948 prévoyant des référendums d'autodétermination tarde à produire ses effets jusqu'à ce que Pierre Mendès France décide de liquider le sort des comptoirs dans le sillage du règlement de la question indochinoise. Le traité du 21 octobre 1954, signé à New Delhi, opère un transfert immédiat, confirmé par le traité du 28 mai 1956. Quant à Goa, Nehru finit par l'investir militairement en décembre 1961, s'attirant du même coup un blâme des puissances occidentales à l'ONU, auquel la France crut bon de s'associer.

lecture moins flatteuse. On ne tiendra pas pour très sérieuse la critique d'une négociation désinvolte, menée entre « gens bien », si possible diplômés d'Oxford, sous forme de conversations politico-mondaines auxquelles la spirituelle Lady Mountbatten prenait une part active. On ne niera pas non plus que la Grande-Bretagne a habilement tiré son épingle du jeu en refusant de s'exposer, à la différence de la France en Indochine, aux aléas d'une guerre coloniale. Compte tenu des charges de la reconstruction et de l'État-providence, et plus tard de celles du réarmement, l'Empire des Indes était devenu un fardeau[1] duquel la sagesse commandait de se délester, solution à laquelle s'est ralliée, au final, la quasi-totalité de la classe politique anglaise, à l'unisson de l'opinion qui avait d'autres soucis.

En fait, c'est moins l'indépendance, inévitable et reconnue comme telle, que la partition et les conditions de la partition qui font problème[2]. Faut-il incriminer le machiavélisme britannique qui, au nom d'une politique de « diviser pour régner », aurait sciemment encouragé le séparatisme musulman pour affaiblir l'Inde et ménager ses propres intérêts ? Ce point de vue, souvent exprimé en Inde, s'appuie il est vrai sur une longue pratique de division entamée par la création d'électorats séparés (réforme Morley-Minto de 1909), poursuivie par l'alliance de fait entre la Ligue musulmane et la puissance coloniale pendant la Deuxième Guerre mondiale. Il est indéniable que, face à la turbulence du Congrès, la Grande-Bretagne s'est appuyée sur la Ligue et sur les États princiers. Mais le partage n'entrait pas dans les vues de ses dirigeants et surtout pas d'Attlee qui a aussi longtemps que possible joué la carte unitaire qui lui paraissait la meilleure pour contrer une pénétration soviétique dans le sous-continent. On a aussi mis en avant les responsabilités d'Ali Jinnah, qui, person-

---

1. D'autant plus que l'utilité économique de l'Inde avait régressé. La Grande-Bretagne avait bien plus besoin des minerais et des produits agricoles de ses colonies africaines que du jute et du coton indiens.

2. Voir, sur ce sujet, les mises au point de Cl. Markovits (dir.), *Histoire de l'Inde moderne, 1480-1950*, Paris, Fayard, 1994, p. 578-582, et de M. Gaborieau, « La partition était-elle inéluctable ? », *L'Histoire*, numéro spécial 278, juill.-août 2003, p. 84-87.

nellement hostile à la partition, en aurait brandi l'exigence pour obtenir du Congrès le maximum de concessions en faveur de sa communauté, et ainsi lâché bride à un séparatisme qu'il ne contrôlait plus.

De façon moins conjoncturelle, le débat reste ouvert entre « primorialistes », qui considèrent la partition comme inéluctable, et « artificialistes », qui la tiennent pour un regrettable accident de l'histoire[1]. Les premiers mettent en cause l'incompatibilité foncière des identités religieuses, des structures sociales et des comportements qui en découlent, opposant le monothéisme et l'égalitarisme musulmans au polythéisme et à la hiérarchie hindous. Les seconds, à l'inverse, relèvent bien des analogies entre les deux systèmes et insistent sur leur longue compatibilité avant et même pendant la domination coloniale. D'autres insistent davantage sur le substrat économique et voient dans la partition le produit d'un conflit entre les élites musulmanes et hindouistes dans les régions qui ont formé le futur Pakistan (Pendjab, Sind, Bengale) où, à la propriété conjointe de la terre, les hindous ajoutaient la maîtrise du crédit et de l'usure, bloquant ainsi l'ascension sociale des élites musulmanes qui ont pu drainer au profit du séparatisme des masses considérables alors même que le Congrès n'était jamais parvenu à s'implanter solidement dans ces régions.

Une alternative à la partition était-elle dès lors possible ? Peut-être celle-ci aurait-elle pu être évitée si Jinnah avait su modérer ses troupes et si, d'autre part, le Congrès avait accepté, tout en partageant le pouvoir au niveau central avec la Ligue musulmane, d'abandonner aux provinces musulmanes la plus large autonomie dans le cadre d'une confédération très souple. Une telle conception était proche de celle de Gandhi qui envisageait l'Inde indépendante comme un immense conglomérat

---

1. On aura compris que l'historiographie pakistanaise est « primorialiste » et celle de l'Inde « artificialiste », mais avec des nuances dans les deux cas. En France, l'interprétation « primorialiste » a été soutenue par le sociologue Louis Dumont dans *Homo hierarchicus. Essai sur le système des castes*, Paris, Gallimard, 1967.

multireligieux de communautés villageoises. Elle n'entrait nullement dans les vues de Nehru et de Patel, acquis à la construction d'un État fort et centralisé, appuyé sur les fonctionnaires indiens du Civil Service, et qui ne pouvaient accepter l'abandon d'importants pouvoirs, financiers notamment.

Si dans la conjoncture de 1947 la partition était donc bien inévitable, son coût humain du moins aurait pu être atténué si les trois grands acteurs de l'indépendance – le *Raj*, le Congrès et la Ligue musulmane – avaient mieux pris la mesure de l'ampleur du péril. Mais le gouvernement britannique était surtout pressé de rapatrier ses fonctionnaires, les autorités pakistanaises ont un peu partout attisé la violence musulmane et les autorités indiennes ont été débordées. Seul Gandhi a été à la hauteur du drame et l'a payé de sa vie.

Les marges de l'Inde : Ceylan, Birmanie, Malaisie

Une fois l'Inde indépendante, la domination politique du glacis indien n'avait plus de justification. Ceylan et la Birmanie vont donc accéder sans problème majeur à l'indépendance au début de 1948, au terme d'un processus graduel de concessions. La Malaisie va connaître une décolonisation plus heurtée et plus tardive qu'expliquent moins la position stratégique de Singapour que la longue guérilla communiste menée contre la puissance impériale, elle-même nourrie par l'antagonisme des communautés malaise et chinoise.

L'indépendance de Ceylan peut apparaître comme un modèle de décolonisation réussie dans le cadre d'un gradualisme parfaitement maîtrisé. Il est vrai que les Britanniques ont trouvé là des interlocuteurs complaisants, issus d'une bourgeoisie hétérogène par ses origines, mais très anglicisée et soudée dans la défense de ses intérêts, regroupée pour l'essentiel dans l'United National Party. Ses chefs de file, Senanakaye et Bandaranaïke, n'ont jamais recouru aux méthodes indiennes de mobilisation de masse. À ce nationalisme accommodant, la Grande-Bretagne avait accordé dès 1941 un statut d'autonomie interne dans le cadre d'un système représentatif.

À la fin de la guerre, et compte tenu du soutien vigoureux apporté à la mobilisation britannique[1], conservateurs et travaillistes s'accordaient à estimer que Ceylan était la possession la plus mûre pour accéder au statut de Dominion. Dès 1944, des discussions avaient été entamées en vue de réformes constitutionnelles, prolongées l'année suivante par l'envoi d'une commission d'enquête. La nouvelle constitution de 1946 s'inscrivait dans la reconnaissance d'une totale autonomie, puis dans un statut de Dominion indépendant. L'indépendance est effective le 4 février 1948, moyennant la concession de deux bases militaires et l'adhésion au Commonwealth. Le retrait britannique va pourtant aviver divers antagonismes qui avaient pris naissance durant la période coloniale. Le plus aigu provient de l'émergence de communautarismes rivaux qui ont altéré la cohésion nationale. L'opposition des Tamouls, hindouistes immigrés de l'Inde du Sud, maintenus dans le prolétariat rural, et des Cinghalais de religion bouddhiste, et dont sont issues les élites traditionnelles, a dégénéré en affrontements intercommunautaires dès 1956 et n'ont cessé de s'aggraver par la suite.

Mosaïque de populations, de langues et de religions, la Birmanie avait été intégrée à l'Empire des Indes au terme de longues guerres de résistance. Elle fut placée en 1923 sous un régime dyarchique, comparable à celui organisé en Inde par la réforme Montagu-Chelmsford, pour être définitivement séparée de l'Empire en 1937 en raison de sa configuration spécifique. Le nationalisme birman s'est affirmé lentement, sans jamais parvenir à prendre la forme d'un grand parti à la manière du Congrès indien, même si la pénétration des idées nouvelles s'est faite par

---

1. C'est à Kandy (Ceylan) qu'était implanté le *South East Asia Command* de l'amiral Mountbatten, et que se sont regroupées les premières forces françaises libres appelées à reprendre l'Indochine.

le canal de l'Inde. Initialement confiné dans les milieux boud-dhistes, le nationalisme s'est élargi avec le mouvement des Tha-kin (maîtres) qui répandit dans les années trente une propagande anti-britannique et socialisante, relayée par des groupes marxistes qui fondèrent en 1939 le Parti communiste. D'autres, parmi lesquels de jeunes intellectuels de Rangoon, plaçaient leurs espoirs dans le Japon. C'est sur ces éléments que ce dernier va s'appuyer après la conquête en janvier 1942. Le Dʳ Ba Maw devient le président d'une Birmanie proclamée « indépendante » le 1ᵉʳ août 1943, avec le jeune Aung San comme adjoint mili-taire. Là comme ailleurs, la brutalité de l'occupation japonaise lève une résistance, d'abord éparse, puis unifiée dans l'Anti Fas-cist People's Freedom League (AFPFL), fortement infiltrée par les communistes et dirigée par Aung San, rallié entre-temps à la cause anti-nippone. Son armée combattit jusqu'à l'arrivée des troupes britanniques en mai 1945.

Malgré les conseils de modération de Mountbatten, qui avait supervisé la reconquête de la Birmanie, et du gouverneur Dorman-Smith, Churchill nourrissait la plus vive aversion pour le natio-nalisme birman, coupable d'avoir pactisé avec les Japonais. Ainsi s'en tint-il à des propositions jugées dérisoires, qui n'envi-sageaient le passage au statut de Dominion que comme un « but ultime ». Clement Attlee fit preuve de plus de réalisme en neu-tralisant par la négociation le risque de subversion de l'Armée des volontaires du peuple et en jouant la carte d'Aung San contre les communistes. Aussi lui conféra-t-il à la faveur d'un remaniement gouvernemental une sorte de leadership politique, et il l'associa étroitement aux entretiens de Londres qui abou-tirent à l'accord du 27 janvier 1947. Celui-ci mettait en œuvre un processus politique assez comparable à celui de l'Inde avec l'élec-tion d'une Assemblée constituante, la formation d'un gouverne-ment intérimaire et la promesse d'une indépendance qui n'était plus qu'une question de temps. Les élections du 7 avril don-nèrent la quasi-totalité des sièges à l'AFPFL. L'un de ses diri-geants, le réformiste modéré U Nu, fut désigné comme président de l'Assemblée. L'assassinat d'Aung San, le 19 juillet, par l'un de ses rivaux, ne remit pas en cause l'accession à l'indépendance

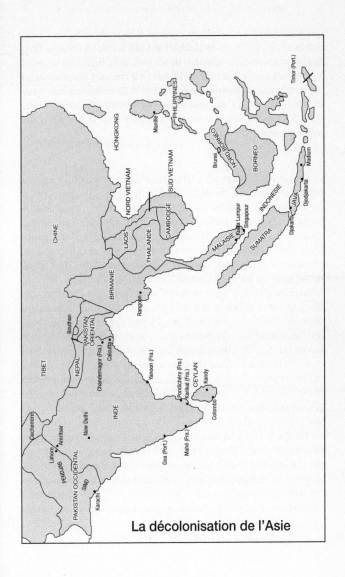

La décolonisation de l'Asie

qui s'inscrivait logiquement dans le sillage de celle de l'Inde. Après avoir opté pour un fédéralisme qui laissait à certains États minoritaires un droit ultérieur de sécession, la Birmanie accède à l'indépendance le 4 janvier 1948, sans adhérer au Commonwealth. Mais, très vite, la rébellion communiste et la turbulence des minorités allogènes, qui s'estiment lésées par l'interprétation centralisatrice de la constitution, vont placer le pays sous la menace d'une militarisation croissante.

La décolonisation plus laborieuse de la Malaisie s'explique par la conjonction de deux facteurs majeurs : un peuplement multinational, générateur de tensions entre communautés malaise, chinoise et indienne[1], et une forte implantation communiste, surtout chinoise, léguée par la résistance à l'occupation japonaise. Cette implantation était néanmoins insuffisante pour permettre à la Malayan People's Anti-Japanese Army de s'emparer du pouvoir en 1945 comme l'avait fait le Viet Minh au Vietnam. Elle s'effaça donc et remit ses armes aux Britanniques. Mais sa force politique et syndicale avait placé la communauté chinoise, de loin la plus résistante, en position de force, alors que les élites malaises s'étaient bien accommodées de l'occupation japonaise. Les Britanniques en sont conscients, qui, après avoir considérablement réduit le pouvoir politique des sultans malais, octroient en avril 1946 une Malayan Union dotée d'un gouvernement central et d'une citoyenneté unique, comme telle avantageuse pour les Chinois. À l'écart de l'Union, Singapour demeure une colonie de la couronne.

La réaction des Malais est immédiate. Diverses organisations fusionnent dans l'United Malays National Organisation, dirigée par l'aristocrate Dato Onn, qui recourt à des campagnes de protestation et de boycott d'une telle ampleur que les Britanniques doivent faire marche arrière. Dès juillet 1947, ils substituent à l'Union une Fédération, beaucoup plus décentralisée, qui restitue

---

1. Qui représentent respectivement 50 %, 35 % et 15 % de la population.

aux sultans l'essentiel de leurs pouvoirs. Les organes centraux demeurent nommés et la citoyenneté est strictement contingentée pour les non-Malais. Ce revirement enclenche l'opposition résolue des Chinois. En juin 1948, le Malayan Communist Party, dirigé par Chin Peng, appelle à la grève générale, à laquelle les Britanniques ripostent par l'état d'urgence (*Emergency*), puis par la dissolution du parti.

Tel est le point de départ d'une longue guérilla qui visait moins sans doute à l'installation du communisme qu'à une paralysie progressive des circuits économiques (plantations d'hévéa, mines, voies de communication) qui aurait obligé la Grande-Bretagne à composer. Ce plan fut déjoué par la réactivation rapide des infrastructures et par les effets bénéfiques du boom économique coréen qui procura à la métropole d'importantes rentrées de devises. La guérilla se déroula donc pour l'essentiel dans la jungle et à ses confins, mais elle obligea les Britanniques à engager, sous les ordres du général Templer, des forces considérables[1] et à procéder à des déplacements massifs de populations vers de « nouveaux villages » pour couper les guérilleros de leurs approvisionnements.

Bien que l'état d'urgence n'ait été levé qu'en 1960, le processus institutionnel avait repris dès 1952, marqué notamment par l'élection d'une Assemblée en juillet 1955 qui donna la victoire au Parti de l'Alliance, regroupement des forces modérées des trois ethnies, dirigé par l'aristocrate malais Abdul Rahman dont l'anticommunisme rassurait les Britanniques. Londres accorda d'abord l'autonomie interne en 1956, puis l'année suivante une indépendance quelque peu tempérée par un accord de défense. Une constitution faisait de la Malaisie une monarchie[2] à caractère fédéral, où l'islam était religion d'État et le malais langue officielle. La Fédération de Malaisie est déclarée indépendante le 31 août 1957.

---

1. Face à une armée de guérilleros qui ne semble pas avoir dépassé 10 000 hommes, les Britanniques ont engagé jusqu'à 350 000 hommes, majoritairement recrutés dans la population malaisienne (*Home Guards*).

2. Le roi était l'un des neuf sultans, élu à tour de rôle par ses pairs pour une durée de cinq ans.

Singapour, de son côté, avait obtenu un régime d'autonomie en 1959. Ses dirigeants, parmi lesquels le conservateur Lee Kwan-Yew, considéraient que l'avenir économique de l'île passait par son intégration à l'hinterland malais. Aussi proposèrent-ils une fusion (*merger*) avec la Fédération. Cette suggestion fut accueillie avec peu d'empressement à Kuala Lumpur, l'addition des populations chinoises – minoritaires en Malaisie mais majoritaires à Singapour – risquant de remettre en cause la prééminence malaise. Mais la pression britannique l'emporta. Londres souhaitait en effet se défaire de ses colonies du nord de Bornéo qu'elle considérait pourtant comme peu aptes à l'indépendance. Le mieux était de les intégrer à une Grande Malaisie, solution qui aurait pour effet de rééquilibrer la répartition ethnique. La conférence de Londres ouverte en juillet 1962 aboutit un an plus tard à la création de la Grande-Malaisie, ou *Malaysia*, constituée par la Malaisie et ses trois anciennes colonies de Singapour[1], Sarawak et Nord-Bornéo, à l'exception du sultanat de Brunei, riche en pétrole, qui demeurait protectorat britannique.

Cette nouvelle configuration déclenche d'emblée une grave crise internationale. Les Philippines font en effet valoir des droits anciens sur le Nord-Bornéo. L'Indonésie surtout, qui pour des raisons historiques et culturelles autant que par sa position géographique et son poids démographique se considère comme le centre de gravité du monde malais, fait savoir son opposition radicale. L'idée d'une grande confédération à trois, le « Maphilindo[2] », n'ayant pas été retenue, le président Sukarno appelle les Indonésiens à « écraser la Malaysia » et décrète contre elle, en 1964, la « confrontation »[3]. Ouvertement soutenu par la Chine populaire, avec plus de réserve par l'Union soviétique, il lance des commandos au nord de Bornéo, qui harcèlent le trafic maritime du détroit de Malacca, tandis que des débarquements et

---

1. La population de Singapour, consultée par référendum, se prononça à une forte majorité pour le *merger*.
2. *Ma*laisie, *Phili*ppines, *Indo*nésie.
3. Sur l'ensemble de la question, voir J.A.C. Mackie, *Konfrontasi. The Indonesia-Malaysia Dispute (1963-1966)*, Kuala Lumpur-New York, Oxford University Press, 1974.

des opérations de sabotage se multiplient dans la péninsule malaise. Mais soutenue par la Grande-Bretagne, la Malaysia fait face avec succès à cette épreuve militaire et la confrontation s'achève en 1966.

Plus que la tentative de médiation américaine[1], deux événements majeurs ont contribué à cette stabilisation. Le premier fut l'indépendance de Singapour, qui supportait mal la politique d'assujettissement pratiquée par Kuala Lumpur. Après divers incidents, une séparation à l'amiable est décidée par Abdul Rahman et Lee Kwan-Yew, effective en août 1965. Peu après, le coup d'État militaire indonésien du 30 septembre, récupéré par le général Suharto, éradique brutalement le tout-puissant Parti communiste et marginalise Sukarno. Une réorientation de la politique extérieure indonésienne le suit de peu, marquée par la rupture des relations diplomatiques avec la Chine et la normalisation des relations avec la Malaysia en août 1966.

Les Indes néerlandaises

Malgré l'ancienneté de leur implantation – la Compagnie des Indes orientales remonte à 1602, la fondation de Batavia à 1619 –, les Pays-Bas n'ont acquis la maîtrise de l'archipel indonésien qu'à la veille de la Première Guerre mondiale, au terme de guerres d'annexion où les forces hollandaises ont fait preuve de nombreux excès[2]. La *Pax Neerlandica* n'a véritablement régné que pendant trente-cinq ans. Elle repose sur une politique systématique de mise en valeur où la Compagnie des Indes a cédé ses droits à l'État, puis l'État à des compagnies privées dont les bénéfices contribuaient à la prospérité du pays, et d'abord à celle d'Amsterdam. Elle repose

---

1. Marquée par un voyage de Robert Kennedy à Djakarta. Les États-Unis redoutent en effet l'extension d'une crise impliquant les puissances communistes au moment où ils s'engagent plus massivement au Vietnam.

2. Voir Th. Beaufils, « Le colonialisme aux Indes néerlandaises », in M. Ferro (dir.), *Le Livre noir du colonialisme*, Paris, R. Laffont, 2003, p. 235-265.

aussi sur une administration centralisée (à Batavia) et hiérarchisée, dont les strates supérieures, bien formées à l'école Polytechnique de Delft, coiffent une aristocratie domestiquée, surtout javanaise, qui assure le contrôle des masses paysannes. L'extrême misère de ces dernières a levé dans la classe politique hollandaise, au début du siècle, une orientation moins strictement capitaliste et marchande, soucieuse d'élévation matérielle et intellectuelle. C'est la « politique éthique » (*Ethische Richting*), dictée par la confessionnalisation croissante des partis, qui combine des préoccupations humanitaires et d'autres qui le sont moins : la recherche d'un marché élargi pour les produits manufacturés de la métropole, une volonté de désamorcer la contestation de la classe moyenne, voire d'améliorer la productivité de la main-d'œuvre. Pour autant et si l'on excepte un certain effort d'équipement et la multiplication d'organisations caritatives aux effets strictement locaux, les résultats de cette politique sont modestes. Faute d'universités, et compte tenu de la rareté des places ouvertes dans les établissements hollandais, la bourgeoisie doit se contenter d'une formation au mieux technique et le niveau d'éducation demeure très bas. Faute de réforme agraire et fiscale, la condition paysanne comme celle des coolies et des ouvriers est dans l'ensemble misérable.

La relative tolérance hollandaise en matière syndicale et associative a permis au nationalisme d'émerger assez tôt, dont l'île de Java a été le principal creuset. Les événements extérieurs ont du reste concouru à sa formation, comme la guerre russo-japonaise de 1905 ou la révolution chinoise de 1911, mais aussi le mouvement de modernisation qui traverse le monde musulman. Dans les années 1908-1910 apparaissent les premiers syndicats, associations d'étudiants, et surtout, en 1912, le Serekat Islam (Union musulmane), première organisation de masse, qui s'imprègne des idées anticapitalistes diffusées par le socialisme hollandais. Des tensions croissantes entre modérés et marxistes conduisent à une scission et à la formation en 1920 d'un Parti communiste (PKI) actif dans la classe ouvrière et dans les campagnes. Mais sa tentative d'insurrection révolutionnaire à Java et à Sumatra est brisée en 1927. L'affaiblissement du Serekat Islam et l'interdiction du PKI ouvrent la voie à l'affirmation d'un nationalisme laïque et moderne « au-delà » de l'islam et de la lutte des classes. Son principal vecteur réside dans les associations d'étudiants et les « groupes de réflexion », tel celui de Bandung qui révèle un jeune ingénieur, doublé d'un grand orateur, Ahmed Sukarno, qui entreprend de mobiliser les masses sur des mots d'ordre réalisant la synthèse des valeurs traditionnelles et des idées modernes, et participe à la fondation du Parti national indonésien (PNI) en 1927.

Par-delà les vicissitudes de la répression et de ses divisions chroniques, le PNI va rassembler autour de trois leaders les composantes sociales du nationalisme indonésien : le milieu des planteurs avec Mohammed Hatta, l'intelligentsia occidentalisée avec Sutan Sjahrir et les masses urbaines et rurales avec Sukarno. Dans le double contexte de la crise économique et de l'immobilisme répressif du pouvoir colonial, ses revendications initialement institutionnelles et modérées – le *self-government* à l'intérieur d'une communauté hollandaise – cèdent le pas à la veille de la guerre à une radicalisation indépendantiste et unitaire dont les symboles (la langue, le drapeau, l'hymne national) sont adoptés en 1939. Réfugié à Londres après la capitulation de mai 1940, le gouvernement néerlandais qui n'a concédé qu'un modeste *Volksraad*, purement consultatif et peu représentatif[1], et qui a toujours pratiqué une politique de division régionale, s'en tient à des réponses dilatoires. À la suite de l'agression de Pearl Harbor, il croit devoir déclarer la guerre au Japon. Ce geste symbolique de solidarité alliée se révèle imprudent compte tenu des faibles moyens de défense de l'armée hollandaise[2]. De fait, la conquête japonaise est foudroyante, le 8 mars 1942 les Hollandais capitulent sans condition. L'archipel change de maître.

---

1. Voir *supra*, p. 53.
2. Moins de 40 000 hommes, peu entraînés et dépourvus d'équipements modernes. Les Hollandais avaient refusé d'armer les milices indonésiennes pour défendre l'archipel.

Nulle part autant qu'ici les effets de l'occupation japonaise ne vont avoir un tel impact sur la marche à l'indépendance. La capitulation hollandaise, l'écroulement d'un pouvoir tricentenaire rebelle à tout partage portent un coup terrible à la crédibilité de la puissance coloniale, que prolongent l'internement de quelque 140 000 Européens, civils et militaires, et la diffusion permanente, pendant plus de trois ans, d'une propagande de dénigrement de la race blanche.

Pour autant, accueillis parfois en libérateurs, les Japonais se révèlent des maîtres implacables dont l'unique préoccupation est d'alimenter leur effort de guerre par la mainmise sur les ressources économiques (pétrole, minerais, hévéa) et humaines (travail forcé) de l'archipel. Ils ne concevaient nullement une Indonésie indépendante et unifiée[1], certains milieux militaires allant jusqu'à prôner une annexion pure et simple à l'exemple de la Corée. D'où l'interdiction des partis et de toute activité politique, seules étant reconnues les organisations regroupées dans le Conseil des musulmans qui se virent confier des responsabilités dans le secteur de la propagande. Mais ils durent tolérer le remplacement du néerlandais par la langue indonésienne et le recrutement de fonctionnaires indonésiens pour suppléer les Hollandais emprisonnés et seconder l'autorité occupante. Nombre de cadres nationalistes acquièrent ainsi une expérience administrative.

Un tournant se dessine fin 1942, dicté par la lourdeur du système d'administration directe. Libérés de prison, Sukarno et Hatta se voient confier des fonctions importantes. Cette promotion administrative se double l'année suivante de l'autorisation d'un mouvement de masse, le Putera (Centre des forces du peuple), doublé d'une milice populaire armée, la Peta, noyau de la future armée républicaine. Cette orientation, mal acceptée par les militaires et étroitement contrôlée, n'évolue que tardivement vers une reconnaissance de l'indépendance, sous la pression

---

1. L'archipel fut divisé en trois secteurs : celui de Java, celui de Sumatra, rattaché à la Malaisie, et le Grand-Est, confié à la marine, à Macassar.

d'une situation militaire de plus en plus défavorable au Japon et surtout après la révocation du général Tojo en juillet 1944.

En septembre 1944, une promesse d'indépendance a été faite par Tokyo, mais il faut attendre un soulèvement de la Peta pour que soit désigné en avril 1945 un « Comité d'études pour la préparation de l'indépendance » devant lequel Sukarno prononce le 1er juin son célèbre discours sur les « cinq principes[1] » qui doivent fonder le futur État indonésien. Le 11 août, à la suite des bombardements de Hiroshima et de Nagasaki, Sukarno et Hatta se voient promettre l'indépendance, fixée au 24 août. Mais la reddition du Japon, annoncée le 14, précipite les événements. Sous la pression des éléments radicaux, Sukarno et Hatta proclament le 17 août l'indépendance de la République d'Indonésie tandis que les forces de la Peta s'emparent des bâtiments publics à Java. Une constitution est adoptée le 18. En vue des discussions avec les alliés, Sukarno s'efface provisoirement devant Sjahrir qui, hors de toute tractation avec les Japonais, avait animé un mouvement de résistance. Car le nouveau régime va devoir composer avec l'arrivée des Britanniques qui, conformément aux accords de Potsdam, sont chargés de désarmer les Japonais et libérer les Européens emprisonnés.

Durant la guerre, le gouvernement néerlandais en exil à Londres ne s'était guère départi de ses conceptions paternalistes traditionnelles. En 1941, il avait pris soin de spécifier que les principes de la Charte de l'Atlantique n'étaient pas applicables aux Indes néerlandaises. Poussée à moins d'intransigeance, la reine Wilhelmine avait concédé dans une déclaration du 6 décembre 1942 l'éventualité d'une « Communauté » (*Gemenebest*) entre les Pays-Bas et leurs colonies mais dont les termes – autonomie, consentement volontaire – demeuraient extrêmement vagues. Mal informés de la montée du nationalisme et de l'effervescence politique à Java, les gouvernements anglais et hollandais ont signé le 24 août un accord par lequel le commandement britannique confierait la

---

1. Nationalisme, internationalisme, démocratie, justice sociale et croyance en Dieu, ce dernier principe étant une concession aux Musulmans tenant compte aussi des minorités non musulmanes.

responsabilité de l'archipel dès que les troupes et les fonctionnaires hollandais seraient à même de l'exercer. Engagement difficilement compatible avec la reconnaissance *de facto* de la République indonésienne à laquelle est contraint le général Christison qui entend limiter sa mission à un rôle strictement militaire, excluant toute administration directe.

Le malentendu initial est donc total. Le gouvernement de La Haye estime pouvoir à bon droit revenir dans ses meubles, la destruction du pays rendant plus urgente la reprise des liens commerciaux. De toute façon, il ne saurait être question de négocier avec les rebelles, de surcroît collaborateurs des Japonais, au moment où le pays exaltait sa propre résistance à l'occupation allemande. Mieux au fait du rapport de forces, le gouverneur Van Mook[1], poussé en ce sens par le général Christison qui veut rapatrier ses troupes au plus vite, et alors même que l'armée nationale indonésienne étoffe ses effectifs et occupe les deux îles principales de Java et Sumatra, négocie avec Sukarno un mémorandum (6 novembre 1945) accordant à la République une autonomie partielle dans l'attente d'une conférence qui élaborerait le moment venu la nouvelle « union néerlandaise ». Mais cet accord est rejeté par les nationalistes intransigeants et les incidents se multiplient entre l'armée républicaine et les forces anglo-néerlandaises.

Cette dégradation de la situation ne tarde pas à entraîner des réactions internationales en chaîne – l'Union soviétique à l'ONU, le Congrès indien, la toute jeune Ligue arabe – qui sont autant de maillons d'une internationalisation du problème indonésien qui va se révéler déterminante dans la reconnaissance de l'indépendance. Très sensible à l'émoi du monde arabe, qui fait jouer ici la solidarité musulmane, Attlee fait pression sur La Haye pour dégager une solution politique, comme sur le gouvernement Sjahrir, replié à

---

1. Né à Java en 1894, entré dans l'administration en 1919, Hubertus Van Mook professait des vues plutôt libérales. Il est l'inspirateur de la Déclaration du 6 décembre 1942.

Djodjakarta, dans le centre de Java, pour faire preuve de modération. Une première conférence tripartite ayant échoué sur les termes d'une Fédération indonésienne, le gouverneur Van Mook reprend la négociation placée sous la présidence du commissaire britannique Lord Killearn, qui aboutit à l'accord de Linggadjati[1], adopté le 15 novembre 1946 et officiellement signé le 25 mars 1947. L'accord reconnaît l'autorité de la République là où elle s'exerce (Java, Sumatra, Madura) comme État-membre des « États-Unis d'Indonésie », eux-mêmes liés aux Pays-Bas dans une Union néerlando-indonésienne. Mais, restriction de taille, tout territoire pourrait refuser de se joindre aux futurs États-Unis, conservant ainsi avec les Pays-Bas des liens plus étroits.

Apparemment, les bons offices de Londres ont été fructueux. Mais il restait à appliquer l'accord. Or, depuis qu'ils ont repris pied dans l'archipel, les Hollandais s'activent à rallier les populations plus dociles de l'Est et à les organiser en « États ». Cette politique de division, déjà esquissée à la conférence de Malino (Célèbes), en juillet 1946, avec le ralliement de Bornéo et des îles du Grand Est, se prolonge par l'organisation d'un mouvement antirépublicain dans l'ouest de Java. Poussant l'avantage, La Haye opte pour l'épreuve de force en déclenchant le 21 juillet 1947 une « opération de police », appellation euphémique d'une reconquête militaire des villes de Java et d'une grande partie de Sumatra. Ce qu'il reste du territoire républicain est soumis à un sévère blocus économique.

Mais une fois de plus, les Pays-Bas ont sous-estimé l'ampleur des réactions internationales. Outre les protestations habituelles, il leur faut désormais compter avec les États-Unis, qui prennent le relais de la Grande-Bretagne. Ayant eux-mêmes accordé l'indépendance aux Philippines, ils souhaitent l'émergence en Asie du Sud-Est d'un vaste espace décolonisé, favo-

---

1. L'accord de Linggadjati est à l'Indonésie ce que l'accord Ho Chi Minh-Sainteny a été au Vietnam. Avec leurs indéniables avancées comme par le flou de leur formulation, ils pouvaient ouvrir la voie, selon leur interprétation, à la reconnaissance de l'indépendance comme à une politique de force. Dans les deux cas, cette dernière l'a emporté.

rable au déploiement de leurs intérêts. Ils soutiennent donc discrètement l'Australie et l'Inde quand celles-ci saisissent le Conseil de sécurité de l'ONU. Un comité des bons offices est institué, dont les États-Unis s'arrogent la présidence, qui fait reprendre les pourparlers. Ceux-ci aboutissent, non sans mal, aux accord signés le 19 janvier 1948 sur le croiseur américain *Renville*. Ce faisant, les États-Unis cherchaient à entrer dans la négociation, non à humilier un allié. Les accords du *Renville* sont en effet un indéniable succès pour les Pays-Bas. Certes, les termes de Linggadjati (République, États-Unis d'Indonésie) sont repris, mais l'occupation hollandaise est entérinée et le blocus n'est pas levé. Il est aussi prévu qu'un référendum devra déterminer si les populations de Java et de Sumatra entendent demeurer dans la République. Il ne reste plus dès lors qu'à organiser la reprise en main dans un cadre institutionnel de façade. Un gouvernement fédéral provisoire est mis en place dans lequel la République n'est plus que l'un des seize États représentés dans ces pseudo « États-Unis d'Indonésie », eux-mêmes intégrés à une « Union néerlandaise » comprenant le royaume, les possessions d'Amérique[1] et les États-Unis d'Indonésie, dont les véritables maîtres sont les ministres des Affaires étrangères et de la Défense. Ce raidissement n'est pas étranger au résultat des élections néerlandaises de juillet 1948 qui, dans le contexte du coup de Prague et de la guerre froide, ont vu le recul des formations de gauche et le progrès de la droite colonialiste.

Sur place, les désillusions nées de l'échec de toute politique de négociation lèvent dans la République un fort courant anticolonialiste dont s'empare le Parti communiste indonésien, réorganisé depuis peu. Celui-ci déclenche en septembre 1948 une insurrection et s'empare de Madiun, la troisième ville de la République, où il installe un gouvernement provisoire[2]. Le gouvernement

---

1. Sur celles-ci, voir *infra*, p. 286-287.
2. On relèvera la concomitance des insurrections communistes, en Asie en cette année 1948 : mars en Birmanie, juin en Malaisie, septembre en Indonésie. Le centre de coordination en est le Parti communiste indien, mais il est difficile d'apprécier le rôle de Staline, *via* le Kominform.

Hatta réagit vigoureusement à ce qu'il considère comme un coup de poignard dans le dos et engage contre la rébellion la meilleure unité militaire de la République commandée par le colonel Nasution. Cette vigoureuse répression impressionne les États-Unis et prive le gouvernement néerlandais de l'argument anticommuniste dont il s'était abondamment servi. Pour mieux signifier leur intransigeance, et persuadés que la République est en train de sombrer dans le chaos, les Pays-Bas déclenchent le 18 décembre 1948 une seconde opération de police, plus brutale que la première. Les territoires demeurés sous contrôle de la République sont occupés ; Sukarno, Hatta et plusieurs ministres sont arrêtés, remplacés par des notables dociles.

La victoire hollandaise semble totale. Mais une résistance militaire s'esquisse à Java et à Sumatra, doublée d'une campagne de désobéissance civile. Surtout, l'isolement international des Pays-Bas sort renforcé. Aux condamnations à l'ONU s'ajoute la mobilisation « afro-asiatique » autour de Nehru qui réunit une conférence à New Dehli début 1949, à laquelle se joignent l'Australie et la Nouvelle-Zélande. Aux États-Unis, la réaction est également très vive. La presse et les syndicats sont unanimes à condamner les Pays-Bas, le Congrès menace de suspendre l'aide Marshall. Cette réprobation influe sur le Conseil de sécurité qui adopte le 28 janvier 1949 une résolution enjoignant les Pays-Bas à négocier sur la base d'un échéancier précis : formation d'un gouvernement intérimaire, élection d'une Assemblée fédérale et transfert de la souveraineté au plus tard le 1er juillet 1950. Le comité de bons offices se transforme en commission de l'ONU, habilitée à contrôler le déroulement des opérations. La pression américaine oblige les Pays-Bas à céder. Tandis que le gouvernement républicain est restauré à Djodjakarta, une Table ronde est réunie à La Haye en août, en présence des délégués de l'ONU, qui aboutit à l'accord général du 2 novembre 1949. Le transfert de la souveraineté néerlandaise aux États-Unis d'Indonésie a lieu le 27 novembre à Amsterdam en présence de la reine Juliana (qui a succédé depuis peu à Wilhelmine) et de Mohammed Hatta. Le cas de la Nouvelle-Guinée occidentale est réservé. Par ailleurs, l'Indonésie est coiffée par une Union néerlando-indonésienne, sorte d'État confédéral doté de compétences communes, d'un secrétariat permanent et d'une Cour d'arbitrage. Les troupes néerlandaises sont appelées à se retirer dans un bref délai[1].

À bien des égards, cette indépendance n'allait guère au-delà de l'accord de Linggadjati et demeurait assez formelle. Outre un droit de regard sur les affaires étrangères et la défense (compétences communes), les Pays-Bas, secondés par les hommes d'affaires de la minorité chinoise, conservaient le contrôle de l'essentiel des richesses et des moyens d'échange. La marche vers une indépendance complète va être l'œuvre de Sukarno. Celui-ci avait dû à plusieurs reprises s'effacer par opportunité derrière des partenaires et néanmoins rivaux comme Sjahrir et Hatta, mais son influence demeurait considérable. Dès 1950, les États-Unis d'Indonésie sont remplacés par une République *unie* d'Indonésie[2], avec Hatta comme président et Sukarno comme vice-président. C'est à ce poste relativement effacé que ce dernier va parachever l'indépendance, surtout après la mise à l'écart des forces conservatrices en 1953. Tout un ensemble de mesures sont prises pour procéder à « l'indonéisation » des secteurs économiques (grandes plantations, banques, pétrole), de même qu'il est mis fin à la coopération militaire. En mai 1956, l'Union néerlando-indonésienne, demeurée toute théorique, est unilatéralement abrogée. On peut considérer qu'à cette date, l'Indonésie s'est totalement émancipée. La démocratie parlementaire, fort instable, a cédé le pas à une « démocratie dirigée », fortement présidentialisée, de même que le pays, après avoir normalisé ses relations avec le camp socialiste, a délibérément opté pour le neutralisme et érigé Bandung en capitale mythique du tiers monde et de l'anticolonialisme.

---

1. L'épreuve de force des années 1947-1949 s'achève par un bilan assez lourd : 2 500 soldats hollandais tués et 100 000 à 150 000 victimes indonésiennes selon les estimations. Les opérations de police ont durablement traumatisé nombre de jeunes soldats hollandais jetés sans expérience dans un milieu inconnu et hostile.

2. Non sans quelques soubresauts. Si la tentative de coup d'État « colonialiste » perpétrée à Bandung par le capitaine Westerling échoue en février 1950, une résistance séparatiste s'est affirmée aux îles Moluques, région largement christianisée où les Hollandais recrutaient leurs plus fidèles soldats.

Les dérapages ultérieurs n'ont pas manqué. Car l'affirmation de la puissance indonésienne est allée de pair avec la revendication de territoires et de populations non indonésiens qui, comme tels, étaient demeurés à l'écart de la République. Conformément au « principe de l'archipel », l'État unifié cède alors la place à l'État *unitaire* qui tente de s'opposer, en vain du reste, à la formation de la Grande Malaisie[1] dans les années 1963-1965, et parvient avec plus de succès à annexer la Nouvelle-Guinée (Irian) occidentale. Ce territoire peuplé de Papous, demeuré dans le giron néerlandais en 1949, s'est vu doter d'un régime d'autonomie interne que l'Indonésie, forte du soutien de Moscou et de Pékin, sabote par l'infiltration de commandos armés de « libération ». Un arbitrage international, préparé par Robert Kennedy, est signé à l'ONU en 1962, qui prévoit une administration provisoire des Nations unies, puis la consultation des populations sur leur éventuel rattachement à l'Indonésie. En mai 1963, l'administration de l'ONU est transférée à cette dernière, sans qu'il soit procédé à la moindre consultation. Ce transfert est suivi en 1969 d'une annexion pure et simple et d'une recolonisation indonésienne par l'émigration de population et exploitation des ressources.

La configuration du Timor oriental est à la fois différente et comparable, s'agissant d'une très ancienne et très pauvre colonie portugaise que l'Indonésie avait longtemps négligé de revendiquer. C'est la révolution des œillets à Lisbonne d'avril 1974 qui, en posant la question de l'avenir des possessions portugaises, a donné naissance à un mouvement indépendantiste et marxisant, le FRETILIN[2], dirigé par Xavier do Amaral, qui opte pour l'insurrection et proclame l'indépendance en novembre 1975. L'Indonésie riposte par une occupation militaire qui, après un simulacre de consultation, procède à une annexion facilitée par les dissensions internes du FRETILIN et l'assentiment tacite des puissances régionales. Une résistance armée se poursuit, probablement durement réprimée, mais au Timor comme en Irian, ces

---

1. Voir *supra*, p. 140-141.
2. Front timorais de libération nationale.

derniers soubresauts de la décolonisation asiatique se déroulent dans l'indifférence générale.

Dans quelle mesure la perte de l'Indonésie, et plus largement de son empire colonial[1], a-t-elle eu pour les Pays-Bas l'effet d'une catastrophe annoncée ? *Indie verloren, namps-poed geboren*[2], telle était en effet la conviction quasi unanime de l'opinion néerlandaise, pour laquelle l'indépendance de la colonie signifierait la ruine économique de la métropole. Or, non seulement la catastrophe n'a pas eu lieu, mais les Pays-Bas sont entrés à partir de 1948 dans une phase de croissance exceptionnelle, la perte (relative) du marché indonésien étant largement compensée par le recentrage européen des échanges. C'était oublier en effet que la vitalité économique des Pays-Bas avait toujours été prioritairement fondée sur la productivité de l'agriculture, la diversité de leur industrie et le rayonnement commercial. L'outre-mer avait bien apporté une plus-value substantielle, mais en voie de rétractation depuis les années vingt[3]. Compte tenu des effets dévastateurs de l'occupation japonaise, la remise à flots de l'économie indonésienne aurait exigé un effort financier qui excédait les moyens du capitalisme et de l'État néerlandais confrontés à d'énormes besoins de reconstruction. À partir de 1948, les subsides de l'aide Marshall sont venus opportunément remettre le pays sur les rails d'une croissance adossée à l'hinterland européen, rendant quasi indolore la transition post-coloniale[4]. Ce modèle

---

1. Sur l'émancipation des autres possessions néerlandaises, voir *infra*, p. 286-287.

2. Que l'on peut traduire « Les Indes perdues, fini la prospérité », voire « Les Indes perdues, les Pays-Bas foutus »…

3. La contribution des Indes néerlandaises au revenu national de la métropole se serait élevée à 8,6 % en 1900, 16,4 % à la fin des années vingt et 12,4 % en 1939, pour être tombée à moins de 5 % dans les années d'après-guerre. Voir B. Etemad, *De l'utilité des empires. Colonisation et prospérité de l'Europe, XVIe-XXe siècle*, Paris. A. Colin, 2005, p. 241-269.

4. En termes économiques, ce qui ne minimise en rien les difficultés *sociales* qu'ont connues les ressortissants hollandais et autres rapatriés d'Indonésie au début des années cinquante. Voir *infra*, p. 317.

de reconversion a été récupéré, et quelque peu exagéré, par le cartiérisme pour hâter le dégagement français de l'Afrique noire[1].

L'Indochine française

La genèse d'une guerre

La situation de l'Indochine au lendemain de la guerre est à bien des égards comparable à celle des Indes néerlandaises. Dans les deux cas, la longue occupation japonaise s'est appliquée à discréditer et à marginaliser le pouvoir blanc, à encourager les nationalismes indigènes jusqu'à la proclamation d'indépendance plus ou moins contrôlée que, dans les deux cas, les puissances coloniales ont refusé de reconnaître en leur opposant une politique de reconquête. Les principales différences résident dans le traitement des deux colonies. Alors que dans l'archipel indonésien, l'autorité coloniale a été d'emblée éliminée, un *modus vivendi* a permis à l'administration française de se maintenir en Indochine jusqu'au coup de force du 9 mars 1945. Elles résident aussi dans une inscription internationale dissemblable qui a obligé les Pays-Bas à se soumettre à la médiation des puissances anglo-saxonnes, alors que la direction communiste imprimée au mouvement de libération nationale a placé l'Indochine, et d'abord le Vietnam[2], au cœur de la guerre froide.

Pour comprendre la virulence des affrontements qui vont suivre, peut-être faut-il remonter à 1930, cette année qui vit la révolte de la garnison de Yen Bay inspirée par les nationalistes du

---

1. Voir *infra*, p. 255.
2. Les développements qui suivent sont pour l'essentiel consacrés au Vietnam, partie la plus peuplée et la plus turbulente de la Fédération indochinoise. On peut d'emblée relever le paradoxe des appellations traditionnelles : la *guerre d'Indochine* fut avant tout une guerre du Vietnam, le Cambodge et le Laos étant fort peu impliqués, alors que la *guerre du Vietnam* qui l'a suivie a concerné bien davantage l'ensemble de l'Indochine.

VNQDD[1] et l'implantation des premiers soviets communistes au Nord-Annam. La conjonction de ces deux événements, eux-mêmes précédés par une agitation politique et sociale endémique, n'est pas fortuite. Elle est le révélateur d'un malaise profond de la société vietnamienne, aggravé par la crise économique et entretenu par l'immobilisme de l'administration coloniale. Malaise rural d'abord, lié à la surpopulation paysanne (au nord surtout), à la dépossession foncière, à la prévarication fiscale et usuraire, aux conditions de travail et de rémunération des coolies des plantations concessionnaires, d'où la fréquence des jacqueries qui ont moins pour cible l'administration que les notables et les mandarins qui lui sont associés, ou les cadres des compagnies latifundiaires en Cochinchine[2]. Malaise ouvrier aussi, qu'aggrave la baisse brutale des salaires entre 1930 et 1936, alors même que les prix sont repartis à la hausse, et qui va déboucher sur le grand mouvement de grève des années 1936 et 1937. Malaise enfin des jeunes intellectuels aux aptitudes mal reconnues, en décalage croissant avec l'ordre familial et social traditionnel comme avec l'ordre colonial qui les méprise ou les sous-emploie, et qui vont peu ou prou se muer en révolutionnaires professionnels.

Pour l'heure, la répression, commanditée par le gouverneur général Pasquier, peuple les bagnes de Guyane et de l'île de Poulo Condore[3]. Décapité, le VNQDD se désagrège, une partie de ses cadres parvenant à passer en Chine. Yen Bay a été sa dernière action d'éclat. La répression ne frappe pas moins le Parti communiste[4], qui a animé de nombreuses grèves et fomenté la trentaine de soviets ruraux disséminés dans le Nghé Thin ; mais, même

---

1. Sur le VNQDD, voir *supra*, p. 48.

2. Sur l'ampleur de la crise paysanne, voir P. Brocheux et D. Hémery, *Indochine, la colonisation ambiguë, 1858-1954*, Paris, La Découverte, 2001, en particulier p. 195-202 et 256-274.

3. L'Indochine compterait quelque 10 000 prisonniers politiques en 1932. Il convient de rappeler que la révolte des tirailleurs annamites de Yen Bay n'a fait que cinq victimes françaises.

4. En février 1930, Nguyen Ai Quoc, futur Ho Chi Minh, fonde à Hongkong le Parti communiste vietnamien à partir de trois groupuscules révolutionnaires, qui devient en septembre Parti communiste indochinois sous l'impulsion du Komintern.

décimé, il est devenu le vecteur du nationalisme et l'adversaire principal du colonialisme. La bourgeoisie vietnamienne, horrifiée par la violence ouvrière et paysanne, se réfugie désormais, à quelques nuances près, dans la mouvance du pouvoir colonial.

Les années suivantes sont celles du retour à l'ordre. La tentative du jeune empereur Bao Dai visant à instaurer dans le protectorat d'Annam une monarchie constitutionnelle servie par de jeunes ministres réformistes, parmi lesquels le catholique Ngo Dinh Diem, tourne court, faute d'être soutenue par l'administration française. Le Parti communiste, en l'absence de Nguyen Ai Quoc, se réorganise sur des bases légalistes tout en préparant l'avenir par un dispositif clandestin de cellules ouvrières et paysannes. L'avènement du Front populaire en 1936 conduit à une indéniable détente politique par la libération de nombreux prisonniers et l'allègement de la censure. Mais le ministre des Colonies Marius Moutet et le gouverneur général Brévié, animés d'intentions libérales, ne peuvent introduire que d'utiles réformes sociales au détriment de toute perspective d'évolution institutionnelle. Celles-ci suffisent néanmoins à figer la société coloniale dans une opposition revancharde, vaguement séparatiste.

L'épreuve de la Deuxième Guerre mondiale va se révéler décisive. Un premier jalon est posé avec l'occupation japonaise[1] qui, ici comme ailleurs, opère doublement : par la mise en coupe réglée des ressources du pays et par les encouragements prodigués aux forces d'opposition au pouvoir colonial. Pour faire face, Vichy a dépêché l'amiral Decoux qui durant près de cinq ans va devoir manœuvrer pour maintenir les prérogatives de la souveraineté française, encourager le développement et la diversification des ressources économiques, lutter contre les menées du communisme

---

1. Cette occupation s'opère en deux temps. Dès juillet 1940, le général Catroux puis l'amiral Decoux doivent céder aux Japonais le contrôle du chemin de fer du Yunnan (par lequel transitaient des armes en direction de la Chine nationaliste) et des bases au Tonkin. D'une plus ample portée, l'accord Darlan-Kato du 29 juillet 1941 leur fait droit d'occuper des bases militaires et navales dans l'ensemble de l'Indochine.

vietnamien et contre les dérives pro-japonaises de certains milieux nationalistes[1], et promouvoir une sorte de patriotisme franco-vietnamien sous l'aile protectrice de la Révolution nationale et du maréchalisme militant. Ce dernier volet, qui visait à fidéliser l'Indochine à la France pour mieux l'éloigner des sirènes du séparatisme nippon, est assurément le plus original. Il a combiné une politique des *égards* en faveur des souverains locaux – Bao Dai au Vietnam, Sihanouk au Cambodge, Sisavang Vong au Laos –, la promotion de la langue et de la culture vietnamiennes (et jusqu'au terme de *Vietnam* jusqu'alors suspect), ainsi qu'une plus large association des élites à la question de la nouvelle Fédération indochinoise[2]. Politique novatrice et habile sans doute, mais lourde de prolongements et de retournements ultérieurs.

Car, parallèlement, les dirigeants communistes préparent la véritable alternative au *statu quo* franco-nippon. Fondé en mai 1941 par Nguyen Ai Quoc, qui deviendra Ho Chi Minh l'année suivante, le Viet Minh[3] se définit comme un large front ouvert à tous les patriotes. Son programme est beaucoup plus national que social (la révolution est remise à plus tard), hostile à l'occupant japonais comme au colonialisme français. Comme tel, il est bien vu et financé par le Guomindang chinois et plus tard par les services secrets américains compte tenu de l'hostilité personnelle de Roosevelt au rétablissement de la puissance coloniale de la France[4]. Sur place, et sous l'impulsion de Vo Nguyen

---

1. Les sectes politico-religieuses – caodaïstes et Hoa Hao – au Vietnam, de même que les milieux bouddhistes au Cambodge, ont été particulièrement réceptifs à la propagande japonaise et ont parfois poussé très loin la collaboration avec la Kempetai.
2. En 1943, Decoux substitue à la vieille Union indochinoise une Fédération dotée d'un Conseil de 53 membres (30 Indochinois et 23 Français). Malgré le rejet de principe de toutes les innovations de Vichy, le général de Gaulle y fera explicitement référence dans la déclaration gouvernementale du 24 mars 1945.
3. Contraction de « Vietnam Doc Lap Dong Minh » : Alliance pour l'indépendance du Vietnam. C'est en août 1942 que Nguyen Ai Quoc prend le nom d'Ho Chi Minh, « Ho à la volonté éclairée ».
4. Agent de l'OSS, l'espionnage américain, le major Patti prend contact avec Ho Chi Minh après le coup de force du 9 mars et lui fournit de l'aide. Il corédige avec lui la déclaration d'indépendance du Vietnam du 2 septembre 1945.

Giap, les premières « Zones libérées » apparaissent au Tonkin, avec l'embryon d'un appareil administratif, une presse clandestine et des milices armées.

En raison de l'importance accrue de l'Indochine après la perte des Philippines, et pour déjouer la double menace d'une subversion communiste et d'un soulèvement des troupes françaises travaillées par la propagande gaulliste, les Japonais déclenchent le coup de force du 9 mars 1945. En quelques heures, l'autorité française est liquidée et les forces militaires neutralisées[1]. Le Vietnam, le Cambodge et le Laos se voient alors conférer une indépendance à laquelle les souverains locaux se rallient avec plus ou moins d'empressement et qui, de toute façon, demeure toute théorique, car étroitement contrôlée par l'occupant. Il n'en va plus de même après le bombardement d'Hiroshima et l'annonce, le 15 août, de la reddition japonaise. Les forces du Viet Minh s'organisent alors en « Armée de libération » et, indirectement aidées par la neutralité des troupes nippones, s'emparent des principales villes. Le 25 août, l'empereur Bao Dai abdique, faisant place à la République démocratique du Vietnam proclamée le 2 septembre à Hanoi par Ho Chi Minh. Non sans violences parfois, et non sans règlements de comptes, le Viet Minh s'installe partout, jetant les bases d'un État certes embryonnaire et fragile mais pourvu d'une réelle légitimité, surtout dans les campagnes où sont prises d'opportunes mesures d'éradication du féodalisme agraire.

Le coup de force du 9 mars a bien été pour le Viet Minh une « divine surprise », créant un vide politique qu'il a immédiatement comblé et dans lequel s'est engouffrée une part de cette jeunesse « franco-vietnamienne » formée à grands frais par l'administration Decoux. Mais, compte tenu des difficultés qui l'assaillent (famine de 1945, inflation galopante, pénurie de cadres…), celui-ci n'est pas en état de s'opposer aux contraintes internationales, pas plus qu'à la ferme volonté du

---

1. À l'exception de la colonne du général Alessandri qui, au prix de mille difficultés, parvient à gagner la Chine.

général de Gaulle de reprendre pied en Indochine[1]. Les premières découlent des accords de Potsdam qui prévoient le désarmement des troupes japonaises (100 000 hommes environ) par les armées britannique et chinoise au sud et au nord du 16ᵉ parallèle. Or, le comportement des troupes chinoises, indisciplinées et pillardes, aggrave au nord la pénurie générale alors que les intrigues des généraux du Guomindang menacent l'hégémonie du Viet Minh. Ne vaut-il pas mieux négocier avec la France ? Celle-ci a précisé ses vues par la Déclaration gouvernementale du 24 mars 1945 qui, admettant implicitement la nécessité d'une transformation du statut politique de l'Indochine, fait valoir la promesse d'une large autonomie dans le cadre de la Fédération indochinoise et d'une Union française qui n'est encore qu'une hypothèse. Novatrice dans le ton mais vague dans son contenu, cette déclaration n'a rien d'enthousiasmant, même pour les nationalistes les plus modérés. Elle est surtout en total décalage avec la réalité vietnamienne. Aussi, quand les premières unités du corps expéditionnaire commandé par le général Leclerc débarquent à Saigon, en septembre, et avec l'appui des forces britanniques qui les ont précédées, elles se heurtent d'emblée à la guérilla viet-minh en Cochinchine. La guerre d'Indochine va-t-elle commencer ?

Pour l'heure, la négociation l'emporte. Ho Chi Minh y est contraint par ses propres difficultés intérieures, par le prolongement de l'insupportable occupation chinoise[2], par la pression des grandes puissances qui, pas plus en Indochine qu'en Indonésie, ne souhaitent l'ouverture d'un foyer de discorde en Asie. La France, elle, doit prendre acte de la solide implantation du Viet Minh au Tonkin et au Nord-Annam, et admettre qu'une reconquête

---

1. La France libre a déclaré la guerre au Japon dès décembre 1941 et s'emploie à réunir à Ceylan un corps expéditionnaire pour reprendre l'Indochine. En cette année 1945, une campagne de presse et d'affichage, commanditée par le ministère des Colonies, rappelle aux Français l'urgence de cette reconquête.

2. Par le traité du 28 février 1946 signé à Chon King, la France a obtenu, moyennant concessions, l'évacuation des troupes chinoises avant le 31 mars. En fait, le retrait ne sera effectif qu'en septembre.

militaire excéderait ses moyens. Avec l'accord de Leclerc[1], le délégué français au Tonkin Jean Sainteny négocie une « convention préliminaire franco-vietnamienne », dite « accord Ho Chi Minh-Sainteny », signée le 6 mars 1946. La France reconnaît la République démocratique du Vietnam comme un « État libre », ayant son gouvernement, son Parlement, son armée et ses finances, membre de la Fédération indochinoise et de l'Union française. En échange, le gouvernement de Hanoi s'engage à accueillir l'armée française pour relever l'armée chinoise au nord du 16e parallèle et accorde que l'unité du Vietnam soit tranchée par un référendum en Cochinchine[2]. Des négociations s'ouvriront ensuite sur la représentation diplomatique du Vietnam et sur son insertion dans l'Union française qui, pour l'heure, demeure dans les limbes de la future Constitution.

Texte fondamental, en net progrès sur la déclaration de mars 1945, l'accord du 6 mars demandait à être précisé et surtout appliqué. Or, il suscite d'emblée des réserves chez les maximalistes du Viet Minh (tendance dirigée par Truong Chinh) et l'opposition résolue du colonat français qui refuse les concessions faites à ce « ramassis de bagnards ». L'amiral Thierry d'Argenlieu, envoyé par de Gaulle comme haut-commissaire en Indochine, se fait son porte-parole à la conférence de Dalat, tenue en avril-mai, en interprétant l'accord dans des termes les plus restrictifs : à l'évidence « État libre » (*Doc Lap*) ne saurait signifier que l'autonomie, nullement l'indépendance. Pour mieux se faire comprendre, il fonde le 1er juin une « République autonome de Cochinchine » qui, sans contredire ouvertement la lettre de l'accord du 6 mars, revenait

---

1. Leclerc n'éprouve aucune sympathie pour le Viet Minh mais considère la situation avec objectivité, confirmé dans ses vues par le rapport de Pierre Messmer, parachuté au Tonkin en août 1945. Voir J. Dalloz, « Leclerc et l'Indochine », in Chr. Levisse-Touzé (dir.), *Du capitaine de Hauteclocque au général Leclerc*, colloque de Paris, 19-21 nov. 1997, Bruxelles, Complexe, 2000, p. 293-310, et P. Messmer, *Les Blancs s'en vont. Récits de décolonisation*, Paris, A. Michel, 1998, p. 37-43.

2. Juridiquement, la Cochinchine est une colonie intégrée à la France, alors que l'Annam et le Tonkin sont des protectorats (en fait tout théoriques, surtout le Tonkin). Or, le gouvernement de Hanoi considère la Cochinchine comme partie intégrante du Vietnam. C'est poser là le problème de l'unité vietnamienne (les trois *Ky*) qui va d'emblée se révéler comme une pomme de discorde.

sans conteste à contrecarrer l'unité du Vietnam. Au Nord révolutionnaire, l'amiral entendait opposer un Sud conservateur qui, grossi du Cambodge et du Laos, préserverait les droits de la France. De fait, à la seconde conférence de Dalat, en août, le gouvernement de Hanoi n'est même pas représenté.

Quand s'ouvre à Fontainebleau, le 6 juillet 1946, la conférence franco-vietnamienne à laquelle Ho Chi Minh, du reste, ne participe pas personnellement[1], le temps des concessions françaises est clos. Le gouvernement Bidault, formé après le référendum du 5 mai marqué par un net infléchissement anticommuniste, est soumis aux plus fortes pressions colonialistes. Le président de la conférence, le très discuté Max André[2], est l'interprète de cette intransigeance qui fait à nouveau buter la négociation sur le contenu de la formule « État libre » et sur l'unité du Vietnam. De plus, la France n'ayant pas encore de constitution, il lui est difficile de s'engager sur les relations du Vietnam et de l'Union française. Pour ne pas se séparer sur un désaccord total, Ho Chi Minh et le ministre de la France d'outre-mer Marius Moutet signent le 14 septembre un *modus vivendi*[3] qui introduit une certaine détente. Mais d'autres forces travaillent en sens contraire. Depuis des mois, Giap, soutenu par la gauche du Viet Minh, sacrifie les maigres ressources de l'État vietnamien à l'achat d'armes et prépare ouvertement la confrontation. En face, le colonat français, la haute administration et nombre de cadres militaires – le général Valluy notamment, qui a succédé à Leclerc à la tête des troupes françaises – rêvent d'en découdre avec une « armée de loqueteux » et de réparer sur un terrain présumé

---

1. La délégation vietnamienne est présidée par le ministre des Affaires étrangères Pham Van Dong. Présent en France, Ho Chi Minh multiplie les contacts avec l'immigration vietnamienne et les hommes politiques français, se réservant au cas où la conférence tournerait mal.

2. Personnalité du MRP, Max André ne détenait ni mandat électif ni fonction administrative. Sa connaissance de l'Indochine se réduisait à un séjour avant la guerre.

3. La République démocratique obtient une représentation consulaire à l'étranger et une intégration du Vietnam dans l'union douanière et monétaire de la Fédération indochinoise. En contrepartie, elle s'engage à cesser les hostilités en Cochinchine et à accepter le maintien de troupes françaises jusqu'en 1951.

facile tant d'humiliations antérieures. Après un dur accrochage à Langson, l'irréparable va être commis le 24 novembre 1946 quand, à la suite d'un événement confus, Valluy fait bombarder le port de Haiphong, causant de nombreuses victimes[1]. Ho Chi Minh ne désespère pas d'une reprise des négociations et lance des appels en ce sens au gouvernement Léon Blum qui envoie sur place le général Leclerc et Marius Moutet. Mais il ne peut empêcher que les milices de Giap ouvrent le feu, le 19 décembre, sur des civils et des postes français à Hanoi et d'autres villes. L'armée française reprend le contrôle de Hanoi, obligeant le gouvernement vietnamien à prendre la fuite. Circonvenue par d'Argenlieu, la mission Moutet-Leclerc[2] rentre en France sans avoir rien négocié et une ultime tractation entre Ho Chi Minh et Sainteny s'achève sans résultat. À peine née, la IVe République affronte sa première guerre coloniale.

Les phases

Dans cette guerre qui s'engage, la France possède apparemment l'avantage du nombre et des armes. Les renforts aidant[3], le corps expéditionnaire atteint un effectif d'environ 100 000 hommes, d'un bon tiers supérieur à celui du Viet Minh. Lui seul possède des armes modernes (aviation, chars, artillerie lourde) et va développer un corps efficace de parachutistes. De fait, la reconquête progresse. L'armée française reprend le contrôle des garnisons, des centres urbains et des grands axes. En août 1947, les forces du général Valluy manquent de peu de capturer le gouvernement viet-minh.

---

1. Le nombre généralement retenu est de 6 000 morts, qui doit sans doute être revu à la baisse.

2. À son retour, Leclerc se vit proposer le poste de haut-commissaire en Indochine. De Gaulle, par haine de la IVe République naissante, le dissuada d'accepter.

3. Outre les anciens de la 2e DB et de l'armée d'Afrique, la Légion étrangère recrute massivement, notamment parmi les rescapés de la Wehrmacht. En métropole, une habile campagne d'affichage permet d'enrôler des jeunes en mal d'aventures lointaines (le futur acteur Alain Delon fut de ceux-là), ou sensibles à la prime d'engagement. Beaucoup y laisseront leur vie.

Mais il apparaît vite que cette supériorité ne résout rien. Car l'adversaire se dérobe sans cesse et se fond dans la nature. Si la France tient les villes et les routes (à condition de passer en force), le Viet Minh contrôle une grande partie des campagnes par un dosage subtil d'organisation clandestine, de persuasion et, au besoin, de terreur contre les récalcitrants. Même dans les zones rurales tenues par la France, où trop souvent le notable et le collecteur d'impôt arrivent dans les bagages du corps expéditionnaire, il est présent par ses informateurs, ses guetteurs, ses supplétifs et impose à l'occupant une vigilance épuisante ponctuée de brèves attaques, le plus souvent nocturnes. Dans cette guerre sans visage, faite d'embuscades et d'attaques de postes[1], la France peut se créditer de certains ralliements, parfois coûteux, auprès des minorités ethniques (montagnards thaï), des sectes cochinchinoises[2] et des diocèses catholiques du Tonkin. Mais le corps expéditionnaire s'épuise dans un travail ingrat et toujours recommencé de pacification.

Politiquement, et pour ne pas donner au monde l'image d'une recolonisation pure et simple, la solution Bao Dai a fini par s'imposer. Elle avait de longue date la faveur de certains milieux de l'administration française[3] et elle a fini par rallier des partis

---

1. La guerre révolutionnaire du Viet Minh a été théorisée par Truong Chinh, *Nous vaincrons certainement* (1947), et par le général Giap, *Guerre du peuple, armée du peuple* (1966), qui reprend des écrits antérieurs. Elle doit beaucoup à l'expérience chinoise, les liens entre communistes vietnamiens et chinois s'étant resserrés depuis 1946. On y retrouve la même utilisation du temps (passage de la guérilla défensive à la guerre de mouvement jusqu'à l'offensive finale) et de l'espace (mise en condition des populations rurales, utilisation du terrain, encerclement des villes par les campagnes…).

2. Après avoir fait preuve de sympathies japonaises, contre lesquelles l'amiral Decoux avait dû sévir, les sectes se sont unanimement ralliées au Viet Minh en 1945. Mais cette alliance se révélant trop contraignante, elle fut rompue dès 1946 par les caodaïstes, 1947 pour les Hoa Hao et 1948 pour les Binh Xuyen. Cette dernière, bande armée plutôt que secte, fit payer fort cher son ralliement à l'autorité française. Le corps expéditionnaire dut par ailleurs mener une guerre parallèle contre certaines factions récalcitrantes. En 1951, le général Chanson sera assassiné par un dissident caodaïste.

3. De Léon Pignon, notamment, conseiller politique de l'amiral d'Argenlieu, puis haut-commissaire en 1948-1950, qui fut le principal artisan de la restauration de Bao Dai.

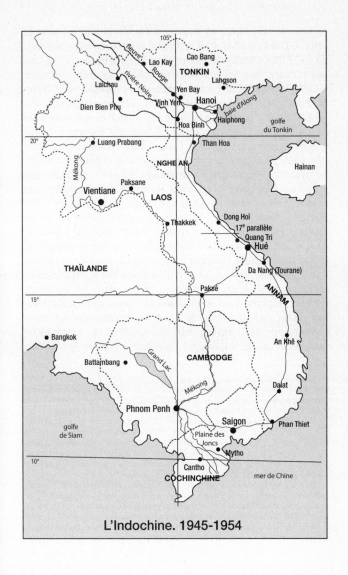

L'Indochine. 1945-1954

de la Troisième Force au pouvoir à Paris à la tête desquels le MRP, qui depuis 1948 s'est approprié la question indochinoise[1]. En soi, l'idée n'était pas absurde. Bao Dai avait conservé un certain prestige dans les milieux nationalistes modérés, son nom restait attaché à la brève « indépendance » concédée par le Japon en mars 1945. Après son abdication, devenu simple citoyen Vinh Thuy, il s'était placé un temps au service du gouvernement républicain, pour ensuite s'exiler à Hongkong. Par une restauration de la fonction impériale, les autorités françaises pensaient faire jouer le respect atavique de la tradition et pouvoir composer avec un nationalisme accommodant. Mais s'il ne décourage personne, l'intéressé fait preuve d'une extrême prudence, ne redoutant rien tant que d'apparaître comme la créature du colonialisme français. D'où la longueur de cette restauration[2], qui va du reste contribuer à en affaiblir l'impact. Devenu souverain d'un « État du Vietnam » indépendant et unifié, associé à la France dans l'Union française, ce qu'on avait précisément refusé à Ho Chi Minh, Bao Dai peut vérifier assez vite le caractère fictif d'une indépendance triplement limitée dans les domaines militaire, diplomatique et économique[3]. Intelligent, mais indolent et corrompu, il n'accorde à son gouvernement qu'une base politique et sociale étroite, celle des notables, des vieux partis modérés et des sectes. Malgré l'indéniable énergie de son Pre-

---

1. Avec Paul Coste-Floret puis avec l'inamovible Jean Letourneau, le MRP tient les ministères de la France d'outre-mer et des États associés pratiquement sans interruption jusqu'à la fin de la guerre d'Indochine. L'anticommunisme et la défense des intérêts catholiques expliquent pour l'essentiel cette prédilection.

2. Pour résumer une trame très embrouillée, on retiendra que les accords de la baie d'Along (6 décembre 1947 et 5 juin 1948) ont reconnu l'indépendance du Vietnam et son statut d'État associé dans l'Union française, confirmés et précisés par l'échange de lettres entre Bao Dai et le président Auriol. Bao Dai est rentré au Vietnam en juin 1949. Entre-temps, une assemblée réunie pour la circonstance a « voté » le rattachement de la Cochinchine au Vietnam.

3. La conduite de la guerre et la représentation diplomatique du Vietnam demeurent l'apanage de la France. Par les accords de Pau (décembre 1950), la France consent au transfert de certaines compétences économiques, en partie du reste à la Fédération indochinoise. Mais quand le gouvernement René Mayer sera appelé à dévaluer la piastre, le 10 mai 1953, les États associés ne seront pas consultés, preuve de l'estime dans laquelle Paris tenait leur « indépendance ».

mier ministre Tran Van Huu, l'État associé du Vietnam n'a jamais gagné ni légitimité ni popularité.

Ce fragile équilibre politico-militaire va du reste être rompu à la fin de 1949 par la victoire du communisme en Chine. Le 1er octobre, Mao Zedong a proclamé à Pékin la République populaire et ses troupes parviennent en décembre à la frontière du Tonkin. Outre une reconnaissance officielle de la Chine, suivie de peu de celle de l'URSS, la République d'Ho Chi Minh va bénéficier d'emblée d'une aide militaire et logistique – armements, camps d'entraînement et de repos, instructeurs et conseillers – qui va totalement modifier en sa faveur le rapport de forces et permettre à l'armée viet-minh de passer à une guerre plus offensive, et de former à terme de grandes unités.

Politiquement, la mutation n'est pas moindre, qui modifie en profondeur la signification de la guerre d'Indochine. Guerre de libération nationale pour le Viet Minh et guerre (inavouée) de recolonisation pour la France qui défendait là-bas ses intérêts et son prestige, elle n'était initialement qu'un épisode de la décolonisation asiatique. Pour la justifier, l'anticommunisme n'était pas un argument prioritaire et, sans entraver l'action de la France, les États-Unis n'approuvaient qu'à demi ce sursaut colonialiste et ne s'y impliquaient pas. L'avènement de la Chine communiste, suivi de peu par le déclenchement de la guerre de Corée, vont conférer à ce conflit régional une dimension planétaire. L'Indochine devient un enjeu parmi d'autres, certes, mais un enjeu majeur de la confrontation Est-Ouest, un nouveau front de la guerre froide. Révélatrice à cet égard est la déclaration du 27 juin 1950 du président Truman qui érige la Corée du Sud, Taiwan et l'Indochine comme les trois môles de l'endiguement (*containment*) du communisme en Asie. Dans l'immédiat, diverses missions américaines se succèdent à Saigon pour apporter une aide militaire, assez modeste au début, de plus en plus conséquente à partir de 1952, à la France et aux jeunes États associés. Aide gratuite pour l'essentiel – qui finira par représenter jusqu'aux trois quarts de l'effort militaire français –, mais nullement désintéressée tant les États-Unis s'arrogent un droit de regard, moins dans la conduite de la guerre que dans la vie intérieure des États associés où ils se constituent de véritables clientèles politiques[1], tout en poussant la France à leur accorder une indépendance pleine et entière.

Désormais inscrite dans une logique de blocs, la guerre d'Indochine devient aussi un enjeu franco-français. Cette guerre lointaine, mal connue, dévolue à l'armée de métier et aux engagés volontaires s'était déroulée jusqu'alors dans une indifférence quasi générale de l'opinion. Tout en exploitant opportunément quelques scandales – l'affaire des généraux, le trafic des piastres –, le Parti communiste s'empare en 1950 de la « sale guerre[2] » pour en dénoncer pêle-mêle le coût exorbitant, les atteintes portées au droit des peuples[3], l'asservissement de la France à l'impérialisme américain. Le Parti mobilise ses militants, ses intellectuels et compagnons de route, la classe ouvrière (les dockers surtout) pour la « paix en Indochine » et la « libération d'Henri Martin[4] ». Hormis une frange d'intellectuels et de chrétiens de gauche, le gros de l'opinion ne suit pas, mais cette mobilisation n'en a pas moins contribué au discrédit de la guerre et à accroître la lassitude du pays au regard d'une entreprise où la France n'avait rien à gagner.

Pour l'heure, la nouvelle donne internationale se concrétise dès l'automne 1950 quand est posée la question des garnisons françaises – Cao Bang, Lao Kay, Langson – situées à la frontière du Tonkin et de la Chine désormais communiste. Après bien des tergiversations, l'évacuation de Cao Bang est décidée, mais se déroule dans les pires conditions, conduisant à l'abandon dans la

---

1. Tels Ngo Dinh Diem et le parti d'extrême droite Dai Viet.

2. La paternité de l'expression revient à Hubert Beuve-Méry, directeur du *Monde*.

3. Le PCF renvoie habilement au Préambule de la Constitution de 1946 qui affirme que « la République […] n'entreprendra aucune guerre dans des vues de conquête et n'emploiera jamais ses forces contre la liberté d'aucun peuple ».

4. Sous-officier de marine, Henri Martin a été condamné pour sabotage en 1950 à cinq ans de réclusion. Le Parti communiste mène en sa faveur une intense campagne à laquelle s'associent divers intellectuels comme Jean-Paul Sartre. Il a été gracié en 1953.

jungle du meilleur des troupes françaises ; elle est suivie par celle de Langson. La frontière sino-vietnamienne est désormais tenue par le Viet Minh, ce qui fait peser une grave menace sur le delta du fleuve Rouge et, à terme, sur Hanoi et Haiphong. L'heure de l'offensive générale a-t-elle sonné ? Au général Carpentier, totalement dépassé, succède en décembre le général de Lattre de Tassigny qui entend trouver là un théâtre d'opérations digne de lui et de sa réputation. Nul doute que celui-ci a su rendre confiance au corps expéditionnaire et barrer – à Vinh Yen, à Dong Trieu – la route du delta aux forces du Viet Minh. De même, de Lattre a su habilement négocier à Washington une intensification de l'aide américaine et intéresser les plus hautes autorités civiles et militaires au sort du Vietnam. Mais le bétonnage du delta, destiné à couper l'ennemi de ses approvisionnements en riz, ne donne que des résultats médiocres, et l'armée nationale vietnamienne équipée à grands frais se révèle un instrument de parade bien plus que de combat. Contraint par la maladie de quitter l'Indochine en janvier 1952, de Lattre laisse à son adjoint, le général Salan, une situation difficile dont témoignent l'évacuation de la place trop exposée de Hoa Binh et l'infiltration progressive du delta[1].

En France, la lassitude de l'opinion et de la classe politique conduit à la recherche d'une solution négociée. Mais négocier avec qui et comment ? À gauche, on plaide pour une reprise du dialogue avec Ho Chi Minh. Telle est la position des socialistes et de certains radicaux, tel Pierre Mendès France qui dans son discours d'investiture (manquée) du 3 juin 1953 a pris date en ce sens. Mais les partis de gouvernement, Georges Bidault en tête, misent sur une négociation internationale qui, de façon inavouée, permettrait à la France de passer le relais aux États-Unis. Encore faut-il l'aborder dans des conditions favorables. C'est pour ce faire que René Mayer nomme en mai 1953 le général Navarre comme commandant en chef. Après une prise de contact, celui-ci propose un plan en deux volets : la reconstitution du

---

1. En 1953, sur les 7 000 villages que compte le delta, on estime que 5 000 sont aux mains du Viet Minh.

corps de bataille serait, renforts aidant, le préalable du déclenchement d'actions offensives au Tonkin et en Annam. Mais le
rapport de forces est de moins en moins favorable au corps expéditionnaire qui, s'il conserve encore un léger (et illusoire) avantage en nombre et le monopole de l'aviation, doit compter
désormais avec une armée viet-minh encadrée dans de grandes
unités (huit divisions) et abondamment pourvue en armes
modernes, artillerie lourde et DCA. Le plan Navarre est d'autre
part contrecarré par une nouvelle et puissante poussée du Viet
Minh en direction du Laos[1], État associé dont la France assure
théoriquement la défense. Telle est la justification du choix de
Dien Bien Phu[2], en novembre 1953, comme môle de résistance à
cette pénétration.

Mais les services français n'ont ni prévu, ni surtout prévenu
l'acheminement autour de la cuvette d'une artillerie ennemie considérable. Car il est clair que l'annonce, en janvier 1954 à Berlin,
d'une conférence internationale consacrée à l'Extrême-Orient
appelée à se tenir à Genève au printemps a encouragé le Viet
Minh à rechercher une victoire militaire décisive. Engagée le
13 mars, la bataille de Dien Bien Phu tourne d'emblée à son avantage malgré l'acharnement des défenseurs de la garnison et le
parachutage de renforts, pour s'achever le 7 mai par la reddition
française. Le retentissement international de la chute du camp
retranché est considérable[3], bien plus assurément que la signature
du traité du 28 avril par lequel le gouvernement Laniel a *in extremis* accordé au Vietnam une « souveraineté pleine et entière ».

---

1. Une première offensive sur le Laos s'était brisée en 1952 sur le camp retranché de Na San qui, dans une certaine mesure, anticipe le choix de Dien Bien Phu.
2. Dien Bien Phu a donné lieu à une bibliographie considérable, souvent anec-
dotique ou hagiographique. L'ouvrage le plus sérieux est celui de P. Roncolle,
Pourquoi Dien Bien Phu ?, Paris, Flammarion, 1968. Le plaidoyer du général
Navarre, *Agonie de l'Indochine*, Paris, Plon, 1956, ne manque pas d'habileté.
3. En Algérie notamment, où les partisans de l'insurrection armée y ont trouvé
confirmation de la justesse de leurs vues.

Le règlement

Ouverte le 26 avril 1954, la conférence de Genève – qui réunit les quatre grandes puissances, la Chine populaire et les trois États associés – commence par s'enliser en raison de l'intransigeance du ministre français Georges Bidault qui subordonne la négociation à une éventuelle intervention américaine pour sauver la garnison de Dien Bien Phu[1]. La capitulation du 7 mai ayant entraîné la chute du ministère Laniel, Pierre Mendès France, élu président du Conseil le 17 juin, lui donne une impulsion nouvelle en s'assignant le délai d'un mois pour parvenir à un accord. Privilégiant le contact direct avec ses principaux interlocuteurs – Pham Van Dong, qui préside la délégation du Viet Minh, Zhou Enlai, Molotov –, bien secondé par l'ambassadeur Chauvel[2], Mendès France gagne son pari quand les accords de Genève sont signés le 21 juillet.

Ces accords, qui pour la France mettent un terme à la guerre d'Indochine, se composent de trois conventions militaires et d'une Déclaration finale de portée politique. La convention signée avec le Viet Minh, de loin la plus importante, porte sur le cessez-le-feu, l'évacuation des troupes, la restitution des prisonniers. Les forces antagonistes se regrouperont dans un délai de 300 jours de part et d'autre du 17e parallèle[3], au nord pour les forces du Viet Minh, au sud pour le corps expéditionnaire et l'armée baodaïste, sous le contrôle de commissions mixtes placées

---

1. Cette intervention de l'US Air Force à Dien Bien Phu, ou opération « Vautour », avait le soutien des militaires américains et du vice-président Nixon. Mais les hésitations d'Eisenhower, les réticences du Congrès et l'opposition déclarée de Churchill ont finalement eu raison du projet.

2. Ambassadeur à Berne, Jean Chauvel a laissé de la conférence de Genève un témoignage très vivant, in *Commentaire*, Paris, Fayard, 1973, t. III.

3. Le Viet Minh aurait souhaité une ligne de démarcation plus au sud, mais Moscou et Pékin ont conjugué leurs efforts pour que soit retenu le 17e parallèle. Pour des raisons différentes : Moscou entend ménager la France pour mieux en obtenir le rejet de la Communauté européenne de défense (CED) et du réarmement allemand ; Pékin ne souhaite pas un Vietnam communiste trop puissant et préfère une division « équilibrée » entre nord et sud Vietnam.

sous un contrôle international tripartite (Canada, Pologne, Inde). La déclaration finale réaffirme l'indépendance des trois États – Vietnam, Cambodge, Laos – déjà accordée par la France. Elle affirme aussi le maintien de l'unité du Vietnam dans la mesure où des élections libres devront se tenir dans un délai de deux ans, de part et d'autre du 17ᵉ parallèle. Mais pour l'heure deux États se font face, l'un communiste où le Viet Minh entre en maître, l'autre anticommuniste où le catholique Ngo Dinh Diem, Premier ministre depuis le 16 juin, ne tarde pas à imposer sa dictature. Son hostilité à l'accord rejoignant les réticences des États-Unis à entériner ce qui est une défaite du *containment*, la Déclaration finale est adoptée sans être signée.

Le bilan de la guerre d'Indochine est lourd. Même en partie financée par les États-Unis, elle a été pour la France une charge qui a pesé sur sa reconstruction et sur la modernisation de ses équipements[1]. Elle a signifié un quasi-effondrement de ses positions économiques au Vietnam, immédiatement au nord, plus échelonné mais inéluctable au sud. L'œuvre médicale et culturelle, à bien des égards remarquable, a un peu mieux résisté, mais a été néanmoins marginalisée. Les pertes humaines sont considérables des deux côtés[2] et plusieurs milliers de prisonniers français ne sont pas revenus des camps viet-minh, l'état des survivants témoignant des conditions horribles de leur détention. La guerre a traumatisé une génération d'officiers dont certains chercheront en Algérie, jusque dans les voies de la subversion, l'ultime parade à une politique ressentie comme un abandon. Sur place, à côté de multiples drames humains, comme l'exode vers le Sud de quelque 700 000 catholiques du Tonkin, la guerre a laissé un pays économiquement désorganisé et politiquement divisé. Au vu des déclarations de Pham Van Dong affirmant

---

1. Voir H. Tertrais, *La Piastre et le Fusil. Le coût de la guerre d'Indochine, 1945-1954*, Paris, CHEFF, 2002.

2. Selon les sources officielles françaises, les pertes de l'Union française s'élèveraient à 92 000 hommes, dont 20 000 Français, 11 000 légionnaires, 15 000 Africains et 46 000 Indochinois. Les pertes globales de la population vietnamienne pourraient être de 400 000 à 500 000. Voir J. Dalloz, *La Guerre d'Indochine, 1945-1954*, Paris, Seuil, coll. « Points Histoire », 1987, p. 251.

que la réunification du Vietnam se ferait coûte que coûte et de l'opposition non moins affichée de Diem à tout compromis avec le Nord, et compte tenu de l'implication croissante des États-Unis, il est clair que le calvaire du Vietnam ne fait que commencer.

La place prépondérante de ce dernier dans le règlement de la question indochinoise ne doit pas faire oublier le sort du Cambodge et du Laos. Leur indépendance, à laquelle les accords de Genève ont apporté une sorte de ratification internationale, a été reconnue par la France en 1953-1954, au terme d'une évolution politique qui avait érigé les deux monarchies en États associés. Cette évolution plutôt pacifique n'a pas été sans causer quelques soucis à la France, d'ordre militaire au Laos et politique au Cambodge.

Pauvre et peu peuplé, le Laos a été assurément le meilleur élève de l'Union française. Cette docilité s'explique par les sentiments ouvertement francophiles du roi Sisavang Vong et de la plupart de ses ministres. Les difficultés sont venues d'une frange nationaliste qui s'était déjà manifestée en 1945 dans le sillage du coup de force japonais, regroupée autour de Souphanou Vong sous l'appellation de *Pathet lao* (État lao). En mars 1951, le « prince rouge » a signé une alliance avec le Viet Minh, formé un gouvernement dissident et développé des zones de guérilla dans l'est et le sud du pays. Les accords de Genève[1] et la formation d'un gouvernement d'union présidé par le prince Souvanna Phouma ont provisoirement stabilisé une situation appelée à se dégrader par la suite.

Au Cambodge, où le général Leclerc était venu en personne rétablir les droits de la France en octobre 1945, une réforme institutionnelle avait fondé une monarchie parlementaire. Une Assemblée avait été élue, dominée par l'activité brouillonne et le factionnalisme du parti démocrate. Précédé d'une réputation méritée de bon vivant, le jeune roi Norodom Sihanouk semblait

---

1. Les accords de Genève ont donné 120 jours au Viet Minh pour retirer ses forces avancées au Laos et les forces du Pathet lao ont dû se regrouper dans les deux provinces de Phong Saly et Samneua.

laisser faire, mais nourrissait en fait le dessein personnel de mener pacifiquement son peuple à l'indépendance. Ayant dissous l'Assemblée à deux reprises, en 1949 et 1952, Sihanouk prit la tête d'un mouvement national, lançant une « croisade pour l'indépendance » à laquelle sa nature fantasque a parfois conféré un tour tragico-burlesque. Faute de réponse suffisante de la France, il menaça de s'entendre directement avec le Viet Minh et s'exila un temps en Thaïlande. En juillet 1953, le gouvernement Laniel s'étant engagé à « parfaire l'indépendance des États associés », un fidèle de Sihanouk, Penn Nouth, négocia les accords économiques et militaires qui revenaient à conférer au Cambodge une indépendance complète dans le cadre d'une Union française devenue moribonde. Mais au Laos comme au Cambodge, cette indépendance, prise entre les feux croisés des maquis communistes, de la pénétration du Nord-Vietnam et de l'activisme américain, allait rapidement montrer ses limites.

4

L'Afrique du Nord

L'unité géographique et, dans une moindre mesure, ethnique de l'Afrique du Nord[1] n'a engendré ni véritable synchronisme, ni intensité similaire des manifestations du nationalisme maghrébin. Cette disparité tient à l'échelonnement dans le temps de l'occupation française et à la différence de traitement qui faisait de la Tunisie et du Maroc des protectorats théoriquement respectueux de leur identité nationale, et de l'Algérie un groupe de départements en principe assimilés à la France. Elle tient aussi à une configuration sociale différente qui, au regard notamment du développement des élites bourgeoises, plaçait l'Algérie en nette infériorité par rapport aux protectorats. Les voies divergentes empruntées par le nationalisme, incarné en Tunisie par un leader prestigieux, au Maroc par la dynastie chérifienne et en Algérie par une pluralité de mouvements concurrents finalement résorbés dans le national-populisme, ont également empêché, au moins jusqu'en 1947, l'expression d'une quelconque solidarité.

Certains facteurs communs ont du moins encouragé leur développement parallèle. Les uns relèvent des faits et méfaits de la colonisation et ne se séparent pas d'un modèle déjà esquissé[2], à cette particularité près que l'ampleur de la dépossession foncière et les excès de l'administration directe ont pu, plus qu'ailleurs,

---

1. Ce chapitre est consacré à l'émancipation de l'Afrique du Nord *française*. Non sans arbitraire, le cas de la Libye est renvoyé au chapitre suivant, étudié avec l'ensemble des possessions italiennes d'Afrique.
2. Voir *supra*, chap. 1.

multiplier les frustrations et lever une volonté de réappropriation nationale. Les autres relèvent de l'appartenance du Maghreb à l'islam et à l'arabisme dont les réveils successifs ont eu de larges échos. À cet égard, les centres religieux de Tunis (la Zitouna) et de Fès (Qarawiyin), et les Oulémas en Algérie ont joué un rôle majeur dans l'éclosion du nationalisme, tout comme des relations suivies avec les chefs de file du panarabisme islamique, tel l'émir Chakib Arslan[1], ont encouragé leur développement. Il convient d'ajouter, dans les trois cas, la fonction accélératrice du second conflit mondial, suivi de peu par la création de la Ligue arabe, qui ont contribué à la radicalisation de la revendication indépendantiste.

Pour autant, l'accession à l'indépendance va épouser des voies différentes : arrachée au terme d'une crise « paroxystique » pour les protectorats, où la négociation l'a finalement emporté sur le recours, réel mais somme toute limité, à la violence armée ; par une longue guerre de libération nationale pour l'Algérie, à laquelle la France, malgré une évidente supériorité de moyens militaires, a dû finalement céder, tant il est vrai que la décolonisation relève d'un processus prioritairement politique. La massivité de l'implantation française, l'intégration ancienne de l'Algérie à la République et le mythe tenace de sa contribution à la « grandeur française » expliquent pour l'essentiel cette différence. Et c'est du reste pour mieux se focaliser sur l'Algérie que la France s'est résignée à l'indépendance des protectorats en 1956.

Dans ce vaste élan d'émancipation, la solidarité maghrébine a tenu sa place, mais une place somme toute limitée. En 1947, un Comité de libération du Maghreb a été fondé au Caire. Placé sous la présidence du prestigieux Abd el-Krim, il unissait les trois grands partis – Néo-Destour, Istiqlal et MTLD – dans une tâche de propagande et de coordination, sans compter la recherche

---

1. Animateur du Comité syro-palestinien et avocat infatigable de la *Nation arabe*, l'émir druze Chakib Arslan a exercé une influence considérable sur des hommes aussi différents que Bourguiba, Messali Hadj, des Oulémas algériens et certains « Jeunes Marocains ». Il s'est rallié pendant la guerre aux thèses « émancipatrices » déployées par les services de propagande de l'Allemagne nazie.

de soutiens extérieurs. Son activité est demeurée toute formelle et des sondages algériens en vue d'une lutte armée commune n'ont reçu aucune réponse[1]. Des manifestations symboliques de solidarité s'exprimèrent à plusieurs reprises[2] et, une fois la guerre d'Algérie engagée, le Maroc et la Tunisie n'ont pas marchandé leur soutien, matériel et politique, à leurs « frères algériens ». Mais les tentatives d'organisation d'une Union nord-africaine qui visaient autant à affirmer une solidarité qu'à détourner le FLN de l'emprise du nassérisme sont demeurées lettre morte malgré des promesses en ce sens de la conférence tripartite de Tanger en avril 1958. Le retour au pouvoir du général de Gaulle mit fin à ces velléités et l'effort des chefs d'État marocain et tunisien s'orienta dès lors, mais sans grand succès, vers une médiation en vue de mettre fin à une guerre qui, à bien des égards, les embarrassait[3].

Les protectorats français

Les traités de protectorat signés avec la Tunisie et le Maroc, respectivement en 1881-1883 et 1912, ne donnaient à la France que des droits limités à la représentation internationale et à la défense. Mais, très tôt, la situation financière déplorable des deux pays, jointe à l'instabilité intérieure, ont conduit la métropole à une immixtion rapide dans leur administration. Ce qui pouvait n'être qu'une remise en ordre salutaire et provisoire dégénéra en administration directe, précocement en Tunisie, après le départ de Lyautey au Maroc. Sans doute la façade était-elle

---

1. M. Harbi, *Le FLN, mirage et réalité*, Paris. Éd. Jeune Afrique, 1980, p. 54-56. On relèvera tout de même qu'une fantomatique « Armée de libération du Maghreb » a opéré fin 1955 aux confins algéro-marocains.
2. Ainsi en décembre 1952 à Casablanca où le prolétariat manifeste aux Carrières centrales pour protester contre l'assassinat du leader syndicaliste tunisien Ferhat Hached ; et le 20 août 1955 quand le FLN déclenche les émeutes du Constantinois le jour anniversaire de la déposition du sultan.
3. En raison notamment du poids que représentaient les réfugiés algériens sur leur territoire et les forces de l'ALN stationnées à leurs frontières.

maintenue : celle d'États souverains et de monarchies absolues où n'avaient force de loi que les décrets beylicaux et les *dahirs* du sultan avec, en aval, une hiérarchie de caïds, cadis et pachas pour administrer, lever l'impôt et rendre la justice. Mais cette infrastructure était de plus en plus marginalisée par l'instauration du Contrôle civil tandis que se multipliaient directions et offices techniques monopolisés par les fonctionnaires français. Cette superstructure coloniale pouvait avoir des effets modernisateurs et bénéfiques pour les populations, mais elle accréditait cette conviction, ancrée tant en métropole que dans le colonat européen, que le protectorat n'était, à tout prendre, qu'une possession parmi d'autres et que la France était ici chez elle et pour toujours. Elle introduisit à l'inverse chez les élites urbaines un sentiment de frustration qui fut à l'origine d'un proto-nationalisme tirant sa légitimité de cette dénaturation du protectorat. Parallèlement, la colonisation officielle et la dépossession foncière qui s'ensuivit, l'intervention brutale du capitalisme dans les équilibres fragiles d'économies traditionnelles, les effets dévastateurs de la crise des années trente sur la paysannerie et le salariat eurent pour effet d'étendre la surface géographique et sociale de la protestation anticoloniale.

Pour autant l'évolution des deux protectorats est loin d'être uniforme. Sans doute entre-t-il une part de cliché dans l'opposition classique d'une Tunisie pacifique, économe et bourgeoise et d'un Maroc turbulent, militaire et aristocratique. Vue de la métropole, la Tunisie était un placement de père de famille alors que le Maroc passait pour une sorte de *Far West* ouvert à tous les aventuriers ; de même que les quartiers européens des villes tunisiennes faisaient figure de médiocres préfectures comparés aux audaces urbanistiques et architecturales des villes marocaines. La longueur de la pacification au Maroc – achevée seulement en 1933 – et la forte empreinte de Lyautey expliquent pour une part la réalité de cette différence.

L'éclosion du nationalisme est plus précoce en Tunisie, lié à l'ébranlement suscité par la révolution jeune-turque de 1908, alors qu'il ne s'exprime au Maroc, une fois refermée la parenthèse de la guerre du Rif, qu'au début des années trente, dans le sillage du

Dahir berbère. Mais le Maroc va rattraper ce retard par une intensification de sa mobilisation avant et surtout à la fin de la Deuxième Guerre mondiale. De sorte que l'apogée des crises franco-tunisienne (1952-1954) et franco-marocaine (1953-1955) est à peu près synchrone et leur dénouement concorde, avec même une avance de quelques semaines pour le Maroc, en mars 1956.

Pour être nés l'un et l'autre dans les opulentes bourgeoisies urbaines, et s'être ensuite organisés dans deux grands partis – le Néo-Destour et l'Istiqlal –, les deux nationalismes parvenus à leur maturité n'en sont pas moins fort différents : plus moderniste et laïque en Tunisie, plus passéiste et religieux au Maroc, incarné par un leader prestigieux dans le premier cas, par un monarque à la fois chef civil et religieux dans le second. D'autres différences ont contribué, sans pour autant en altérer le résultat final, à façonner l'histoire de leur émancipation : une notable communauté italienne en Tunisie, dont l'agitation a donné quelques soucis aux résidents généraux, alors qu'au Maroc la France a dû compter avec et parfois sur une importante population berbère et composer avec les menées souvent hostiles de l'Espagne dans la partie qui avait été remise à son contrôle.

La Tunisie

C'est en Tunisie que le nationalisme s'est éveillé le plus tôt, avant même l'instauration du protectorat marocain. Au début du siècle, une génération de bourgeois aisés qui n'avaient pas connu les déficiences de l'administration beylicale antérieure à l'occupation française s'irrite de la dénaturation du traité de protectorat aboutissant à l'effacement complet du bey devant le Résident général et des fonctionnaires tunisiens devant leurs homologues français[1]. À cette éclipse de l'ancien appareil étatique

---

1. Signe de cette dénaturation, le nombre des fonctionnaires français (3 800) dépasse en 1914 celui des fonctionnaires tunisiens (3 100). Voir D. Rivet, *Le Maghreb à l'épreuve de la décolonisation*, Paris, Hachette littératures, coll. « Pluriel », 2003, p. 224.

(bey, vizirs, caïds, pachas), l'équité et l'efficacité pouvaient trouver leur compte, en matière fiscale ou de justice par exemple : la Tunisie était citée en modèle de bonne administration. Elle n'en entretenait pas moins un sentiment de frustration que la nomination de quelques notables à la section tunisienne de la conférence consultative, en 1907, n'avait pas suffi à effacer, et qu'accentuait l'incompréhension méprisante du milieu colonial. Créé dans la foulée du mouvement Jeune Turc, le cénacle des Jeunes Tunisiens, plus réformiste que nationaliste, recrute surtout dans la bourgeoisie lettrée de Tunis, formée à la Zitouna (Grande Mosquée) ou au collège Sadiki. Divers troubles éclatent en 1911 durant la guerre italo-turque.

Bien que la guerre ait à peine effleuré le protectorat, la question tunisienne est posée avec plus de virulence au lendemain du conflit, dans le sillage des principes wilsoniens et dans le contexte de l'agitation qui, de l'Égypte à l'Irak, s'est emparée du monde arabe. Le cheik zitounien Abdelaziz Taalbi publie (anonymement) à Paris *La Tunisie martyre* et tente de rallier à la cause d'une Constitution tunisienne certains hommes politiques français (tel Maurice Barrès) et des juristes[1]. Ainsi naît, en 1920, à Tunis, le parti libéral-constitutionnel (Destour) qui revendique une sorte de régime parlementaire et gagne à ses vues le bey Nacer qui, non sans tergiversations, met son abdication dans la balance. Impressionné, mais décidé à ne céder que le strict minimum, le résident général Lucien Saint octroie en 1922 quelques réformes parmi lesquelles un Grand Conseil, organe consultatif à compétence surtout budgétaire, où les Tunisiens demeurent minoritaires.

Après ces débuts brillants, le Destour s'étiole. Par conservatisme social, il n'apporte qu'un soutien réservé aux grèves et manifestations ouvrières de 1924 et se sépare ensuite du Parti communiste dont il avait appuyé la création. Rallié en fait à un protectorat « amélioré », il souffre des entraves apportées à la liberté de la presse et à la propagande politique que l'excellente

---

1. Référence à l'éphémère constitution de 1861 octroyée par le bey sous l'influence conjointe de la France et de l'Angleterre.

conjoncture économique des années vingt rend du reste peu opérante. En attendant des jours meilleurs, le parti se replie sur ses activités associatives et n'entreprend rien contre le vieillissement de ses cadres.

La crise économique des années trente, durement ressentie par les diverses strates de la société tunisienne, rend quelque audience au Destour, mais celle-ci est captée par la classe moyenne diplômée, plus provinciale et moins bourgeoise que la génération fondatrice : avocats comme Habib Bourguiba ou Salah ben Youssef, médecins comme Mouloud Materi, journalistes comme Hedi Nouira qui se sont formés en métropole aux méthodes modernes de la vie politique et noyautent le parti. Bourguiba s'impose rapidement, qui, pour avoir défini dès 1931 la voie de l'indépendance, entre en conflit avec la direction du Destour et fonde, avec ses amis, le Néo-Destour au congrès de Ksar Hellal en mars 1934. L'essor rapide du nouveau parti[1], tant dans la paysannerie du Sahel que dans les couches urbaines, et les signes multipliés d'une agitation endémique déclenchent une première vague de répression ordonnée par le résident général Peyrouton, dont le « proconsulat » coïncide aussi avec un renforcement de l'administration directe[2].

Nommé en mars 1936, son successeur, le diplomate Armand Guillon, prend diverses mesures de détente, notamment une amnistie et le retour à la liberté de la presse. La victoire du Front populaire ouvre, selon l'expression traditionnelle mais peut-être un peu excessive, la première expérience franco-tunisienne : Bourguiba correspond avec Pierre Viénot, secrétaire d'État chargé des protectorats, et propose un ensemble de réformes démocratiques qui prépareraient une indépendance à plus long terme, sur le modèle des traités négociés avec le Liban et la Syrie. Mais cette démarche libérale se heurte à l'hostilité ouverte

---

1. Qui compterait environ 100 000 adhérents à l'été 1936.
2. Le décret du 8 novembre 1935 renforce les compétences des contrôleurs civils au détriment des caïds. Sur l'ensemble de la question, voir E. Mouilleau, *Fonctionnaires de la République et artisans de l'Empire. Le cas des contrôleurs civils en Tunisie (1881-1956)*, Paris, L'Harmattan, 2000.

des « Prépondérants » et à l'indifférence de la gauche française, plus inquiète à tout prendre de l'agitation « fasciste » de la minorité italienne[1]. Une opposition militaire se dessine aussi contre toute modification du *statu quo* compte tenu de la dégradation internationale en Méditerranée. Le voyage de Pierre Viénot en Tunisie (février 1937) ne débouche sur rien et est suivi de peu par divers conflits sociaux. Il s'ensuit une radicalisation du Néo-Destour où la ligne accommodante du Dr Materi est battue en brèche par celle, intransigeante, de Salah ben Youssef.

Cette détérioration aboutit aux émeutes sanglantes du 9 avril 1938 à Tunis. Le Néo-Destour est à nouveau interdit et ses dirigeants emprisonnés. De fait, la ferveur destourienne retombe. Le nouveau résident, Eirik Labonne, entend désamorcer les passions politiques par d'amples réalisations économiques. Surtout, les revendications de Mussolini sur la Tunisie arrivent à point pour détourner l'attention. Le Président du conseil Daladier effectue en janvier 1939 un voyage triomphal auquel l'opinion musulmane, informée de la brutalité de la colonisation italienne en Libye, s'associe peu ou prou.

Après la défaite de juin 1940, le régime de Vichy fut représenté à Tunis par l'amiral Esteva, tout dévoué au maréchal Pétain et acquis aux principes de la révolution nationale. Le Néo-Destour l'apprit à ses dépens, qui connut une nouvelle vague d'arrestations tout au long de 1941. Le fait nouveau réside dans l'avènement du Bey Moncef, en juin 1942, qui sut rapidement s'attirer la sympathie des Tunisiens par ses manières simples et affables certes, mais aussi par l'affirmation de ses droits, et des droits du beylik, face à l'autorité française. Durant la brève occupation germano-italienne, il sut, à la différence de certains

---

1. Le recensement de 1936 estime le nombre des Italiens à 94 000 pour 108 000 Français. Cette communauté est protégée par les conventions de 1896 et par le récent accord Laval-Mussolini de 1935. La propagande fasciste y est fort active et travaille à la détérioration des relations franco-tunisiennes. Voir J. Bessis, *La Méditerranée fasciste, l'Italie mussolinienne et la Tunisie*, Paris, Karthala, 1981.

éléments du Néo-Destour[1], demeurer sourd aux offres de l'Axe. Il forma même un ministère présidé par M'Hammed Chenik, nationaliste modéré et anglophile. Une telle indépendance déplut aux autorités d'Alger : le 14 mai 1943, Moncef Bey est destitué par le général Juin sur ordre du général Giraud. Son successeur Lamine Bey, apparemment inoffensif, est intronisé le même jour.

La déposition de Moncef, sa relégation dans des exils de plus en plus lointains, lui confèrent l'auréole du martyr. Pendant plusieurs années, le moncefisme fut bien plus que le Néo-Destour l'incarnation du nationalisme tunisien. Bourguiba en prit acte et préféra aller chercher au Caire les soutiens extérieurs qui sauraient forcer la France à accomplir des gestes significatifs[2]. Car au moment où celle-ci s'apprête à quitter ses mandats du Levant et à traiter avec le Viet Minh, les réformes concédées par les résidents successifs – le général Mast, puis Jean Mons – apparaissent bien minces. Si utiles soient-elles, en desserrant quelque peu l'étau de l'administration directe, elles ne modifient ni les rapports de force économiques, ni l'influence décisive de la résidence. Dans un climat de grande nervosité, des troubles sociaux éclatent à Sfax en août 1947, et un Front national tunisien, regroupant l'ensemble des forces d'opposition, réclame ouvertement l'indépendance.

La mort de Moncef Bey, en septembre 1948, ouvre la voie au retour de Bourguiba un an plus tard. Instruit du précédent de 1938 et déçu de l'indifférence des capitales arabes, celui-ci a choisi la

---

1. La propagande allemande et italienne fit quelques adeptes dans les rangs du Néo-Destour, dans les milieux prolétariens et intellectuels notamment. Bourguiba, remis par Vichy à l'Italie, déclina toute offre de services. Voir Ch.-R. Ageron, « Les populations du Maghreb face à la propagande allemande », *Revue d'histoire de la Deuxième Guerre mondiale*, n° 114, 1979, p. 1-39.

2. Bourguiba arrive au Caire en avril 1945, peu après la création de la Ligue arabe. Il fonde un Comité de libération du Maghreb, présidé par le prestigieux Abd el-Krim, dont il assure le secrétariat général, puis entreprend une tournée de propagande dans les États arabes qui, préoccupés par les développements de la question palestinienne, ne lui accordent qu'un intérêt médiocre.

voie de la modération dans le cadre d'une négociation franco-tunisienne. Sa déclaration en sept points du 15 avril 1950, si elle revendique une Assemblée constituante élue au suffrage universel, ignore prudemment le terme d'indépendance. Paradoxalement, tel est le terme qu'utilise Robert Schuman, ministre des Affaires étrangères, dans son discours de Thionville du 10 juin en intronisant le préfet Louis Périllier comme successeur de Jean Mons[1]. Le mot magique ayant été prononcé, une seconde expérience franco-tunisienne débute sous les meilleurs auspices avec la formation du ministère Chenik qui s'ouvre au Néo-Destour avec Salah ben Youssef et le Dʳ Materi. De nouvelles réformes sont adoptées qui placent le gouvernement sous l'autorité directe du bey et élargissent les voies d'accès de la fonction publique aux Tunisiens. On semble bien s'acheminer vers l'autonomie interne, au grand scandale de la communauté française. Le lobby des « Prépondérants », regroupé dans le Rassemblement français du sénateur Colonna, mobilise alors le ban et l'arrière-ban de ses relations parisiennes[2] et inspire au Quai d'Orsay la déclaration gouvernementale du 15 décembre 1951. Celle-ci, en affirmant le caractère définitif des liens unissant les deux pays, rejette toute perspective d'indépendance et pose, à l'inverse, le principe de la nécessaire participation des Français à toutes les institutions du protectorat. Sans que le terme soit employé, c'est accréditer la thèse de la *cosouveraineté*, très en vogue à cette époque dans les milieux français de Tunis et de Rabat, mais qui s'inscrit en complète violation de la lettre comme de l'esprit du protectorat et, comme telle, est rejetée par l'ensemble des forces d'opposition. Désavoué, Périllier est remplacé par le diplomate Jean de Hautecloque, dont les liens avec le Rassemblement sont connus.

---

1. « M. Périllier aura pour mission de conduire la Tunisie vers le plein épanouissement de ses richesses et de l'amener vers l'indépendance qui est l'objectif final pour tous les territoires au sein de l'Union française. » Lapsus ou hardiesse calculée, le terme d'indépendance étonne dans la bouche d'un ministre aussi prudent.
2. Notamment les ministres radicaux Léon Martinaud-Déplat et Charles Brune, ainsi que le sénateur Gabriel Puaux. Ce dernier, ancien résident général au Maroc, est le père de François Puaux, sous-directeur des protectorats au Quai d'Orsay. La boucle est ainsi bouclée.

La crise tunisienne connaît alors son intensité maximale, la saisine de l'ONU par les ministres nationalistes enclenchant le cycle de la répression[1]. Bourguiba est arrêté le 18 janvier 1952, et avec lui plusieurs centaines de néo-destouriens. Après de violents incidents à Sousse, le cap Bon est l'objet d'un ratissage brutal par les troupes du général Garbay. Les internements se comptent par milliers et divers cas de viols et de tortures sont signalés. Le leader syndicaliste Ferhat Hached, devenu l'âme du combat national, est assassiné le 5 décembre par un groupe terroriste, la Main rouge, disposant de complicités dans l'appareil administratif et policier du protectorat. Politiquement, l'impasse est totale. Sans doute le résident général a-t-il trouvé en Salahadine Baccouche un successeur docile à M'Hammed Chenik, lui-même arrêté, mais l'élection des assemblées municipales se solde par une abstention tunisienne si élevée que sa position en est affaiblie. Une poussée de terrorisme urbain, consécutive à la déposition du sultan marocain (20 août 1953)[2] et l'apparition des premiers *fellagha* dans le Sud achèvent de le discréditer. Nommé le 2 septembre, son successeur Pierre Voizard, ancien collaborateur de Lucien Saint, prend quelques mesures de détente. Mais celles-ci lui aliènent les sympathies de la communauté française sans être jugées suffisantes par les nationalistes. Un moment assoupi, le fellaghisme reprend et l'insécurité devient générale.

La démarche de Pierre Mendès France, investi le 17 juin 1954, n'a d'autre objet que de renouer avec celle de Louis Périllier : l'organisation de l'autonomie interne dans le cadre d'une négociation franco-tunisienne dont, à l'évidence, le Néo-Destour ne saurait être exclu. Mûrement préparé, le voyage à

---

1. Compte tenu de l'inexpérience de Hautecloque, les véritables maîtres d'œuvre en sont Raymond Pons, secrétaire général du protectorat, et Louis Nullet, inspecteur général des contrôles civils. Voir Ch.-A. Julien, *Et la Tunisie devint indépendante, 1951-1957*, Paris, Éd. Jeune Afrique, 1985, p. 43-45.

2. Voir *infra*, p. 192-193.

Tunis du 31 juillet crée l'indispensable choc dans l'opinion, autant par le contenu de la déclaration de Carthage, reconnaissant explicitement l'autonomie interne, que par la présence inopinée du maréchal Juin aux côtés du président du Conseil. La reconnaissance solennelle de l'autonomie interne, la formation d'un gouvernement présidé par Tahar Ben Ammar, nationaliste modéré, et comprenant quatre ministres néo-destouriens sur dix, sont des gages d'indéniable bonne volonté. Commencées à Tunis, poursuivies à Paris, les négociations sont plusieurs fois interrompues, tant en raison des surenchères tunisiennes que de certaines divisions du gouvernement français sur l'étendue de l'autonomie interne.

C'est à Edgar Faure, successeur de Mendès France, et au ministre Pierre July qu'il échoit de les conclure. Le retour triomphal de Bourguiba à Tunis, le 1ᵉʳ juin 1955, est suivi des conventions franco-tunisiennes signées le 3 et ratifiées sans difficultés par le Parlement. Par l'abrogation de la convention de La Marsa, l'autonomie interne est pleinement consacrée, en ménageant des étapes. Paradoxalement son application va être contrariée non pas par la communauté française, résignée à l'inévitable après quelques combats d'arrière-garde, et du reste rassurée par de substantielles garanties, mais par l'hostilité affichée de Salah Ben Youssef, secrétaire général du Néo-Destour. Cette opposition, qui combine un ressentiment personnel à l'encontre de Bourguiba et des options panarabistes ou nassériennes, connut d'abord un certain succès de propagande pour être finalement tranchée au congrès du Néo-Destour tenu à Sfax en novembre 1955 qui vit le ralliement massif du parti aux thèses bourguibistes[1].

L'indépendance n'était dès lors qu'une question de mois. Les accords de La Celle-Saint-Cloud ayant posé le principe de l'indépendance marocaine, il est clair que la Tunisie, dont le protectorat était plus ancien et les élites proportionnellement plus nombreuses, ne pouvait demeurer à l'écart. L'indépendance est

---

1. Après avoir tenté, fin 1955, une rébellion dans le Sud tunisien, Salah Ben Youssef se réfugia au Caire, puis en Allemagne où il fut assassiné en 1961. Ses partisans connurent après l'indépendance une dure répression.

donc reconnue par le protocole du 20 mars 1956 qui abroge le traité du Bardo. Divers accords de coopération sont ensuite signés avec la France, dont celui du 17 juin 1958 sur l'évacuation des troupes françaises[1].

Le Maroc

Depuis le traité de Fès de 1912, le protectorat marocain s'est incarné dans la forte personnalité de Lyautey. Tout a été dit de cet aristocrate en perpétuelle représentation, aussi féru de lecture et de réflexion que passionné et exigeant dans l'action, de même que son génie pacificateur et bâtisseur a été, à juste titre, maintes fois célébré[2]. Adversaire déclaré de l'assimilation et de l'administration directe, il s'est appuyé sur le sultan et les autorités traditionnelles pour conserver la personnalité marocaine, un peu à la manière de ce « Royaume arabe » que Napoléon III avait imaginé en son temps pour l'Algérie. À cet État souverain[3] qu'il aurait voulu voir entrer à la SDN et jouer un rôle phare dans un monde musulman désorienté par la suppression du califat, il n'entendait apporter, outre la protection de la France, que les outils et les cadres d'une modernisation qui, à la manière du *Meiji* au Japon, lui aurait conservé son identité.

À bien des égards, la réussite est réelle, qu'il s'agisse de la pacification, menée avec beaucoup de doigté et d'économie de moyens, du respect scrupuleux des institutions chérifiennes ou de la promotion des nouvelles élites formées par l'Institut des

---

1. La France conservant la base de Bizerte. En juillet 1961, par une décision surprenante combinant quelques appétits pétroliers au Sahara et une volonté d'internationaliser la question algérienne, Bourguiba ordonne aux forces tunisiennes de s'en emparer, sans succès et au prix de lourdes pertes. Bizerte fut finalement évacué deux ans plus tard.

2. Parmi les nombreuses biographies de Lyautey, E. Le Révérend, *Lyautey*, Paris, Fayard, 1983. Voir aussi D. Rivet, *Lyautey et l'institution du protectorat français au Maroc, 1912-1925*, Paris, L'Harmattan, 1988, et le portrait tout en nuances tracé dans *Le Maroc de Lyautey à Mohammed V*, Paris, Denoël, 1999, p. 35-49.

3. « Ici, nous avons réellement trouvé un État et un peuple. »

hautes études marocaines. Qu'il s'agisse aussi des réalisations remarquables en matière d'équipement et d'urbanisme. Mais s'il est vrai que Lyautey fut trop souvent mal compris à Paris et mal suivi à Rabat, il n'est pas sacrilège de relever qu'il ne rendit pas forcément service au gouvernement central en refusant toute réforme du *makhzen*[1], ni au peuple marocain en conservant intacts les pouvoirs des caïds et des pachas dont la bonne justice et la bonne administration n'étaient pas toujours la préoccupation majeure. On peut regretter aussi que son islamophilie[2] ait eu pour contrepartie une marginalisation de l'importante communauté juive[3], à laquelle la citoyenneté française n'a été accordée qu'au compte-gouttes, ce qui la rendra, la détérioration de sa condition aidant, attentive aux promesses du sionisme bien avant l'application des lois raciales de Vichy. Et déplorer enfin qu'il n'ait pu empêcher, à la faveur du « boom marocain » des années vingt, l'afflux de colons et d'affairistes de tous acabits, pas toujours conformes au modèle des « gens bien » qu'il souhaitait voir encadrer le pays, et qui allaient menacer dangereusement les fragiles équilibres du protectorat par le développement d'une économie européenne tentaculaire.

De façon inattendue, c'est la guerre du Rif qui va emporter Lyautey et ouvrir une phase nouvelle de l'histoire marocaine.

À son origine, le comportement brutal et maladroit des Espagnols dans cette zone déshéritée qui leur avait été attribuée. À défaut de mise en valeur, ils y déployaient un esprit de *reconquista* qui finit par déclencher la rébellion de notables initialement bien disposés. Ainsi Abd el-Krim, fils de cadi, un temps journaliste au *Telegramma del Rif*, qui, avec une étonnante infériorité de moyens, inflige aux Espagnols le désastre militaire d'Anoual (20 juillet 1921) et proclame l'année suivante la Répu-

---

1. Son secrétaire général de 1919 à 1956 fut Mohammed el-Mokri, plus que centenaire à l'indépendance du Maroc.
2. Par respect pour l'islam, Lyautey n'a jamais pénétré dans une mosquée et l'a interdit à tout ressortissant européen, disposition qui demeure en vigueur aujourd'hui.
3. Estimée à 150 000 au début du siècle et à 250 000 au début des années cinquante.

blique des tribus rifaines[1]. L'extension de la révolte menaçant le protectorat français, Lyautey réclame d'importants renforts pour faire face à une attaque prévue au printemps 1925. Mais le Cartel des gauches, alors au pouvoir, n'éprouve qu'une faible sympathie pour Lyautey, qui n'est ni radical, ni franc-maçon. En conséquence, les renforts attendus sont trop chichement octroyés pour être opérants. Le commandement militaire lui est retiré pour être confié au maréchal Pétain, prélude à une démission acceptée avec empressement le 25 septembre. Doté de moyens considérables, Pétain achève, de concert avec les forces espagnoles du général Franco, la reconquête du Rif jusqu'à la reddition d'Abd el-Krim en mai 1926. Cette étonnante rébellion rifaine qui a enflammé le monde musulman jusqu'aux Indes, et mobilisé le soutien du Komintern, n'a somme toute qu'assez peu pesé dans le devenir du nationalisme marocain qui va épouser des contours très différents puisés dans les populations citadines et le sentiment monarchique.

Avec Théodore Steeg, ancien gouverneur général de l'Algérie, ce sont, comme il était à prévoir, les méthodes algériennes qui vont s'imposer, celles-là mêmes que Lyautey avait toujours dénoncées : l'essor de la colonisation officielle et la multiplication des fonctionnaires français qui va faire basculer le protectorat dans l'administration directe[2]. L'implantation rapide de l'économie européenne sous l'égide de l'omniprésente Banque de Paris et des Pays-Bas, puis, à partir de 1930, la chute des prix et des salaires sont d'autres facteurs de mécontentement qui, joints au souvenir d'une certaine fragilité du protectorat lors de l'épisode rifain, vont lever les premiers germes de la protestation marocaine.

---

1. On s'est beaucoup interrogé sur la signification de la révolte d'Abd-el Krim et la nature de son programme : adepte d'un Maroc traditionnel et tribal ou « Mustapha Kemal du Maghreb » acquis au modernisme, voire à la démocratie ? Son éphémère gouvernement présente ces deux aspects. Voir *Abd el-Krim et la République du Rif*, colloque de Paris, 18-20 janv. 1973, Paris, F. Maspero, 1976.

2. Le nombre des fonctionnaires français passe de 6 731 en 1925 à 17 842 en 1935 et 25 000 environ en 1955. Voir D. Rivet, *Le Maghreb à l'épreuve de la décolonisation*, *op. cit.*, p. 224.

Dès 1926 s'est constituée une opposition de « Jeunes marocains », les uns liés à la Qarawiyin, la mosquée-université de Fès, comme Allal el-Fassi, d'autres pénétrés de culture moderne comme l'étudiant Ahmed Balafrej, rejoint peu après par Bel Hassan el-Ouezzani, diplômé de l'École des sciences politiques de Paris. Les deux groupes fusionnent en 1927, mais doivent attendre le fameux *Dahir berbère* du 16 mai 1930 pour passer à l'action. Œuvre des services de Lucien Saint, successeur de Steeg, et signé sans la moindre opposition par le jeune sultan Sidi Mohammed ben Youssef[1], ce dahir jouait la carte berbère comme la France avait joué la carte kabyle en Algérie : celle d'une population montagnarde, spécifique par sa langue et ses coutumes, médiocrement islamisée, et qui, comme telle, se prêterait à une politique de francisation et éventuellement de conversion. En imposant les juridictions françaises au civil (en appel seulement) et au criminel, le dahir est ressenti comme un attentat contre l'islam et une rupture de l'unité marocaine. Il soulève diverses marques d'opposition[2] qui trouvent leurs prolongements dans l'édition de revues (*Maghreb* en métropole, l'*Action du peuple* au Maroc) et dans la création, en 1933, d'un Comité d'action marocaine (CAM) unissant, parmi d'autres, Allal el-Fassi, Bel Hassan el-Ouezzani et Ahmed Balafrej. Ce comité présente aux autorités françaises, fin 1934, un Plan de réformes qui, en allégeant considérablement la sujétion française, vise à revenir à une « stricte politique du protectorat ». Ce plan n'obtient aucune réponse, ou plutôt, pour en tenir lieu, quelques mesures de répression inspirées par le résident général Peyrouton qui s'était déjà fait la main à Tunis. Entre-temps, le comité d'action a suscité à Fès de bruyantes manifestations d'adhésion en faveur du sultan qui ne les a pas découragées. Dès lors, et pour longtemps, le mouvement national marocain a scellé l'alliance du trône chérifien et des éléments les plus dynamiques de la bourgeoisie urbaine.

---

1. Choisi à la succession de Moulay Youssef (1912-1927) en raison de son jeune âge et de sa timidité.
2. Et une certaine émotion dans le monde arabe, orchestrée par l'émir Chakib Arslan qui rencontra à Tétouan el-Ouezzani et Balafrej.

Au Maroc comme ailleurs, le Front populaire a suscité de grands espoirs. Nommé par Léon Blum à la résidence, le général Noguès, ancien collaborateur de Lyautey et de Lucien Saint, sut prendre les mesures de détente nécessaires et gagner la confiance du sultan. Mais à l'heure de la guerre d'Espagne et des visées extérieures sur le Maroc, le dialogue ne pouvait que tourner court. Décidés à forcer la main des autorités françaises et à prouver l'audience du mouvement, les leaders du CAM tiennent de tumultueuses réunions à Fès et à Salé. Une première vague de répression déclenche une scission du Comité entre les tenants de la modération (el-Ouezzani) et ceux, plus nombreux, de l'action de masse autour d'el-Fassi et de Balafrej. Le Comité est dissous, mais Allal el-Fassi le remplace par un Parti national pour le triomphe des réformes qui élargit son audience aux catégories populaires – artisans, ouvriers, et même paysans – restées jusqu'alors à l'écart. L'automne 1937 est ponctué de troubles dans les médinas, qui trouvent leur terme dans de nombreuses arrestations et le bannissement d'Allal el-Fassi au Gabon. Fragmenté et décapité, le mouvement nationaliste est provisoirement hors jeu. La reprise économique aidant, quelques gestes de bonne volonté suffisent à ramener le calme.

Le crédit de la France demeurait tel que la défaite et l'armistice ne donnèrent lieu à aucune manifestation d'antipathie. Même s'il fallut par la suite compter avec les propagandes étrangères – allemande et anglaise – qui n'étaient pas toujours sans écho, le régime de Vichy, auquel le général Noguès se rallia sans trop d'efforts, tenta d'y parer par une mobilisation au service de la Révolution nationale dont l'insistance répétitive lassa vite la population musulmane. La législation antisémite, même appliquée avec lenteur et modération, renforça l'isolement de la communauté juive.

Tout bascule avec le débarquement allié du 8 novembre 1942 qui, face aux divisions et au dénuement français, administre les preuves de l'opulence américaine et la détermination de Roosevelt à pousser le Maroc dans la voie de l'émancipation lors de son entrevue avec le sultan à Anfa le 22 janvier 1943. Trop compromis avec Vichy, puis avec Darlan, Noguès est remplacé par Gabriel Puaux, diplomate de faible envergure, qui ne peut que constater la montée des tendances centrifuges. En l'absence d'el-Fassi et d'el-Ouezzani, c'est Ahmed Balafrej qui reconstitue l'état-major du Parti nationaliste. Devenu Parti de l'indépendance (*Istiqlal*), celui-ci remet le 11 janvier 1944 un Manifeste qui revendique l'indépendance du Maroc sous l'autorité du sultan[1]. Après un court flottement, les autorités françaises, invoquant un complot fomenté par des agents allemands, procèdent à l'arrestation de plusieurs rédacteurs du Manifeste, dont Balafrej, et répriment durement les manifestations de protestation à Rabat et à Fès. Pour faire diversion, quatre commissions de réforme[2] furent instituées, mais dans lesquelles ne figurait aucun nationaliste.

L'amnistie du 14 juillet 1945, qui suit de peu l'élévation du sultan au rang de Compagnon de la Libération, et la nomination d'un résident libéral, Eirik Labonne, contribuent à détendre l'atmosphère. Après la dramatique année 1945, la reprise de l'économie marocaine est exceptionnelle, alimentée il est vrai par un flux de capitaux d'origine parfois douteuse[3]. La tolérance des autorités aidant, l'Istiqlal se réorganise, surtout après le retour d'Allal el-Fassi, et étend son audience[4] dans les milieux populaires urbains qui ont plus ou moins participé aux émeutes de 1944. Il doit néanmoins compter, sur sa gauche, avec le Parti communiste et son prolongement syndical et, sur sa droite, avec le Parti démocratique de l'indépendance d'el-Ouezzani, plus modéré et surtout plus réservé à l'égard du sultan. Pour l'heure,

---

1. Le Manifeste de l'Istiqlal, signé par 59 personnalités marocaines, est remis au sultan, au résident général et, pour mieux souligner la personnalité internationale du Maroc, aux représentants des puissances alliées.

2. Ces quatre commissions concernent la justice, l'enseignement, l'administration et l'économie. Cette dernière fit du reste un travail utile en créant les Secteurs de modernisation de la paysannerie.

3. Recyclage d'« argent sale » venu du marché noir, de la collaboration franco-allemande en métropole ou de capitaux en mal d'évasion fiscale.

4. L'Istiqlal semble avoir atteint 100 000 membres en 1950.

la priorité de Labonne est de lancer un *New Deal* marocain, c'est-à-dire de privilégier les réalisations économiques d'utilité générale et de rattraper les retards accumulés dans les domaines de la scolarisation, du logement et de la participation des Marocains à l'administration[1], au détriment des réformes politiques qui, selon lui, peuvent attendre. D'où le rappel à l'ordre du sultan qui, dans un discours prononcé à Tanger le 10 avril 1947, évoque l'avenir de son pays en citant la Ligue arabe, mais en omettant volontairement de mentionner la France, se posant ainsi en chef avoué du nationalisme marocain. C'est un camouflet pour Labonne, remplacé dès le 14 mai par le général Juin, à la grande satisfaction des ultras de la colonisation que les options « travaillistes » du premier horripilaient.

Sans méconnaître en privé la légitimité de leur combat, Juin entend mener aux nationalistes marocains, et éventuellement au sultan, un combat sans merci. Conscient de la nécessité des réformes et attaché à la modernisation économique, il ne trouve en fait de soutiens que chez les grands féodaux conservateurs – tel le Glaoui, pacha de Marrakech, que la propagande officielle érige en grand ami de la France[2] – ou dans des groupuscules politiques créés de toute pièce. Dans cette voie étroite, Juin réussit d'abord assez bien en réorganisant utilement le *makhzen* et en élargissant la section marocaine du Conseil de gouvernement. Mais, dès 1948, les relations se détériorent et la crise franco-marocaine prend un tour aigu fin 1950 quand Juin fait expulser du Conseil un leader de l'Istiqlal avec lequel le sultan se solidarise. Après avoir vainement tenté un arbitrage du président de la République Vincent Auriol, le souverain capitule et condamne

---

1. La promotion administrative des élites marocaines ayant été délaissée après Lyautey, celle-ci demeure scandaleusement faible à la fin du protectorat. Voir D. Rivet, *Le Maroc de Lyautey à Mohammed V, op. cit.*, p. 154-156. Ce retard n'a été que partiellement comblé par la création d'une École marocaine d'administration en 1948.

2. Préférant gommer certains aspects douteux de son passé et l'origine scandaleuse de sa fortune.

« sous contrainte » (en fait, la menace d'une déposition) les agissements de l'Istiqlal. L'épreuve de force est évitée, mais la crise politique ne peut être résorbée que par le départ de Juin qui lui est signifié en juin 1951, après un délai convenable pour ménager sa susceptibilité.

Son successeur, le général Guillaume, bon connaisseur du Maroc grâce à une longue carrière dans les Affaires indigènes et dans l'armée d'Afrique, ne s'éloigne pas de la ligne tracée, avec un sens manœuvrier inférieur. Maladroitement, le gouvernement français laisse passer en mars 1952 une offre du sultan visant à établir un régime constitutionnel dans la continuité d'une coopération franco-marocaine. Il insiste au contraire, à la faveur d'une réforme municipale, sur le caractère « mixte » de la gestion du royaume, ce qui renvoie à l'inacceptable cosouveraineté que les nationalistes tunisiens ont déjà eu l'occasion de rejeter. La situation se tend en décembre avec les violents incidents de Casablanca consécutifs à l'assassinat du syndicaliste Ferhat Hached en Tunisie, suivis par l'arrestation de centaines de militants. L'Istiqlal est à nouveau décapité. Dès lors le sultan Mohammed ben Youssef apparaît aux milieux colonialistes[1] comme le dernier obstacle à la perpétuation de la paix française. Ainsi renaît l'idée déjà caressée début 1951 d'une déposition du sultan par la force. Un complot se noue dans lequel entrent certains hauts fonctionnaires de la résidence, le tout-puissant « préfet » Boniface, chef de la région de Casablanca, et deux ennemis jurés du sultan : Si Thami el-Glaoui, pacha de Marrakech, qui mobilise les caïds de l'Atlas, et le chérif Abd el-Hay Kittani, personnalité importante de la Qarawiyin de Fès. Complot que le ministre des Affaires étrangères Georges Bidault ne semble pas avoir commandité, mais qu'il n'aura de cesse de couvrir par la suite. Un

---

1. Au Maroc, le lobby colonial gravite autour de l'association *Présence française* dirigée par le Dr Causse, et du groupe de presse Mas, et de quelques porte-parole comme le colon Aucouturier et le Dr Eyraud. À Paris, où le général Juin s'agite beaucoup, la politique de force est soutenue notamment par les radicaux conservateurs (E. Roche, L. Martinaud-Déplat, Ch. Brune) et par le groupe Boussac (*L'Aurore*).

proche parent du sultan Moulay Arafa, paisible vieillard dénué de toute ambition, est désigné à sa succession.

Techniquement bien menée, la déposition du 20 août 1953 se révèle rapidement une magistrale erreur politique, comme l'avaient du reste dénoncé certains ministres du gouvernement Laniel[1]. Non seulement la France a failli à sa mission protectrice, mais elle a élevé le sultan déchu au rang de martyr de son peuple. Dès lors, avec l'attentat perpétré en décembre au marché de Casablanca, le pays entre dans un cycle de violence endémique qui voit alterner un terrorisme marocain et un autre terrorisme européen, ce dernier épousant des formes parfois proches du gangstérisme. Les terribles conditions d'internement des suspects lèvent en métropole une protestation d'intellectuels et des chrétiens regroupés dans l'association *France-Maghreb*[2] qui anticipe sur la mobilisation, de plus vaste envergure, contre la pratique de la torture en Algérie.

Pierre Mendès France, qui succède à Joseph Laniel en juin 1954, préfère concentrer ses efforts sur l'évolution de la question tunisienne. S'il tente de limiter sur place l'arbitraire policier et s'il prend indirectement contact avec le sultan exilé à Madagascar, sa politique marocaine demeure prudemment attentiste. Mais le pourrissement de la situation[3] et les développements de la rébellion en Algérie invitent son successeur Edgar Faure à sortir de l'impasse. Il nomme pour ce faire comme nouveau résident Gilbert Grandval, un gaulliste précédé d'une réputation de fermeté, qui, ayant procédé à une large épuration de la haute administration du protectorat, s'attire des manifestations

---

1. Ainsi F. Mitterrand qui donne sa démission le 3 septembre, et E. Faure qui, tout en restant au gouvernement, demande le rappel des fonctionnaires les plus compromis et s'appliquera deux ans plus tard à réparer les dégâts de cette politique.

2. Parmi lesquels l'écrivain François Mauriac, l'islamiste Louis Massignon, l'historien Charles-André Julien, l'avocat Pierre Stibbe, et des hommes politiques comme Alain Savary ou François Mitterrand.

3. Marqué notamment par l'assassinat de l'industriel Lemaigre-Dubreuil, directeur du journal libéral *Maroc-Presse*, le 12 juin 1955.

ostensibles de sympathie de la population marocaine. Son plan est de substituer à Moulay Arafa, totalement démonétisé, un Conseil du trône qui formerait un ministère de négociation. Mais suivi avec retard et atermoiements par Paris, où Edgar Faure dirige un gouvernement très divisé[1], il ne peut empêcher le déferlement de la violence le 20 août 1955, date anniversaire de la déposition de Mohammed ben Youssef, à Khenifra et à Oued Zem où une partie de la population française est massacrée.

Le gouvernement accepte néanmoins d'ouvrir peu après à Aix-les-Bains une conférence consultative réunissant les diverses tendances de l'opinion marocaine, Istiqlal compris. Le général Catroux est parallèlement dépêché à Madagascar pour préparer le retour du sultan, singulièrement facilité par le revirement du Glaoui, prélude à sa soumission. Le dénouement dès lors est proche, malgré les inévitables manœuvres de retardement[2]. Un Conseil du trône étant substitué à Arafa, auquel pourtant les promesses les plus solennelles de maintien avaient été réitérées, Mohammed ben Youssef gagne la France le 31 octobre. À La Celle-Saint-Cloud, son entrevue du 6 novembre avec Antoine Pinay donne lieu à un communiqué mêlant habilement les termes d'indépendance et d'interdépendance librement consentie. Dix jours plus tard, le sultan reçoit à Rabat un accueil triomphal. Le nouveau gouvernement réunissant les diverses composantes du nationalisme marocain et présidé par le pacha de Sefrou, Si Bekkai, dont la fidélité à Ben Youssef ne s'était jamais démentie, négocie avec le gouvernement Mollet et le ministre Alain Savary l'accord du 2 mars 1956 reconnaissant l'indépendance du Maroc. Un mois plus tard, le général Franco, qui s'était toujours posé en grand ami des Arabes et qui avait cru habile d'apporter

---

1. Si Antoine Pinay, ministre des Affaires étrangères, et Pierre July, ministre des Affaires tunisiennes et marocaines, sont favorables à une solution politique entérinant le retour du sultan, ils doivent compter avec l'opposition des Indépendants et de certains gaullistes, comme le général Koenig, ministre de la Défense nationale, qui mettent leur démission dans la balance. Celle-ci sera du reste effective en octobre 1955, mais trop tardive pour enrayer le cours des choses.

2. En particulier celles du peu loyal général Boyer de La Tour, successeur de Grandval, que le gouvernement doit congédier en novembre 1955.

son soutien aux nationalistes marocains pour mieux affaiblir la France, doit se résigner à son tour à la fin du protectorat espagnol sur la zone du Rif, à l'exception des deux *presides* de Melilla et de Ceuta, et à l'exception du Sahara espagnol qui ouvrira par la suite un contentieux régional grave[1]. Malgré diverses tensions liées à la crise algérienne, des conventions de coopération franco-marocaine ont été signées en 1957. Mais la protection officielle du sultan, devenu roi du Maroc, n'a pas suffi à retenir la communauté juive qui a poursuivi une émigration vers Israël entamée dès 1948.

L'Algérie

Épisode majeur de la décolonisation, la guerre d'Algérie l'est à plus d'un titre : par sa longueur et par l'intensité des moyens mis en œuvre – la France partageant avec le Portugal le redoutable privilège d'avoir durablement engagé les forces de la nation dans ce type de conflit –, par les passions qu'elle a déchaînées comme par son retentissement international. Elle est de surcroît une guerre complexe, et en ce sens unique, qui superpose à la classique épreuve de force entre colonisateur et colonisé les effets induits de deux guerres subsidiaires, l'une franco-française, l'autre algéro-algérienne. La première fut, pour l'essentiel, une guerre d'opinion, une « bataille de l'écrit » centrée sur la légitimité ou les modalités du conflit, même si elle a pu revêtir parfois, notamment sur sa fin, une violence physique[2]. La seconde peut s'entendre diversement. Au sens strict, il s'agit de l'affrontement impitoyable auquel se sont livrés, tant en Algérie qu'en métropole, le FLN et le MNA, et dont le massacre de Melouza (28 mai 1957) est l'un des épisodes les plus sanglants. Plus

---

1. Sur la question du Sahara espagnol, voir *infra*, p. 281-283.
2. Voir B. Droz, « Le cas singulier de la guerre d'Algérie », *Vingtième Siècle*, numéro spécial « Les guerres franco-françaises », janv.-mars 1995, p. 81-90, et plus largement J.-P. Rioux (dir.), *La Guerre d'Algérie et les Français*, colloque de Paris, 15-17 déc.1988, Paris, Fayard, 1990.

largement, elle englobe les représailles perpétrées contre la population musulmane récalcitrante aux injonctions du FLN et contre les harkis et autres « collaborateurs » de la France durant l'été 1962[1]. Sans les ignorer, le titre et les dimensions de cet ouvrage invitent à privilégier la guerre de décolonisation.

L'Algérie française

En termes très schématiques, l'histoire de l'Algérie française peut être ramenée à un succès et à un échec, tous deux relatifs : succès de la colonisation et échec de l'assimilation.

Colonie de peuplement dès l'origine, l'Algérie compte en 1954 un million d'Européens, soit à peine plus de 10 % de la population totale. Population très majoritairement française, grâce aux effets de la naturalisation automatique[2], mais qui faute de flux migratoires renouvelés n'augmente plus qu'à un rythme très lent. Abusivement désignée sous l'appellation de « colons », cette population relève d'une société aussi différenciée que celle de la métropole, où le colonat au sens strict représente à peine 10 % des Français d'Algérie. Fruit d'un patient effort de mise en valeur, et compte tenu du retard de l'industrialisation[3], la colonisation n'en reste pas moins le grand succès de l'Algérie française. Regroupant un peu plus du quart des terres cultivées, et assurément les meilleures, bénéficiant en priorité de l'irrigation et bien soutenue par le crédit, elle représente, selon les années, 50 à 60 % de la production agricole globale et dégage d'importantes exportations (vin, primeurs, agrumes) vers la métropole. Le grand colonat – Borgeaud, Blachette, Duroux, Gratien Faure – tient en outre les principaux journaux qui conditionnent l'opi-

---

1. Voir Ch.-R. Ageron, *La Guerre d'Algérie et les Algériens*, table ronde de Paris, 26 et 27 mars 1996, Paris, A. Colin, 1997.
2. La naturalisation découle du décret Crémieux (1870) pour les juifs d'Algérie et de la loi du 26 juin 1889 pour les enfants d'étrangers.
3. Amorcée par le régime de Vichy, l'industrialisation de l'Algérie n'a connu de réel essor qu'après 1945.

nion et dispose d'une influence prépondérante dans la représentation politique, tant à Alger qu'à Paris.

L'assimilation peut s'entendre diversement. Elle fut d'abord une revendication des colons, et comme telle satisfaite dès 1848 par la départementalisation du territoire algérien qui leur donnait droit à une représentation locale (conseils généraux et municipaux) et nationale (députés et, plus tard, sénateurs). Elle fut étendue aux juifs d'Algérie par le décret Crémieux du 24 octobre 1870 qui leur conféra la citoyenneté française, non sans susciter diverses réactions antisémites[1]. L'assimilation devint ensuite la doctrine officielle de la IIIe République qui, au nom de ses principes égalitaires et de son idéal civilisateur, devait procéder à un alignement, même progressif, de la condition juridique et matérielle de la population musulmane sur celle de la minorité européenne. C'est peu dire qu'elle n'y est pas parvenue, faute de moyens sans doute, mais surtout faute de volonté, tant y a fait obstacle un puissant lobby « algérien », c'est-à-dire colonial, qui a entravé tout effort en ce sens. L'assimilation fut surtout l'instrument d'une déstructuration de la société algérienne[2], nullement celui d'une promotion.

Des progrès sans doute ont été réalisés. Le Code de l'indigénat (1881) a été progressivement allégé, puis aboli ; la double fiscalité musulmane a été supprimée en 1919, date à laquelle les possibilités de naturalisation ont été élargies[3]. L'ordonnance du 7 mars 1944 a proclamé le principe d'égalité de tous les habitants de l'Algérie, que contredisaient pourtant les inégalités choquantes,

---

1. Quatre députés « anti-juifs », dont Édouard Drumont, furent élus en mai 1898 et l'antisémitisme fut actif dans les années vingt et trente, particulièrement dans les rangs du Parti populaire français de Doriot.

2. Par le recul, notamment, du droit coranique et des juridictions musulmanes, et par un strict contrôle de l'enseignement et de la pratique de la religion. De fait, la loi de séparation des Églises et de l'État ne fut pas appliquée en Algérie. Mais les essais d'évangélisation furent très limités.

3. Par la loi du 4 février 1919. Mais le nombre des naturalisations est demeuré très faible et ne dépassait pas 10 000 en 1954. Plus substantiels, les décrets de mars 1919, pris par Clemenceau en reconnaissance de la contribution algérienne à la victoire, ont considérablement élargi la place des musulmans dans les instances délibératives algériennes.

qu'il s'agisse des institutions communales ou de la représentation politique.

Mais c'est dans le domaine économique et social que l'assimilation a été le plus ouvertement contredite. La société musulmane était sans doute composite. Elle comptait une puissante oligarchie foncière et administrative, cette dernière bien domestiquée par l'autorité française, de même que s'était levée dans les villes une classe moyenne aisée de commerçants et de professions libérales. Mais l'ampleur de la dépossession foncière et le refoulement de la paysannerie vers les terres les plus ingrates, joints à une explosion démographique incontrôlée[1], avaient conduit à une paupérisation des masses paysannes, aggravée par la crise des années trente et les mauvaises récoltes des années de guerre. Dans les villes, grossies par un exode rural massif, une foule d'emplois tertiaires, précaires et peu rémunérateurs, ne suffisait pas à enrayer un chômage endémique que l'on a évalué, en 1954, au quart de la population masculine en âge de travailler.

Il convient d'ajouter que l'interpénétration, même partielle, des deux économies, jouait au détriment du secteur musulman car l'introduction en circuit capitaliste concourait à l'affaiblissement de l'économie traditionnelle. Pressé par l'impôt et par l'usure, le fellah était contraint de vendre sa récolte au cours le plus bas et d'acheter à prix élevé les semences et les rares produits industriels qui lui étaient nécessaires. La fameuse complémentarité des deux économies vantée par les historiens de la période coloniale (la modernisation « en tache d'huile ») aboutissait en fait à la sujétion de l'une à l'autre.

Dans ce double contexte, l'Algérie s'est éveillée tardivement au nationalisme. Ce retard s'explique par l'inexistence d'un État véritablement algérien antérieur à la conquête, par la faiblesse

---

1. Taux de natalité très élevé et baisse du taux de mortalité se combinent pour conduire à une véritable explosion démographique : la population musulmane passe de 3,5 millions en 1890 à 5,1 millions en 1926 et 8,4 millions en 1954.

numérique de la bourgeoisie algérienne et par l'adhésion persistante de la fraction la plus évoluée de celle-ci aux mythes
égalitaires de l'assimilation dans le cadre de la République indivisible. C'est pourtant dans cette mouvance que s'est esquissée
une première opposition, celle du mouvement des *Jeunes Algériens* apparu vers 1910, un temps incarné par l'émir Khaled,
petit-fils d'Abd el-Kader, puis regroupé dans les années trente
dans la Fédération des élus qui, avec Ferhat Abbas et le Dr Ben-
djelloul, avait engagé un combat méritoire, et mal payé de retour,
en faveur d'une assimilation digne de ce nom. Dans une tout
autre direction, les Oulémas (docteurs de la loi) se fédérèrent en
1931 sous l'impulsion du cheik Ben Badis pour jeter les bases
historiques et culturelles d'une nation algérienne, prolongeant
l'exigence de retour à la pureté de la foi musulmane par la répudiation du colonialisme étranger. Leur rôle est fondamental dans
la genèse et l'affirmation du nationalisme algérien[1], mais il manquait à ce dernier un parti. Ce fut l'œuvre de Messali Hadj, rallié
d'abord à l'Étoile nord-africaine, une organisation créée dans
l'orbite du PCF, puis détaché du communisme pour professer un
nationalisme islamique et populaire acquis d'emblée à l'indépendance algérienne. La création en 1937 du Parti du peuple
algérien (PPA), en remplacement de l'Étoile interdite par les
autorités, va forger une génération de militants. Si l'on ajoute à
ces diverses formations le Parti communiste qui a soutenu, au
moins jusqu'en 1935, une ligne nettement indépendantiste, on ne
peut que constater les divisions durables du nationalisme algérien.

Face à cette montée d'opposition, la France refusa le dialogue
pour ne pas heurter le lobby algérien prépondérant à Alger dans
les Délégations financières[2] et actif à Paris dans les ministères

---

1. Par des publications et par des revues, par la prédication et l'enseignement,
les Oulémas ont bien inventé le nationalisme algérien, popularisant de nouveaux
termes (la patrie, la nation) et de nouveaux slogans (« l'islam est notre religion,
l'Algérie est notre patrie, l'arabe est notre langue »).

2. Créées en 1898, les Délégations financières, dotées de compétences budgétaires et financières (emprunts), étaient composées de 48 Français (« colons » et
« non-colons ») et de 21 musulmans (15 Arabes et 6 Kabyles).

comme au Parlement. Pour avoir osé l'affronter, deux gouverneurs généraux animés de vues réformatrices, Charles Jonnart et Maurice Viollette, furent congédiés, le premier en 1919, le second en 1927. Et après la bonne conscience coloniale qui entoura, en 1930, les fastes du centenaire de la prise d'Alger, la répression prévalut, à laquelle l'avènement du Front populaire mit provisoirement un terme. À l'unisson du Congrès musulman tenu à Alger en juin 1936, qui élabora une charte ambitieuse, mais nettement assimilationniste, le gouvernement de Léon Blum confia à Maurice Viollette, ministre d'État, le soin de préparer un projet conférant la qualité d'électeur à part entière sans abandon du statut personnel (à la différence de la naturalisation) à une fraction de musulmans retenus sur la base de critères variés (diplômes, mandats électifs, services rendus...). Le nombre de citoyens ainsi promus ne dépassait pas 25 000 et, comme tel, le projet Blum-Viollette n'avait rien de révolutionnaire. Il fut du reste rejeté par Messali Hadj au nom de l'indivisibilité de la société algérienne. Mais il suscita de grands espoirs dans les catégories évoluées en raison du caractère extensif de la citoyenneté. Il leva à l'inverse une levée de boucliers chez les Français d'Algérie qui ne voulaient pas admettre que la citoyenneté était le meilleur obstacle au développement du nationalisme. Les élus ayant déclenché une campagne d'intimidation, le projet ne dépassa pas le stade de l'examen en commission et fut abandonné. Cette victoire facile du colonat l'ancra dans la certitude qu'une prompte et ferme riposte suffisait à garantir la docilité du peuple algérien et la perpétuation de l'ordre colonial.

Les incidences de la Deuxième Guerre mondiale ont fait l'objet de réévaluations récentes[1] qui convergent vers une détérioration des relations intercommunautaires et un raidissement du nationalisme. Bien accueilli par la population européenne qui trouvait dans la révolution nationale des thèmes à la fois fami-

---

1. Notamment J. Cantier, *L'Algérie sous le régime de Vichy, op. cit.*

liers et rassurants, le régime de Vichy sut, par quelques gestes de sympathie, se rallier un temps les élites musulmanes, parmi lesquelles Ferhat Abbas. Mais son prestige s'étiola vite. L'abrogation du décret Crémieux, qui revenait à réduire les juifs d'Algérie à l'état d'indigènes, ne suscita pas l'enthousiasme des musulmans qui pouvaient constater à quel point la parole de la France était révocable. Le racisme affiché de la Légion, les discriminations de toutes sortes, une succession de mauvaises récoltes et de mauvais traitements, les marginalisèrent dans une opposition larvée.

Le débarquement anglo-américain du 8 novembre 1942 amorça un tournant décisif. Alors que les autorités françaises, civiles et militaires, se livraient à leurs luttes de clans dans la plus totale indifférence aux réalités musulmanes, Ferhat Abbas rendait public en février 1943 le *Manifeste du peuple algérien* qui, entre l'assimilation révolue et une indépendance prématurée, optait pour la voie du fédéralisme en posant le principe d'un État algérien reconnu et protégé par la France. Les autorités de la France libre y répondirent par l'ordonnance du 7 mars 1944 qui, en allant au-delà des dispositions du projet Blum-Viollette, ne manquait pas de courage, mais venait trop tard. Face à la puissance impressionnante des moyens américains, la France avait trop donné le spectacle de ses divisions et, à l'heure où les soldats de l'armée d'Afrique se couvraient de gloire en Italie, les musulmans s'estimaient en droit d'attendre autre chose qu'une assimilation maintes fois promise et jamais réalisée. Ferhat Abbas riposta le 14 mars en créant une Association des amis du Manifeste de la liberté (AML), sorte de front national élargi aux Oulémas et au PPA de Messali Hadj. Début 1945, le climat politique se détériorait dangereusement. Encouragé par les promesses émancipatrices de la Charte des Nations unies, en cours de rédaction, et par la formation de la Ligue arabe, le nationalisme algérien opérait une brusque radicalisation. Les AML furent noyautés par les messalistes tandis que se multipliaient les signes de nervosité populaire.

Les événements du 8 mai 1945 dans le Constantinois, département de longue date le plus rebelle à la colonisation, ont donné lieu à des interprétations fort diverses : de la provocation colonialiste au complot fasciste, de l'émeute de la faim à la répétition générale. Les travaux récents[1] ont relevé que si le projet insurrectionnel du PPA étendu à l'ensemble du territoire algérien ne fait guère de doute, il fut déclenché prématurément et accidentellement à Sétif et à Guelma sur la foi d'ordres et de contrordres mal compris. En tout état de cause, le caractère démesuré de la répression[2] permit de faire l'impasse sur les victimes européennes de l'insurrection (une centaine) et de reconstruire cet acte manqué comme une date clé de la geste nationale algérienne.

La vigueur de la répression assura à l'Algérie française un répit d'une dizaine d'années. La fidélité savamment entretenue des notables musulmans, la marginalisation des forces d'opposition grâce au zèle policier et au truquage des élections, confortaient cette certitude que la France était ici chez elle et pour toujours.

Certaines réalités auraient dû pourtant troubler la quiétude des autorités. Réalités démographiques d'abord, liées à la hausse vertigineuse de la population musulmane (passée de 5,5 millions en 1930 à 8,4 millions en 1954) qui pose de redoutables problèmes de scolarisation, d'emploi et de logement. Réalités sociales ensuite, puisque l'essor de l'économie algérienne, marqué notamment par un remarquable effort d'industrialisation, profitait bien davantage à la minorité européenne, ce qui revenait à accentuer la disparité de la condition globale des deux communautés. Clivage dangereux dans la mesure où le passage en métropole de nombreux ouvriers et soldats, l'essor urbain et les progrès de l'information tendaient à répandre dans la population musulmane une perception plus relativisée de sa condition et à

1. Notamment Ch.-R. Ageron, « Les troubles du Nord-Constantinois en mai 1945 : une tentative insurrectionnelle », *Vingtième Siècle*, n° 4, octobre 1984.
2. Le nombre des victimes oscille entre quelques milliers et les 45 000 morts revendiqués par le FLN. Le véritable bilan demeure inconnu.

entretenir un sentiment aigu de frustration. Réalités politiques enfin. Le statut de l'Algérie adopté en septembre 1947, malgré le rejet unanime des élus musulmans, innovait peu par rapport aux dispositions antérieures et contredisait le principe d'égalité par un double collège électoral qui perpétuait la sous-représentation musulmane[1]. De plus, le truquage systématique des élections perpétré dès 1948 par le gouverneur général Naegelen revint à vider de toute représentativité réelle les élus du second collège. Ces pratiques, poursuivies et même améliorées par la suite, désespéraient la bourgeoisie évoluée qui, avec Ferhat Abbas et son parti de l'Union démocratique du Manifeste algérien (UDMA) était encore prête à jouer le jeu d'une coopération loyale avec la France dans le cadre d'une structure fédérale.

Faute d'ouverture en ce sens, l'audience de l'UDMA tend à s'étioler au profit du nationalisme intégral de Messali Hadj. Héritier du PPA, passé à la clandestinité depuis les événements de mai 1945, son parti, le Mouvement pour le triomphe des libertés démocratiques (MTLD) ne compte que quelques milliers d'adhérents mais peut se prévaloir d'une audience non négligeable dans la jeunesse et le scoutisme algérien, voire dans les syndicats. Fait nouveau, ce parti traditionnellement prolétarien commence à attirer les classes moyennes et les intellectuels déçus par le légalisme de l'UDMA et par les ambiguïtés tactiques du PCA. Le MTLD souffre pourtant, depuis 1950, d'une grave crise interne. Celle-ci superpose les antagonismes d'une part entre tenants et adversaires de l'action directe et, d'autre part, entre inconditionnels et opposants à l'autorité sans partage de Messali. La crise éclate en 1953 quand les opposants (Lahouel, Kiouane, Ben Khedda) s'emparent du comité central – d'où leur nom de centralistes –, et s'aggrave l'année suivante quand les partisans

---

1. La principale innovation du statut résidait dans l'élection d'une Assemblée algérienne de 120 membres élus pour six ans (avec renouvellement triennal pour moitié) par un double collège électoral. Le premier collège, comprenant les citoyens français de plein droit et 58 000 citoyens musulmans « de statut local », en désignait la moitié ; le reste des électeurs musulmans – 1 300 000 environ, femmes exclues – formait le second collège élisant l'autre moitié. Le même système s'appliquait à l'élection des 30 députés d'Algérie à l'Assemblée nationale.

de l'action directe et immédiate fondent le Comité révolutionnaire d'unité et d'action (CRUA), puis le Front de libération
nationale (FLN). Venus d'horizons assez divers, ces militants,
souvent marqués par la brève expérience de l'OS[1], ont acquis la
conviction que l'indépendance algérienne ne pourra être arrachée que par les armes au terme d'une longue guerre de libération. Nul doute que la capitulation de Dien Bien Phu, quelques
mois plus tôt, ait eu un impact mobilisateur. Leurs moyens sont
initialement dérisoires, tant en effectifs qu'en armes, mais ils
comptent sur l'exemplarité de leur combat et sur les outrances
prévisibles de la répression pour obtenir les ralliements nécessaires.
La solidarité du monde arabe, en particulier de l'Égypte nassé-
rienne, est également attendue. À cette fin, une délégation extérieure du FLN, représentée par Ahmed Ben Bella, Mohammed
Khider et Aït Ahmed, s'est installée au Caire.

La guerre d'Algérie de 1954 à 1958

Déclenchée dans la nuit du 1ᵉʳ novembre 1954 sur une trentaine de points du territoire, « l'insurrection de la Toussaint » se
solde par neuf morts, quelques blessés et divers dégâts matériels.
À défaut d'une quelconque insurrection populaire, que les instigateurs des attentats n'attendaient nullement, des tracts révèlent
l'existence du FLN et de son armée, l'ALN, dont le but est
d'arracher l'indépendance algérienne au colonialisme français
par une guerre de libération. La surprise est complète en métropole, à peine moins à Alger où, dans l'ignorance de l'identité des
organisateurs, les autorités procèdent à des arrestations dans les
milieux centralistes et messalistes. À Paris, la réaction du gouvernement Mendès France est d'une fermeté toute jacobine.
L'affirmation de l'appartenance française de l'Algérie, qui ne
choquait à vrai dire pas grand monde à l'époque, s'accompagne

---

1. L'Organisation spéciale, créée en 1948 en vue d'un soulèvement armé,
démantelée deux ans plus tard par la police française. Ses dirigeants furent Aït
Ahmed puis Ahmed Ben Bella.

d'une volonté de rupture avec l'immobilisme antérieur dont témoigne la nomination du gaulliste Jacques Soustelle comme nouveau gouverneur général.

Celui-ci place sa fonction au service du dialogue et du changement. Son plan de réforme, présenté le 1er juin 1955, fondé sur le principe de l'*intégration*[1] ne manque ni d'imagination ni de courage, mais il se heurte à la mauvaise volonté évidente de l'administration et de la communauté française, globalement hostiles à toute modification du *statu quo*, sans pour autant rallier l'opinion musulmane modérée, sevrée de promesses non tenues et intimidée par le terrorisme du FLN. L'extension de la rébellion à l'ensemble du Constantinois et la Kabylie oblige par ailleurs Soustelle à mettre l'accent sur les mesures répressives auxquelles la loi du 3 avril 1955 sur l'état d'urgence apporte un cadre légal élargi. Les massacres du Constantinois, le 20 août, suivis d'une vigoureuse répression[2], accentuent le divorce entre les deux communautés et achèvent de convertir le gouverneur général à la primauté des solutions de force. Les derniers mois de 1955 sont marqués par un pourrissement général.

La semi-victoire du Front républicain aux élections du 2 janvier 1956, la formation d'un gouvernement présidé par le socialiste Guy Mollet auraient pu être l'occasion d'une révision en profondeur de la politique algérienne. Des engagements en ce sens avaient été pris durant la campagne électorale. La nomination du général Catroux, qui venait de contribuer au retour du sultan marocain[3], comme ministre résidant en Algérie permettait d'augurer une politique libérale. La journée du 6 février va en décider autrement. En capitulant devant l'émeute des Français d'Alger, Guy Mollet crée non seulement un précédent dangereux, il ruine du même coup la confiance que la population

---

1. Il n'y a pas de différence majeure entre l'assimilation et l'intégration qui impliquent toutes deux le maintien de l'Algérie française. Mais l'intégration suppose la reconnaissance d'une spécificité algéro-musulmane absente de l'assimilation.

2. Perpétré par des paysans encadrés par l'ALN, ces massacres firent 123 victimes, dont 71 Européens. La répression militaire fit officiellement 1 273 morts (12 000 selon le FLN).

3. Voir *supra*, p. 194.

musulmane pouvait avoir placée dans ses promesses de paix. Sans doute, l'objectif gouvernemental, fondé sur le triptyque « cessez-le-feu, élections, négociation », demeure celui d'une Algérie pacifiée et rénovée, mais il est subordonné à un arrêt hypothétique, sinon illusoire, de la rébellion. Déjà, le remplacement de Catroux par Robert Lacoste a amorcé le renversement des priorités. Avec le vote des pouvoirs spéciaux[1], l'envoi du contingent et l'acheminement en Algérie d'un matériel considérable, c'est à la solution d'une guerre totale que s'est converti le gouvernement. Durant l'été 1956, des contacts ont bien été noués, à Rome et à Belgrade, entre des émissaires français et la délégation extérieure du FLN, mais ils s'enlisent fin octobre en raison de l'incompatibilité des points de vue, et perdent toute justification après la capture de quatre chefs « historiques » de la rébellion[2] et l'opération lancée à Suez contre le colonel Nasser[3].

En attendant que l'effort militaire français porte ses fruits, l'année 1956 marque l'apogée de l'activité de l'ALN et de l'emprise du FLN sur les populations. En deux ans, l'insurrection s'est considérablement étoffée, qu'il s'agisse de son extension géographique ou de ses effectifs en *moudjahidin*[4]. Grâce à la solidarité des pays arabes, la rébellion est convenablement alimentée en armes modernes et peut tendre à l'armée française des embuscades meurtrières auxquelles celle-ci répond trop souvent par des ratissages brutaux et sans efficacité. Politiquement, le

---

1. Votée le 12 mars 1956, par 455 voix (communistes inclus) contre 76, cette loi confère au gouvernement, en fait au ministre résidant, de larges pouvoirs en vue de promouvoir des réformes en Algérie et d'y rétablir l'ordre par tous les moyens militaires appropriés.

2. Il s'agit d'Ahmed Ben Bella, Mohammed Khider, Ahmed Boudiaf et Aït Ahmed, dont l'avion qui les transportait de Rabat à Tunis a été détourné sur Alger par les militaires français sans en référer au gouvernement.

3. La participation française à l'expédition de Suez, en novembre 1956, s'explique en grande partie par le soutien massif et diversifié que Nasser apportait à la rébellion algérienne. Voir *supra*, p. 119-120.

4. Le nombre des combattants de l'ALN semble être passé de 1 500 en novembre 1954 à 6 000 fin 1955, 20 000 fin 1956 et 33 000 fin 1961. Le ministère algérien des Anciens Combattants a retenu en 1974 le nombre de 132 290 anciens *moudjahidin*, chiffre inférieur à celui des forces musulmanes engagées dans le camp français.

ralliement des populations est obtenu par un savant dosage de persuasion et d'intimidation, cette dernière ne reculant devant aucune forme de violence dès lors que sont transgressés les mots d'ordre, exigences ou interdits du FLN. Les diverses composantes du nationalisme algérien ne sont du reste pas traitées différemment, et sont intégrées à titre individuel et non ès qualités dans les instances du Front. Se rallient ainsi peu ou prou les centralistes, les Oulémas, les modérés de l'UDMA et même le Parti communiste algérien un moment tenté par une action militaire individuelle. Seuls les messalistes sont demeurés dans une opposition résolue, la création du FLN ayant été ressentie par le *Zaïm* comme une offense personnelle. Pour y faire face, il a créé le Mouvement national algérien (MNA) initialement bien implanté à Alger, dans le sud algérien et surtout en métropole. Une lutte inexpiable s'est engagée en 1955 qui, en moins de deux ans, a tourné à l'avantage du FLN.

Les ralliements ainsi opérés doivent beaucoup à la ténacité et à l'intelligence politique d'Abbane Ramdane qui inspire par ailleurs les décisions du congrès de La Soummam, tenu secrètement en Kabylie fin août 1956. Une charte consigne désormais les principes de la « révolution algérienne », entendue en termes plus politiques que sociaux, et fixe les lignes stratégiques de la primauté du politique sur le militaire et de l'intérieur sur l'extérieur. Une réorganisation des wilayas (régions militaires) se double d'une structuration du Front en un Conseil national de la révolution algérienne (CNRA) faisant fonction d'organe délibératif ouvert à tous les courants ralliés, et un Comité de coordination et d'exécution (CCE), organe exécutif élargi en Gouvernement provisoire (GPRA) en septembre 1958.

L'une des décisions du congrès de la Soummam avait été d'étendre aux agglomérations urbaines une rébellion jusqu'alors à peu près exclusivement rurale. Abbane Ramdane entendait prouver par là l'emprise du FLN sur la totalité de la population et provoquer un ébranlement massif de l'opinion métropolitaine et internationale par l'effet amplificateur du terrorisme urbain. Des structures appropriées sont mises en place par Larbi Ben M'Hidi, responsable de la zone d'Alger, assisté de Youcef Saadi.

Déclenchée le 30 septembre 1956 par l'explosion de bombes dans le centre-ville, la bataille d'Alger n'acquiert sa véritable ampleur qu'en janvier 1957 quand le général Massu, commandant la Xe division parachutiste, se voit conférer la totalité des pouvoirs de police. Conduite de façon méthodique, la répression parvient à éradiquer en quelques mois le terrorisme urbain, de même que la situation s'est redressée dans le bled grâce à l'efficacité du quadrillage et à l'étanchéité de la ligne Morice qui prive l'ALN de ses livraisons d'armes acheminées par la Tunisie et le Maroc.

Mais ce redressement militaire français ne résout rien. Malgré une réforme communale audacieuse, malgré l'ébauche d'une réforme agraire, malgré la générosité paternaliste des officiers des SAS[1], la population musulmane se dérobe ou se réfugie dans un attentisme prudent. En métropole, l'envoi du contingent pour un service de deux ans ou plus, le coût présumé de la guerre, l'absence de perspectives politiques divisent une opinion encore majoritairement attachée à l'appartenance française de l'Algérie. La violence souvent gratuite et aveugle perpétrée par des unités mal encadrées, le recours quasi systématique à la torture des suspects[2], la multiplication des camps de regroupement lèvent une bataille de l'opinion et de l'écrit qui mobilise les intellectuels, syndicalistes et chrétiens[3].

Le cancer algérien ronge la IVe République. Après Guy Mollet, les gouvernements Bourgès-Maunoury et Gaillard s'épuisent dans la confection d'une loi-cadre qui, tout en voulant rassurer l'ONU

---

1. Créées en 1955, les Sections administratives spécialisées ont remédié, souvent efficacement, à la sous-administration des populations rurales.

2. Déjà pratiquée à Madagascar et en Indochine, la torture a pris en Algérie un caractère systématique et qui va au-delà de la simple obtention de renseignements pour relever de la mise en condition d'un peuple. Elle a aussi été largement pratiquée par le FLN, dans ses rangs, en raison de l'obsession permanente du complot et de la trahison, et hors de ses rangs, en particulier à l'encontre du MNA. Voir R. Branche, *La Torture et l'armée pendant la guerre d'Algérie (1954-1962)*, Paris, Gallimard, 2001.

3. Sur cet immense chapitre des réactions de l'opinion française à la guerre d'Algérie, voir J.-P. Rioux (dir.), *La Guerre d'Algérie et les Français, op. cit.*, et J.-P. Rioux et J.-F. Sirinelli (dir.), *La Guerre d'Algérie et les intellectuels français*, Bruxelles, Complexe, 1991.

sur les intentions réformatrices de la France, donnerait à l'Algérie l'apparence d'un statut renouvelé, mais qui est rejetée par le FLN comme par la communauté européenne. Le 8 février 1958, le tragique bombardement de Sakhiet, en territoire tunisien, place la France en fâcheuse posture devant l'opinion internationale. Le gouvernement Gaillard est renversé le 15 avril pour avoir accepté une offre anglo-américaine de bons offices qui peut signifier une internationalisation du problème algérien. Au terme d'un mois de vacance gouvernementale, la crise du 13 mai emporte le régime[1].

De Gaulle et l'Algérie – 1958-1962

Appelé au pouvoir en juin 1958 à la suite d'une série de complots activistes qu'il n'a pas commandités mais qu'il n'a jamais désavoués, le général de Gaulle place d'abord ses intentions algériennes sous le signe de l'ambiguïté. Son fameux « Je vous ai compris » lancé à la foule algéroise n'est qu'une formule vide de sens, et son « Vive l'Algérie française » prononcé à Mostaganem lui aurait, de son propre aveu, échappé par inadvertance. En procédant à la dissolution des comités de salut public formés dans le sillage du 13 mai et en ramenant l'armée, après le référendum de septembre, à ses tâches militaires, De Gaulle fait comprendre qu'il entend conserver les mains libres et que, désormais, Alger ne dictera plus sa loi à Paris.

Pour autant, compte tenu de ses déclarations antérieures et des propos contradictoires rapportés de ses entretiens privés, il semble bien qu'en matière algérienne, sa religion ne soit pas faite. Il est aujourd'hui admis que depuis le milieu des années cinquante, il considère que l'indépendance est le terme inéluctable de la colonisation. Comme tel, il n'a désavoué ni les accords de Genève ni la fin des protectorats, de même qu'il a offert aux territoires africains le choix entre la Communauté et l'indépendance « à qui veut la

---

1. Sur cet épisode qui relève plus de l'histoire intérieure française que de celle de la décolonisation, voir M. Winock, *L'Agonie de la Quatrième République*, Paris, Gallimard, 2006.

prendre ». Pour l'Algérie, s'il ne répudie pas *a priori* cette conclusion, il ne l'estime pas souhaitable en raison de l'ancienneté et de la massivité de la présence française, même s'il n'éprouve pas, et c'est peu dire, une grande sympathie pour cette population « pied-noir » dont les tendances pétainistes lui ont toujours pesé. Considérant l'intégration à la fois dépassée et irréaliste, il opte dans un premier temps pour une solution française au service d'une Algérie rénovée. C'est ainsi qu'il faut entendre le plan de Constantine[1] (3 octobre), vaste programme d'industrialisation et d'équipement qui veut prouver l'ancrage durable de la France en Algérie. L'appel à la « paix des braves » du 23 octobre ayant été rejeté par le FLN faute d'être assorti d'aucune perspective politique, De Gaulle opte pour le renforcement des moyens et des opérations militaires. Telle est la logique du plan Challe (février 1959) qui, rompant avec le quadrillage statique cher au général Salan, s'échelonne en une série d'opérations offensives pour débusquer l'adversaire dans les zones montagneuses.

Cette orientation ne donne que des résultats mitigés. Les effets du plan Challe sont assurément positifs en raison du nombre des unités capturées, à tel point que l'ALN semble en pleine désagrégation[2]. Mais d'autres indices sont moins encourageants. En mars 1959, le mot d'ordre du FLN de boycott des élections municipales a obtenu un certain succès. Les sondages d'opinion en métropole accusent une lassitude qui traduit l'attente d'une porte de sortie honorable. Sans compter les pressions internationales qui s'opèrent en vue de la prochaine session de l'Assemblée générale de l'ONU.

---

1. Le plan de Constantine affichait des objectifs ambitieux : la création de 400 000 nouveaux emplois (fournis aux trois quarts par l'industrie et le bâtiment) et une élévation du niveau de vie moyen par habitant d'au moins 6 % par an. Contrairement à une idée reçue, la guerre n'a pas entravé un vigoureux essor industriel qui a été surtout le fait de grandes entreprises métropolitaines puissamment soutenues par l'État. Mais la création d'emplois est demeurée très en deçà des prévisions. Voir D. Lefeuvre, *Chère Algérie. Comptes et mécomptes de la tutelle coloniale, 1930-1962*, Paris, SFHOM, 1997, en particulier p. 283-326.

2. Comme en témoigne l'affaire Si Salah (printemps 1960), proposition de reddition du chef de la wilaya IV (Algérois), à laquelle le général de Gaulle fut attentif, mais qui finalement échoua.

C'est dans le courant de l'été 1959 que le général de Gaulle s'est converti à une nouvelle orientation. Son discours du 16 septembre est bien fondateur en ce sens qu'il substitue irrévocablement à une solution française une solution *algérienne* en reconnaissant aux populations d'Algérie (donc à la majorité musulmane) le droit à l'autodétermination de son avenir. Entre les choix extrêmes de l'intégration, baptisée « francisation » et tenue pour dépassée, et de l'indépendance caricaturée en « sécession », mais qu'il n'écarte pas, De Gaulle propose une « association » qui pourrait s'inscrire, même si le discours ne la mentionne pas, dans la récente communauté franco-africaine qui semble, en cette année 1959, donner pleine satisfaction[1].

Bien accueillie à l'étranger et par l'opinion française[2], avec plus de circonspection par le FLN, l'autodétermination se heurte à l'opposition déterminée de la communauté « pied-noir », de la droite activiste et d'une fraction de l'armée qui ne veulent y voir qu'un reniement de la parole donnée et le premier pas vers une politique d'abandon. Les trois dernières années de la guerre d'Algérie vont se résumer dès lors à une longue épreuve de force entre le président de la République, convaincu de l'avènement inéluctable d'une « République algérienne », puis d'un « État algérien souverain »[3], désireux d'en finir avec une guerre qui freine l'épanouissement de sa politique étrangère et la conversion de l'armée à la force nucléaire, et les adversaires au demeurant très divisés de toute solution négociée. Les principaux jalons en sont la « semaine des barricades » (24 janvier-1er février 1960), consécutive au rappel du général Massu, durant laquelle la population algéroise, menée par de médiocres activistes, tente en vain de faire basculer l'armée dans un nouveau 13 mai ; et, plus grave, le putsch dit des généraux (22-25 avril 1961) qui échoue en raison du loyalisme de la majorité des cadres de l'armée et de l'opposition

---

1. Voir *infra*, p. 261.
2. Sauf par l'extrême droite et par le Parti communiste qui s'obstine durant plusieurs mois à dénoncer dans l'autodétermination un piège destiné à prolonger la guerre d'Algérie.
3. Termes employés respectivement le 4 novembre 1960 et le 11 avril 1961.

résolue du contingent comme de l'opinion métropolitaine[1]. Par la suite, et surtout en 1962, l'Organisation armée secrète (OAS), amalgame d'officiers factieux et d'activistes d'extrême droite, s'est employée, par le déchaînement du terrorisme tant en Algérie qu'en métropole, à ruiner les chances d'une association franco-algérienne[2].

Entre-temps, une négociation s'est amorcée, facilitée par la reconnaissance implicite du GPRA comme interlocuteur valable et par l'approbation de la politique d'autodétermination[3]. Son déroulement assez lent s'explique par l'incompatibilité persistante des points de vue et par la démarche méfiante du FLN dont l'unité de vue est loin d'être assurée. Après l'échec des pourparlers de Melun (juillet 1960), menés par des émissaires de rang modeste et sans réelle volonté d'aboutir, une négociation sérieuse s'ouvre à Évian en mai 1961, puis à Lugrin en juillet, qui bute néanmoins sur les modalités du cessez-le-feu et sur le sort du Sahara. Il s'ensuit une période de flottement, voire de raidissement, qui se traduit notamment par le remplacement de Ferhat Abbas par Ben Khedda, réputé moins conciliant, à la tête du GPRA. Mais le déchaînement de l'OAS contre la population musulmane, les projets plus ou moins officieusement agités de partage de l'Algérie, l'obligent à renouer la négociation. Après la fructueuse réunion secrète des Rousses, la seconde conférence d'Évian s'achève par la signature des accords du 18 mars 1962.

Ces accords forment un dispositif imposant comprenant un cessez-le-feu applicable dès le 19 mars et plusieurs déclarations politiques. Celles-ci reconnaissent la souveraineté de l'État algérien (Sahara compris) provisoirement transférée à un Exécutif provisoire mixte (huit Algériens, trois Français) disposant d'une force locale de 60 000 hommes, un haut-commissaire français conservant la responsabilité générale de l'ordre public. Les Français d'Algérie conserveront durant trois ans la double natio-

---

1. Voir M. Vaïsse, *Alger, le putsch*, Bruxelles, Complexe, 1983.
2. Sur l'OAS, voir O. Dard, *Voyage au cœur de l'OAS*, Paris, Perrin, 2005.
3. Le référendum du 8 janvier 1961 a approuvé cette politique par 75 % de *oui* en métropole et 69 % en Algérie.

nalité et doivent bénéficier de diverses garanties personnelles. L'évacuation des troupes françaises devra s'échelonner sur trois ans, mais la France disposera de certains aérodromes pendant cinq ans et la base navale de Mers el-Kébir pour quinze ans. Des conventions fixent les modalités d'une coopération financière, économique et culturelle.

Ces dispositions très favorables disent assez l'ampleur de la victoire du FLN qui, au prix de quelques concessions que l'avenir révélera peu contraignantes, a obtenu tout ce qu'il n'avait cessé de revendiquer depuis sa fondation : l'indépendance, la souveraineté sur l'ensemble du territoire algérien, Sahara compris, et le monopole de la représentation de la population musulmane. Sans doute ne s'agit-il pas d'une victoire militaire, car la guerre d'Algérie ne fut pas pour la France, à la différence de celle d'Indochine, une guerre perdue[1]. C'est bien par les voies politiques que l'Algérie a acquis son indépendance. D'abord par le ralliement plus ou moins contraint d'une population dont la brutale mise en condition s'est révélée payante. Mais aussi par une habile instrumentalisation internationale du conflit. Si le soutien massif du monde arabe était acquis, les diplomates du FLN (M'Hamed Yazid, Abdelkader Chanderli…) ont remarquablement « travaillé » la communauté internationale. La France n'a jamais été explicitement condamnée à l'ONU, mais elle n'a pu empêcher le FLN, puis le GPRA[2], d'exploiter au mieux de ses intérêts la rivalité Est-Ouest[3] et même la rivalité sino-soviétique naissante, et de gagner des sympathies actives dans le tiers monde,

---

1. La proposition de reddition, en 1960, du chef de la wilaya IV, Si Salah, montre l'état d'infériorité dans lequel était tombée l'ALN après le coup de boutoir du plan Challe.

2. En mars 1962, le GPRA était reconnu par 25 États.

3. En dénonçant la menace impérialiste américaine auprès des pays de l'Est et en se posant en rampart contre le communisme auprès des Etats-Unis. On sait que dès juillet 1957, le sénateur John F. Kennedy s'était affirmé favorable à l'indépendance algérienne. Sur l'ensemble de la question, voir M. Connelly, *A Diplomatic Revolution. Algeria's Fight for Independence and the Origins of the Post-Cold War Era*, Oxford, Oxford University Press, 2002, remarquablement documenté. On ne peut toutefois suivre l'auteur quand il érige la guerre d'Algérie comme crise internationale charnière entre guerre froide et après-guerre froide.

voire dans certains pays occidentaux comme l'Allemagne fédérale et l'Italie.

Massivement approuvés en métropole[1], les accords d'Évian mettent fin à la guerre d'Algérie, mais se révèlent totalement impuissants à assurer une transition pacifique vers l'indépendance. L'ultime flambée terroriste et la politique de terre brûlée perpétrées par l'OAS précipitent le départ en métropole, dans des conditions souvent atroces d'abandon et de dénuement, de la population européenne. D'autre part, si l'indépendance est fêtée dans la liesse après le référendum d'autodétermination[2], de graves dissensions éclatent entre Ben Bella, récemment libéré de captivité, et le gouvernement Ben Khedda, de même qu'entre colonels de l'ALN. Dans le contexte de totale anarchie de l'été 1962, où l'Algérie a frôlé la guerre civile, les pires règlements de comptes sont commis à l'encontre des « traîtres » musulmans (les « harkis ») et de plusieurs milliers d'Européens qui ont cru pouvoir demeurer sur le sol algérien ou qui n'ont pu le quitter à temps[3]. En s'appuyant sur les forces du colonel Boumedienne, chef de l'État-major général, et sur quelques wilayas, Ben Bella finit par l'emporter en septembre. Mais quel que soit le nom du vainqueur, le FLN était décidé depuis le congrès de Tripoli (mai-juin 1962) à contrevenir aux accords d'Évian en refusant aux Européens les garanties prévues et en procédant à une large appropriation collective des ressources[4]. Or, le double pari d'Évian, sur la sincérité duquel il y a lieu d'être très réservé,

---

1. Par plus de 90 % de *oui* lors du référendum du 8 avril 1962.

2. Le référendum du 1ᵉʳ juillet approuve l'indépendance à la quasi-unanimité des suffrages. L'indépendance est proclamée le 3 juillet.

3. Les chiffres « minimaux » seraient de 3 000 pour les Européens et de 10 000 pour les harkis ; mais d'autres, bien plus considérables, sont avancés, sans qu'on puisse dans l'état actuel des connaissances leur faire crédit.

4. Le programme de Tripoli adopté en juin 1962 préconise une révision drastique des accords d'Évian. Il s'inspire des thèses révolutionnaires et tiers-mondistes de l'intellectuel antillais Frantz Fanon (mort en 1961) qui plaident en faveur d'une réappropriation complète et au besoin violente du colonial par le colonisé. Voir F. Fanon, *Les Damnés de la terre* (préface de J.-P. Sartre), Paris, F. Maspero, 1961.

était le maintien en Algérie d'une forte minorité française et l'établissement à Alger d'un pouvoir assez libéral pour garantir à la fois les droits de cette minorité et la coopération franco-algérienne. L'acharnement de l'OAS en a ruiné le premier volet, les surenchères révolutionnaires du FLN le second, léguant à l'avenir des relations franco-algériennes l'incertitude d'un contentieux mal soldé.

Épisode majeur de la décolonisation, la guerre d'Algérie l'est aussi par ses bilans très lourds[1]. Et d'abord le bilan humain, qui a donné lieu à de multiples controverses. Établi à 24 000 morts (dont 15 000 tués au combat) et à 60 000 blessés pour les forces de l'armée française, et à 6 000 morts environ pour la population européenne d'Algérie, il est beaucoup plus discuté pour la population algérienne. Dès 1959, le nombre de un million de morts[2] fut évoqué par la propagande du FLN, porté à un million et demi en 1962, évaluation restée quasi officielle et enseignée comme telle par les manuels scolaires algériens. Chiffres abusivement gonflés et démentis par la méthode démographique d'évaluation qui situe les pertes de la population algérienne musulmane dans une fourchette comprise entre 250 000 et 300 000 morts, chiffre très lourd indéniablement, mais qui, représentant 2 à 2,75 % de la population, interdit de recourir aux termes de génocide ou de guerre d'extermination. Pas davantage le pays n'est sorti du conflit à l'état de champ de ruines, quelle qu'ait été l'ampleur des destructions commises par le FLN, par l'armée française et par l'OAS, et dont la réparation fut pour l'essentiel assumée par la France après 1962.

Car l'érosion continuelle des accords d'Évian, dont il apparut clairement dès l'été 1962 qu'ils n'étaient pour le FLN qu'un

---

1. Voir G. Pervillé, *Pour une histoire de la guerre d'Algérie*, Paris, Picard, 2002, notamment le chapitre v, « D'un bilan à l'autre », p. 232-268.
2. Que l'on trouve encore sous la plume d'historiens français peu soucieux de rigueur, par exemple dans M. Ferro (dir.), *Le Livre noir du colonialisme, op. cit.*, p. 560.

expédient provisoire, n'a pas empêché le maintien d'une coopération franco-algérienne qui, aux yeux du général de Gaulle,
s'imposait autant comme une chance de réconciliation que
comme une démarche exemplaire visant à renforcer l'audience
de la France dans le tiers monde. C'est dire que l'aide française
demeura considérable (totalisant 3,3 milliards de francs entre
1963 et 1970) et que la coopération culturelle et technique
demeura à un niveau soutenu.

Pour la France, le bilan de la guerre est contrasté. Le coût
économique et financier, qui ne sera sans doute jamais exactement établi[1], est plutôt révisé à la baisse par les historiens. Que
la guerre ait été inflationniste (surtout entre 1956 et 1958) et
qu'elle ait indirectement grevé la croissance ne fait guère de
doute. Mais elle n'a pas empêché l'essor soutenu de l'économie
française des années 1954-1962, pas plus que la perte du marché
algérien, largement compensée par le recentrage européen des
échanges, n'a engendré la catastrophe annoncée par certains
augures. Au terme d'une période difficile d'insertion, l'afflux de
près d'un million de rapatriés a même eu des effets dynamisants
pour divers secteurs de l'économie. C'est davantage en termes
de mémoire que la guerre d'Algérie s'est révélée traumatisante,
oscillant entre amnésie officielle, volonté d'oubli et réactivation
de mémoires catégorielles antagonistes[2].

À la fierté légitime d'une indépendance durement conquise,
l'Algérie a su ajouter un temps l'image flatteuse d'un des pays
phares du tiers monde et d'une croissance économique stimulée
par la plus-value pétrolière. Les émeutes contestataires d'octobre
1988 et le déchaînement de la violence islamique dans la décennie suivante ont conduit à s'interroger sur la nature de l'État
algérien qui s'est construit dans l'épreuve même de la guerre

---

1. Il faut en effet distinguer le coût réel (les dépenses engagées) et le coût différé (les dépenses qui auraient été engagées si la guerre n'avait pas eu lieu), l'un et
l'autre d'un calcul aléatoire.

2. Voir G. Pervillé, *Pour une histoire de la guerre d'Algérie, op. cit.*, p. 269-
323, et, de façon plus synthétique, B. Droz, « La guerre d'Algérie, mémoire singu-
lière, mémoire plurielle », *Marianne*, numéro spécial 401-402, décembre 2004,
p. 112-115. Sur ces « guerres de mémoires », voir *infra*, chap. 6.

d'indépendance et après celle-ci. État-parti sans doute, mais plus encore État-armée tant l'ALN n'a cessé de tirer les ficelles du pouvoir politique et de se tailler des fiefs aussi opaques qu'inexpugnables. Or, si le FLN-ALN fut un levier efficace d'émancipation coloniale, il exerça cette fonction dans une totale ignorance, par-delà le terme mythique de révolution, de la nation et de la société à construire, et par des méthodes de coercition, sur les masses paysannes notamment, qui ne se sont pas démenties par la suite. L'absence de démocratie interne, la subordination du politique au militaire (au mépris des conclusions inverses du congrès de la Soummam), l'apologie de la violence armée et le recours obsessionnel au mensonge officiel demeurent les caractéristiques, il est vrai récemment atténuées, d'un pouvoir d'État qui a confisqué la nation sans l'avoir véritablement forgée[1].

---

1. Nous suivons ici les conclusions de G. Meynier, *Histoire intérieure du FLN, 1954-1962*, Paris, Fayard, 2002.

5

L'Afrique noire

Évolution générale

L'extrême brutalité qui avait présidé à la conquête de l'Afrique noire et à l'affermissement de la domination coloniale[1], doublée de famines et d'épidémies dévastatrices, avait levé de fortes résistances qui culminèrent durant la décennie précédant la Première Guerre mondiale, mais trop dispersées et trop décousues pour mettre en échec l'emprise européenne. Ces révoltes de désespoir cédèrent le pas à la résignation, ponctuée encore pendant la guerre et dans les années vingt de quelques rébellions et de diverses formes de résistance passive. Un peu partout, une administration coloniale s'est mise en place, moins improvisée et mieux formée qu'auparavant qui, par-delà la diversité des systèmes officiellement adoptés – administration directe ou indirecte, assimilation ou association[2] –, recourait en fait à des pratiques voisines : respect global des coutumes, domestication des chefferies réduites à un rôle subsidiaire de l'autorité coloniale, ségrégation de fait des communautés européennes et africaines, mise en valeur subordonnée aux intérêts des colonats et des métropoles. Un effort sanitaire a été entrepris, de même que l'enseignement missionnaire,

---

1. Voir M. Ferro (dir.), *Le Livre noir du colonialisme, op. cit.*, en particulier E. M'Bokolo, « L'Afrique centrale : le temps des massacres », p. 433-451.
2. Sur la diversité, plus apparente que réelle, de ces systèmes, voir *supra*, p. 25-27.

catholique ou protestant, a amorcé l'éducation d'une minorité[1].

Pour l'immense majorité des populations, surtout rurales, ces
améliorations étaient à peine perceptibles. Le régime colonial
demeurait synonyme de pression fiscale, de bas salaires, d'arbitraire administratif et, pour beaucoup, de travail forcé[2]. L'irrup-
tion du capitalisme marchand a engendré des formes de mise en
valeur – économie de prédation, de traite, de plantation, d'extraction, selon la typologie traditionnelle – qui se sont retournées
contre les producteurs, en termes de sous-rémunération du travail
fourni et, plus largement, comme facteur de dislocation des équilibres traditionnels, agricoles et artisanaux. La disparition officielle de l'esclavage a laissé place à des formes nouvelles de
semi-servitude, même si s'est affirmée, surtout en Afrique de
l'Ouest, une petite élite de planteurs indigènes distincte du colonat blanc.

Malgré les effets dans l'ensemble aggravants de la crise des
années trente[3], la résistance paysanne n'épouse plus qu'excep-
tionnellement les voies de la violence armée en raison de l'encadrement colonial et du ralliement des chefs coutumiers. Faute de
cadres politiques appropriés, c'est dans les voies anciennes de la

---

1. Pour une analyse moins cursive des politiques coloniales, voir *infra*, et se
reporter aux grandes synthèses comme H. Deschamps, J. Ganiage et O. Guitard,
L'Afrique au XXᵉ siècle, Paris, Sirey, 1966, et E. M'Bokolo (dir.), *L'Afrique noire,
histoire et civilisations du XIXᵉ à nos jours*, Paris, Hatier, 2004.

2. À la différence de la Grande-Bretagne, la France, la Belgique et le Portugal
ont largement recouru au travail forcé pour pallier les insuffisances des infrastructures et de la mécanisation. Dans la mémoire africaine, il est resté le symbole de la
colonisation dans ses aspects les plus dégradants et inhumains. Faut-il rappeler que
la construction du chemin de fer Pointe-Noire-Brazzaville (le « Congo-Océan »)
achevé en 1934, a fait quelque 20 000 morts sur les 127 000 hommes employés.
Voir H. Babassana, *Travail forcé, expropriation et formation du salariat en Afrique
noire*, Grenoble, Presses universitaires de Grenoble, 1978.

3. Si l'Afrique n'a pu échapper aux effets de la crise mondiale – baisse des
cours, des revenus et des salaires, licenciements… –, des nuances doivent être introduites au plan régional et selon les produits d'exportation. Un retour aux cultures
vivrières et à l'artisanat, l'essor de certaines cultures (café, cacao) ont pu amortir le
choc frontal de la dépression. Voir « L'Afrique et la crise de 1930 », *Revue française d'histoire d'outre-mer*, numéro spécial, LXIII, 1976.

religion que s'exprime le mieux le rejet du colonialisme. Non dans l'islam, à la fois protégé et contrôlé, mais dans les religions africaines qui lèvent une foule de prophètes et de médiums – tel Karnou, type même du chef charismatique au millénarisme violemment anticolonialiste, qui agita l'Afrique équatoriale française dans les années 1925-1930 ; ou dans le cadre d'un syncrétisme avec les Églises chrétiennes comme le prophète Simon Kimbangu qui, dans le Congo belge des années vingt, prêchait la rédemption des Noirs par la Bible et la libération du colonialisme blanc, et qui fit plusieurs émules[1].

Pour autant, le développement conjoint du capitalisme et de l'administration avait levé, dès avant la Première Guerre mondiale, et avec plus de vigueur par la suite, une mince classe moyenne urbaine de petits entrepreneurs, de commerçants, de contremaîtres, d'employés et de fonctionnaires, souvent formés par les écoles missionnaires, dont l'adhésion globale au colonialisme et l'enseignement prioritairement technique et professionnel n'excluaient pas un message discrètement émancipateur. Cette évolution sociale, beaucoup plus manifeste en Afrique occidentale, anglaise et française, que dans le reste du continent (sauf en Afrique du Sud), s'était amplifiée dans les années trente avec le développement de l'enseignement secondaire[2] et l'ébauche d'un enseignement supérieur, générateur d'une élite occidentalisée, intellectuellement assimilée, mais rebelle à la perpétuation de l'ordre colonial. Ainsi se mettent en place les outils d'une émancipation – associations, clubs, journaux, premiers partis politiques – qui trouvent des relais dans le prolétariat minier en voie de syndicalisation et dans la petite bourgeoisie agraire regroupée en associations de planteurs.

---

1. Voir C. Coquery-Vidrovitch et H. Moniot, *L'Afrique Noire de 1800 à nos jours*, coll. « Nouvelle Clio », Paris, PUF, 1984, chapitre XV, p. 368-379, avec une riche bibliographie.

2. Telle l'école William-Ponty, en AOF, pépinière d'instituteurs, de commis d'administration et de médecins « africains » par laquelle passèrent nombre de futurs leaders et dirigeants africains. Voir D. Bouche, *L'Enseignement dans les territoires français d'Afrique occidentale de 1917 à 1920, mission civilisatrice ou formation d'une élite ?*, Université de Lille-III et Honoré Champion, 1975, 2 vol.

L'avenir de l'Afrique se jouait aussi hors du continent. Dans les centres de recherche européens et américains où les progrès de l'ethnologie font sortir de l'oubli le riche passé des États et des civilisations de l'Afrique précoloniale. Dans les capitales européennes, et d'abord à Paris, où une diaspora étudiante, souvent proche des partis de gauche et de la Ligue des droits de l'homme, édite revues et journaux (*L'Étudiant noir*, 1934) et élabore le concept de *négritude*[1]. C'est en Amérique que se développent les thèmes du « retour » africain de la race noire, incarné dans les années vingt par le Jamaïcain Marcus Garvey, et ceux plus prometteurs du panafricanisme qui, dans des termes modérés avec l'Américain Du Bois, marxisants avec l'Antillais George Padmore, jette les fondements théoriques et politiques d'un anticolonialisme radical. L'agression italienne, en 1935, contre l'Éthiopie, prestigieux et dernier État indépendant d'Afrique, contribue à amplifier cette mobilisation.

En ces temps de colonialisme triomphant, la réponse des métropoles à cet éveil politique, que l'on ne saurait encore qualifier de nationaliste, fut décevante et au mieux circonspecte. En Europe, le débat colonial comme débat national était clos, ou plutôt limité à des cercles restreints et recentré sur des controverses de spécialistes, comme les mérites comparés des systèmes administratifs ou l'opportunité de l'intervention de l'État au service des économies africaines. L'opinion publique se satisfaisait d'une image stéréotypée, entretenue par la littérature, le cinéma, l'affiche publicitaire, la bande dessinée, magnifiée par les Expositions coloniales et universelles, et que le reportage de quelques littérateurs et journalistes non conformistes (René Maran, André Gide, Albert Londres) ne parvenait guère à entamer.

La répression l'emporta donc partout, qu'il s'agisse des résistances paysannes, religieuses[2] ou politiques, moins brutale qu'au

---

1. Ce terme à forte connotation identitaire, donc anti-assimilationniste, apparaît sous la plume du Martiniquais André Césaire et du Sénégalais Léopold Sédar Senghor, fortement influencés par l'intellectuel haïtien Jean Price-Mars. Il a donné ses bases littéraires et intellectuelles au panafricanisme francophone.

2. La répression du kimbanguisme au Congo belge débuta en 1924, sans jamais parvenir à l'extirper totalement.

début du siècle, davantage fondée sur la censure et l'emprisonnement, ce dernier minutieusement codifié par les codes de l'indigénat. Au mieux s'affirmait, dans le sillage du *Double Mandat* et de
l'humanisme colonial professé à Paris par l'École nationale de la
France d'outre-mer[1], un « devoir de civilisation » fait de mieux-
être matériel et d'élévation intellectuelle qui imposait aux métropoles un effort accru dans le domaine des infrastructures et de
l'enseignement. Avare en matière de promotion de fonctionnaires
africains, en tout cas plus que la France, la Grande-Bretagne
ouvrait précocement aux « indigènes », élus encore sur la base du
suffrage restreint, des conseils municipaux puis des conseils
législatifs et exécutifs qui se révéleront par la suite d'utiles structures d'évolution politique. La France, qui ne pratique l'assimilation que dans les « quatre communes » du Sénégal (qui envoient
un député à la Chambre), s'en tient à des organes consultatifs où
n'entrent que des personnalités d'une docilité éprouvée. Mais si
en Afrique française, la revendication, encore très éparse,
demeure assimilationniste (droit de vote) et sociale, il n'en va pas
de même à Madagascar, ancien royaume unifié, où se développe
un mouvement national. Sa matrice en est la société secrète Vy
Vato Sakelika (VVS), découverte et dissoute en 1915, qui traduit
l'opposition de l'oligarchie mérina dépossédée du pouvoir. Elle
s'exprime ensuite par les revendications de plus en plus radicales
de Jean Ralaimongo et de son journal *L'Opinion*, puis de Joseph
Ravoahangy qui accréditent l'idée de l'indépendance malgache
dès avant la Deuxième Guerre mondiale.

En Afrique comme ailleurs, celle-ci a revêtu une importance
décisive[2]. À bien des égards, elle a reproduit les formes de la Première : opérations militaires limitées (contre les possessions allemandes en 1914-1918, italiennes en 1940-1941), importante
mobilisation des hommes et des ressources, accélération des

---

1. Dans la lignée de grands administrateurs comme Maurice Delafosse ou
Joost van Vollenhoven, qui remit en 1917 un rapport accablant sur les abus du colonialisme, l'École nationale de la France d'outre-mer s'est attachée à diffuser cet état
d'esprit sous la direction de Robert Delavignette dans les années 1937-1946.
2. Voir *L'Afrique et la Seconde Guerre mondiale*, colloque de Benghazi, 10-
13 nov. 1980, Paris, UNESCO, 1985.

mutations sociales, illusions et désillusions d'un changement rapide des conditions indigènes. Mais l'importance stratégique et économique de l'Afrique est bien plus considérable lors du second conflit, car celle-ci est située à l'interface de deux fronts majeurs : celui de l'Atlantique et celui du Sud-Est asiatique. D'où une valorisation accrue des bases militaires et des ressources économiques, dont les retombées ont renforcé l'importance des bourgeoisies noires, surtout en Afrique occidentale. De plus, si la loyauté des populations à l'égard de leurs métropoles respectives n'est pas en cause[1], la suprématie des Blancs a été mise à mal par les déboires des puissances alliées – capitulation belge, armistice français, défaites britanniques dans le Pacifique et l'océan Indien –, pour ne rien dire des rivalités franco-françaises entre Vichy et la France libre. À l'inverse, les États-Unis vont bénéficier d'une image flatteuse, tant par les principes émancipateurs énoncés dans les chartes de l'Atlantique et des Nations unies que par les encouragements de l'administration Roosevelt au panafricanisme. C'est dire que la déception est vive quand, au lendemain de la guerre, les puissances coloniales réaffirment leur domination par un retour au *statu quo* (Belgique), ou par quelques réformes jugées insuffisantes (Grande-Bretagne, France). Un peu partout, les signes d'une nervosité sociale et politique se multiplient, qui traduisent un changement d'attitude autant qu'un changement d'époque.

Ce qui frappe l'observateur, avec le recul du temps, c'est moins l'accession des colonies africaines à l'indépendance – celle-ci s'inscrivant dans un processus irréversible de décolonisation – que sa précocité et la rapidité avec laquelle elle s'est déroulée, déjouant tous les calculs et, pourrait-on dire, toutes les certitudes des puissances coloniales comme des opinions publiques. Plusieurs facteurs sont à prendre en compte, et d'abord un environ-

---

1. À la différence de l'Afrique du Nord, la propagande allemande a peu pénétré en Afrique noire (sauf en Afrique du Sud) et le projet de refondation des colonies allemandes est resté lettre morte. Voir Ch. Metzger, *L'Empire colonial français dans la stratégie du Troisième Reich (1936-1945)*, *op. cit.*

nement international de moins en moins favorable à la perpétuation de la domination coloniale. L'Afrique n'a pas été insensible aux effets de la restructuration mondiale d'après guerre, qu'il s'agisse de la tribune anticolonialiste que lui offrait l'ONU, du recul général du colonialisme en Asie, au Proche-Orient et au Maghreb, ou de l'essor de l'afro-asiatisme magnifié par la conférence de Bandung et dont le colonel Nasser s'est fait, pour l'Afrique, l'ardent avocat. La menace de subversion communiste et de pénétration soviétique étant, pour l'heure, à peu près nulle, les États-Unis ont discrètement encouragé les puissances coloniales à lâcher du lest, alors même que l'Église catholique entendait préparer l'avenir en ouvrant la voie à une précoce indigénisation du clergé. Or, l'action de ces forces centrifuges coïncide avec une évolution convergente des opinions européennes de moins en moins sensibles à la grandeur impériale, plus sensibles à l'inverse au coût, réel ou supposé, de la colonisation. La priorité accordée à la reconstruction, puis au bien-être social encadré par l'État-providence, l'adhésion à la construction européenne comme palliatif au recul de la puissance impériale, ont suscité un « a-colonialisme » largement partagé, qui a pu se muer, en France notamment, en un anticolonialisme d'une vigueur inconnue depuis plusieurs décennies.

Sur le continent africain, le boom économique des années cinquante, la modernisation rapide des infrastructures, la suppression progressive du travail forcé ont accéléré la transformation du paysage social. La progression du travail salarié, la syndicalisation des ouvriers et des fonctionnaires, la promotion constante des classes moyennes urbaines sont autant de facteurs d'émancipation, amplifiés par l'effervescence intellectuelle et politique de l'intelligentsia émigrée[1]. Sans ignorer le rôle des

---

1. Sans ignorer les autres capitales – Londres, Bruxelles, Lisbonne (et Coimbra) –, c'est à Paris que s'est constituée une véritable « rive noire » peuplée de parlementaires, d'artistes et d'étudiants. Ces derniers, qui ont leurs propres syndicats, éditent la brochure *Les étudiants parlent* qui, dès 1953, exige l'indépendance. La Société africaine de culture et la revue *Présence africaine*, née en 1947, s'attirent la collaboration des noms les plus marquants de la gauche intellectuelle : Sartre, Camus, Balandier, Leiris…

syndicats, de la presse et de multiples associations culturelles, religieuses ou sportives, et même s'ils puisent parfois à des formations antérieures, les *partis*, bien tenus en main par un leader incontesté, ou du moins prestigieux, sont la conquête politique majeure de l'après-guerre. Fait nouveau, ils sortent du cadre restreint de l'intelligentsia ou de la classe moyenne pour rallier un support de masse à des objectifs résolument émancipateurs. Inscrits, au moins pour les plus importants d'entre eux, dans le dépassement des clivages ethniques et des antagonismes sociaux, ils développent un discours unificateur autour des mots d'ordre d'indépendance, de démocratie, voire de socialisme. Comme tels, et dans le cadre des frontières aberrantes héritées de la colonisation, ils ont rempli la fonction de catalyseur d'un nationalisme avant tout territorial, pratiquement dénué de toute référence au passé précolonial africain, et ont été le principal levier de l'indépendance. Le modèle du genre est le Convention People's Party fondé en Gold Coast en 1949 par Kwame N'Krumah, véritable parti de masse interclassiste qui sut recourir à toutes les armes de l'agitation et de l'action légale, et qui fit de multiples émules en Afrique anglaise, sans nier l'importance de partis assis sur une base ethnique précise, comme l'Abako au Congo belge, ou, à l'inverse, un vaste regroupement de partis, dotés d'une large autonomie, mais unis autour d'un programme d'action, comme le Rassemblement démocratique africain.

Face à cette brusque radicalisation, les puissances coloniales réagirent diversement. Partout le réflexe répressif l'emporta : saisie de journaux, arrestation de leaders et de militants, voire interdiction des partis et de leurs organisations satellites. La répression épousa même des formes très violentes à Madagascar, au Kenya, au Cameroun. Mais si le Portugal s'est figé dans le *statu quo* d'une pseudo-assimilation et si la Belgique n'accordait des réformes qu'au compte-gouttes, la Grande-Bretagne et la France ne pouvaient transgresser trop durablement les principes démocratiques qu'elles professaient et ne pas prendre acte de la représentativité des forces d'opposition.

La périodisation de la décolonisation africaine s'enchaîne dès lors logiquement en trois phases distinctes. La première s'étend de 1957 à 1960. Par son ampleur – une quinzaine de colonies accèdent à l'indépendance – comme par son caractère négocié et pacifique, elle laisse bien augurer de la transition coloniale vers la souveraineté. C'est la Gold Coast, devenue Ghana, qui donne le signal de l'émancipation, possession la plus riche et la plus évoluée de l'Afrique occidentale britannique. Survenant dans le sillage de Bandung et du camouflet de Suez, cette indépendance a un immense retentissement que N'Krumah exploite habilement en réunissant les deux conférences panafricaines d'Accra en 1958. Cette même année, l'indépendance de la Guinée ouvre la voie de la décolonisation des possessions françaises parachevée en 1960 avec l'indépendance de douze anciennes colonies (Madagascar compris) et des deux territoires sous tutelle du Togo et du Cameroun.

Une seconde phase couvre les années 1960-1965, dominées par la décolonisation plus hésitante des possessions britanniques d'Afrique occidentale (Nigeria, Sierra Leone), orientale (Tanganyika, Kenya, Ouganda) et centrale (Nyassaland et Rhodésies). La bonne volonté émancipatrice du Premier ministre Macmillan – qui aura été avec le général de Gaulle l'homme d'État le plus ouvert aux indépendances africaines – est moins en cause que les réticences du Colonial Office à abandonner les thèses lénifiantes du multiracialisme[1] et des modes de gestion perpétuant en fait la suprématie des Blancs. D'où la conclusion de compromis laborieux fondés sur la triple garantie du régime parlementaire, de la représentation des minorités et de l'appartenance au Commonwealth des futurs États.

La proclamation unilatérale de l'indépendance par la minorité blanche de Rhodésie du Sud, en novembre 1965, ouvre une troisième phase plus longue et plus conflictuelle, dominée par la résistance des « bastions blancs » (Portugal, Afrique et Rhodésie du Sud) à toute indépendance négociée. Il s'ensuit des conflits meurtriers qui juxtaposent, et dans une certaine mesure combinent, l'obstination du Portugal salazariste, en l'occurrence soutenu par

---

1. Voir *infra*, p. 233.

l'OTAN, à maintenir coûte que coûte les derniers vestiges d'un empire déchu, et celle des minorités blanches d'Afrique centrale et australe à institutionnaliser leur domination au mépris des injonctions de la communauté internationale. La révolution des œillets à Lisbonne, en avril 1974, met provisoirement un terme à des guerres ruineuses et permet aux possessions portugaises d'accéder à l'indépendance l'année suivante. Mais il faut attendre 1980 pour que la guérilla sud-rhodésienne impose ses conditions, après arbitrage britannique, au pouvoir blanc de Salisbury, et dix ans encore pour que l'écroulement de l'apartheid en Afrique du Sud permette à la Namibie d'accéder à l'indépendance.

Au terme d'un cycle plus que trentenaire, les colonies d'Afrique noire ont donc accédé à la souveraineté. La proclamation de l'indépendance est un aboutissement particulier propre à l'histoire de chaque territoire, mais certains traits comparables autorisent à esquisser une typologie des processus d'émancipation. Aucune indépendance, certes, n'a été accordée sans épreuve de forces, à tout le moins sans affrontements préalables. On retiendra pourtant comme fondée la distinction entre indépendances *négociées* (possessions anglaises, françaises et belges) et indépendances *arrachées* (colonies portugaises, Zimbabwe, Namibie), ces dernières s'expliquant, mais en partie seulement, par la forte densité du peuplement blanc et l'officialisation du racisme. Encore convient-il de distinguer dans le premier groupe les cas « exemplaires » d'une évolution institutionnelle dont l'indépendance est le terme naturel (Communauté française, Constitutions britanniques) et celui du Congo belge où l'indépendance fut négociée dans une totale improvisation. Et souligner aussi les limites d'une distinction qui ne préjuge en rien de l'évolution ultérieure des colonies émancipées. Une indépendance aussi soigneusement préparée que celle du Nigeria n'a pas empêché le pays de sombrer dans le chaos de la guerre du Biafra, de même que rien ne permettait d'augurer la dérive autocratique de tant de pères respectés des indépendances africaines.

La décolonisation britannique

Au lendemain de la guerre, il n'entrait nullement dans les intentions des dirigeants britanniques, fussent-ils travaillistes, d'appliquer à l'Afrique ce qu'ils avaient consenti à l'Asie. Selon la thèse la plus généralement admise, les populations africaines étaient incapables d'accéder aux responsabilités politiques avant un long entraînement préparatoire limité à la gestion des affaires locales. Les Assemblées créées ici ou là entre les deux guerres pouvaient à ce titre être utilisées et élargies, mais le passage de l'*Indirect Rule*, qui avait fait ses preuves, au *self-government*, que réclamaient les délégués africains réunis à Manchester en mars 1945, bouleversait trop les habitudes du Colonial Office et risquait de dégénérer en de multiples confrontations ethniques, religieuses et mêmes raciales dans les colonies à fort peuplement blanc.

C'était sous-estimer la détermination des élites africaines : planteurs, bourgeoisies urbaines et intellectuels issus des écoles missionnaires, voire des universités anglaises ou américaines[1]. Ces derniers vont jouer un rôle décisif dans le journalisme, les partis politiques et les syndicats, dénonçant sans relâche l'immobilisme administratif et les injustices du système colonial. Invoquant les principes de la charte de l'ONU et de la démocratie parlementaire qui les ont éduqués, ils les retournent habilement contre la métropole pour revendiquer la participation aux réformes, puis l'indépendance. L'identification d'un leader charismatique à un parti de masse est le cas de figure le plus fréquent, même si les modalités et le contenu idéologique du combat de libération peuvent prêter à variation. Leader et parti sont ainsi parvenus à forger un nationalisme qui, en raison

---

1. L'essor de l'enseignement est remarquable dans les années cinquante. Le nombre des scolarisés passe de 185 000 à 456 000 entre 1947 et 1957 dans la Gold Coast, et dépasse le million au Nigeria. La plupart des chefs historiques des indépendances africaines sont diplômés d'universités : N'Krumah (université noire de Lincoln, Pennsylvanie), Azikiwé (universités de Lincoln et de Columbia), Kenyatta (London School of Economics), Nyerere (université d'Édimbourg).

des frontières aberrantes qui enferment les territoires, doit peu à l'activation du passé précolonial et demeure étroitement territorial et pré-étatique.

Face à cette ébullition, les dirigeants britanniques firent preuve de leur habituel pragmatisme. Sans doute, le réflexe répressif, social et politique, joua un peu partout et l'histoire de la décolonisation africaine offre fréquemment l'exemple de ces leaders jetés brutalement en prison, pour être, sans transition, portés aux marches du pouvoir. Mais travaillistes et conservateurs surent ne pas se figer dans des épreuves de force sans issue et procéder au cas par cas. Contrairement à la France, République « indivisible » par principe et légiférant par des textes applicables à tous, l'Angleterre procéda par adoption et révision de « constitutions » propres à chacune de ses possessions. Ainsi triomphait une démarche souple et évolutive qui pouvait trouver son terme dans l'indépendance dès lors qu'était garanti le respect de trois exigences minimales : la répudiation du marxisme et l'absence de menace communiste, l'appartenance du futur État au Commonwealth et le respect de la diversité ethnique et religieuse dans un système représentatif à caractère plus ou moins fédéral.

L'Afrique de l'Ouest

Si l'on excepte le cas particulier du Soudan[1], c'est l'Afrique occidentale, partie la plus riche des possessions britanniques et la plus touchée par les transformations modernisatrices de la Deuxième Guerre mondiale[2], qui donne le signal de l'émancipa-

---

1. Le Soudan relevait d'un condominium anglo-égyptien fondé en 1899 après une rapide conquête du Haut-Nil où se place l'incident de Fachoda. Condominium assez factice qui revenait à conférer au gouverneur général, toujours britannique, l'essentiel du pouvoir. Face aux revendications égyptiennes, l'Angleterre engagea en 1948 un processus constitutionnel d'autonomie interne entériné par l'Égypte en 1953, qui aboutit à l'indépendance le 1er janvier 1956. Alimentée par la rivalité séculaire entre le Nord musulman et le Sud animiste et chrétien, le pays a connu une instabilité politique chronique.

2. Voir *supra*, p. 224.

tion. Et d'abord la Gold Coast où le mouvement revendicatif déjà ancien a élargi ses bases sociales et a trouvé dans Kwame N'Krumah un propagandiste et un organisateur remarquable. Modèle des grands partis de masse africains, le Convention People's Party (CPP), fondé en 1949, canalise les aspirations populaires, combinant l'agitation légale et les techniques « gandhistes » de la grève et du boycott. Après une phase de répression, lors des grèves de février 1948 et janvier 1950 notamment, et les arrestations réitérées de N'Krumah, Londres dut amorcer un processus constitutionnel dès lors que les élections de 1951 avaient démontré la représentativité du CPP. Devenu Premier ministre, N'Krumah, qui avait rompu avec le communisme sous l'influence de George Padmore, se fit assez rassurant pour faire accéder la Gold Coast au *self-government* en 1956 et à la pleine indépendance reconnue le 6 mars 1957. Tout en maintenant un discours radical qui érigea un temps Accra en capitale de l'anticolonialisme et du panafricanisme[1], il fit entrer le jeune Ghana dans le Commonwealth et contribua à le transformer en une communauté interraciale d'États librement rattachés à la Couronne.

Dans le riche Nigeria, la Royal Niger Company avait cédé ses droits au gouvernement britannique en 1900. Le gouverneur Lugard y avait instauré une sorte de protectorat assis sur l'*Indirect Rule* auquel il a attaché son nom tant ce régime se révélait efficace et peu coûteux. Des conseils législatifs et exécutifs avaient été mis en place, qui canalisaient l'opposition en associant la population à la gestion locale. Comme au Ghana, la scolarisation a levé une élite intellectuelle occidentalisée, plus florissante au sud que dans le nord dominé par des théocraties musulmanes conservatrices. Dès 1944 sont apparus les premiers partis : le National Council of Nigeria and the Cameroons du Dr Azikiwe, surtout implanté dans le Sud et l'ethnie ibo, qui doit compter avec l'Action Group d'Obafemi Awolowo, implanté dans l'Ouest, et surtout avec le Northern People Congress

---

1. Conférence des États africains indépendants et conférence panafricaine, tenues respectivement en avril et décembre 1958.

d'Ahmed Bello, musulman et conservateur. Depuis la grève générale de 1945, les Britanniques appuient discrètement ces deux derniers, mais par les constitutions successives de 1951, 1954 et 1957 laissent s'acheminer le pays vers une large autonomie interne, puis, après les premières élections au suffrage universel en 1959, vers l'indépendance. Chaleureusement reçu à Lagos en février 1960[1] et persuadé du sérieux des hommes politiques nigérians, Harold Macmillan l'accorde le 1ᵉʳ octobre, plaçant tous ses espoirs dans une vaste fédération de type parlementaire. Mais l'alliance du NCN et du NPC, c'est-à-dire du Sud et du Nord, vole en éclats dès les élections de 1963, ouvrant la voie au séparatisme biafrais et aux coups d'État militaires à répétition.

Les dernières possessions britanniques d'Afrique occidentale accèdent à l'indépendance sans drame majeur. Valorisée par le port militaire de Freetown pendant la guerre, la Sierra Leone connaît une évolution compliquée par l'antagonisme des créoles de la côte et des populations de l'intérieur. Il ne faut pas moins de quatre constitutions successives pour la conduire à l'indépendance en avril 1961. L'anomalie géographique de la Gambie, long territoire étiré au cœur du Sénégal, trouve sa solution politique avec l'indépendance du 18 février 1965 obtenue sous l'égide du très pacifique People's Progressive Party.

L'Afrique orientale et centrale

En Afrique orientale prévalait une situation apparemment moins favorable à une émancipation rapide : un moindre développement économique, une société africaine moins évoluée – même si l'enrôlement pendant la guerre de forces ougandaises ou kenyanes et leur envoi vers les centres d'opérations éloignés ont pu contribuer à une volonté d'émancipation –, et d'importantes minorités arabes (Zanzibar, Kenya), asiatiques (Kenya, Tanga-

---

1. C'est au cours de ce voyage africain que le Premier ministre invite les autorités d'Afrique du Sud à s'accommoder du « *wind of change* ».

nyika) et européennes (Kenya). Dans ce contexte difficile, c'est le Tanganyika, considéré comme la colonie la plus attardée, qui accède à l'indépendance dès 1961, alors que le Kenya où les revendications anticolonialistes étaient fort anciennes n'y parvient qu'en 1963.

Ce décalage s'explique. Ancienne colonie allemande, le Tanganyika avait été remis en mandat à la Grande-Bretagne en 1919, puis placé sous la tutelle de l'ONU en 1945. Tutelle vigilante qui va, à coup de missions successives, obliger la métropole à se départir de la politique immobiliste du « multiracialisme[1] » et à faire accéder réellement les Africains aux responsabilités. L'absence de groupe ethnique dominant et l'existence d'une langue commune, le swahili, vont faciliter cette évolution sous l'égide de la Tanganyika African National Union créée en 1954 et habilement dirigée par le « sage » Julius Nyerere. Sa stratégie légaliste lui vaut le soutien de l'ONU, alors même que la bonne implantation de son parti dissuade Londres de lui opposer des formations concurrentes. Devenu Premier ministre après les élections de 1960 qui sont un triomphe pour son parti, Nyerere obtient le transfert des pouvoirs et l'indépendance en décembre 1961. Ce modèle d'émancipation pacifique, assorti d'une adhésion au Commonwealth, n'est pas remis en cause par le rattachement, en 1964, de l'île de Zanzibar[2], le nouvel État prenant le nom de Tanzanie.

La conquête du Kenya avait initialement pour but de donner au Buganda (futur Ouganda) un débouché sur l'océan Indien, mais la richesse du pays l'avait rapidement transformé en terre de colonisation blanche[3]. Durant les trois premières décennies

---

1. Cette politique, chère au Colonial Office, visait à faire coexister des « races » (Africains, Asiatiques, Arabes, Européens…) dans les institutions (conseils législatifs et conseil exécutif) où elles étaient très inégalement représentées, en fait à l'avantage de la minorité blanche.

2. Érigé en 1963 comme sultanat arabe indépendant, Zanzibar connut une phase d'instabilité, assortie du renversement de la monarchie, qui se résorba quand la majorité noire de l'île opta pour le rattachement au Tanganyika.

3. Le colonat européen compte 46 000 personnes en 1950, autour de 60 000 en 1960. Comme en Rhodésie, les prémices de la décolonisation n'ont pas ralenti l'immigration blanche.

du siècle, un mécanisme bien rodé d'appropriation[1] permit à quelques milliers de colons venus d'Angleterre ou d'Afrique du Sud de mettre en valeur les riches *White-Highlands* sous forme de grandes plantations ou de petites exploitations, les unes et les autres tournées vers les besoins de la métropole (café, maïs, lin). Cette brutale colonisation a levé très tôt des mouvements de protestation, surtout chez les Kikuyu dépossédés de leurs terres, rejetés dans des réserves hors des zones de plantation ou réduits à un quasi-servage (les *squatters*). Diverses associations apparurent, parfois encouragées par les Églises chrétiennes, telle la Kikuyu Central Association d'où émerge, à la fin des années vingt, le nom de Jomo Kenyatta. La guerre entraîne du reste leur interdiction et le renforcement du pouvoir administratif des colons. Mais la mobilisation de milliers de Kenyans, envoyés sur les fronts du Proche et de l'Extrême-Orient, va lever par la suite une nouvelle génération d'opposants.

Au lendemain de la guerre, quelques réformes ouvrent aux Noirs le Conseil législatif et autorisent les partis politiques. Le plus actif est la Kenya African Union (KAU), même si le leadership de Jomo Kenyatta y est disputé. L'extrême misère des paysans sans terre et des masses urbaines déshéritées déclenche un cycle de manifestations et de répression. La tension culmine entre 1952 et 1956 avec la révolte des Mau-Mau, secte xénophobe et messianique, faiblement politisée, qui exprimait surtout une volonté de restauration de l'ordre précolonial. On s'est beaucoup interrogé sur son rôle dans l'accession ultérieure du Kenya à l'indépendance[2]. Il est certain que la proclamation de l'état d'urgence en 1952, suivi d'une très dure répression[3], et

---

1. Dans un arsenal législatif de circonstance, il faut retenir la *Crown Lands Ordonnance* de 1915 qui, pour inciter les candidats à l'immigration, fit passer les concessions de terres de 99 ans à une durée de 999 ans, ce qui était tirer une traite optimiste sur l'avenir.

2. Voir R. Buijtenhuijs, *Le Mouvement « Mau-Mau ». Une révolte paysanne et anti-coloniale en Afrique noire*, Paris-La Haye, Mouton, 1971.

3. La répression fit 10 000 à 15 000 victimes. La brutalité des méthodes employées (parcage des populations, exécutions sommaires, conditions de détention) leva même un scandale au Royaume-Uni, obligeant Macmillan à remplacer le ministre des Colonies Lennox-Boyd par Iain Macleod, plus libéral, après les élections de 1959.

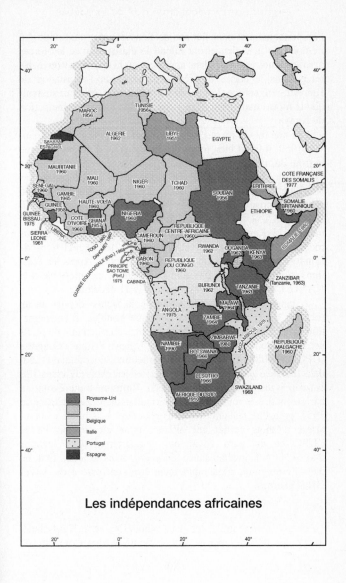

Les indépendances africaines

l'emprisonnement pour dix ans de Kenyatta, pourtant opposé à l'emploi de la violence, ont ralenti le dialogue avec les forces politiques noires. Mais, dans la mesure où la révolte a trouvé des relais dans la classe ouvrière urbaine et où l'arrestation de Kenyatta érigeait ce dernier en héros national, on peut soutenir que le mouvement Mau-Mau a été un jalon dans l'émancipation du Kenya.

Car une fois la révolte brisée et l'état d'urgence levé, en janvier 1960, il fallut bien reprendre le dialogue, d'autant plus que le front des colons était entamé. Déjà, les constitutions Lyttleton (1954) et Macleod (1960) ont augmenté la participation des Noirs aux conseils législatifs, sans accéder au suffrage universel. Libéré de prison en 1961, Kenyatta prend la tête de la KAU, devenue KANU (National), et mène, aux côtés d'une autre formation, la Kenya African Democratic Union (KADU), plus modérée et moins exclusivement kikuyu, les négociations de Londres qui reconnaissent l'autonomie interne. Après les élections de juin 1963, qui assurent une victoire incontestable à la KANU, l'indépendance est proclamée le 12 décembre.

À cette date, l'Ouganda a obtenu la sienne depuis un an (octobre 1962) au terme d'une décennie troublée. L'émancipation a été retardée par la greffe longtemps conflictuelle de partis politiques modernes – parmi lesquels l'Uganda People's Congress (UPC) de Milton Obote – sur une structure monarchique et féodale incarnée par le roi (le *Kabaka*) et les chefs de clans (les *bataka*) issus de l'aristocratie ganda. Refusant toute évolution parlementaire, le roi fut même, tel le sultan du Maroc, détrôné en 1953, pour être restauré deux ans plus tard. L'habileté manœuvrière d'Obote permit une alliance toute circonstancielle de l'UPC et du parti royal qui remportèrent les élections d'avril 1962. L'indépendance s'ensuivit, mais le jeune État, né dans l'ambiguïté, allait rapidement être confronté à de graves crises internes.

En Afrique centrale, les deux Rhodésies et le Nyassaland, longtemps dominés par la British South Africa Company de l'insatiable Cecil Rhodes, vont connaître des évolutions contrastées commandées par l'inégale importance de la minorité blanche, très modeste au Nyassaland, plus conséquente dans les deux Rhodésies[1]. Dès 1923, des Blancs de Rhodésie du Sud avaient arraché à Londres un statut de large autonomie (*self-governing colony*) qui pouvait préluder à une incorporation dans l'Union sud-africaine ou à une proclamation d'indépendance. C'est pour y parer que le Colonial Office, fidèle à ses thèses multiracialistes, prépara après la guerre un projet de Fédération associant les trois pays. La montée d'une opposition noire, politique au Nyassaland autour du Nyassaland African Congress (NAC) créé en 1944, ouvrière et syndicale en Rhodésie du Nord, acheva de rallier les minorités blanches à un système qui perpétuerait leur domination ou leur permettrait, à tout le moins, de contrôler étroitement l'émancipation noire. Le retour des conservateurs au pouvoir, à Londres, en 1951, accéléra son adoption en mars 1953, sans qu'aucun Africain ait été associé aux conférences préparatoires. Dans cette nouvelle Fédération d'Afrique centrale, chaque territoire conserve son autonomie. Les affaires communes (finances, défense, enseignement supérieur, droits des Européens) relèvent d'un gouvernement commun responsable devant une Assemblée fédérale, le gouverneur général britannique exerçant un pouvoir arbitral. La composition de l'Assemblée fait la part belle à la minorité blanche, les Noirs ne comptant que 15 sièges sur 60 et demeurant exclus du gouvernement fédéral.

Après quelques années d'un fonctionnement conforme à ce qu'en attendaient ses auteurs, les premières lézardes apparaissent en 1958 au Nyassaland, pays très pauvre mais doté d'une solide élite intellectuelle. Le retour du Dr Hastings Banda donne une nouvelle impulsion au NAC, devenu Malawi Congress Party, en l'orientant vers des campagnes de désobéissance civile que la

---

1. En 1958, la population blanche représente 4 % de la population des trois pays. On compte 6 000 Blancs au Nyassaland, 70 000 en Rhodésie du Nord, 220 000 en Rhodésie du Sud qui, dans cette dernière, pratiquent des formes à peine atténuées de l'apartheid sud-africain.

proclamation de l'état d'urgence, en 1959, ne suffit pas à enrayer. Au même moment, la Rhodésie du Nord connaît une forte agitation ouvrière dans le *Copperbelt*, qui oblige l'administration blanche à quelques concessions, et le regroupement d'une opposition politique dans l'United National Independance Party (UNIP) de Kenneth Kaunda, autre adepte des méthodes gandhistes.

Les élections britanniques d'octobre 1959 ayant reconduit les conservateurs au pouvoir, Harold Macmillan se laisse aisément convaincre que la Fédération a vécu. Son ministre Macleod engage avec Banda et Kaunda, opportunément sortis de prison, des négociations rendues difficiles par la résistance blanche, mais dont le terme ne saurait faire de doute en raison des succès électoraux de leur parti. La Fédération est dissoute le 31 décembre 1963, après que le droit à l'indépendance leur a été reconnu. Celle-ci devient effective en 1964 pour le Nyassaland, devenu État du Malawi, et pour la Rhodésie du Nord, devenue Zambie, respectivement en juillet et en octobre.

Cette évolution ne pouvait que précipiter le séparatisme sud-rhodésien, déjà maintes fois agité. La victoire en 1961 du Front rhodésien dirigé par Ian Smith, héros de la Royal Air Force pendant la guerre, mais tenant de l'aile la plus extrémiste de la minorité blanche, et le retrait de l'armée britannique qui limitait jusque-là les débordements du pouvoir blanc, la rendent en effet inéluctable malgré les efforts du nouveau Premier ministre Harold Wilson. L'indépendance est donc proclamée unilatéralement le 11 novembre 1965, immédiatement condamnée par la Grande-Bretagne comme par les instances internationales.

Dans l'épreuve de force qui s'engage, la Rhodésie blanche ne manque pas d'atouts, qui vont lui assurer presque une décennie de domination. Sous l'impulsion des États africains, l'ONU a voté des sanctions économiques, renforcées par un embargo en 1968. Mais la reconversion autarcique d'une industrie diversifiée et les soutiens de tous ordres dispensés par l'Afrique du Sud et la colonie portugaise du Mozambique, et dans une certaine mesure par les États-Unis, lui permettent de les contourner aisément. Tandis que le pays s'organise en « République rhodésienne » (1970) sur le modèle sud-africain, il engage des forces très supérieures, grossies de supplétifs noirs, à celles de la résistance. Celle-ci souffre de divisions chroniques qui se ramènent pour l'essentiel à l'opposition entre la Zimbabwe African People's Union (ZAPU) du syndicaliste Joshua N'Komo et la Zimbabwe African National Union (ZANU) de Robert Mugabe, plus jeune et plus représentative des milieux urbains éduqués. Les deux partis font le choix de la lutte armée, mais opèrent dans des zones différentes, dictées par des clivages ethniques, et n'ont pas les mêmes soutiens extérieurs[1]. L'amorce d'un rapprochement Londres-Salisbury, consécutif au retour au pouvoir des conservateurs d'Edward Heath, provoque un sursaut unitaire avec la création, en 1972, de l'United African National Council, sorte de tiers parti ouvert à tous, présidé par la personnalité respectée de l'évêque méthodiste Mgr Muzorewa. Même relancé par la signature à Lusaka, en décembre 1974, d'un *Manifeste de l'unité*, le rapprochement demeure fragile, et évolue en faveur de la ZANU qui bénéficie du soutien logistique (bases arrière et camps d'entraînement) que lui offre le FRELIMO au Mozambique. Mais les Sud-Rhodésiens rétorquent en recourant à des déplacements de populations et à des raids contre-terroristes au Mozambique, conservant ainsi l'avantage militaire.

C'est la décolonisation portugaise et les hésitations de l'Afrique du Sud à soutenir plus avant le régime de Salisbury qui vont favoriser la recherche d'une solution politique que souhaitent également les États-Unis, inquiets des risques d'extension du conflit qui pourraient faire le jeu de Moscou. La fuite des capitaux, un début d'exode de la population européenne et les pressions internationales obligent Ian Smith à composer. Il s'ensuit d'interminables négociations qui voient alterner plans et conférences qui tous échouent sur le problème des garanties aux Blancs et sur celui des périodes transitoires, et sans que cessent de part et d'autre les raids les plus meurtriers. Décidée à en finir, compte tenu des risques d'éclatement du Commonwealth sur la

---

1. La ZAPU est soutenue par l'URSS et Cuba, la ZANU par la Chine populaire et la Corée du Nord.

question, Margaret Thatcher, parvenue au pouvoir en mai 1979, réunit en septembre une conférence à Lancaster House présidée par Lord Carrington. Les accords du 21 décembre prévoient les modalités d'un cessez-le-feu, l'organisation d'élections au suffrage universel et la levée des sanctions économiques. L'ancien gouverneur Lord Soames, secondé par une force militaire d'interposition fournie par le Commonwealth, supervise la transition et la tenue des élections de février 1980 qui assurent une large victoire (63 % des suffrages) au parti de Robert Mugabe qui devient Premier ministre d'un gouvernement de coalition et de réconciliation nationale. L'indépendance du nouvel État, devenu Zimbabwe, est proclamée à Harare (ex-Salisbury) le 18 avril.

Le cas sud-africain

Conglomérat d'anciennes colonies hollandaises et anglaises progressivement contrôlées par la Grande-Bretagne, l'Union sud-africaine s'est émancipée de cette dernière par la reconnaissance d'un statut de Dominion en 1914, puis par son retrait du Commonwealth et la proclamation de son indépendance totale sous le nom d'Afrique du Sud en 1960. Cette ancienne « colonie » n'en joue pas moins un rôle capital, mais comme force de retardement, dans le processus de décolonisation, et ce à plusieurs niveaux.

Le premier, et le moins conflictuel, réside dans la longue revendication que l'Union sud-africaine a formulée à l'égard du Bechuanaland, du Batutoland et du Swaziland, trois protectorats que la Grande-Bretagne avait érigés à la fin du XIXᵉ siècle pour contrer l'avancée des Boers, mais qui vivaient en étroite symbiose avec l'économie sud-africaine. Ces revendications ayant été abandonnées en 1961, Londres put parachever un processus constitutionnel qui conduisit à l'indépendance du Bechuanaland (devenu Botswana) et du Batutoland (devenu Lesotho) en 1966, et du Swaziland en 1968. Indépendance assez formelle tant ces trois États, totalement enclavés, demeurent économiquement tributaires de l'Afrique du Sud, au point de pratiquer, pour certains, une politique plutôt complaisante à son égard[1].

Un second niveau d'implication réside dans la structure hypercoloniale d'un pays qui, surtout depuis la victoire du Parti national en 1948, a officialisé la domination et la discrimination blanches. Les bases idéologiques racistes de l'apartheid ne doivent pas faire oublier les fondements économiques d'une politique visant à protéger la minorité blanche de la pression démographique des Noirs[2], de leur urbanisation croissante, et de la formation d'une bourgeoisie concurrente, noire ou métisse. À côté du *petty apartheid*, qui organise méticuleusement la ségrégation quotidienne, toute une législation donne à la répression ses armes légales, réglemente (ou interdit) les déplacements intérieurs, l'activité de la presse, des syndicats et des partis. À partir de 1951 sont progressivement institués sur les anciennes réserves des « Bantoustans » qui, au travers d'une autonomie fictive, répondent à un triple objectif de la minorité blanche : freiner la mobilité géographique de la main-d'œuvre, et par là son insertion urbaine ; atténuer les tensions sociales en permettant à une élite noire d'accéder à des responsabilités ; entraver et diviser le nationalisme noir en ranimant la diversité ou les hostilités ethniques.

---

1. Ces États soutinrent au moins verbalement la cause de l'African National Congress (ANC) et accueillirent des réfugiés. Mais ils montrèrent une grande réticence à s'associer aux sanctions économiques décrétées contre la Rhodésie et l'Afrique du Sud. Le Swaziland poussa même très loin des négociations avec Pretoria qui l'auraient doté d'un accès à la mer contre un arrêt de tout soutien à l'ANC. Dénoncé par les organisations internationales, ce marchandage finit par échouer en 1982.

2. Le tableau suivant fait apparaître la croissance rapide de la population noire en raison d'un taux de natalité élevé et d'un taux de mortalité parmi les plus faibles d'Afrique. Voir E. M'Bokolo, *L'Afrique au XXᵉ siècle*, Seuil, coll. « Points Histoire », 1985, p. 300.

	Noirs	Blancs	Métis et Asiatiques	Total (en millions)
1936	6,6	2	1	9,6
1951	8,5	2,6	1,4	12,5
1962	11,6	3,2	2,2	17

Certains de ces Bantoustans ont même accédé à une indépendance nominale dénuée de reconnaissance internationale[1].

Le nationalisme noir a des racines anciennes, surtout dans la province du Natal, la plus politisée. C'est sur des bases légalistes et réformistes que s'est constitué en 1923 l'African National Congress (ANC) dont le programme a été radicalisé en 1949 par des éléments venus de la gauche ouvrière (Walter Sisulu) ou intellectuelle (Nelson Mandela). Après quelques années de militantisme prometteur, une répression draconienne s'était abattue sur le mouvement, qui se scindait par ailleurs entre modérés acquis à la collaboration interraciale dans l'indépendance et les extrémistes du Pan Africanist Congress (PAC). Ce dernier déclenche contre les *passes* imposés aux Noirs dans leurs déplacements une campagne qui aboutit le 21 mars 1960 aux violentes émeutes de Sharpeville. À la faveur de l'état d'urgence, l'ANC et le PAC sont dissous, la plupart de leurs dirigeants arrêtés. La vigueur de la répression va laisser à l'Afrique du Sud un répit d'une quinzaine d'années.

Porté par le boom économique des années soixante, le gouvernement de John Vorster n'apporte que quelques allégements de détail au strict dispositif de l'apartheid. La répression des émeutes scolaires de Soweto (16-22 juin 1976), qui fit un millier de victimes, signifie une reprise en main brutale, mais dans un contexte international plus défavorable. L'indépendance récente de la Zambie, de l'Angola et du Mozambique rapproche dangereusement la « ligne de front[2] » et oblige l'Afrique du Sud à armer et financer une rébellion[3] contre les jeunes États qui soutiennent l'ANC ou la SWAPO, voire à opérer sur leur sol des raids dévastateurs. Cet énorme effort militaire est contrecarré par l'embargo sur les ventes d'armes, décidé par le Conseil de

---

1. Le Transkei en 1976, le Bophutatswana en 1977, le Venda en 1979 et le Ciskei en 1981.

2. Il s'agit des États qui, conformément à la Déclaration de Dar es-Salam du 11 avril 1975, appuient les mouvement de libération en lutte contre les régimes de Salisbury et de Pretoria : l'Angola, la Zambie, la Tanzanie, le Botswana et le Mozambique.

3. L'UNITA de Jonas Sawimbi en Angola et la RENAMO au Mozambique.

sécurité en 1977, et par le changement de régime en Iran, deux ans plus tard, qui la prive de son principal fournisseur de pétrole.

Le long gouvernement de Pieter Botha introduit quelques allègements au *petty apartheid*, mais le réveil de l'agitation des *townships* et les attentats urbains perpétrés par l'ANC relancent la répression qui culmine en juillet 1985 avec l'adoption d'un nouvel état d'urgence. Cette crispation, conjuguée à une intensification des raids dans les pays limitrophes, débouche pourtant sur une impasse en raison des mesures de rétorsion prises par la communauté internationale. En septembre 1988, le Congrès, passant outre au veto du président Reagan, aggrave les sanctions économiques qui, jointes à une chute du cours de l'or et à un début de désinvestissement des firmes étrangères, obligent le nouveau Premier ministre Frederick De Klerk à rompre avec la mentalité de « bunker » de ses prédécesseurs. Une fois acquis le règlement de la question namibienne, l'évolution vers une Afrique du Sud « libre de racisme et de discrimination » s'opère rapidement, pour l'essentiel en 1990 : légalisation des mouvements nationalistes noirs, libération de Nelson Mandela (le 11 février, au terme de vingt-six années de captivité), abrogation de la ségrégation dans les lieux publics, levée de l'état d'urgence. L'abandon de la lutte armée par l'ANC est une autre promesse d'avènement d'une société pluriraciale démocratique, encouragée par l'attribution conjointe du prix Nobel de la paix à Frederick De Klerk et Nelson Mandela (octobre 1993). La reprise des violences en avril et la résistance de la droite afrikaner ne peuvent empêcher l'adoption d'un dispositif constitutionnel parachevé par la victoire de l'ANC aux premières élections multiraciales et l'élection de Nelson Mandela à la présidence de la République en avril-mai 1994.

La dernière implication de l'Afrique du Sud dans la décolonisation concerne le Sud-Ouest africain, qui a également posé aux juristes quelques problèmes de droit international. Ancienne colonie allemande devenue mandat en 1919 et territoire sous tutelle en 1945, peu peuplée mais riche en diamants et en minerais de haute valeur stratégique, la Namibie (ainsi rebaptisée par l'ONU en 1967) avait été quasi annexée par Pretoria en 1949.

Condamnée à plusieurs reprises par l'ONU, défiée dans sa tutelle, notamment par la résolution 435 du Conseil de sécurité (1978), cette annexion avait eu pour effet de lever au milieu des années soixante la résistance armée de la South West Africa People's Organisation (SWAPO) dirigée par Sam Nujoma, reconnue par l'ONU et par l'OUA comme l'unique représentant du peuple namibien malgré l'existence d'autres mouvements de résistance[1]. Cette guérilla, surtout active à la frontière namibo-angolaise, n'empêchait pas l'Afrique du Sud de faire fi des injonctions internationales et d'organiser le territoire sur le modèle de l'apartheid et des Bantoustans.

L'accession de l'Angola à l'indépendance, en 1975, modifia la situation. La SWAPO s'aligna sur les positions marxistes du MPLA et reçut un appui financier et matériel des pays de l'Est, de Cuba et des pays de la ligne de front. L'Afrique du Sud sut mobiliser, elle, des forces considérables et tenta de déstabiliser l'Angola par un soutien à l'UNITA de Jonas Sawimbi tout en multipliant des raids contre les pays de la ligne de front abritant des bases arrière de la SWAPO. La négociation demeurait ouverte, mais les accords de Lusaka de 1984 restèrent lettre morte faute de retrait des soldats cubains de l'Angola. Mais Mikhaïl Gorbatchev, parvenu au pouvoir en 1985, opta pour le désengagement soviétique de l'Afrique et poussa Cuba en ce sens. Au terme d'une longue négociation, les accords de Brazza-ville et de New York, en décembre 1988, réglèrent le retrait des forces étrangères d'Angola, ouvrant la voie à une solution pacifique en Namibie. En application de la résolution 435, vieille de dix ans, l'ONU détacha une force civile et militaire d'assistance (le GANUPT) pour assurer la transition vers l'indépendance. Les élections du 11 novembre 1989 donnèrent une majorité plus courte que prévu (57 % des voix) à la SWAPO. La nouvelle Assemblée porta Sam Nujoma à la tête du nouvel État dont l'indépendance fut proclamée le 21 mars 1990. Cette indépen-dance, l'une des plus laborieusement conquises, demeure toute

---

1. Voir P. Katjavivi, *A History of Resistance in Namibia*, Londres, James Cur-rey, 1988.

politique tant semble inéluctable l'intégration de la Namibie dans l'espace économique sud-africain.

La décolonisation française

Brazzaville et ses suites

Dans le sillage de Vichy, qui avait, dans une modeste mesure, préparé la rentrée de l'Afrique dans la guerre, la France libre avait exigé de ses colonies un effort considérable. Même si nombre de conscrits ne se présentèrent pas, la mobilisation militaire toucha une centaine de milliers d'hommes. L'effort productif dut recourir aux impopulaires plans de cultures obligatoires et aux réquisitions de main-d'œuvre[1], assortis d'une aggravation de la pression fiscale et de la souscription plus ou moins forcée des emprunts. Malgré les directives « humanistes » de certains gouverneurs, de Félix Éboué notamment en Afrique équatoriale, cette lourde politique coloniale ne se différenciait guère, au total, de celle de Vichy.

La véritable rupture intervint avec la conférence de Brazzaville. Celle-ci s'inscrit dans le vent de réformes qui traverse l'Empire à la fin de la guerre[2] et qui veut signifier la reconnaissance de la France libre à des territoires qui ont contribué à sa légitimité et aux moyens de son affirmation. Il s'agissait ainsi de devancer l'inévitable internationalisation de la question coloniale au lendemain du conflit et de prouver, et d'abord aux États-Unis, la volonté de la France de promouvoir des réformes, dans le cadre intangible de sa pleine souveraineté.

De Gaulle avait pris en juillet 1943 la décision d'une conférence qui se tiendrait à Brazzaville, capitale africaine de la France libre. Commissaire aux Colonies, René Pleven en confia

---

1. Voir *supra*, chap. 2, p. 89-90.
2. Discours du général de Gaulle à Constantine du 12 décembre 1943 et ordonnance du 7 mars 1944 pour l'Algérie, déclaration du 8 décembre 1943 pour l'Indochine.

la préparation à Henri Laurentie, directeur des Affaires politiques. Ce dernier, influencé par les suggestions de Pierre-Olivier Lapie, président de la Commission d'outre-mer à l'Assemblée consultative d'Alger, était partisan d'une organisation fédérale de peuples associés à la France, et dont le terme serait le *self-government*. Grande audace, mais assortie d'une grande prudence : de longs délais seraient nécessaires, durant lesquels la France ferait œuvre d'éducation et de développement. Tel quel, ce projet heurtait les tenants du *statu quo* (colonats, chambres de commerce), mais aussi les partisans de l'assimilation, nombreux chez les gouverneurs coloniaux même estampillés « France libre », qui l'inscrivaient dans la tradition républicaine.

Ouverte le 30 janvier 1944, présidée par Félix Éboué, la conférence de Brazzaville[1] était surtout composée de gouverneurs et de fonctionnaires coloniaux d'Afrique noire et de Madagascar[2]. Le discours d'ouverture du général de Gaulle fut généreux dans ses intentions, mais vague dans son contenu. Félix Éboué demeura discret. La conférence n'ayant pas de pouvoir de décision, c'est dans les recommandations adoptées le 6 février que réside la véritable teneur de son programme qui se révèle en fait ambigu. Le gouverneur Saller, très assimilationniste, fit introduire le rappel de l'œuvre civilisatrice de la France qui écartait « toute idée d'autonomie », « toute possibilité d'évolution hors du bloc français », « toute constitution même lointaine de *self-government* », tout en recommandant la représentation des indigènes dans des assemblées de conseils ainsi qu'au Parlement. À côté de ces vues limitatives, les recommandations économiques et sociales, ces dernières portant la marque de Félix Éboué, ne manquaient ni d'audace ni de générosité : rupture du pacte colonial, développement planifié de la production, encouragement à l'industrialisation, répudiation du statut de l'indigénat (et à

---

1. *Brazzaville. Aux sources de la décolonisation*, colloque de Paris, 22 et 23 mai 1987, Paris, Plon, 1988.
2. On comptait aussi quelques « observateurs » pour l'Algérie et les protectorats, quelques délégués de l'Assemblée consultative et quelques représentants des intérêts économiques. Faute de représentation des indigènes, quelques rapports adressés par des « évolués » furent lus par Félix Éboué.

terme du travail forcé), promotion de l'enseignement, élévation du niveau de vie… En ce sens, si Brazzaville n'est pas l'acte fondateur de la décolonisation française, comme a pu l'affirmer un certain gaullisme complaisant, il n'est pas non plus, tant s'en faut, le triomphe du conservatisme colonial.

Car, à défaut d'une application immédiate des recommandations, il y eut bien un « esprit de Brazzaville » qui a présidé aux premières décisions d'après-guerre, prises par le gouvernement provisoire ou adoptées par la première Assemblée constituante qui comptait, fait nouveau, une trentaine de députés africains : autorisation des syndicats, abolition de l'indigénat et du travail forcé, adoption d'un Code du travail, extension de la citoyenneté à tous les ressortissants des territoires d'outre-mer (loi Lamine Guèye du 7 mai 1946), création d'un Fond de développement économique et social (FIDES). Mais ces concessions intervenaient dans un climat de grande nervosité africaine. Malgré son lourd bilan (35 morts), la mutinerie des tirailleurs du camp de Thiaroye, près de Dakar, demeura un épisode local. Mais les troubles politiques et sociaux qui éclatèrent en 1945 à Douala (septembre) et à Conakry (octobre) étaient révélateurs de l'impatience des populations. À défaut d'un Parti communiste africain, jugé prématuré, le PCF, alors associé au pouvoir en métropole, patronnait des groupes d'études communistes (ou marxistes), tolérés par l'administration, qui instillaient chez les évolués un argumentaire anticolonialiste dont les nombreuses élections d'après-guerre ont permis de vérifier l'efficacité, en Guinée par exemple. Sous l'impulsion d'Um Nyobé au Cameroun, de Sékou Touré en Guinée, de Félix Houphouët-Boigny en Côte-d'Ivoire, un appareil syndical se mit en place, qui dénonçait sans relâche les abus du colonialisme et les entorses à la législation.

Il restait à définir la place de l'Afrique dans le nouveau cadre institutionnel en gestation. Dans son entrevue avec Roosevelt à Washington en juillet 1944, De Gaulle avait renoué avec l'idée d'une fédération. Le terme ne fut pas repris par la suite, auquel on préféra celui d'Union française qui restait à définir. La première Assemblée constituante ne lui ayant accordé que des articles épars, et son projet constitutionnel ayant été repoussé, la seconde

Constituante sembla s'avancer, sous la pression de ses élus d'outre-mer (Ferhat Abbas et Léopold Sédar Senghor surtout), dans la voie d'une audacieuse fédération jusqu'au jour où Édouard Herriot et Georges Bidault sonnèrent la charge contre la dangereuse dérive d'un fédéralisme « acéphale »[1]. Ainsi, l'Union française ne sera pas fédérale, mais composée de territoires dotés d'une certaine autonomie locale sous la direction d'un État fédérateur. Nonobstant, moyennant quelques ultimes concessions, les élus africains approuvent le Titre VIII de la Constitution.

L'expérience de l'Union française

Pièce maîtresse de l'Union française[2], l'Afrique noire se compose désormais de Territoires français d'outre-mer (TOM), à l'exception du Togo et du Cameroun, anciens mandats devenus territoires sous tutelle de l'ONU et qui sont Territoires associés. Tous envoient des représentants à l'Assemblée nationale, au Conseil de la République et à l'Assemblée de l'Union française, et désignent des « conseils généraux » (qui deviendront Assemblées territoriales) pour la gestion des affaires locales. Ces derniers désignent les élus des deux Grands Conseils de l'AOF et de l'AEF. Si le suffrage est universel pour le collège des citoyens, il ne l'est nullement pour l'immense majorité des indigènes malgré l'octroi de la citoyenneté par la loi Guèye : dans le cadre très général du double collège, le collège des citoyens de statut personnel est un collège restreint, appelé à s'élargir progressivement, passant de 500 000 électeurs environ après la guerre à 3 millions en 1952, et plus de 6 millions en 1955. Cet essor du système représentatif a eu le mérite de forger

---

1. Ce raidissement n'est pas étranger à la mobilisation des intérêts du capitalisme colonial. Après la réunion à Douala, en septembre 1945, des associations de colons, se tiennent à Paris, en juillet 1946, les États généraux de la colonisation présidés par le diplomate Charles-Roux, qui font pression, en vain, contre l'abolition du travail forcé, et, avec plus de succès, pour la limitation des droits politiques des indigènes.

2. Sur les principes et les structures de l'Union française, voir *supra*, p. 97-99.

une classe politique africaine[1], mais il laisse encore de beaux jours à l'administration coloniale. Une administration du reste compétente et dévouée grâce à l'excellente formation dispensée par l'École nationale de la France d'outre-mer, tout empreinte de cet humanisme colonial auquel son directeur Robert Delavignette a attaché son nom. S'il n'est plus exactement le « roi de la brousse » des décennies précédentes en raison du caractère plus technique de ses tâches et des stricts contrôles auxquels le soumet sa hiérarchie, l'administrateur demeure omniprésent et tout-puissant dans le maintien de l'ordre colonial, mais peine parfois à s'adapter à une évolution politique plus rapide que prévu[2].

Dans la mise en place de ce dispositif qui oscille entre réformisme et conservatisme, l'insurrection malgache de 1947 prend valeur d'avertissement. Territoire d'outre-mer parmi d'autres, la grande île n'en est pas moins spécifique par son origine ethnique asiatique, par son unité linguistique et culturelle, par son ancienne unité forgée par les populations mérina des hauts plateaux. D'où la précocité du nationalisme malgache déjà représenté avant la guerre par des mouvements et une presse d'opposition, et que Vichy a bien involontairement vivifié par sa propagande passéiste[3]. Le prestige français n'a pas été rehaussé par le débarquement britannique de 1942 et, par la lourdeur de sa gestion économique, l'administration de la France libre s'est mal distinguée de celle de Vichy. C'est dans ce contexte de mécontentements et frustrations accumulés et d'un vague espoir de changement entretenu par les thèmes libérateurs de la charte de l'ONU qu'est fondé à Paris, en février 1946, le Mouvement démocratique de la rénovation malgache (MDRM), acquis à une

---

1. Nombre de futurs présidents des républiques africaines et malgache ont été députés à l'Assemblée nationale (Senghor pour le Sénégal, Houphouët-Boigny pour la Côte-d'Ivoire, Hamani Diori pour le Niger, Sékou Touré pour la Guinée, Sourou Migan Apithy pour le Dahomey, Philibert Tsiranana pour Madagascar) ou conseillers à l'Assemblée de l'Union française (Modibo Keita pour le Soudan, Ahmadou Ahidjo pour le Cameroun).

2. Voir J. Clauzel (dir.), *La France d'outre-mer, 1930-1960. Témoignages d'administrateurs et de magistrats*, Paris, Karthala, 2003.

3. Voir *supra*, p. 83-84.

indépendance immédiate et qui, s'appuyant sur la classe moyenne mérina, se dote d'une organisation de jeunesse et même d'une formation paramilitaire. Face à lui, le Parti démocratique malgache et le mouvement social malgache sont plus ou moins façonnés par des missions protestantes et catholiques, tandis que le Parti des déshérités de Madagascar (PADESM) bénéficie des sollicitudes de l'administration[1] et recrute surtout dans les régions côtières hostiles à la domination mérina.

Le MDRM ayant revendiqué, à tout le moins, le statut d'État associé dans l'Union française, celui-ci lui est refusé et la nervosité gagne l'île au fil des campagnes électorales successives. Le découpage du territoire en cinq provinces, qui semble attentatoire à son unité, et les résultats inattendus du PADESM portent l'agitation à son comble. Le 29 mars 1947, une émeute locale dégénère en massacre d'Européens et de militants du PADESM, puis en une insurrection qui finit par toucher un sixième de l'île, menaçant plusieurs villes de la côte est. Le gouverneur de Coppet ayant été jugé quelque peu dépassé, le gouvernement Ramadier lui substitue le député MRP Pierre de Chevigné qui, secondé par les troupes du général Garbay, va superviser la pacification sans états d'âme. La reconquête des zones soulevées va durer jusqu'en décembre 1948. Entre-temps, le MDRM a été dissous, ses dirigeants arrêtés et ses trois députés[2] condamnés après la levée de leur immunité parlementaire, bien que leur connivence avec les insurgés n'ait pas été démontrée.

Le bilan assurément très lourd de la répression militaire et policière a été discuté. Le nombre des victimes européennes est établi à 140 (sur 35 000 résidents), celui des victimes malgaches a été « poussé » jusqu'à 80 000, voire 100 000 morts[3], estimation

---

1. Sans pour autant être une création de l'administration comme le montre R. Delval, « L'histoire du PADESM ou quelques faits oubliés de l'histoire malgache », in IHTP, *Les Chemins de la décolonisation de l'empire français, 1936-1956*, Paris, Éd. du CNRS, 1986, p. 275-288.

2. Il s'agit de Joseph Raseta, Joseph Ravoahangy et Jacques Rabemananjara. Leur procès eut lieu à Tananarive de juillet à octobre 1948. Les peines de mort furent commuées par le président Auriol.

3. Voir J. Tronchon, *L'Insurrection malgache de 1947*, Paris, Karthala, 1986.

aujourd'hui démentie. Il faut du reste distinguer les victimes de la répression proprement dite et les morts de maladie ou de misère physiologique dans les zones refuges de la rébellion. L'hypothèse la plus vraisemblable se situe entre 20 000 et 30 000 morts au total[1]. Tout en demeurant gravée dans la mémoire malgache (le 29 mars est devenu par la suite jour de commémoration nationale), l'insurrection de 1947 n'a pas empêché une évolution politique comparable à celle des autres territoires africains, sous l'égide des partis modérés et, à partir de 1956, du Parti social démocrate de Philibert Tsiranana.

Plus tardive et moins connue, car largement occultée par la guerre d'Algérie, la guérilla qui a ensanglanté le Cameroun de 1955 à 1959 puise ses sources dans l'affrontement entre une administration et un colonat très conservateurs et l'impatience émancipatrice de la fraction la plus radicale de l'Union des populations camerounaises (UPC) de Ruben Um Nyobé. Ce parti, initialement affilié au Rassemblement démocratique africain, s'en est séparé en 1951 par fidélité à l'idéologie marxiste, même si son assise sociale ne se confond nullement avec le prolétariat[2], et par l'intransigeance de sa double revendication : l'indépendance immédiate et la réunification[3]. La répression des émeutes urbaines de mai 1955 et l'interdiction de l'UPC, l'amorce d'un processus électif qui, de ce fait, se ferait sans elle déterminent Um Nyobé et les siens à prendre le maquis. Inspiré par le maoïsme, il déclenche des opérations de guérilla et crée des « zones libérées », surtout dans le Sud, obligeant

---

1. Voir la mise au point de J. Fremigacci, « 1947, l'insurrection à Madagascar », in *Marianne*, numéro spécial, « La chute de l'Empire français », décembre 2004, p. 74-77.

2. . R. Joseph, *Le Mouvement nationaliste au Cameroun. Les origines sociales de l'UPC*, Paris, Karthala, 1986, insiste sur la diversité de son assise sociale : ouvriers et manutentionnaires, paysans et planteurs, fonctionnaires, commerçants et transporteurs issus de l'ethnie Bamiléké particulièrement éprouvée durant la guerre par les privations et le travail forcé.

3. Sur la réunification, voir *infra*, p. 262.

l'armée française à des opérations de ratissage et à des déplacements de villages au lourd bilan humain. Um Nyobé est tué au maquis le 13 septembre 1958. Malgré divers soutiens extérieurs, il n'a pu empêcher l'évolution pacifique du Cameroun vers l'autonomie puis l'indépendance sous le contrôle de l'ONU et sous l'égide de l'Union camerounaise d'Ahmadou Ahidjo.

Fait majeur de l'après-guerre, le Rassemblement démocratique africain (RDA) est né en octobre 1946 au congrès de Bamako, dont les 800 délégués viennent pour l'essentiel des cercles communistes et des syndicats. Son programme marxisant inspiré par le gabonais Gabriel d'Arboussier, alors très proche du PCF, est anticolonialiste sans être séparatiste. Ce qui suffit à en éloigner plusieurs leaders modérés comme les Sénégalais Lamine Guèye et Léopold Sédar Senghor, ou le Camerounais Paul-Louis Aujoulat affilié au MRP. Solidement organisé, surtout en Côte-d'Ivoire, le RDA est en fait un rassemblement de partis[1], dont les cadres, issus de la petite bourgeoisie ou du syndicalisme, déploient une intense activité de mobilisation et de propagande. À l'Assemblée nationale, son apparentement au groupe communiste, pour des raisons essentiellement tactiques, est une aubaine pour l'administration et les milieux coloniaux qui dénoncent sans relâche sa « collusion avec l'impérialisme soviétique ». Le Haut-Commissaire de l'AOF Paul Béchard et le gouverneur de la Côte-d'Ivoire Laurent Péchoux font exercer sur lui une dure répression, notamment en février 1949 et janvier 1950 lors de violentes manifestations à Abidjan. Partout l'administration multiplie intimidations et tracasseries, et encourage non sans succès les défections.

---

1. De partis existant ou à venir : Parti démocratique de Côte-d'Ivoire (Houphouët-Boigny), Union des populations camerounaises (Um Nyobé), Parti démocratique de Guinée (Sékou Touré), Parti progressiste tchadien (Gabriel Lisette), Parti progressiste congolais (Jean-Félix Tchikaya), etc.

Une détente intervient en juillet 1950 avec la formation du ministère dirigé par René Pleven. Ancien commissaire aux Colonies de la France libre, Pleven est inquiet de l'impasse politique dans laquelle semble s'enfermer l'Afrique française et des risques de dérive vers une violence généralisée. Aussi négocie-t-il avec Houphouët-Boigny un accord aux termes duquel, moyennant un abandon des poursuites, le RDA résilie son apparentement avec le PCF pour rallier l'UDSR, son propre parti[1]. Mais il faudra du temps à l'administration coloniale pour s'adapter à ce changement de cap, à tel point qu'il fut jugé préférable de marginaliser au maximum la représentation du RDA aux élections législatives de juin 1951, d'autant plus que le recentrage d'Houphouët-Boigny ne faisait pas l'unanimité dans les rangs du RDA[2]. Les années qui suivent sont placées sous le signe de l'immobilisme politique.

En ces années cinquante, la gestion économique de l'Afrique française se révèle bien plus dynamique. Ce fut le mérite de la IVᵉ République de rompre avec l'égoïsme à courte vue de sa devancière. Sur la nécessité d'une prise en charge par la métropole des dépenses d'infrastructures et d'industrialisation de l'Afrique, les débats n'avaient pas manqué, qui avaient toujours tourné court, faute de moyens et pour ne pas heurter les tenants du pacte colonial. Vichy avait osé entamer le *statu quo*[3], mais c'est après la guerre, sous l'impulsion du député guyanais Gaston Monnerville, que le pays se dote des moyens nécessaires : le FIDES (Fond d'investissement pour le développement écono-

---

1. Contrairement à une légende tenace, la négociation a bien été menée par René Pleven et non par François Mitterrand, alors ministre de la France d'outre-mer, qui n'a été qu'associé à son déroulement. Mais, à terme, c'est bien ce dernier qui a tiré bénéfice de l'opération après qu'il eut évincé Pleven de la direction de l'UDSR en décembre 1953. Voir E. Duhamel, *François Mitterrand, l'unité d'un homme*, Paris, Flammarion, 1998, p. 61-64 et 83-87.

2. Gabriel d'Arboussier, Ruben Um Nyobé (voir *supra*), Djibo Bakary (secrétaire général du Parti progressiste nigérien) et d'autres refusent en effet de suivre Houphouët-Boigny.

3. Voir *supra*, p. 83.

mique et social) et la Caisse centrale de la France d'outre-mer dans le cadre d'une programmation quadriennale (1949-1952, 1954-1957) articulée sur les plans de modernisation. Quelle que soit l'imprécision des statistiques, en raison de la dispersion des crédits et de la dépréciation du franc[1], l'effort financier consenti par la métropole est considérable, de l'ordre de 20 % de l'ensemble de l'investissement public. Si l'on ajoute la part du capital privé, l'investissement outre-mer aurait représenté 8,5 % de l'investissement total, assurant une croissance du PNB de 8 à 10 % pour l'AOF et l'AEF entre 1947 et 1958.

Domaine privilégié de l'investissement public, les grands travaux d'infrastructure : aménagement de ports (Abidjan, Douala, Conakry), de routes, de terrains d'aviation et de barrages comme celui d'Édéa au Cameroun, l'exploitation des ressources minières ou pétrolières (Gabon), et l'implantation d'usines d'aluminium (Cameroun, Guinée) relevant davantage du financement privé. Des projets, plus modestes, dispensateurs d'emplois et de mieux-être sont financés par le FERDES (Fonds d'équipement rural pour le développement économique et social), doté de ressources locales et dont l'utilisation des crédits est laissée à l'appréciation des administrateurs. Ils ont contrebalancé par leur efficacité certaines erreurs de planification et le coût disproportionné de certaines réalisations du FIDES. Conformément aux recommandations de Brazzaville, l'enseignement progresse, depuis les écoles de villages jusqu'à la multiplication des établissements secondaires et techniques[2].

Ces résultats remarquables, évidemment insuffisants, ont été contestés. Certains experts, quoique favorables au principe de l'aide métropolitaine, se sont discrètement inquiétés du surcoût d'un tel effort au moment où le recentrage européen des échanges rendait plus impérative la modernisation de l'économie française.

---

1. Il s'agit du franc CFA, créé en 1948, rattaché au franc français sur la base de deux pour un.
2. En AOF, l'enseignement secondaire passe de 240 000 élèves (dont 51 000 filles) en 1954 à 427 000 (dont 110 000 filles) en 1958. P. Pluchon et D. Bouche, *Histoire de la colonisation française*, Paris, Fayard, 1991, t. II, p. 473.

Ce que la critique cartiériste[1] a amplifié et caricaturé dans la dénonciation du « fardeau colonial » préjudiciable au contribuable métropolitain et d'une aide dispensée en pure perte à des peuples qui, de toute façon, échapperaient à la France. Certains leaders africains, de fait peu associés à l'élaboration des choix économiques, se sont répandus en critiques parfois fondées, parfois injustes, sur les revers de l'engagement économique français : maintien déguisé du pacte colonial, faible soutien apporté au cours des matières premières, rapatriement en métropole des profits et d'une partie des salaires, voire « pillage » des ressources africaines… Les armes de l'accusation de néo-colonialisme sont déjà fourbies.

Dien Bien Phu, Bandung, Suez, ces reculs du pouvoir colonial commandent à partir de 1955 un réveil de la vie politique africaine. Celui-ci est encouragé par des ministres libéraux – Robert Buron, Pierre-Henri Teitgen, Gaston Defferre –, soucieux de donner une image moins conservatrice de la politique française et d'empêcher le basculement de l'Afrique dans un cycle de violences alors même que s'intensifie la guerre d'Algérie. Si les milieux d'affaires et ce qu'il reste du Parti colonial[2] rechignent à toute modification du *statu quo*, d'autres forces interviennent dans un sens novateur comme le courant mendésiste et même l'Église de France qui, à travers les missions, pressent la décolonisation et s'organise en conséquence[3].

---

1. Après avoir été le chaud partisan d'une relation économique étroite avec l'Afrique, Raymond Cartier publie dans *Paris Match* (août-septembre 1956) une enquête concluant au désengagement. L'impact sur l'opinion a été considérable et durable.

2. Signe des temps, l'ambassadeur Charles-Roux démissionne en 1956 de l'ancien Comité de l'Empire français, devenu Comité central de la France d'outre-mer, dont les effectifs et les moyens se réduisent comme peau de chagrin.

3. Malgré les mises en garde de Mgr Lefebvre, évêque de Dakar, la hiérarchie ecclésiastique est réorganisée en 1955 avec la création de onze provinces ecclésiastiques et le sacre du premier évêque noir l'année suivante. Voir P. Brasseur, « L'Église catholique et la décolonisation en Afrique noire », in Ch.-R. Ageron (dir.), *Les Chemins de la décolonisation de l'empire colonial français, 1936-1956*, Paris, Éd. du CNRS, 1986, p. 55-68.

La perte de l'Indochine ayant recentré l'Union française sur l'Afrique, la révision du Titre VIII de la Constitution est à l'ordre du jour. Partis, revues, publicistes et juristes se sont emparés du sujet, mais du maquis de leurs propositions – fédération, confédération, association… – aucune unité de vue ne se dégage. Pour brusquer les choses, Pierre-Henri Teitgen, ministre de la France d'outre-mer du gouvernement Edgar Faure, constitue un groupe d'étude dirigé par l'ancien gouverneur Léon Pignon dont les conclusions ont le mérite d'être claires : la France a épuisé tout ce que la conférence de Brazzaville pouvait lui proposer de neuf. Sans préjuger d'une éventuelle réforme constitutionnelle, la loi peut innover en mettant en œuvre une large décentralisation avec la mise en place d'assemblées représentatives et de services territoriaux autonomes. Teitgen bâtit sans attendre, en octobre 1955, le projet d'une nouvelle organisation des territoires africains et malgache : généralisation du suffrage universel, gouvernements africains responsables des affaires intérieures, large africanisation de la fonction publique. La dissolution de l'Assemblée nationale repousse son adoption, mais le projet est repris par Gaston Defferre, ministre du gouvernement Mollet, sous la forme d'une loi-cadre. Déposée en mars 1956, celle-ci est adoptée le 23 juin, suivie de plusieurs décrets d'application.

Suffrage universel et collège unique régissent désormais la totalité des territoires d'outre-mer pour l'élection des Assemblées territoriales. Dotée de pouvoirs accrus, chaque Assemblée investit un Conseil de gouvernement composé de douze ministres, pas forcément tous africains, présidé par le chef de territoire (ex-gouverneur) français, mais secondé par un vice-président africain. Le même schéma est applicable aux regroupements territoriaux d'AOF et d'AEF, placés sous la direction de hauts-commissaires. Togo et Cameroun, territoires sous tutelle, bénéficient d'un régime particulier mais comparable.

Telle quelle, la loi-cadre est acceptée avec enthousiasme par Houphouët-Boigny, devenu ministre d'État du gouvernement Mollet, et par les élus du RDA revenu en force aux élections du

2 janvier 1956. Quelques voix discordantes se font entendre : celle de Léopold Senghor qui déplore le risque de « balkanisation » de l'Afrique[1], celles des syndicats et des associations étudiantes qui dénoncent une autonomie en trompe-l'œil. De fait, la loi-cadre ne réalise pas une totale autonomie interne en raison du pouvoir dyarchique. Les TOM restent des collectivités territoriales de la République une et indivisible (Titre X, art. 85). Les autorités françaises s'attachent du reste à limiter la portée de la réforme présentée comme une œuvre de démocratisation et de décentralisation dans un espace qui doit demeurer français[2]. Mais après les élections territoriales de 1957, marquées par un large succès du RDA, ou des nationalistes modérés comme à Madagascar, les leaders africains considèrent la loi-cadre comme une étape, encouragés par la toute récente indépendance de la Gold Coast. Au IVe congrès du RDA, tenu à Bamako en septembre, la motion finale revendique une révision des rapports institutionnels avec la métropole et la création d'une communauté franco-africaine qu'il reviendra au général de Gaulle d'organiser.

Pour l'heure, et à titre de bilan, la IVe République n'a pas démérité. Compte tenu de ses faiblesses structurelles et des énormes charges qui pesaient sur elle, elle a réalisé en moins de douze ans une œuvre considérable. Sans doute, des abus de pouvoir et d'autorité d'un autre âge se sont perpétués. Mais elle a su lever une classe politique africaine dans un cadre institutionnel rénové et accélérer la modernisation économique et sociale des territoires dont elle avait la charge. À tel point que, dans ce domaine au moins, certains ont pu regretter qu'elle n'ait pas duré plus longtemps.

---

1. Sur le conflit Houphouët-Boigny/Senghor, voir *infra*, p. 256 et 261.
2. C'est pour mieux arrimer l'Afrique à la France que Guy Mollet obtient de ses partenaires européens, et notamment des Allemands très réticents, que les Territoires d'outre-mer soient intégrés au Marché commun mis en place par le Traité de Rome du 25 mars 1957.

De la Communauté aux indépendances

À la différence de l'Algérie, l'Afrique était pour De Gaulle l'objet d'un attachement personnel. C'est d'elle qu'étaient venus les premiers ralliements à la France libre et c'est Brazzaville qui avait été choisi comme lieu symbolique d'une conférence et d'un discours qui, quelles qu'en soient les ambiguïtés, marquait la rupture avec l'ancien ordre colonial[1]. Un long voyage entrepris en mars 1953 lui avait permis de vérifier que sa popularité était intacte. Son retour au pouvoir en juin 1958, qui coïncide avec une grande effervescence politique africaine, lève les plus grands espoirs. Après avoir été le libérateur de la France, De Gaulle sera-t-il le libérateur des peuples africains ?

Encore faut-il s'entendre sur les termes. Car la dualité des positions ouvertes par la discussion de la loi-cadre demeure totale. Houphouët-Boigny et la plupart de ses amis du RDA plaident pour un droit à l'indépendance des territoires reconnu au sein d'une fédération franco-africaine librement consentie. Son rival Senghor continue de dénoncer une « balkanisation de l'Afrique » qui placerait les territoires, même devenus États, dans une situation de sujétion héritée de l'âge colonial. Il met l'accent sur l'unification préalable des territoires en de vastes entités qui pourraient alors s'inscrire dans un ensemble confédéral franco-africain éventuellement élargi à d'autres, l'Algérie par exemple. Dans ce but, il patronne la création du Parti du regroupement africain (PRA), fondé à Cotonou (Dahomey) en juillet 1958, qui, sans récuser l'indépendance, érige le regroupement en priorité.

Bien que peu porté aux arguties juridiques que soulèvent, depuis la création même de l'Union française, les termes de fédération et de confédération, De Gaulle opte pour le fédéralisme[2], à

---

1. Sur l'ensemble du sujet, voir *La Politique africaine du général de Gaulle, 1959-1969*, colloque de Bordeaux, 1979, Paris, Pédone, 1981, et R. Bourgi, *Le Général de Gaulle et l'Afrique noire, 1940-1969*, Paris-Dakar-Abidjan, LGDJ, Nouvelles Éditions africaines, 1980.

2. L'avant-projet constitutionnel de juillet 1958 s'intitule, en son Titre X, « La Fédération ».

l'instar de ses principaux conseillers, Michel Debré et Raymond Janot. Mais peu favorable à une prolifération d'États nécessairement fragiles et influençables, il préfère le maintien d'une souveraineté et d'une citoyenneté uniques dans une structure solidement charpentée par la France. Ces vues restrictives se retrouvent dans l'avant-projet constitutionnel du 25 juillet, qui n'est qu'une mouture à peine améliorée de la moribonde Union française dès lors qu'il ignore le droit à l'indépendance. Pour une fois d'accord, les leaders africains manifestent unanimement leur opposition. Cédant à la surenchère, le PRA agite même l'idée d'États-Unis africains indépendants de la France. De Gaulle comprend la menace et amorce un changement de cap. Au terme de Fédération est préféré celui de Communauté[1] et le droit à l'indépendance est doublement reconnu : immédiate par le rejet de la Constitution par tel ou tel territoire, ou différée par une « clause de sortie » de tout État membre qui en ferait la demande[2]. Dans les deux cas, l'indépendance signifierait l'exclusion de la Communauté. Sans doute y avait-il là une certaine forme de chantage que dénoncent de jeunes intellectuels africains, et avec eux Sékou Touré qui n'a cessé de plaider pour l'indépendance dans la Communauté et qui, faute d'être entendu, va suivre une voie personnelle. Tel quel, le projet de Constitution est adopté avec empressement par Houphouët-Boigny qui, comme ministre d'État, a fait prévaloir ses vues, avec plus de circonspection par le PRA qui laisse liberté de vote à ses responsables territoriaux[3].

Pour populariser son projet et tester l'humeur des populations, De Gaulle entreprend le 20 août un long et épuisant périple africain. L'accueil est enthousiaste à Tananarive, à Brazzaville et à Abidjan. Il l'est moins à Conakry où Sékou Touré lui

---

1. Ce terme avait déjà été retenu au Congrès du RDA à Bamako en septembre 1957. Il avait aussi la préférence du général de Gaulle et offrait l'avantage de n'avoir pas à trancher entre fédération et confédération.

2. Art. 86 du projet définitif. L'indépendance peut être demandée sur la base d'une résolution de l'Assemblée législative de l'État intéressé, confirmée par un référendum.

3. Seule concession aux vues de Senghor, l'art. 76 de la Constitution reconnaît les groupements d'États au sein de la Communauté.

réserve quelques rudes philippiques[1], et à Dakar où de bruyantes manifestations expriment les divisions du pays. Nonobstant, la Constitution, et avec elle la Communauté, est massivement approuvée. Le *oui* atteint même 99,9 % en Côte-d'Ivoire. Comme prévu, la Guinée a voté *non*, ce qui vaut reconnaissance de son indépendance totale, assortie d'un retrait de l'administration française et de la suppression de toute forme d'aide et de coopération, sauf accords ponctuels. La sécession guinéenne a dans l'immédiat plutôt servi De Gaulle en prouvant le sérieux de la consultation et en valorisant l'adhésion du plus grand nombre.

Pour les territoires qui, à l'exception de la Guinée, ont tous voté *oui*, les Assemblées territoriales optent, conformément à l'article 76 de la Constitution, pour le statut d'États membres de la Communauté[2]. Celle-ci, définie par le Titre XII, ne relève pas d'une construction institutionnelle beaucoup plus audacieuse que la défunte Union française. Le président en demeure de droit le président de la République. Le Sénat ne dispose que de pouvoirs très limités[3]. Une Cour arbitrale est censée trancher d'éventuels litiges. La pièce maîtresse en est le Conseil exécutif, instance collégiale de décision groupant le Premier ministre de la République, les chefs de gouvernement des États africains et malgache, et les ministres « chargés des affaires communes » qui ne sont autres que les ministres français auxquels seront adjoints, pour ménager les susceptibilités, quatre « ministres conseillers » africains[4].

---

1. . « Nous préférons la pauvreté dans la liberté à la richesse sans dignité », lui lance-t-il à l'Assemblée territoriale le 25 août.

2. Cet article offrait le choix entre le *statu quo* (Territoires d'outre-mer), la départementalisation (Département d'outre-mer) ou le statut d'États membres « groupés ou non entre eux ».

3. Le Sénat ne tient que deux brèves sessions annuelles et ne peut prendre de décisions exécutoires que dans les domaines délégués par les assemblées des États membres. Pour plus de prudence, une loi organique de février 1959 a fixé sa composition à 294 membres désignés par les parlements des États, au prorata de 2/3 pour la République et 1/3 pour les douze États africains et malgache.

4. Félix Houphouët-Boigny (Côte-d'Ivoire), Gabriel Lisette (Tchad), Léopold Sédar Senghor (Sénégal) et Philibert Tsiranana (Madagascar).

Mil neuf cent cinquante-neuf a été la belle année de la Communauté et le 14 juillet en a été en quelque sorte l'apothéose, qui vit la remise, par le général de Gaulle, du drapeau de chaque État aux chefs de gouvernement. Au cours des six Conseils exécutifs tenus à Paris ou dans quelque capitale africaine sont prises les décisions d'intérêt commun concernant les finances, les communications, l'aide au développement. L'Université de Dakar est inaugurée en grande pompe le 9 décembre. Faute de diplomatie propre reconnue aux jeunes États, des fonctionnaires africains sont « injectés » dans les représentations françaises et s'initient à la vie internationale.

Et pourtant, la fin est proche, tant l'organisation demeure travaillée par des divergences et des rivalités. Fidèle à son idée de vastes regroupements africains sans lesquels la France continuera de dicter sa loi, Senghor est parvenu à fonder en janvier 1959 la Fédération du Mali, unissant au Sénégal le Soudan, le Dahomey et la Haute-Volta. Mais celle-ci est torpillée par Houphouët-Boigny qui, lui opposant un vague Conseil de l'Entente, parvient à la réduire aux seuls Sénégal et Soudan[1]. Sans se décourager, Senghor patronne la formation à Dakar, en juillet, d'un Parti de la fédération africaine qui doit jeter les bases de la nation africaine, mais qui se divise entre partisans de l'unité avant l'indépendance et ceux de l'indépendance immédiate. C'est cette seconde tendance qui l'emporte et qui conduit la Fédération du Mali à réclamer, à l'instar de Madagascar, l'indépendance sans rupture avec la Communauté. Poussé par Houphouët-Boigny, De Gaulle est tenté de refuser ce que, précisément, il n'a pas voulu accorder à Sékou Touré. Mais conseillé par Michel Debré, très attaché à la Communauté, il se rallie à une solution évolutive au prix d'une révision constitutionnelle un peu acrobatique[2]. La Fédération du

---

1. Outre une rivalité personnelle de *leadership* africain, il ne faut pas perdre de vue les facteurs économiques qui commandent les divergences entre Senghor et Houphouët-Boigny. Pays le plus riche de l'ex-AOF, la Côte-d'Ivoire n'entend pas participer aux charges d'une fédération, de même que le Gabon s'est appliqué à faire échouer, dans l'ex-AEF, un projet d'Union des Républiques d'Afrique centrale.

2. L'art. 85 de la Constitution ne prévoyait qu'une révision des règles de *fonctionnement* des institutions communes. En introduisant l'indépendance, la révision du 4 juin 1960 allait bien au-delà.

Mali[1] et Madagascar accèdent donc à l'indépendance dans la Communauté respectivement le 20 et le 26 juin 1960.

Mais cette Communauté à deux vitesses se révèle vite invivable tant l'appel à l'indépendance semble irréversible. Reconnue par toutes les grandes puissances, la Guinée est entrée à l'ONU et, se tournant vers d'autres partenaires[2], semble s'accommoder de la rupture avec la France. Ses diatribes contre le colonialisme français, et contre la participation des troupes de la Communauté à la guerre d'Algérie, ne sont pas sans effets. Le Cameroun et le Togo, dont la tutelle a été levée par l'ONU fin 1958 et qui n'appartiennent pas à la Communauté, accèdent à l'indépendance[3] en janvier et avril 1960, quelques mois avant le Congo belge et le Nigeria. Sûrs que l'aide française se perpétuera par voie d'accords bilatéraux, les jeunes États brûlent de troquer la simple autonomie contre l'indépendance totale. Résigné à l'inévitable, De Gaulle n'y fait pas obstacle. Au terme d'une rapide négociation portant sur le transfert des compétences et l'organisation de l'aide, l'indépendance est reconnue à huit d'entre eux[4] en août et à la Mauritanie[5] en novembre. Ce sont au total quinze États de l'Afrique française (Madagascar compris) qui se sont

---

1. La Fédération du Mali n'aura qu'une brève existence. Elle est dissoute le 20 août 1960 pour de multiples raisons, parmi lesquelles le risque d'une « soudanisation » dénoncé par les autorités sénégalaises. Voir P. Brasseur, « L'éclatement de la Fédération du Mali (19-20 août 1960) », in Ch.-R. Ageron et M. Michel (dir.), *L'Afrique noire française...*, *op. cit.*, p. 401-410.

2. Accord de coopération économique avec l'URSS (août 1959) et accord culturel avec les États-Unis (octobre 1959).

3. Cette indépendance se double du problème de la réunification. Anciennes colonies allemandes, les mandats du Togo et du Cameroun avaient été partagés entre la France et l'Angleterre après la Première Guerre mondiale. Le Togo anglais fut incorporé à la Gold Coast, le Cameroun anglais au Nigeria. Des plébiscites eurent lieu en 1956 et 1961. Le premier confirma l'appartenance du Togo anglais au Ghana, le second déboucha sur un partage : le Nord du Cameroun anglais demeura dans le Nigeria, le Sud rallia le Cameroun français, devenu indépendant, dans un État fédéral et bilingue.

4. Dahomey, Niger, Haute-Volta, Côte-d'Ivoire, Tchad, Centrafrique, Congo et Gabon.

5. La Mauritanie pose d'emblée un problème de droit international, le Maroc considérant que son territoire lui appartient, thèse que soutient l'Union soviétique qui s'oppose à son admission à l'ONU.

émancipés en douze ans, liés désormais, hormis la Guinée, par des accords de coopération avec la France. Sans être abrogée, la Communauté a vécu. Un ministère de la Coopération est créé en 1961, confié à Jean Foyer[1], tandis que Jacques Foccard, secrétaire général de la Communauté, devient, à l'Élysée, secrétaire général des Affaires africaines et malgaches. Au terme d'une décolonisation somme toute assez bien conduite[2] malgré son formalisme un peu désuet, la France détient encore quelques cartes en Afrique.

La décolonisation belge

Fief personnel du roi Léopold II remis, pour le détourner des convoitises anglaises et françaises, à la nation belge en 1908, le Congo fait bonne figure dans la constellation coloniale africaine. La qualité de ses infrastructures et sa mise en valeur accélérée, dont on préfère oublier le terrible coût humain[3], en font une des colonies les plus riches d'Afrique. Son administration superpose à des chefferies étroitement contrôlées une hiérarchie de

---

1. Très proche collaborateur d'Houphouët-Boigny entre 1958 et 1960. La coopération sera d'abord franco-ivoirienne.
2. Mais pas tout à fait achevée. Demeurée Territoire d'outre-mer à la suite du référendum de 1958, la Côte française des Somalis a vu son indépendance retardée par le rôle stratégique que la France accordait au « verrou de la mer Rouge » et par les fortes tensions entre Afars et Issas-Somalis, ces derniers majoritaires. Les troubles de l'été 1966 ont conduit à un nouveau référendum, le 17 mars 1967, qui, avec le nom de Territoire des Afars et des Issas, adoptait un nouveau statut mais rejetait l'indépendance. Sous la pression de l'ONU et de l'OUA, et compte tenu de la perte de l'importance navale de Djibouti, le gouvernement français a négocié en 1977 une indépendance entérinée par le référendum du 8 mai et effective le 22 juin, le nouvel État prenant le nom de République de Djibouti.
  Dans l'océan Indien, l'archipel des Comores a accédé à l'indépendance par référendum en décembre 1974, à l'exception de l'île de Mayotte dont les électeurs ont voté *non* à 64 %. Malgré les remontrances périodiques de l'Assemblée générale de l'ONU, Mayotte demeure une collectivité territoriale de la République française.
3. Sur la brutalité de l'occupation et de la première phase de la mise en valeur (ivoire, caoutchouc) du Congo belge, voir E. M'Bokolo, « Afrique centrale : le temps des massacres », in M. Ferro (dir.), *Le Livre noir du colonialisme, op. cit.*, p. 433-445.

fonctionnaires nombreux et bien formés par les écoles coloniales d'Anvers et de Bruxelles. Les missions catholiques[1],
accessoirement protestantes, ont réalisé une œuvre sanitaire et
scolaire dont nul ne saurait contester l'ampleur.

L'administration, les missions et le grand capitalisme, que
domine la toute-puissante Société générale de Belgique[2], constituent les trois piliers, la « Sainte Trinité » d'un système autoritaire et paternaliste, unis dans la perpétuation d'un Congo docile,
conforme à l'image de ses « grands enfants », bons pères et bons
chrétiens, mais dont l'assimilation à un quelconque modèle
métropolitain serait aussi vaine que dangereuse. D'où une discrimination raciale étendue en fait à tous les domaines de la vie
sociale et un malthusianisme culturel délibéré refusant toute
chance de promotion réelle à la quasi-totalité de la population.
Pour être le slogan des « colons[3] », le fameux « pas d'élites, pas
d'ennuis » n'est pas exactement la ligne du gouvernement belge.
Mais celle-ci ne s'en éloigne guère. La principale voie d'ascension sociale demeure le séminaire et la prêtrise et dans une certaine mesure l'enseignement technique ou professionnel qui
fournit les petits emplois.

La guerre et l'après-guerre ont pourtant ouvert quelques brèches dans l'édifice social. La capitulation belge du 28 mai 1940
avait rompu pour cinq ans les liens avec Bruxelles, abandonnant
aux autorités coloniales la voie à suivre. Si nombre de colons
auraient préféré une stricte neutralité, le gouverneur général
Pierre Ryckmans opta pour le camp allié au service duquel il mit
les immenses ressources agricoles et minières de la colonie[4].

---

1. En raison de la diversité de leurs fonctions (culte, dispensaires, écoles, ateliers,
cultures vivrières) et la particularité de leur emplacement, on a comparé les missions
aux anciennes abbayes qui furent, en leur temps, la base de la civilisation occidentale.
2. Par ses filiales et ses prises de participation, la SGB contrôle depuis les
années trente la quasi-totalité de l'économie minière du Katanga et, au total, 65 %
des capitaux investis dans la colonie.
3. Les Belges étant peu portés à l'émigration outre-mer, le colonat européen
dépasse à peine 100 000 personnes, dont plusieurs milliers d'étrangers, en 1958.
Fonctionnaires, missionnaires et cadres économiques sont plus nombreux que les
colons proprement dits.
4. L'uranium de la première bombe atomique avait été fourni par le Congo belge.

L'industrialisation et l'urbanisation progressèrent rapidement. Cette mobilisation économique coïncida avec un durcissement des conditions de travail qui déclencha un ensemble de mouvements revendicatifs et de troubles sociaux durement réprimés. Mais elle favorisa aussi l'affirmation d'une classe « évoluée » d'employés, de commerçants et de petits chefs d'entreprise. Déjà se faisait jour la dualité des formes de protestation : violente et radicale chez les ouvriers et les paysans, plus modérée et légaliste dans la petite classe moyenne.

La reprise des rapports avec la métropole favorisa une relation coloniale plus souple visant à canaliser sans les interdire une partie des mouvements revendicatifs. Des cercles et associations d'évolués furent autorisés – cercles d'anciens élèves des missions, cercles professionnels, cercles culturels –, dotés de journaux plus ou moins contrôlés. Dans ce foisonnement, trois noms méritent d'être retenus : l'Abako, association culturelle de l'ethnie bakongo, fondée en 1950 et présidée à partir de 1954 par l'ancien séminariste Joseph Kasavubu qui l'orienta vers une plus forte politisation[1] ; la revue *La Voix des Congolais*, dirigée par Antoine-Roger Balamba, qui parut de 1945 à 1959, malgré de multiples tracasseries administratives ; et surtout le groupe *Conscience africaine*, proche des congrégations catholiques, dont le *Manifeste* de 1956 eut un réel impact en posant les termes d'une synthèse entre européanité et africanité dans le cadre d'une grande communauté belgo-congolaise à venir. Les autorités belges accordèrent par ailleurs quelques réformes. Le droit syndical fut reconnu, un Fonds du bien-être indigène fut créé, l'administration coloniale fut réorganisée par la création, en 1947, de conseils provinciaux, suivie dix ans plus tard par une réforme communale. Portée par une croissance économique exceptionnelle, au moins jusqu'en 1956, la petite bourgeoisie noire continuait de s'accroître et la progression rapide de l'enseignement plaçait le taux de scolarisation du Congo belge parmi les premiers en Afrique.

---

1. Nombre de ses cadres étaient recrutés parmi les adeptes du kimbanguisme dont l'anticolonialisme, malgré la répression, demeurait intact. Voir *supra*, p. 221.

Mais la transformation de la société congolaise ne trouvait aucune contrepartie politique. Les pratiques administratives demeuraient en l'état, refusant aux évolués toute participation réelle aux responsabilités. Et si l'Église, conformément aux directions du Saint-Siège, menacée par ailleurs dans son monopole scolaire, prenait quelque distance avec le système colonial, le colonat blanc demeurait opposé à toute évolution, à l'unisson de la population belge qui, toutes tendances confondues, communiait dans la vision d'un Congo à perpétuité. Aussi dénonça-t-on comme un coup de poignard dans le dos le « Plan de trente ans[1] » du professeur Van Bilsen qui, fondé sur la conviction que l'Afrique belge n'échapperait pas au processus mondial d'émancipation, proposait un certain nombre d'orientations et de paliers dont le terme serait l'indépendance. Le roi Baudouin et la classe politique belge y souscrivaient plus ou moins, ainsi que certains fonctionnaires et cadres industriels, mais ils se heurtaient à l'immobilisme déterminé des colons, qui se groupèrent en 1958 dans des organisations de défense[2].

Si Bandung n'a guère de retentissement au Congo, il n'en va de même ni de l'accession de la Gold Coast puis de la Guinée à l'indépendance, ni de la conférence des peuples africains d'Accra, ni du discours du général de Gaulle à Brazzaville offrant l'indépendance « à qui la voudra ». En cette année 1958, qui voit à Bruxelles la célébration de l'œuvre colonisatrice dans le cadre de son Exposition universelle, une effervescence s'est emparée des Congolais qui s'exprime par la créations de partis politiques. Ceux-ci sont initialement patronnés par les partis belges, mais leurs leaders s'en émancipent rapidement[3], en quête d'une clientèle « nationale » comme le Mouvement national congolais (MNC) lancé en octobre 1958 par Patrice Lumumba, ou « ethnique » sur le modèle de l'Abako.

---

1. A.A.J. Van Bilsen, *Plan de trente ans pour l'émancipation de l'Afrique belge*, 1956.
2. Telles la Fédération des associations de colons et l'Union katangaise.
3. Ainsi Patrice Lumumba, qui avait adhéré à une amicale affiliée au Parti libéral belge, mais dont le réformisme prudent s'est brusquement radicalisé après la conférence d'Accra à laquelle il avait participé.

Les émeutes de Léopoldville, du 4 au 6 janvier 1959, suivies de celles de Stanleyville en octobre[1], accélèrent une évolution ouverte par le message royal du 13 janvier où le roi Baudouin reconnaissait le principe d'une indépendance accordée « sans atermoiements funestes ni précipitation inconsidérée ». Le gouvernement belge, présidé par Gaston Eyskens, entend bien contrôler un calendrier qui lui échappe en partie. Alors que se multiplient sur place un nombre croissant de « partis » d'inspirations les plus diverses – radicaux ou modérés, unitaires ou fédéralistes[2] –, Bruxelles en convie les représentants à une Table ronde, sur le modèle néerlandais de 1949, qui s'ouvre le 20 janvier 1960. Malgré tout ce qui les divise, les délégués congolais réalisent un front commun et obtiennent que l'indépendance soit fixée au 1er juillet. La réponse positive du gouvernement, apparemment surprenante, s'explique par la crainte d'une sécession du colonat blanc et, plus largement, par la préoccupation de sauver l'essentiel, c'est-à-dire le contrôle des richesses du pays au prix d'une indépendance accordée dans la précipitation.

Une constitution provisoire, rédigée par des juristes belges, tente de concilier les aspirations des unitaristes et des fédéralistes en superposant un pouvoir central fort sur des provinces dotées de pouvoirs relativement étendus, le futur Parlement congolais ayant pour tâche d'élaborer un texte définitif. Les élections de mai 1960 sont une victoire pour le MNC, qui n'obtient pourtant qu'un tiers des sièges. Lumumba accepte de faire porter le fédéraliste Kasavubu à la présidence de la République, lui-même devenant Premier ministre, se réservant d'imposer un pouvoir présidentiel fort une fois passé le cap de l'indépendance. Un

---

1. Les premières, provoquées par l'interdiction d'un meeting de l'Abako, font une cinquantaine de morts. Les secondes provoquent l'arrestation de Lumumba, libéré quelques mois plus tard.

2. Au MNC de Patrice Lumumba, grand parti unitariste, s'opposent des fédéralistes de l'Abako, le Conokat de Moïse Tshombé (Katanga), le parti solidariste africain d'Antoine Gizenga (Kwilu), etc. Tableau complet dans J. Vanderlinden, *La Crise congolaise, 1959-1960*, Bruxelles, Complexe, 1985, p. 90-91. En fait, le clivage est net entre les fédéralistes, issus des régions les plus riches, et les unitaristes qui recrutent dans les provinces pauvres et optent pour un pouvoir central fort et redistributeur.

traité d'amitié belgo-congolais est signé le 29 juin et l'indépendance du Congo belge, devenu République du Congo, est proclamée le 30.

Dès le 5 juillet, la mutinerie de la Force publique, composée de troupes congolaises encadrées par des officiers belges, va déjouer les plans de Bruxelles et plonger le Congo dans un long chaos. Tandis que les parachutistes belges affluent pour protéger et évacuer en catastrophe les Européens, s'ouvre une crise politique d'une extrême complexité. Celle-ci fait interférer un conflit personnel entre Lumumba et Kasavubu, appelés à se révoquer mutuellement, et la proclamation d'un État sécessionniste au Katanga par Moïse Tshombé, soutenu par les milieux capitalistes belges, suivie de la sécession de l'État minier du Sud-Kasaï par Albert Kalandji. Lumumba fait appel le 13 juillet à l'ONU qui envoie une force internationale, prétexte à une forte tension américano-soviétique[1]. Impuissantes à s'emparer du Katanga, les forces de l'ONU ne peuvent empêcher la fragmentation du pouvoir politique en gouvernements rivaux – une quinzaine au début de 1961 –, et la généralisation des désordres et de la violence[2] jusqu'à la stabilisation opérée par le coup d'État militaire de novembre 1965 qui fait accéder le général Mobutu au pouvoir, ouvrant la voie à une longue dictature personnelle. Ces cinq années de guerre civile, marquées par l'effondrement économique et par les dérives les plus sanglantes du tribalisme, prouvent assez à quel point l'immaturité et la surenchère des partis congolais, jointes aux inconséquences du gouvernement belge, ont

---

1. De durs affrontements se produisent à l'ONU entre délégués américains et soviétiques, l'URSS soutenant Lumumba et lui fournissant les moyens militaires de combattre les sécessions, les puissances occidentales soutenant Kasavubu puis Mobutu, et souhaitant épargner le Katanga devenu le bastion de la résistance à la pénétration soviétique. Le secrétaire général de l'ONU, Dag Hammarskjöld, tué le 18 septembre 1961, a payé de sa vie son obstination à maintenir l'unité de l'ex-Congo belge.

2. Il n'a pas paru utile de démêler l'inextricable écheveau de ces cinq années de confusion et de chaos qui ont vu l'arrestation et l'assassinat de Patrice Lumumba (janvier 1961), l'impuissance du gouvernement Adoula, le retour et la disgrâce de Moïse Tshombé et les troubles sanglants de l'année 1964. Voir B. Verhaegen, *Rébellions au Congo*, Bruxelles-Kinshasa, CRISP, 1966.

vidé de son contenu une indépendance bâclée et dénuée de toute période transitoire.

Anciennes colonies allemandes devenues mandats confiés à la Belgique après la Première Guerre mondiale, le Rwanda et le Burundi, enclavés au cœur de l'Afrique, présentent de grandes similitudes géographiques, économiques et ethniques. Il s'agissait de monarchies traditionnelles où le roi (le *mwami*) s'appuyait sur l'aristocratie pastorale des Tutsi (environ 15 % de la population) qui dominait la masse paysanne des Hutu. Comme les Allemands avant eux, les Belges respectèrent cette hiérarchie en recourant plus qu'au Congo à l'administration indirecte. Après 1945, sous la pression de l'ONU qui avait pris les anciens mandats en tutelle, la Belgique dut entreprendre une certaine démocratisation. Des conseils élus furent introduits aux divers échelons administratifs et les partis politiques furent autorisés, fondés sur des bases ethniques et idéologiques. Le processus de décolonisation, achevé dans les deux cas en 1962, emprunte néanmoins des voies différentes.

Au Rwanda, l'indépendance est le produit d'une (r)évolution qui, durant la dernière décennie de la tutelle belge, a pris la forme d'une double émancipation : des Hutu par rapport aux Tutsi, avec les encouragements explicites de l'Église catholique, et de l'ensemble des Rwandais par rapport à la Belgique. L'événement central est la terrible insurrection hutu de novembre 1959 (la Toussaint rwandaise) qui plaça le territoire sous régime militaire[1]. Mais les partis, et le plus puissant d'entre eux, le Parmehutu, exigèrent l'abolition de la monarchie. Celle-ci est effective après un référendum et les élections d'octobre 1961 qui portent Grégoire Kayibanda à la présidence de la République. L'indépendance est reconnue le 27 juin 1962.

---

1. Cette insurrection se traduisit par le massacre de dizaines de milliers de Tutsi et par l'exode d'environ 200 000 d'entre eux.

Au Burundi (anciennement Urundi), où la monarchie ne disposait pas de moyens de contrainte comparables à ceux du Rwanda, la décolonisation a été moins violente et plus respectueuse de la hiérarchie traditionnelle. Les élections conservent aux Tutsi leur prééminence et le puissant parti de l'Uprona (Parti de l'unité et du progrès national), victorieux aux élections de septembre 1961, obtient de la Belgique un régime d'autonomie interne qui cède rapidement la place à l'indépendance, reconnue le 1ᵉʳ juillet 1962. Une monarchie constitutionnelle, calquée sur le modèle belge, est instaurée, mais sa dérive autocratique conduit au coup d'État militaire et à la proclamation de la République en 1966.

Républiques à dominante hutu au Rwanda et tutsi au Burundi, les deux pays[1] vont être confrontés à une instabilité ponctuée de coups d'État combinés à des conflits intercommunautaires d'une extrême violence : en avril 1972 et août 1988 au Burundi, en mars 1973 et avril 1994 au Rwanda, affrontements alourdis par le drame des réfugiés dans les pays voisins. Mais l'apparition, ou la réactivation, depuis l'indépendance de multiples clivages géographiques, sociaux et idéologiques interdisent de les désigner comme strictement ethniques.

La décolonisation portugaise

Derniers vestiges d'un empire colonial immense et prestigieux, les possessions portugaises d'Afrique offrent l'exemple d'une décolonisation aussi mal préparée que mal conduite. Sans doute faut-il prendre en compte la pauvreté et l'éloignement de la métropole, ainsi que l'instabilité endémique du pouvoir politique qui a interdit toute vision d'ensemble jusqu'à la stabilisation opérée par le professeur Salazar à l'orée des années trente. Tenir compte aussi du caractère relativement récent de la colonisation qui, au terme de nombreuses et épuisantes campagnes

---

1. L'ONU avait souhaité l'union des deux territoires dans un même État, ce qui fut conjointement refusé en 1962.

militaires échelonnées, pour l'essentiel, entre 1870 et 1918, n'a véritablement pris son essor que dans les années vingt[1].

Les historiens se sont interrogés sur les véritables motivations de ce regain d'impérialisme africain, s'agissant d'un pays resté en marge de la révolution industrielle et qui semblait se démarquer du modèle général de la colonisation européenne. L'historiographie classique avait surtout retenu une compensation orgueilleuse à la perte du Brésil, discrètement encouragée par l'Angleterre qui traiterait au mieux de ses intérêts avec un pays traditionnellement allié et docile. Cette interprétation a été remise en cause, ou plutôt complétée, par des travaux récents qui soulignent les dimensions économiques de ce projet africain : terre d'accueil pour l'immigration et les capitaux portugais, marché pour les exportateurs (tissus et vins), rôle joué par certaines banques, par les chambres de commerce et les sociétés de géographie.

En tout état de cause, et de l'avis général[2], les Portugais se montrèrent de piètres colonisateurs africains. Aux termes de l'Acte colonial de 1930 établissant les relations entre les colonies et l'*Estado novo*, le principe officiel était celui de l'assimilation. Or, celle-ci s'est révélée extrêmement lente et parcimonieuse : au milieu des années cinquante, les *assimilados* représentent à peine 1 % de la population noire en raison des conditions drastiques exigées[3]. En fait, prévalait partout l'administration indirecte appuyée sur des chefs autochtones bien tenus en main par la bureaucratie coloniale, coiffée par un gouverneur assisté d'une junte où seuls les Blancs étaient admis. Les ressources

---

1. Ce qui contredit le cliché complaisant de « cinq siècles » d'union entre le Portugal et ses possessions africaines. Au début du siècle, l'Angola n'est occupé qu'au dixième de sa superficie et le peuplement blanc n'excède pas 9 000 personnes.

2. Nombre de voix, anglaises notamment, s'étaient élevées contre la brutalité des autorités portugaises en Afrique. On remarquera que la participation du Portugal à la Première Guerre mondiale, dans le camp allié, n'a été récompensée, à la différence de celle de la Belgique, par aucune compensation territoriale.

3. Pour être assimilé, l'Africain doit parler et écrire le portugais, avoir renoncé à ses coutumes tribales et avoir fait preuve de loyalisme envers la nation portugaise, clause qui permet d'écarter tout suspect.

économiques, considérables en Angola, furent longtemps abandonnées au pillage des compagnies et, plus tard, au capital étranger, surtout américain et sud-africain. La relative importance du peuplement blanc[1] a renforcé l'assujettissement des Africains et favorisé une discrimination raciale comparable à celle de la Rhodésie et de l'Afrique du Sud. Avec un retard sur les autres puissances coloniales, l'indigénat et le travail forcé n'ont été abolis qu'en 1961 et 1962. La dictature salazariste a sans doute eu le mérite d'une relative cohérence fondée sur la complémentarité économique, l'émigration blanche et l'assimilation des élites. Mais tout était entendu dans les termes les plus restrictifs : aucune liberté, aucun syndicat, aucun parti. Au milieu des années soixante, les diplômés de l'enseignement supérieur n'étaient que quelques dizaines. Salazar avait fini par ériger l'Empire comme le plus solide rempart de son régime réactionnaire à tel point que, *a contrario*, anticolonialisme et antisalazarisme avaient fini par se confondre.

À peu près totalement abandonné aux missions catholiques, l'enseignement avait tardivement levé une mince élite de fonctionnaires et de métis relativement aisés dont les fils trouvèrent un complément de formation dans des universités de Lisbonne et de Coimbra. Ces étudiants africains purent ainsi s'engager dans un militantisme culturel (toléré) qui s'orienta, parfois à la faveur de l'exil, vers un radicalisme politique fortement teinté de marxisme. Ainsi furent fondés les premiers partis nationalistes, évidemment clandestins. Encore faut-il distinguer entre les partis modernistes et marxisants – tel le Mouvement pour la libération de l'Angola (MPLA) d'Agostinho Neto[2], le Parti africain pour

---

1. L'émigration a été un recours à la crise économique des années trente et s'est poursuivie à la faveur du « boom » économique des années cinquante. En 1960, la population de souche portugaise s'élève à 173 000 en Angola, 97 000 au Mozambique et à une dizaine de milliers pour la Guinée-Bissau et les îles du Cap-Vert. Population peu entreprenante dans l'ensemble, qui a surtout tiré profit des rentes de situation offertes par la colonisation officielle, l'administration et le commerce.

2. Étudiant en médecine, il a appartenu au Movimento de Unidade Democrática Juvenil, important mouvement de jeunesse antifasciste proche du Parti communiste portugais.

l'indépendance de la Guinée et du Cap-Vert (PAIGC) d'Amílcar Cabral, l'un et l'autre fondés en 1956, et le Front révolutionnaire de libération du Mozambique (FRELIMO) d'Eduardo Mondlane et Samora Machel, fondé en 1962 –, et les ethno-partis implantés en milieu rural et émiettés au gré des divisions ethniques, surtout en Angola, où apparaissent l'Union des peuples angolais (UPA) de Holden Roberto, représentative de l'ethnie des bakongo, et l'Union nationale pour l'indépendance totale de l'Angola (UNITA) dirigée par Jonas Sawinbi, née en 1966 d'une scission de l'UPA devenue entre-temps FNLA. Ces divisions chroniques, lourdes de conséquences pour l'avenir, n'ont pas empêché les trois grands partis – MPLA, PAIGC et FRELIMO – d'assumer l'essentiel de la libération nationale.

En dépit ou en raison d'une répression féroce, et à l'exemple de la lutte menée à l'époque en Algérie par le FLN, le recours à la guérilla s'est imposé. Dès 1961 en Angola, qui a vu la conjugaison d'une révolte paysanne et d'un soulèvement urbain, en 1963 en Guinée-Bissau, en 1964 au Mozambique. Les difficultés de la lutte armée, confrontée à l'hostilité des chefferies coutumières, vont permettre au Portugal de s'organiser. Ses progrès n'en sont pas moins réels. La guérilla finit par contrôler les deux tiers de la Guinée-Bissau qui proclame unilatéralement son indépendance en septembre 1963, et le quart du Mozambique. Dans les régions libérées, sur le modèle maoïste ou viet-minh, sont jetées les bases d'une société socialiste avec réforme agraire, coopératives, assemblées de villages et campagnes d'alphabétisation.

Contre cette rébellion, la métropole va engager des forces considérables qui signifient à quel point la survie du régime salazariste est dépendante du maintien de son bastion africain, mais qui excèdent largement les capacités du pays, la pacification finissant par absorber jusqu'à 40 % du budget. Dès 1967 le service militaire est porté à quatre ans. Les forces armées servant en Afrique passent de 80 000 hommes en 1964 à 235 000 en 1974, auxquels il convient d'ajouter quelque 30 000 supplétifs noirs. Bénéficiant d'un armement moderne fourni par l'OTAN, l'armée portugaise porte des coups très durs à la guérilla, dont la brutalité finit cependant par émouvoir l'opinion internationale alors même que nombre de jeunes Portugais échappent par l'émigration, en France notamment, au service militaire en Afrique. Mais le soutien américain, et plus largement occidental, permet de différer toute internationalisation malgré les efforts de l'OUA et du comité de décolonisation de l'ONU. Ce qui permet au Portugal de gagner du temps par une intensification de la mise en valeur et par une relance de l'émigration blanche[1]. De tardives réformes introduisent même un embryon d'autonomie et de représentation élue.

Pourtant, la lassitude s'est installée dans les rangs de l'armée. Les cadres militaires, surtout les cadres moyens, ne croient plus à l'utilité de guerres coloniales sans issue. Pour s'être fait l'interprète de ces doutes[2], le général António de Spínola, ancien commandant en Guinée-Bissau, tombe en disgrâce. C'est dans les casernes de Guinée qu'a pris naissance le mouvement des capitaines qui renverse la dictature de Marcelino Caetano, successeur de Salazar, le 25 avril 1974.

Une fois écartée la solution fédéraliste prônée par Spínola, la reconnaissance immédiate de l'indépendance s'impose. Elle a la faveur des jeunes officiers tiers-mondistes, dont le commandant Melo Antunes est le porte-parole, et du Parti communiste d'Álvaro Cunhal, alors très influent sur le Mouvement des forces armées. Le Premier ministre Mário Soares s'y résigne dès lors que sont garantis la sécurité et les biens de la population blanche. Mais le transfert de la souveraineté va épouser des formes très différentes selon le degré d'interférence avec les stratégies africaines et internationales.

Par les accords d'Alger, la Guinée-Bissau accède à l'indépendance sans drame majeur dès septembre 1974. Le Portugal s'engage à un rapatriement rapide de ses troupes et obtient que le sort des îles du Cap-Vert fasse l'objet d'un référendum d'autodétermination qui fera accéder l'archipel à l'indépendance le 5 juillet 1975. Sous l'impulsion de son président Luís Cabral

---

1. Le nombre de Blancs passe de 173 000 à 330 000 en Angola entre 1960 et 1973, et de 97 000 à 180 000 au Mozambique.

2. Dans *Le Portugal et son avenir* (1973), où il en appelle à une communauté luso-africaine sur des bases renouvelées.

(frère d'Amílcar Cabral assassiné en 1973), la Guinée-Bissau va connaître une certaine stabilité malgré des antagonismes entre Guinéens et Cap-Verdiens. Les petites îles de São Tomé et Príncipe accèdent à l'indépendance le 12 juillet 1975.

S'agissant du Mozambique, les autorités portugaises avaient opté pour une autodétermination par référendum qui avait été rejetée par le FRELIMO. Les soldats se refusant sur place à toute nouvelle opération militaire, Lisbonne doit conclure à la hâte les accords de Lusaka du 7 septembre 1974 qui prévoient un cessez-le-feu immédiat et un gouvernement de transition avant l'indépendance fixée au 30 juin 1975. Tandis que le FRELIMO occupe sans résistance la totalité du pays, l'échec d'un putsch colonialiste à Lourenço Marques, et les représailles qui s'ensuivent, accélère l'exode massif des Européens. La désagrégation économique est alors totale, par abandon ou sabotage de l'appareil productif.

Proclamée le 25 juin 1975, l'indépendance va de pair avec l'adoption d'une Constitution qui consacre le FRELIMO comme parti unique. L'ambitieux programme de transformation socialiste de l'économie et de la société, qui s'appuie sur l'acquis des zones libérées, se heurte d'emblée au manque de moyens, à l'hostilité des ruraux et à un environnement régional défavorable qui conjugue les attitudes menaçantes de la Rhodésie et de l'Afrique du Sud. Contre la première, le Mozambique se déclare en état de guerre dès 1976 et accueille sur son sol des réfugiés et des combattants de la ZANU[1], ce qui l'expose à des raids dévastateurs de représailles. L'Afrique du Sud, qui avait à l'époque coloniale noué avec le Mozambique des liens économiques fructueux[2], ne peut que s'inquiéter de voir s'ériger à ses portes un État socialiste ouvertement soutenu par l'Union soviétique.

---

1. Voir *supra*, p. 239.
2. L'Afrique du Sud a financé le gigantesque barrage de Cabora Bassa, sur le Zambèze, au Mozambique, qui lui fournit une part importante de son électricité. Lourenço Marques (devenu Maputo après l'indépendance), est le débouché maritime privilégié de la production industrielle de Johannesburg, dont la région emploie quelque 300 000 travailleurs mozambicains. Et l'Afrique du Sud représente 60 % des rentrées de devises du Mozambique à la veille de l'indépendance.

Ainsi naît en 1977 la RENAMO, organisation terroriste de rebelles mozambicains, armée et financée par la Rhodésie puis par l'Afrique du Sud, et qui mit à feu et à sang le Mozambique jusqu'en 1988. C'est à cette date seulement, quand l'Afrique du Sud s'apprête à abandonner l'apartheid, que l'accord de non-agression et de bon voisinage signé en mars 1984 entre Maputo (ex-Lourenço Marques) et Pretoria peut recevoir un commencement d'application.

Ce même délai a été nécessaire à l'Angola pour sortir d'un état de guerre endémique qui obéit pourtant à une configuration différente en raison de richesses bien supérieures[1] et de l'intervention étrangère aux côtés de forces politiques rivales. L'effondrement du pouvoir colonial et le refus de l'armée portugaise d'engager aucune opération militaire avaient créé un vide politique que les accords d'Alvor du 16 janvier 1975 avaient tenté de combler. Ces accords fixaient l'indépendance au 11 novembre et instauraient un gouvernement provisoire quadripartite[2]. Ils furent d'emblée bafoués par les partis nationalistes dont les forces firent mouvement pour s'emparer de Luanda, la capitale. L'insécurité générale accéléra le départ précipité de plus de 300 000 Européens pendant l'été. Dans cette lutte entre factions rivales, l'avantage revenait au MPLA, parti le plus structuré et le mieux implanté dans les villes, et qui bénéficiait du soutien soviétique[3]. Il réussissait ainsi à contrôler les ports, les gisements de pétrole et les mines de diamants. Pour lui barrer la route du pouvoir, l'Afrique du Sud décida d'intervenir[4] tout en épaulant

---

1. L'Angola est riche en pétrole (enclave de Cabinda, revendiquée par le Zaïre), en minerais, en diamants et en phosphates.
2. Portugal-MPLA-FNLA-UNITA. Les trois partis angolais s'étaient préalablement accordés, non sans arrière-pensées, à Nombasa (Kenya) en janvier 1975. Le Portugal, quant à lui, misait sur un futur État fédéral qui lui laisserait quelques moyens de contrôle des richesses du pays.
3. Simple coïncidence ou résultat d'une transaction, l'influence du Parti communiste recule à Lisbonne en 1975, au moment où celle de l'URSS se consolide dans l'ex-Afrique portugaise.
4. En occupant une bande de territoire angolais et en lançant des raids contre les forces du MPLA. Elle voulait empêcher que l'Angola serve de « sanctuaire » aux combattants de la SWAPO. Voir *supra*, p. 244.

les forces de l'UNITA, tandis que le Zaïre soutenait le FNLA, conformément à une ancienne affinité. Des heurts sanglants se produisent à Luanda en avril et en juillet. L'accession à l'indépendance, le 11 novembre, a lieu dans une atmosphère de guerre civile avec la proclamation de deux Républiques rivales. C'est dans ce contexte que débarquent en janvier 1976 des contingents cubains (opération « Carlota »)[1], qui permettent au MPLA de rétablir une situation compromise. En proie au « syndrome vietnamien », les États-Unis n'entendent pas intervenir autrement que par CIA interposée et le Zaïre réduit son aide au FNLA, dont l'importance s'amenuise. Reste l'UNITA, dont le chef Jonas Sawimbi jouit de la sympathie de nombreux chefs d'État africains[2] et occidentaux, et dont les forces, actives au sud et au centre du pays, sont soutenues par l'Afrique du Sud qui lance des raids périodiques contre les concentrations des combattants namibiens de la SWAPO basées dans le sud du pays. Cet état de guerre endémique, entrecoupé d'accords de retrait non respectés, a duré jusqu'en 1988, laissant un pays en ruines et dont le « socialisme » proclamé n'a survécu que grâce à une entente tacite avec les firmes multinationales étrangères.

La décolonisation italienne et espagnole

Le bilan colonial de l'Italie fasciste en Afrique n'était pas négligeable. Sa principale réussite résidait dans une colonisation « démographique » qui était parvenue à implanter outre-mer plus de 300 000 Italiens parmi lesquels une moitié de

---

1. On s'est interrogé sur la part d'autonomie de Fidel Castro dans cette opération. Tout laisse à penser qu'elle est très mince, compte tenu des vastes desseins que déploie à l'époque « Brejnev l'Africain » et de l'abondance du matériel soviétique déversé en Angola. Cuba a surtout servi de caution tiers-mondiste à l'impérialisme soviétique.

2. Au sommet de l'OUA tenu en janvier 1976 à Addis-Abeba, les 46 États africains se sont divisés en deux parts égales, l'une favorable au MPLA, l'autre à un gouvernement de coalition.

paysans, méridionaux pour la plupart[1]. Quelque élevé qu'ait été le coût de la mise en valeur, compte tenu de la distance et de la nature ingrate des possessions, une œuvre importante avait été réalisée dans les domaines de l'équipement, de l'extraction minière et de la bonification agricole, sans compter quelques intéressantes réalisations d'urbanisme. Mais tant en Libye qu'en Éthiopie, l'attachement des populations africaines à l'Italie demeurait fragile en raison de la brutalité de la conquête et de la colonisation comme de la stricte ségrégation raciale en vigueur.

Cet empire était de surcroît mal défendu. En Afrique orientale, les forces britanniques, grossies de Français libres, ont dès le printemps 1941 brisé la résistance italienne en Érythrée et en Somalie. En mai, après la capitulation du duc d'Aoste, le Négus a été restauré en Éthiopie. En Libye, l'envoi providentiel de l'*Afrika Korps* a permis aux Italiens de tenir plus longtemps, mais l'offensive de la VIIIᵉ armée britannique, conduite par Montgomery, s'est achevée par la reddition des forces de l'Axe en mai 1943. Sanction de cette succession de désastres, le traité de Paris signé par l'Italie le 10 février 1947 l'oblige à renoncer à l'ensemble de ses colonies. Mais faute d'accord entre les alliés, leur sort est remis à l'examen des Nations unies, dont les conclusions devraient tenir compte des vœux des populations intéressées.

Le gouvernement italien manœuvra habilement pour obtenir de l'ONU une tutelle provisoire, à tout le moins sur la Somalie et la Libye, évoquant le drame des colons italiens restés sur place et faisant valoir que l'Italie démocratique s'acquitterait mieux des tâches administratives que les autorités militaires d'occupation. Les grandes puissances, à des degrés divers, n'y étaient pas hostiles, l'URSS ayant abandonné la thèse d'une tutelle internationale sur la Libye et la Grande-Bretagne désirant rapatrier le maximum de troupes. Un projet Bevin-Sforza, plutôt favorable

---

1. Selon le recensement de 1939, on comptait 180 000 résidents italiens en Afrique orientale (93 000 en Éthiopie, 72 000 en Érythrée, 15 000 en Somalie) et 120 000 en Libye.

aux vues italiennes[1], fut adopté par la commission politique de l'ONU mais rejeté le 17 mai 1949 par l'Assemblée générale de l'ONU faute de majorité qualifiée[2].

L'échec de ce plan eut pour effet d'accélérer l'indépendance de la Libye, au grand dam de la France qui redoutait des risques d'émulation pour le nationalisme tunisien, voire de déstabilisation pour l'ensemble de ses possessions africaines. En Cyrénaïque, le choix de la Grande-Bretagne se porta sur Mohammed Idriss, chef de la puissante confrérie sénoussie, qui après avoir combattu les Turcs puis les Italiens s'était placé sous la protection britannique pendant la guerre. Mais considérant le cadre qu'on lui offrait comme trop étroit, l'émir revendiqua l'indépendance de la Libye sous sa propre souveraineté. L'ONU y consentit par l'adoption, en décembre 1949, de la résolution 289 qui fixait l'indépendance au 1er janvier 1952 au plus tard. Une Assemblée constituante désigna Idriss comme monarque en décembre 1950 et adopta l'année suivante une constitution de type parlementaire. L'indépendance est proclamée le 24 décembre 1951. Par des traités signés en 1953 et 1954, Idriss donne des gages sérieux aux puissances anglo-saxonnes (bases militaires et concessions pétrolières), mais se montre moins favorable à la France qui doit en 1955 évacuer ses bases du Fezzan[3].

S'agissant de l'Érythrée, une commission de cinq membres désignés par l'ONU enquêta auprès d'une opinion très divisée. L'élite intellectuelle était manifestement hostile à tout rattachement à l'Éthiopie en raison de l'autocratisme du Négus. Entre l'indépendance et le rattachement, l'Assemblée générale de l'ONU opta finalement pour une solution fédérale : l'Érythrée

---

1. Ce plan prévoyait une tutelle (*trusteeship*) partagée en Libye (française au Fezzan, italienne en Tripolitaine, britannique en Cyrénaïque) avec promesse d'indépendance dans un délai de dix ans ; une tutelle italienne en Somalie ; un partage de l'Érythrée entre l'Éthiopie et le Soudan anglo-égyptien.

2. L'URSS, les pays de l'Est et les États arabes votèrent contre, comme la France qui entendait rester maîtresse du calendrier pour évacuer le Fezzan.

3. Cette évacuation, vivement critiquée dans certains milieux parlementaires et politiques, a indéniablement facilité le transit d'armes en direction de l'ALN pendant la guerre d'Algérie, au moins entre 1955 et 1958.

constituerait une entité autonome fédérée à l'Éthiopie. La passation des pouvoirs entre l'autorité militaire britannique et l'Éthiopie a lieu le 15 septembre 1952. Comme il était à prévoir, la politique éthiopienne d'annexion et de provincialisation, effective en 1962, déclenche une guérilla puis un véritable séparatisme armé qui culmine dans les années 1976-1979, parachevé par une indépendance reconnue en 1993, au prix de lourdes pertes.

Reste la Somalie sur laquelle l'Italie a obtenu une tutelle de dix ans et que les gouvernements démocrates-chrétiens entendent rendre exemplaire, moins par conviction coloniale que pour des raisons de portée internationale. De fait, outre une politique ambitieuse de développement économique, l'Italie s'est attachée à préparer au mieux l'indépendance. Un Parlement a été élu en 1956, puis, en 1959, un gouvernement s'est vu reconnaître des compétences progressivement étendues aux affaires étrangères et à la défense, des cadres et des fonctionnaires locaux ont été formés. De sorte que, la levée de la tutelle coïncidant avec l'indépendance du Somaliland britannique, les deux Somalies s'unissent en juillet 1960 pour former, conformément à des accords antérieurs, la République de Somalie. Après une décennie assez stable, malgré les difficultés soulevées par l'unification d'appareils administratifs différents et l'absence de langue commune, le coup d'État du général Syad Barre, en octobre 1969, a donné plus de vigueur à l'irrédentisme somalien[1] qui a culminé en 1977-1978 avec l'occupation armée de l'Ogaden.

Après la perte de ses dernières possessions d'Amérique latine (Cuba, Porto Rico) et des Philippines, l'Espagne avait effectué un modeste recentrage de son impérialisme sur l'Afrique. Au Maroc, la zone du Rif, qui lui avait été reconnue par l'Acte

---

1. Dès l'indépendance, la République de Somalie s'est appliquée à revendiquer le regroupement des Somalis dispersés : 40 000 dans la Côte française des Somalis (devenue de ce fait Territoire des Afars et des Issas en 1967), 200 000 au Kenya et un million environ en Éthiopie (Ogaden).

d'Algésiras, avait dû être abandonnée en 1956 dans le sillage de l'indépendance marocaine[1]. Il ne lui restait que les possessions disparates de la Guinée équatoriale et du Sahara occidental. La première était un accident de la géographie – un conglomérat artificiel d'îles et de terre ferme enclavée entre le Cameroun et le Gabon – autant que de l'histoire, s'agissant d'un troc territorial avec le Portugal remontant à 1778. Un colonat plutôt entreprenant, bien subventionné par Madrid et appuyé sur une masse travailleuse docile, a permis le développement d'une agriculture d'exportation assez florissante (café et cacao). Le racisme quasi officiel et l'interdiction de toute opposition ont fait éclore en exil un nationalisme équato-guinéen qui doit surtout à la pression internationale le démantèlement par étapes du colonialisme espagnol : suppression de l'indigénat et « assimilation » proclamée en 1959, autonomie de façade en 1964 et, pour finir, accession à l'indépendance le 12 octobre 1968. S'ouvre alors le règne dévastateur de Francisco Macias Nguema, le « Grand Messie » qui, en bon élève des méthodes franquistes mais avec le soutien déclaré des pays de l'Est, n'a eu de cesse d'éliminer ses adversaires, d'opprimer son peuple et de ruiner l'économie jusqu'à son exécution en août 1979[2].

Le Sahara espagnol, peu peuplé[3], mais riche en phosphates et en minerais, offre le double cas de figure, inédit, d'une décolonisation commandée moins par un mouvement d'émancipation endogène que par l'activisme de ses voisins, et d'une recolonisation opérée par un État voisin avec l'assentiment de l'ancienne métropole. Dès avril 1958, à la suite de quelques incidents, Madrid avait rétrocédé à Rabat la partie septentrionale, puis en janvier 1969 l'enclave de Sidi-Ifni. Mais les appétits marocains n'étaient pas apaisés. Rabat faisait valoir les « droits historiques » de l'Empire chérifien, exaltés par Allal el-Fassi, alors

---

1. Voir *supra*, p. 194-195.

2. Voir M. Liniger-Goumaz, *La Guinée équatoriale. Un pays méconnu*, Paris, L'Harmattan, 1980.

3. Moins de 75 000 habitants, nomades pour la plupart, selon le recensement espagnol de 1974, deux ou trois fois plus selon d'autres estimations pour un territoire de 250 000 km².

même que la Mauritanie, parvenue à l'indépendance en 1960 mais non reconnue par le Maroc, invoquait ceux de l'Empire almaravide dont elle serait l'héritière[1]. À cela s'ajoutait l'Algérie qui, tout en invoquant le principe de l'intangibilité des frontiè-res, n'excluait pas l'acquisition d'une « fenêtre » sur l'Atlanti-que. Un accord en ce sens avait été signé par les trois pays à Agadir en 1973, l'année même de la fondation du Front Polisa-rio[2], acquis à l'indépendance immédiate.

C'est pour la devancer que le roi Hassan II, mettant à profit la longue agonie du général Franco, et désireux de mobiliser son peuple autour d'une cause nationale, prend la tête, le 16 octobre 1975, d'une Marche verte rassemblant plus de 300 000 Maro-cains. Il obtient peu après auprès du gouvernement espagnol un accord de partage entre le Maroc et la Mauritanie. Cet accord est aussitôt dénoncé par l'Algérie, qui accueille de nombreux réfu-giés sahraouis et encourage le Polisario à proclamer, le 27 février 1976, la République arabe sahraouie démocratique. Dans l'interminable « guerre des sables » qui s'ensuit, l'avan-tage revient d'abord au Polisario, soutenu et armé par l'Algérie et par la Libye, qui porte des coups très durs à la Mauritanie (qui se retire du conflit en 1979), puis aux forces marocaines. À par-tir de 1980, la guerre tourne à l'avantage du Maroc, grâce à une aide militaire occidentale accrue ainsi qu'à l'efficace stratégie des « murs » dont la construction, échelonnée de 1980 à 1987, a pour effet de réduire le déploiement des forces du Polisario tout en verrouillant la frontière algérienne.

La négociation n'ayant jamais été rompue, même si bien des médiateurs ont échoué sur ce dossier[3], le plan de paix de l'ONU, présenté le 11 août 1988 par son secrétaire général Perez de

---

1. Double revendication confirmée par un jugement de la Cour internationale de La Haye qui, en 1975, reconnaissait les « liens juridiques » entre le Maroc et le Sahara espagnol et « l'existence de droits » de la Mauritanie sur ce même territoire. Voir M. Barbier, *Le Conflit du Sahara occidental*, Paris, L'Harmattan, 1982.

2. Contraction de Front populaire pour la libération de Saguia el-Hamra et Rio de Oro.

3. On avance les noms du roi Khaled d'Arabie saoudite, des présidents Mou-barak, Houphouët-Boigny et Senghor.

Cuellar, obtient l'assentiment des deux parties. Mais le référendum d'autodétermination, qui en est la pièce maîtresse, bute sur les critères d'identification de l'électorat sahraoui et, d'une façon générale, sur l'évidente mauvaise volonté du Maroc à l'organiser. Tel est l'étrange paradoxe d'une République reconnue par 72 États et réduite *de facto* au rang de province marocaine.

6

Questions sur la décolonisation

Dresser le bilan de la décolonisation est une entreprise aussi hasardeuse, sinon plus, que de tenter celui de la colonisation. Outre qu'il est puéril de vouloir à tout prix distinguer le « positif » du « négatif », ce qui revient à juxtaposer des paramètres hétérogènes et à laisser à chacun une marge substantielle d'appréciation subjective, une telle tentative pose d'inextricables problèmes de choix des dates retenues en amont comme en aval. S'agissant du bilan humain, assurément lourd, faut-il s'en tenir aux seules épreuves de force finales ou remonter plus avant et prendre en compte l'ensemble des confrontations relevant de la volonté d'émancipation nationale[1] ? Et que dire des bilans politique, économique ou autre, appelés à s'intégrer d'emblée dans les orientations assignées aux jeunes États ?

Il n'est pas inutile pour autant de s'interroger sur les séquelles et les prolongements de cet épisode majeur de l'histoire contemporaine. La décolonisation clôt une époque. À la bipolarité rigide du monde d'après-guerre, elle lègue une configuration internationale plus mouvante et plus complexe. Sans doute, la balkanisation du monde qui en procède n'a pas fondamentalement remis en cause le leadership des grandes puissances, mais

---

1. Pour l'Algérie, par exemple, faut-il s'en tenir au nombre des victimes aujourd'hui assez bien connu, de la guerre de libération de 1954-1962, ou intégrer la répression des émeutes de mai 1945, et, pourquoi pas, celle de la révolte de Mokrani en 1871 ?

celles-ci ont été confrontées aux enjeux économiques posés par l'affirmation du tiers monde et aux aléas de son corollaire politique, le non-alignement.

La décolonisation est-elle achevée ?

La fin d'un cycle

Ouverte dans l'immédiat après-guerre, achevée pour l'essentiel avec l'indépendance des colonies portugaises, la décolonisation couvre un cycle approximativement trentenaire. Pour autant, les années 1970 et 1980 sont encore riches en accessions à l'indépendance, même si nombre d'entre elles sont passées inaperçues et ne relèvent, du reste, que très inégalement de la décolonisation. Il s'agit de ces « confettis d'empires », selon l'appellation traditionnelle et un peu dédaigneuse, devenus des micro-États qui, faute de viabilité propre, sont appelés à s'intégrer dans des ensembles plus vastes dont l'importance économique et stratégique n'est pas négligeable. Trois lots peuvent ainsi être distingués relevant des sphères caraïbe, de l'océan Indien et du Pacifique Sud.

L'indépendance des anciennes possessions hollandaises et anglaises des Guyanes et des Antilles procède d'une volonté de rupture avec une très ancienne sujétion coloniale, activée par la renaissance des cultures caraïbes. Parmi les possessions hollandaises, Suriname est la pièce maîtresse. Cette mosaïque ethnique a d'abord bénéficié d'un régime de semi-autonomie, puis d'autonomie interne élargie en 1971 aux compétences internationales. À la demande du Parti national, les Pays-Bas ont reconnu une indépendance complète en novembre 1975, qu'ils souhaitaient du reste pour mieux contrôler une immigration guyanaise jugée excessive. Les Antilles néerlandaises[1] demeurent

---

1. Il s'agit des Îles-sous-le-Vent (Curaçao, Bonaire et Aruba) et des Îles-du-Vent (Saba, Saint-Eustache et Saint-Martin, cette dernière partagée avec la France), qui forment un ensemble de 240 000 habitants.

à ce jour sous la souveraineté du gouvernement de La Haye, dotées d'assemblées et de gouvernements locaux.

Plus conséquentes, les possessions britanniques s'échelonnaient de l'Amérique centrale (Honduras) à l'Amérique du Sud (Guyane). Enclave assez artificielle et peu peuplée, l'ancien protectorat du Honduras est devenu indépendant en 1981 sous le nom de Belize, mais sa légitimité est contestée par les États voisins, le Guatemala et le Mexique. En Guyane britannique, la permanence de fortes tensions raciales a retardé l'indépendance jusqu'à la victoire du People's National Congress et de son chef Fornes Burnham, financés dit-on par la CIA, plus rassurants que les partis « ethniques » à forte implantation noire ou indienne. Celle-ci est effective en mai 1966, la Guyane britannique prenant alors le nom de Guyana. Pièce maîtresse des *West Indies*, la Jamaïque, colonie de la couronne depuis 1655, a connu une contestation colonialiste précoce par la pénétration des idées de Marcus Garvey, originaire de l'île. Par une succession de statuts, elle accède à l'indépendance en 1962, après s'être retirée d'une éphémère Fédération (1958-1962) à laquelle appartenaient Trinidad et Tobago. Les années suivantes sont celles des indépendances en série : Barbade (1966), les Bahamas (1973), Grenade (1974), la Dominique (1978), Sainte-Lucie (1979), Saint-Vincent (1980), Antigua et Barbuda (1981), Saint-Christophe et Niévès (1983). En octobre 1983, la Grenade s'est signalée à l'attention internationale quand le président Reagan a ordonné un débarquement de Marines pour mettre fin au régime « soviéto-cubain », en fait progressiste et tiers-mondiste, de Maurice Bishop dont l'influence risquait de s'étendre à d'autres États ou territoires des Caraïbes. Face à ce lourd voisinage des États-Unis, un régionalisme a tenté de s'affirmer depuis 1973 dans la Communauté internationale des Caraïbes (Caricom), dotée d'organisations spécialisées comme l'Institut caraïbe d'investissements ou le Groupe caraïbe de la coopération économique. Mais l'espace ainsi dessiné demeure instable et fragmenté, très hétérogène dans son développement. Les paradis fiscaux et touristiques qui s'y sont installés masquent mal les trafics en tous genres et un chômage endémique générateur d'émigration.

L'indépendance des possessions de l'océan Indien n'a guère posé de problèmes, qu'il s'agisse de l'île Maurice et des îles Maldives (1968), de l'archipel des Comores (hormis Mayotte)[1] en 1975 et de l'archipel des Seychelles en 1976, eux aussi adonnés au tourisme international. Les rivalités de puissances, liées à une forte pénétration militaire soviétique, se sont atténuées. La base de Diego Garcia, d'abord britannique, a été cédée en 1973 aux États-Unis qui en ont fait un pivot stratégique avec un déplacement forcé de ses 2 000 habitants. Elle est revendiquée par l'île Maurice.

L'Océanie, aujourd'hui Pacifique Sud, a été l'objet d'une occupation européenne, américaine et japonaise fondée sur des objectifs maritimes, accessoirement économiques et missionnaires. La Première Guerre mondiale, qui n'avait qu'effleuré le Pacifique, permit d'en éliminer l'Allemagne, la Seconde, qui avait bien davantage valorisé l'importance stratégique des archipels[2], d'éliminer le Japon. Restaient en présence les États-Unis, la Grande-Bretagne, la France et les deux Dominions d'Australie et de Nouvelle-Zélande auxquels avaient été affectées une partie des dépouilles, cinq pays inégalement empressés d'accéder à des demandes d'indépendance qui remettrait en cause leur présence militaire. Ayant opté pour la rétraction de son dispositif, la Grande-Bretagne a ouvert la voie en proclamant l'indépendance des îles Fidji et de Tonga en 1975, de Tuvalu (ex-îles Ellice) en 1978, de Kiribati (ex-îles Gilbert) et des îles Salomon. En 1980, le condominium franco-britannique sur les Nouvelles-Hébrides a été levé, dans des circonstances mouvementées, pour donner naissance au Vanuatu. L'Australie a reconnu l'indépendance de l'île de Nauru en 1968 (devenue le plus petit État du monde avec 22 km^2 et 8 000 habitants…) et celle, plus consé-

---

1. Voir *infra*, p. 293.
2. C'est de la Micronésie que sont partis les sous-marins japonais qui ont participé à l'attaque de Pearl Harbor, et des îles Mariannes (Tinian) que se sont envolés les B59 qui ont largué les bombes atomiques sur Hiroshima et Nagasaki.

quente, de la Papouasie-Nouvelle-Guinée en 1975 ; la Nouvelle-Zélande, celle des Samoa occidentales en 1976, les deux pays conservent une sorte de tutelle-association sur diverses îles[1]. La France et les États-Unis ont différé jusqu'à présent l'octroi de toute indépendance complète. La présence américaine demeure considérable avec ses bases (Midway, Wake, Guam) et ses centres d'expérimentation nucléaire de Micronésie. Des accords ont été passés qui distinguent les Possessions non incorporées (Guam, États fédérés de Micronésie) et le Commonwealth des Mariannes du Nord. Aux jeunes États issus de l'indépendance, le Forum du Pacifique Sud, créé en 1971, tente d'apporter concertation et coopération dans un certain nombre de domaines d'intérêt commun : la pêche, le développement économique et la dénucléarisation. Celle-ci a été proclamée par le traité de Rarotonga (5 août 1985), mais son application a posé quelques problèmes avec la France, quand celle-ci a repris deux ans plus tard ses essais nucléaires, et en pose toujours avec les États-Unis.

Si avancé soit-il, le processus de décolonisation n'est pas pour autant totalement achevé. L'ONU continue de montrer du doigt quelques dizaines d'îles et de territoires demeurés sous souveraineté étrangère. Outre le cas des DOM-TOM français qui sera analysé plus loin, et les Antilles néerlandaises déjà évoquées, la Grande-Bretagne fait encore flotter l'*Union Jack* sur une quinzaine d'États dépendants du Royaume, parmi lesquels les Bermudes, Anguilla, Gibraltar, Sainte-Hélène, les îles de la Géorgie du Sud, etc. La possession la plus convoitée, qui a un temps défrayé la chronique internationale, est celle des îles Falkland (ou Malouines), objet d'un très ancien litige entre l'Angleterre et l'Espagne, ravivé après l'indépendance de l'Argentine, héritière des droits espagnols, quand les îles furent occupées par l'Angleterre en 1833. Puis il demeura en veilleuse jusqu'en 1964, date à laquelle le comité de décolonisation de l'ONU rangea

---

1. L'île Norfolk et l'île Christmas pour l'Australie, les îles Tokelan et de Cook pour la Nouvelle-Zélande.

les Falkland dans la catégorie des territoires à décoloniser, invitant les deux parties à négocier. Or la Grande-Bretagne accepte une autodétermination qu'elle sait lui être favorable[1] quand l'Argentine exige une reconnaissance préalable de sa souveraineté. C'est à ce dialogue de sourds que le général Galtieri décide bien imprudemment de mettre fin le 1ᵉʳ avril 1982 en faisant procéder à l'occupation militaire des îles, persuadé que la Grande-Bretagne n'engagera pas une guerre pour si peu à 15 000 km de ses côtes. C'était sous-estimer la détermination britannique.

Dans le conflit qui s'annonce, il s'agit pour les deux parties d'éveiller un réflexe de fierté nationale, bien utile pour faire oublier les difficultés intérieures propres à chacun des deux pays. Mais les Malouines mettent en jeu des intérêts stratégiques et économiques[2] qui peuvent expliquer leur détermination que renforcent leurs soutiens respectifs[3]. L'épreuve de force s'engage le 24 avril, d'abord sur mer et dans les airs, où les pilotes argentins imposent quelques coups très durs à la flotte britannique, puis sur terre à partir du 20 mai, où la supériorité anglaise est manifeste. Les troupes argentines capitulent le 13 juin, ce qui entérine à brève échéance l'effondrement de la dictature militaire. Les Malouines ont-elles, comme on l'a dit, lavé l'affront de Suez ? S'il est sûr que « l'effet Malouines » a été bénéfique à Margaret Thatcher aux élections de 1983, l'impact des deux événements ne saurait être comparé.

S'agissant des possessions américaines, outre celles du Pacifique, parmi lesquelles il faut compter l'incorporation en 1959 des îles Hawaï comme cinquantième État de l'Union, le statut de

---

1. Les 2 000 habitants des Falkland sont des éleveurs venus d'Écosse, du pays de Galles et d'Angleterre à la fin du XIXᵉ siècle.

2. Il s'agit d'une part du contrôle de la route maritime faisant communiquer entre eux les trois océans du globe, d'autre part des richesses présumées des eaux territoriales des Falkland et de l'Antarctique. Voir M. Hastings et S. Jenkins, *The Battle for the Falklands*, Londres, Michael Joseph, 1983.

3. L'Argentine reçoit le soutien de l'ensemble des pays latino-américains (Cuba compris) et celui, plus discret, des pays communistes. La Grande-Bretagne bénéficie de l'appui des États-Unis (après l'échec d'une mission de bons offices confiée à Alexander Haig) et des pays occidentaux, l'Espagne et l'Italie étant réservées.

Porto Rico fait toujours problème. Annexée en 1898 après la guerre contre l'Espagne, l'île a été dotée d'un gouverneur élu en 1948, puis, en 1952, d'une constitution l'érigeant en État autonome associé. Maintes fois soulevée à la demande du comité de décolonisation de l'ONU, le plus souvent à l'initiative de Cuba, l'indépendance de Porto Rico s'est toujours heurtée au veto américain qui, compte tenu de l'importance des placements (cinq milliards de dollars en 1980) et de sa fonction de porte-avions, considère l'île du ressort exclusif des États-Unis. Il n'est pas sûr du reste que l'indépendance soit le vœu majoritaire d'une population massivement assistée, et dont l'élite intellectuelle s'est tournée vers un nationalisme culturel sans débouché politique.

Le cas des DOM-TOM français

Les Français croyaient avoir à bon droit tourné la page de la décolonisation en 1962. C'était oublier qu'une population de plus d'un million d'habitants[1] vivait encore outre-mer à l'ombre du drapeau tricolore. Le maintien de cette souveraineté, même considérablement allégée dans la voie d'une autonomie croissante, a valu à la France quelques difficultés et l'accusation réitérée de post-colonialisme.

S'agissant des quatre « vieilles colonies » – Guadeloupe, Martinique, Guyane et Réunion –, il convient de reconnaître que le statut de départementalisation adopté à l'unanimité par la loi du 19 mars 1946, et présenté comme le couronnement d'une politique d'assimilation initiée en 1848 par l'abolition de l'esclavage, n'a pas fonctionné de façon satisfaisante. Outre que l'autonomie financière des nouveaux départements d'outre-mer (DOM) est sortie amoindrie de leur alignement sur le droit commun, les allocations sociales y étaient plus faibles qu'en métropole et la législation du travail mal appliquée, ce qui a eu pour

---

1. Cette population a atteint deux millions à la fin du XXe siècle.

effet de multiplier les conflits sociaux, particulièrement violents en Guadeloupe[1]. Cet échec a fait le jeu de la revendication auto-nomiste qui s'est d'abord exprimée par la voix des partis com-munistes (réunionnais, guadeloupéen) et par celle du Parti progressiste martiniquais fondé en 1958 par Aimé Césaire. Les gouvernements français de l'époque ne voulurent voir là que l'effet d'une manipulation de l'étranger et s'orientèrent vers la diversification des filières économiques et une émigration mas-sive en métropole. Cet immobilisme politique a eu pour effet de discréditer l'autonomisme au profit de divers courants indépen-dantistes, tels le Mouvement indépendantiste martiniquais et l'Union populaire pour la libération de la Guadeloupe, nés l'un et l'autre en 1978, parfois tentés par l'action directe[2]. Électorale-ment minoritaires, mais portés par la renaissance de l'identité créole, ils ont trouvé une certaine audience dans la jeunesse en dénonçant pêle-mêle le taux élevé de chômage, l'indignité de certains élus, l'inéquité d'une politique d'émigration vers des emplois sous-qualifiés, et, à l'inverse, l'arrivée dans les DOM de fonctionnaires métropolitains perçus comme étrangers et privi-légiés.

Cette revendication d'indépendance était pourtant appelée à refluer. Les lois de décentralisation de 1982, en élevant les DOM au rang de régions, y sont pour beaucoup, assorties de diverses lois fiscales. Tout en les dotant d'universités et de centres de for-mation professionnelle, la République ne brandit plus l'arme de l'assimilation à tout prix et encourage les multiples facettes des cultures locales. Le niveau de vie comparativement élevé des DOM[3], redevable il est vrai à des transferts financiers qui encou-ragent plus la consommation que la production, a marginalisé et modéré l'indépendantisme qui semble plutôt s'orienter vers la définition d'un nouveau statut territorial.

---

1. Par exemple en février 1952 (tuerie du Moule) et en mai 1967 (Basse-Terre, 49 morts).
2. Ainsi les « nuits bleues » perpétrées au début des années quatre-vingts par l'Armée révolutionnaire caraïbe (ARC) aux Antilles et en Guyane.
3. Le PNB par habitant y est inférieur de moitié à celui de la métropole, mais cinq fois supérieur à celui de la Jamaïque.

S'agissant des Territoires d'outre-mer (TOM) ayant conservé ce statut en 1958, on a dit l'indépendance mouvementée de la Côte française des Somalis[1] devenue République de Djibouti en juin 1977. L'archipel des Comores a fait l'objet d'un débat entre autonomistes et indépendantistes tranché en faveur de l'indépendance par le référendum du 22 décembre 1974. Mais l'île de Mayotte (50 000 habitants) ayant signifié sa préférence pour le maintien dans la République, le Parlement français a subordonné la reconnaissance de l'indépendance à une nouvelle consultation qui fut devancée par la proclamation unilatérale de l'indépendance des Comores le 6 juin 1975. Le gouvernement Chirac reconnut le fait accompli, mais aussi le droit des Mahorais à demeurer attachés à la France, ce qui fut confirmé, malgré la tentative à l'ONU d'un groupe de pays non alignés d'empêcher le scrutin, par le référendum du 8 février 1976, et avec plus de 99 % des suffrages exprimés. À défaut d'un statut de département d'outre-mer, auquel on avait songé, l'île est une « collectivité territoriale » de la République dotée d'un conseil général. Les lois adoptées par le Parlement n'y sont applicables que sur mention expresse.

Dans l'océan Pacifique, la France a rencontré plus de problèmes, moins dans le petit territoire des îles Wallis-et-Futuna, qui ne conteste pas son appartenance, qu'en Nouvelle-Calédonie et plus récemment en Polynésie où sa politique s'est heurtée aux critiques parfois virulentes du Forum du Pacifique Sud.

Possession française depuis 1853, la Nouvelle-Calédonie a été longtemps soumise à un régime colonial pour le moins éprouvant. Les populations mélanésiennes (ou Kanaks) ont été victimes d'une ample dépossession foncière au profit d'une minorité d'anciens bagnards et de planteurs ou éleveurs venus de France, assortie d'un refoulement dans des réserves pauvres et éloignées. Ce traitement « à l'algérienne » a eu de graves effets

---

1. Voir *supra*, p. 263.

de déstructuration et de déculturation des sociétés rurales que les révoltes de 1878 et 1917, durement matées, n'ont fait qu'aggraver. La scolarisation, abandonnée aux missions[1], écartait toute possibilité réelle de promotion et ce n'est qu'après 1945 que le code de l'indigénat et le travail forcé ont disparu.

La loi-cadre Defferre aurait pu ouvrir la voie à un apprentissage de l'autonomie interne. Mais à la demande du Rassemblement calédonien d'Henri Lafleur, le général de Gaulle rogna en 1963 sur ses dispositions les plus novatrices, lui préférant la voie de la modernisation économique. L'exploitation prometteuse du nickel, dont la Nouvelle-Calédonie devient le troisième producteur mondial, et de quelques autres minerais (cobalt, chrome), provoque un afflux de cadres venus de métropole, mais aussi de rapatriés d'Algérie et de travailleurs vietnamiens, indonésiens et polynésiens. Mais le boom du nickel prend fin en 1975 avec la crise mondiale de la sidérurgie, ce qui pose à nouveau le problème de la répartition de l'espace foncier[2]. D'autres facteurs interviennent qui vont attiser la revendication indépendantiste, internes avec la réappropriation culturelle que symbolise l'ouverture, en 1975, du festival « Melanesia 2000 », externes avec l'indépendance des archipels océaniens, ouverte par celle des îles Fidji. Le Forum du Pacifique Sud va s'ériger en lieu d'expression et de pression d'un anticolonialisme plus ou moins commandité par l'Australie qui entend s'affirmer comme puissance régionale. C'est à cette époque, en 1977, que le Front indépendantiste adopte le principe de « l'indépendance kanak ». Des deux côtés s'opère une radicalisation, que l'on aurait tort de réduire au classique antagonisme entre Européens (les Caldoches) et Kanaks, mais qui oppose plutôt les Mélanésiens de vieille souche rurale, regroupés depuis 1984 dans le FLNKS[3] de Jean-Marie Tjibaou et Eloi Machoro (abattu en janvier 1985), et le

---

1. Pasteur protestant et ethnologue, Maurice Leenhardt, arrivé à Nouméa en 1902, s'est attaché à la renaissance des droits et de la culture kanaks.

2. En 1978, l'espace foncier à la disposition des 50 000 ruraux mélanésiens totalisait 410 000 ha ; celui des 3 000 ruraux européens et des sociétés minières 480 000, dont 370 000 en pleine propriété.

3. Front de libération nationale kanak et socialiste.

peuplement multiracial à dominante urbaine regroupé dans le RPCR[1] de Jacques Lafleur, favorable au nouveau statut d'autonomie concédé en 1976. Un tel face-à-face condamne le FLNKS à une représentation minoritaire (de l'ordre de 35 % des suffrages) qu'il contourne en faisant valoir les droits de la primauté d'installation.

Les événements de 1984, qui précèdent et suivent le renouvellement de l'Assemblée territoriale en novembre, ouvrent une crise grave. Dépêché par Paris, l'ancien ministre gaulliste Edgard Pisani envisage publiquement une « indépendance-association », diversement accueillie, et procède à un découpage de l'archipel en quatre provinces, *a priori* favorable au FLNKS[2]. Mais, en métropole, le retour de la droite au pouvoir, en mars 1986, conforte, sur fond de cohabitation tendue, les tenants de la manière forte, malgré les admonestations de l'ONU et du Forum du Pacifique Sud. Sans doute, le référendum du 13 septembre 1987, même boycotté par le FLNKS, est une victoire pour les partisans de Jacques Lafleur avec 59 % de *oui* au maintien dans la République, mais les affrontements, qui n'ont guère cessé depuis 1984, culminent en avril 1988 avec la prise en otages de gendarmes français suivie d'une tuerie dans la grotte d'Ouvéa. Une nouvelle guerre d'Algérie se profile-t-elle aux antipodes ?

Intelligemment conduite, la mission de dialogue initiée par Michel Rocard, nouveau Premier ministre, permet d'éviter le pire et de ménager l'avenir. L'accord de Matignon, signé le 25 juillet 1988 et entériné par le référendum du 6 novembre[3], prévoit, outre une large amnistie, le maintien du statut d'autonomie provinciale jusqu'à un référendum d'autodétermination renvoyé à un délai de dix ans, l'État assumant l'administration directe du territoire pendant un an. L'accord est assez facilement

---

1. Rassemblement pour la Calédonie dans la République.

2. L'élection du 29 septembre 1985 ne donne que 35 % des voix au FLNKS, mais celui-ci est majoritaire dans trois provinces sur quatre.

3. Malgré un taux élevé d'abstentions (63 %), le *oui* l'emporte à 80 % et à 57 % en Nouvelle-Calédonie.

entériné par le RPCR, qui voit avec soulagement s'éloigner le spectre d'une indépendance immédiate, plus difficilement par le FLNKS que Jean-Marie Tjibaou peine à convaincre de la nécessité d'un long délai pour opérer le rééquilibrage économique de la grande île et former une élite kanak. Il paie de sa vie cette modération quand il est assassiné, avec son adjoint Yeiwéné Yeiwéné, le 5 mai 1989 par un extrémiste kanak.

Le processus de paix n'est pas pour autant interrompu. Il est même prolongé par l'accord passé à Nouméa entre le FLNKS et le RPCR le 21 avril 1998, entériné par le gouvernement Jospin le 5 mai[1], qui reconnaît la « citoyenneté néo-calédonienne » et organise un transfert progressif des compétences étatiques au bénéfice d'un gouvernement territorial responsable. Le passage de la citoyenneté à la souveraineté doit dépendre d'une consultation prévue entre 2013 et 2018. Une révision de la Constitution française rétablit le Titre XIII (la Communauté) dans lequel l'accord est inscrit. Fragile en raison de la persistance de tensions intra et intercommunautaires, cette paix calédonienne est porteuse d'un statut en devenir.

Longtemps vivifié par le centre d'essais nucléaires de Mururoa, l'archipel polynésien a connu une évolution assez pacifique, encore qu'électoralement agitée, vers l'autonomie interne par les lois de 1977 et de 1984. Celle-ci a longtemps profité à Gaston Flosse, leader du parti Tahoeraa, proche de la droite gaulliste puis chiraquienne. À la demande de ce dernier, la Polynésie a été érigée en « Pays d'outre-mer » votant ses propres lois, doté d'une citoyenneté et habilité à ratifier les accords internationaux la concernant. L'accroissement des difficultés économiques liées à l'arrêt des essais nucléaires et l'usure du « système Flosse », fondé sur le clientélisme et la dilapidation des fonds publics, ont conduit, le 23 mai 2004, à la victoire des indépendantistes conduits par Oscar Temaru. Son renversement peu après, à une voix de majorité, a ouvert une crise dont l'issue demeure problématique.

---

1. C'est à cette occasion qu'est inauguré le Centre culturel Jean-Marie Tjibaou, œuvre de l'architecte Renzo Piano.

Autres cas

Les pays qui ont fait si longtemps profession d'anticolonialisme pour les autres se trouvent eux aussi confrontés aux dures réalités de situations post- ou néocoloniales.

L'impérialisme déployé depuis plus d'un siècle par les États-Unis dans l'« arrière-cour » de l'Amérique centrale et des Caraïbes est de nature composite, s'agissant d'une région à forte valeur stratégique pour le commerce intra-américain et les liaisons interocéaniques[1]. La dimension coloniale n'est guère contestable, juxtaposant une large mainmise économique au profit des firmes agroalimentaires et multinationales américaines, et une sujétion politique appuyée sur les oligarchies locales et des dictateurs de complaisance[2]. Entre le « *big stick* » cher aux républicains et le « bon voisinage », plus respectueux des règles constitutionnelles, défendu par les démocrates, il n'y a guère que des nuances, et les interventions armées, ou par CIA interposée, se comptent par centaines. Un moment menacée par les séquelles des révolutions castristes et sandinistes qui firent de cette « troisième frontière » des États-Unis un front de la guerre froide, la *pax americana* ne semble plus guère troublée au prix de la concession d'un minimum de multilatéralisme économique.

L'effondrement récent de l'Union soviétique ne retire rien à l'intérêt historique d'une construction qui, dans le sillage de la révolution de 1917, a voulu substituer à la « prison des peuples » de l'Empire tsariste une libre fédération fondée sur la stricte égalité des nations qui la composent. On sait qu'avec Staline le chauvinisme grand-russien reprit ses droits, par incorporation forcée des nationalités récalcitrantes et par intégration dans un fédéralisme de façade entériné par les constitutions de 1924

---

1. Sur l'ensemble de la question, voir D. Artaud, *Les États-Unis et leur arrière-cour*, Paris, Hachette, coll. « Pluriel », 1995.
2. Trujillo en République dominicaine, la dynastie des Somoza au Nicaragua, Batista à Cuba, les Duvalier père et fils en Haïti…

et 1936. La russification à outrance, qui a revêtu les formes extrêmes de l'extermination des élites allogènes et de la falsification délibérée des histoires nationales, a trouvé un prolongement après 1945 dans la satellisation de l'Europe centrale et orientale dont les pays ont été, hormis la Yougoslavie, réduits à l'état, sinon de colonies, du moins de protectorats.

Ce fut le mérite de Khrouchtchev de rompre avec ce monolithisme et de restituer aux nations leur dignité et une partie de leur passé, tout en élargissant les compétences économiques et administratives des républiques. Cette décolonisation intérieure n'est du reste pas indifférente au mouvement général d'émancipation des peuples coloniaux. En épousant la cause des libérations nationales et en s'ouvrant au tiers monde, Khrouchtchev était contraint de jeter du lest, sachant qu'à Bandung le « colonialisme russe » avait été malmené par quelques intervenants. Ce libéralisme montra néanmoins ses limites. Si certains peuples persécutés par Staline retrouvèrent leur terre et leur honneur, ce ne fut pas le cas de tous. Les événements de Pologne et de Hongrie (1956) et la crainte d'une renaissance du « chauvinisme local » dans les frontières de l'Union ont réorienté le Kremlin vers l'exaltation du « peuple tout entier » en marche vers le communisme au détriment des spécificités nationales censées appartenir au passé. Ses successeurs sont demeurés fidèles à cette ligne, au prix d'une russification qui, pour être moins violente que sous Staline et contrainte à une certaine circonspection dans les républiques musulmanes, n'a cessé d'être le vecteur de l'intégration des nationalités dans la communauté soviétique[1]. Les résistances opposées à cette domination du centre n'ont pris un tour véritablement menaçant qu'avec les perspectives de libéralisation ouvertes, à partir de 1985, par Mikhaïl Gorbatchev. Les émeutes d'Alma-Ata en décembre 1986 inaugurent une

---

1. Sur l'ensemble de la question, voir H. Carrère d'Encausse, *L'Empire éclaté. La révolte des nations en URSS*, Paris, Flammarion, 1978. Les tableaux des p. 150-153 sont particulièrement éclairants, qui montrent que si le Premier secrétaire du Parti communiste des Républiques est un « national », le second secrétaire, chargé de la sélection des cadres et de la nomenklatura, est toujours un Russe, même en Ukraine.

série de manifestations séparatistes, virulentes surtout dans les Pays baltes et en Transcaucasie, mais qui n'épargnent ni l'Ukraine ni les républiques musulmanes. Face à cette explosion, le pouvoir soviétique a oscillé entre la répression (blocus économique, intervention de l'Armée rouge), notamment en Lituanie, en Lettonie et en Géorgie, et la promesse d'une « fédération rénovée », jusqu'à la dissolution de l'Union soviétique le 25 décembre 1991. La Communauté des États indépendants (CEI) hâtivement formée a été d'emblée fragilisée par des forces centrifuges. Cette décolonisation par implosion du centre, au demeurant inédite, ne règle pas pour autant le statut de multiples minorités incluses dans les nouveaux États. Les Tchétchènes sont de ceux-là, contre lesquels les maîtres de la Fédération de Russie ont engagé depuis 1999 une véritable guerre de recolonisation.

Les artifices de la propagande chinoise ne peuvent sérieusement masquer le caractère colonial de l'occupation et de l'exploitation de la région dite autonome du Tibet. Dès avant l'entrée des troupes de l'Armée rouge à Lhassa, Pékin avait imposé au tout jeune dalaï-lama, Tenzin Gyatso, l'accord en 17 points du 23 mai 1951 qui affirmait clairement l'appartenance du Tibet à la Chine populaire tout en lui promettant l'« autonomie nationale régionale ». Après quelques années de relations cordiales, l'emprise chinoise se renforce à partir de 1955, déclenchant une guérilla tibétaine. L'insurrection de Lhassa en mars 1959, durement réprimée[1], coïncide avec l'exil du dalaï-lama en Inde où Nehru lui accorde l'asile politique. Les années du Grand Bond et surtout de la Révolution culturelle (1965-1969) sont celles du durcissement et des pires violences : destruction des monastères, endoctrinement, exécutions…, suivis à partir de 1969 par une brutale collectivisation des terres. Le règne de Deng Xiaoping ouvre une certaine détente et le secrétaire général du PCC, Hu Yaobang, a reconnu en 1980 les excès

---

1. De 2 000 à 10 000 morts selon les estimations. En 1959-1960, 80 000 Tibétains s'enfuient en Inde ou au Népal. G.F. Pommaret, *Le Tibet, une civilisation blessée*, Paris, Gallimard, coll. « Découvertes Gallimard », 2002.

du colonialisme chinois. Quelques gestes ont suivi, mais la reprise en main est patente depuis 1987. En mars 1989, la répression d'une manifestation anti-chinoise à Lhassa préfigure celle de la place Tienanmen quatre mois plus tard. La popularité internationale du dalaï-lama, prix Nobel de la paix en 1989, et de la cause tibétaine en général, sous-tendue par une revendication du reste très modérée de véritable autonomie, n'empêche pas la Chine de mener une politique systématique d'immigration forcée, d'intégration économique et de déculturation rampante[1].

Sur la nature colonialiste du sionisme et de l'État d'Israël, la controverse idéologique a connu son apogée dans les années soixante et soixante-dix. C'était devenu un lieu commun du discours tiers-mondiste de désigner le sionisme comme une entreprise coloniale et Israël comme un État fondé sur la dépossession violente de ses occupants palestiniens. Cette accusation faisait l'unanimité de l'intelligentsia arabe, relayée par de nombreux marxistes[2], mais elle était réfutée point par point par la gauche sioniste, la droite « révisionniste » n'ayant pas les mêmes scrupules.

Pour s'en tenir au survol sommaire d'un double argumentaire, l'accusation de colonialisme affirme que le sionisme s'inscrit historiquement dans la mouvance du grand essor impérialiste de la fin du XIXᵉ siècle ; que la déclaration Balfour a été l'instrument de la pénétration britannique au Proche-Orient, à l'encontre de la promesse antérieure du « royaume arabe » ; que le Foyer national juif (le Yichouv) s'est construit avec la bienveillance et les capitaux des puissances anglo-saxonnes, signifiant une dépossession contre laquelle les Palestiniens se sont révoltés à plusieurs reprises ; et que la guerre dite d'indépendance (1947-1948) a été l'occasion d'une vague d'appropriation violente des

---

1. Une orientation analogue, encore que plus atténuée, peut être observée au Sin Kiang et en Mongolie.
2. En particulier M. Rodinson, « Israël, fait colonial ? », in *Peuple juif ou problème juif ?*, Paris, La Découverte, 1997, p. 153-239.

terres et des villages arabes, ainsi que de l'exode forcé de quelque 800 000 Palestiniens.

Les arguments opposés font valoir que le sionisme relève historiquement non de l'impérialisme mais du mouvement des nationalités qui visait à donner un État à un peuple en quête de libération ; que la terre d'Israël n'était pas étrangère, mais terre d'origine, à laquelle l'attachement était entretenu par une tradition millénaire ; qu'à la différence du colonialisme classique, adossé à un État conquérant, le sionisme ne relève d'aucune mère-patrie, d'aucun projet de domination. L'idéologie socialiste des pères fondateurs a assigné aux premières vagues d'immigrants un haut degré d'idéalisme qui interdisait l'exploitation du travail des Arabes sur des terres régulièrement achetées. La création de l'État d'Israël, enfin, s'est faite contre l'occupant britannique, et avec la reconnaissance conjointe des deux grandes puissances anticolonialistes.

Cette controverse apparaît aujourd'hui quelque peu datée. L'historiographie israélienne récente, férue de comparatisme, ne nie plus guère le caractère colonialiste du sionisme tout en lui reconnaissant certaines spécificités. Que la terre d'Israël ait été promise ne change rien à des modalités d'appropriation et de consolidation qui relèvent moins de l'idéal que d'une succession de rapports de forces favorables et habilement exploités[1]. En tout état de cause, l'attention se porte davantage sur la colonisation des territoires occupés depuis la guerre des Six Jours qui commande pour une large part les termes d'une hypothétique paix israélo-palestinienne. Cette colonisation, qui contredisait la résolution 242 de l'ONU (22 novembre 1967), mais qui a bénéficié du soutien à peu près unanime de la classe politique et de l'opinion israéliennes, s'est effectuée en deux temps. Dans une première phase, dominée par les gouvernements travaillistes et

---

1. Les chefs de file de cette tendance sont B. Kimmerling, *Zionism and Territory*, Berkeley, Institute of International Studies, University of California, 1983, et G. Shafir, *Land, Labor and the Origins of the Israeli-Palestinian Conflict, 1882-1914*, Cambridge, Cambridge University Press, 1989. Sur l'état de la question, voir I. Greilsammer, *La Nouvelle Histoire d'Israël. Essai sur une identité nationale*, Paris, Gallimard, 1998, en particulier p. 96-101.

inspirée du plan Allon (juillet 1967), elle est demeurée relativement modeste, commandée par des impératifs de sécurité, et soucieuse de ne pas empiéter sur les zones à forte densité arabe. La victoire de la droite en 1977 et la signature des accords de Camp David l'année suivante ont ouvert la voie à une colonisation beaucoup plus substantielle, dictée par l'impératif d'*Eretz Israël*, favorisée par une législation appropriée et des moyens considérables. En 2004, l'effectif des colonies juives était de 9 000 colons dans la bande de Gaza et de 250 000 en Judée-Samarie (Cisjordanie), représentant respectivement, en intégrant les zones militaires, les routes et les terres réservées, 20 et 40 % de leur superficie. En août 2004, le démantèlement des colonies de la bande de Gaza, devenues plus coûteuses qu'utiles, ordonné par le Premier ministre Ariel Sharon, pourrait être suivi d'un retrait partiel des implantations de Cisjordanie, en vue de fixer à terme, au besoin unilatéralement, les frontières définitives de l'État juif.

Les premiers pas de l'indépendance

À peine acquise, et dissipée l'euphorie de la souveraineté conquise ou recouvrée, l'indépendance ne peut masquer l'immensité des tâches. Il apparaît vite que la décolonisation est un processus global qui va bien au-delà de l'acte formel qui a levé l'état de sujétion politique. Il s'agit tout à la fois de construire un État, de définir une stratégie de développement et d'acquérir une légitimité internationale. Tâches d'autant plus redoutables que faute de transition, faute de cadres suffisants, faute de réflexion concertée, les dirigeants issus des luttes nationales ne vont pas toujours éviter le double écueil de la soumission complaisante aux orientations assignées par l'ancienne puissance coloniale et du maximalisme révolutionnaire étranger aux traditions des populations. La persistance du sous-développement, l'échec patent de trop de « modèles » hâtivement improvisés sont à l'origine d'une instabilité que la généralisation du parti unique et des dérives autocratiques ont plus étayée

qu'enrayée. Dans les années soixante et soixante-dix, l'indul-
gence est de mise face à une immaturité explicable par l'égoïsme manipulateur de l'Occident. Pour nombre d'intellectuels,
marxistes ou non, le tiers monde n'est rien d'autre que l'Histoire en marche vers la libération et le progrès des peuples
momentanément entravés par les manœuvres de l'impérialisme
et du néocolonialisme. À l'orée des années quatre-vingts, ce
discours tiers-mondiste ne fait plus recette[1] et a laissé place à
une appréciation plus réaliste des crimes et des erreurs commis.
L'éclatement du tiers monde en de multiples espaces différen-
ciés invite à une approche plus modeste et surtout plus régionale des problèmes auxquels sont confrontés les États issus de
la décolonisation.

Le Sud et le Nord

Considéré sous l'angle du sous-développement économique,
le tiers monde[2] préexiste à la décolonisation, mais il en procède
au regard de la prise de conscience et de ses revendications.
Dans le sillage de Bandung, il apparaît comme une masse encore
indifférenciée, unie par le poids du nombre, par la pauvreté et la
sous-industrialisation. Dans sa quête de reconnaissance, il répudie les structures imposées par le monde développé. De même
que le non-alignement rejette la bipolarité et le condominium
inavoué des deux Grands sur les affaires du monde, de même la
formation à l'ONU, en 1963, du « groupe des 77 » débouche
l'année suivante sur l'institutionnalisation de la CNUCED[3] qui se
présente comme un anti-GATT. Rallié à la théorie de l'échange

1. Voir P. Bruckner, *Le Sanglot de l'homme blanc. Tiers monde, culpabilité, haine de soi*, Paris, Seuil, 1983.

2. Le tiers monde, on le sait, ne coïncide pas avec les espaces décolonisés après 1945 puisqu'il compte des États demeurés souverains (Iran, Thaïlande, Éthiopie…) et qu'il s'étend à l'Amérique latine, qui relève d'une autre décolonisation, et dans une certaine mesure à la Chine. Pour une présentation générale, B. Chantebout, *Le Tiers monde*, Paris, A. Colin, 1986.

3. Conférence des Nations unies pour le commerce et le développement.

inégal[1], le tiers monde oppose au libre-échange abstrait et souvent contourné, profitable aux seuls pays développés, les règles d'un commerce équitable fondatrices d'un nouvel ordre économique international qui marquerait le passage de la décolonisation politique à la décolonisation économique.

Dans le cadre du dialogue Nord-Sud ainsi tracé, les années soixante-dix ont été riches en débats et en négociations[2]. Mais ils ont vite tourné au dialogue de sourds malgré la bonne volonté médiatrice de la France[3]. La différenciation croissante du tiers monde, activée par l'arme du pétrole et la montée des pays émergents, a eu pour effet de fragmenter le Sud en une juxtaposition d'intérêts particuliers, alors même qu'une négociation globale se heurtait à l'opposition obstinée des États-Unis, qui faisaient nécessairement figure d'accusé, et à l'abstention de l'URSS, officiellement non concernée. Le sommet de Cancun, en octobre 1981, dont l'échec programmé marque la victoire du nationalisme économique américain, et celui de Belgrade (CNUCED VII, juin 1983) se sont achevés sans résultat. Le dialogue Nord-Sud a progressé néanmoins dans le cadre de configurations moins ambitieuses dont la Communauté économique européenne a fourni le modèle. Dans le sillage de la négociation du traité de Rome, où la France avait obtenu l'intégration des DOM-TOM dans le Marché commun, la convention de Yaoundé (1964) a établi des liens entre la Communauté et 18 États africains et malgache, étendus par la suite aux anciennes posses-

---

1. Contrairement aux prévisions optimistes de Colin Clark, celle-ci souligne la dégradation structurelle des termes de l'échange des pays en voie de développement, exportateurs de produits primaires (agricoles et matières premières) soumis aux fluctuations des cours mondiaux et importateurs de produits finis à haute valeur ajoutée. Voir R. Prébisch, *Vers une nouvelle politique commerciale en vue du développement économique*, Paris- New York, Dunod, Nations unies, 1964.

2. Les conférences de la CNUCED se sont tenues successivement à Genève en 1964, New Delhi en 1968, Santiago du Chili en 1972, Nairobi en 1976, etc.

3. L'ambitieuse conférence sur la coopération économique internationale ouverte à Paris en décembre 1975, prolongée jusqu'en 1977, s'est enlisée et n'a abouti qu'à des conclusions lénifiantes. Cet échec a conduit le président Giscard d'Estaing à formuler le vœu d'un « trilogue » associant la France, l'Afrique et le monde arabe, sans plus de succès.

sions britanniques, hollandaises et portugaises d'Afrique, des Caraïbes et du Pacifique (pays ACP). À partir de 1975, les conventions de Lomé ont mis en place un système de compensation des variations des cours mondiaux applicable aux produits agricoles (STABEX, 1975), puis aux produits miniers (SYSMIN, 1979). Avec le temps, le système s'est quelque peu dégradé faute de ressources suffisantes, et il n'a pas permis l'augmentation significative des exportations des pays ACP, passés de 46 en 1975 à 69 en 1990. La relative réussite de la Communauté n'en fournit pas moins le modèle à de nouveaux espaces économiques intégrés combinant le libre-échange et la mise en place de politiques communes dans le cadre d'un dialogue Sud-Sud : l'ASEAN et l'APEC[1], le Forum du Pacifique Sud, le MERCOSUR et le CARICOM[2], ainsi que diverses communautés régionales africaines[3] dont les objectifs demeurent très théoriques.

Publique ou privée, multilatérale ou bilatérale, financière ou technique, l'aide au développement a suscité de nombreux débats (« *Trade not Aid* ») et a levé de multiples critiques[4]. Rarement désintéressée de la part de ses contributeurs et longtemps conditionnée par la rivalité Est-Ouest, elle s'est exposée à l'accusation de néocolonialisme pour les pays recourant massivement à l'aide bilatérale (la France) ou à l'aide liée[5] (États-Unis,

---

1. Fondée en 1967, l'ASEAN (Association des nations de l'Asie du Sud-Est) comprenait l'Indonésie, la Malaisie, les Philippines, la Thaïlande et Singapour. Elle s'est voulue un rempart contre la menace soviéto-vietnamienne, pour évoluer, après l'effondrement de l'URSS, vers une zone de libre-échange à l'horizon 2008. Avec 18 États, l'APEC (Association des pays de l'Asie et du Pacifique) nourrit le même objectif pour 2020.

2. Fondé en 1991, le MERCOSUR unit l'Argentine, le Brésil, l'Uruguay, le Paraguay et le Venezuela dans la réalisation d'un marché commun. Sur le CARICOM, voir *supra*, p. 287-288.

3. Communauté économique des États de l'Afrique de l'Ouest (CEDEAO, 1975), de l'Afrique centrale (CEEAC, 1983), de l'Afrique australe (SADC, 1979, avec l'Afrique du Sud depuis 1994).

4. Voir H. Raulin et E. Raynaud, *L'Aide au sous-développement*, Paris, PUF, coll. « Tiers monde », 1980.

5. L'aide est dite liée quand elle est assortie d'une obligation de contracter avec les entreprises du pays fournisseur. En raison des critiques dont elle a fait l'objet, elle est en voie de diminution.

Japon). L'aide publique bilatérale favorise indéniablement le clientélisme politique des jeunes États et se révèle anti-économique quand elle finance des projets somptuaires ou non aboutis, voire les fins de mois difficiles de certains pays impécunieux. En fait, l'extrême diversité des sources et des modalités de l'aide, à laquelle contribuent de façon croissante les organes spécialisés des Nations unies et les organisations non gouvernementales (ONG), interdit tout jugement d'ensemble. Une attention particulière s'est dessinée en faveur des pays les moins avancés (PMA), pour la plupart africains, qui bénéficient d'une aide prioritaire et d'une réduction ou annulation de leur endettement. Mais l'évolution générale des aides publiques n'en est pas moins à la baisse depuis les années quatre-vingts. L'objectif de 1 % du PNB, assigné aux pays industrialisés dans les années soixante, a été ramené à 0,7 %, et il n'est atteint que par un nombre restreint de pays[1]. Ce qui n'excuse pas les détournements au profit d'intermédiaires et de dirigeants qui ont pu ériger sur la misère de leur peuple des fortunes scandaleuses.

L'insertion internationale

L'ampleur de la décolonisation se mesure à la croissance numérique des États membres de l'ONU : 51 États fondateurs en 1945, 118 en 1965, 135 en 1973, 159 en 1986, 185 en 1995… Les anciennes colonies se sont dans une certaine mesure approprié le système onusien, créant de nouvelles structures attentives à leurs problèmes[2], dominant les débats de l'Assemblée générale et le vote de ses résolutions, annexant certains organes spécialisés, tels l'OIT et l'UNESCO, dont se retirent en 1984 les États-Unis, suivis de la Grande-Bretagne, las des diatribes devenues rituelles contre les méfaits de l'impérialisme occidental.

---

1. Essentiellement les Pays scandinaves et les Pays-Bas. La France y parvient, mais en intégrant le soutien aux DOM-TOM.
2. Outre le comité de décolonisation déjà évoqué, les créations les plus significatives sont la CNUCED, le PNUD (Programme des Nations unies pour le développement) et l'ONUDI (Organisation des Nations unies pour le développement industriel).

Les perturbations introduites par cette balkanisation ne doivent pas être surestimées. Dans un monde demeuré largement bipolaire, l'émergence des nouveaux États a plus compliqué que véritablement déstabilisé l'équilibre mondial. Les années 1962-1975 sont celles de la détente Est-Ouest que l'accélération des indépendances ne perturbe guère, moins que les deux grands conflits périphériques, le conflit israélo-arabe et la guerre du Vietnam, qui n'entretiennent avec la décolonisation que des liens distendus. C'est dans les années 1975 et suivantes que, dans le sillage de la décolonisation portugaise, la pénétration soviétique en Afrique a pris un caractère massif auquel les États-Unis, en proie au syndrome vietnamien et aux retombées de l'affaire du Watergate, ont tardé à riposter. Ce nouveau front de la guerre froide, qui a affecté surtout l'Angola, le Mozambique et la Corne de l'Afrique, s'est résorbé à la fin de la décennie suivante.

Les pays issus de la décolonisation s'étaient assigné la tâche de fonder une stratégie internationale originale qui exprimerait leur solidarité et leur communauté d'intérêts tout en concourant à la paix mondiale par la répudiation de la logique des blocs. Bandung en a été la matrice, directe pour l'afro-asiatisme, plus indirecte pour le non-alignement[1]. Les résultats n'ont pas répondu à un projet aussi ambitieux. À travers les conférences du Caire (1957)[2], de Conakry (1960), et surtout avec l'échec de la conférence d'Alger (1965)[3], l'afro-asiatisme s'est épuisé en querelles

---

1. Contrairement à une assertion fréquente, le non-alignement ne procède pas de Bandung, même si la répudiation des blocs y est latente, mais de la rencontre Tito (qui n'était pas à Bandung)-Nehru-Nasser dans l'île de Brioni (Yougoslavie) en juillet 1956.

2. Cette conférence, achevée en janvier 1958, s'est voulue le « Bandung des peuples », les délégations ne représentant pas des États mais des partis et des mouvements. L'Union soviétique inspire le caractère très violemment antioccidental des résolutions, faisant une entrée remarquée dans le tiers monde. Un organe de liaison est créé, l'OSPAA, ce que n'avait pas fait Bandung, mais sans efficacité réelle. Les dissensions entre Nehru, Nasser et N'Krumah, pour être feutrées, n'en sont pas moins manifestes.

3. Cette conférence a été ajournée *sine die* en raison des très vives tensions entre la Chine et l'Inde d'une part, l'URSS et la Chine de l'autre, et de l'incapacité des pays africains à prendre parti.

de représentation et d'influence. Incapable de se départir du clientélisme des grandes puissances, il s'est tourné vers les thèmes plus unifiants du développement économique avec l'adaptation de la Charte d'Alger (1967) et les premières conférences de la CNUCED. Entre-temps, l'impact de la révolution castriste a élargi l'afro-asiatisme, au moins dans sa version révolutionnaire, à l'Amérique latine avec la création de la « Tricontinentale » de solidarité des peuples à La Havane en janvier 1966. Celle-ci entendait coordonner une stratégie axée sur la priorité de la lutte armée indépendamment de la rivalité d'influence entre Pékin et Moscou. Mais les « Cent Vietnam » qui devaient se répandre à travers le monde se sont limités aux « focos » allumés en Amérique du Sud et qui ont moins servi la cause de la révolution qu'ils n'ont favorisé la prolifération des dictatures latino-américaines.

Initialement plus prometteur, le non-alignement n'a pas mieux résisté à l'épreuve des faits[1]. Dès l'origine, les préoccupations communes – rejet de la division du monde en deux blocs, désarmement, sécurité collective – masquaient mal l'approche différente que s'en faisaient les trois hommes d'État réunis à Brioni : neutralisme équidistant de l'Est et de l'Ouest pour Tito, pacifisme non violent pour Nehru, neutralisme « actif », c'est-à-dire sachant jouer de la rivalité des deux Grands, pour Nasser. Le premier sommet des non-alignés, tenu à Belgrade en septembre 1961 dans un climat de grande tension Est-Ouest[2], s'achève par un appel à la paix auquel tous souscrivent. Au fil des sommets suivants[3], le nombre des pays membres épouse le rythme de la décolonisation, passant de 24 en 1961 à 85 en 1976. Ces sommets, joints à de multiples rencontres bilatérales, confèrent une indéniable stature internationale à la nouvelle génération qui a succédé aux pères fondateurs : Boumedienne, Indira Gandhi, Sadate, Kadhafi… Mais l'ambiguïté persiste entre la priorité accordée à la lutte contre l'impérialisme américain, défendue par

1. Voir E. Berg, *Non-alignement et Nouvel Ordre mondial*, Paris, PUF, 1980.
2. Crise américano-cubaine, construction du mur de Berlin, reprise des essais nucléaires soviétiques.
3. Le Caire 1964, Lusaka 1970, Alger 1973, etc.

Fidel Castro, et celle en faveur de l'atténuation des tensions Est-Ouest. En contradiction avec les postulats initiaux, les pays non alignés s'autorisent à nouer des alliances avec l'une ou l'autre des deux grandes puissances, tels l'Inde et l'Irak avec l'Union soviétique, le Pakistan et le Soudan du général Nimeiry avec les États-Unis, jusqu'à vider le non-alignement de toute substance.

Dans leurs relations bilatérales, les États du tiers monde issus de la décolonisation n'ont pas toujours respecté les règles de droit inscrites dans la déclaration de Bandung ou dans la charte des organisations auxquelles ils adhéraient : non-agression, respect de l'intégrité territoriale, prévention pacifique des conflits… Il en résulte une multiplication de conflits dits postcoloniaux qui, pour n'être pas attisés par l'ancienne puissance coloniale, n'en découlent pas moins d'un héritage conflictuel plus ou moins légué par la colonisation. Au demeurant, les confrontations armées au motif d'un territoire contesté sont demeurées assez rares, centrées en Asie sur les guerres du Cachemire et le conflit sino-indien[1], et en Afrique quelques conflits mineurs[2]. Bien plus redoutables se sont avérées les manifestations de séparatisme de telle ou telle province, dont les fondements peuvent être ethniques, religieux ou politiques, dégénérant en conflits sanglants impliquant parfois les pays voisins et le soutien indirect des puissances extérieures, voire une intervention, plus ou moins couronnée de succès, des forces de l'ONU. Ainsi en a-t-il été du séparatisme katangais consécutif à l'indépendance du Congo belge, réveillé en 1977 par les guerres du Shaba, du séparatisme biafrais dans les années 1967-1970, du séparatisme bengali qui a entraîné en 1971 une guerre indo-pakistanaise et la création du Bangladesh, et de tant d'autres conflits qui n'ont cessé d'ensanglanter l'Afrique[3], ajoutant aux ravages de la guerre le sort dramatique des populations déplacées.

---

1. Sur la question du Cachemire, voir *supra*, p. 130-131. La guerre sino-indienne de l'automne 1962 est due à la contestation par la Chine populaire de la « ligne MacMahon », frontière imposée aux deux pays par la Grande-Bretagne.

2. Conflit algéro-marocain de 1963, conflit libo-tchadien…

3. Au Soudan (le Nord et le Sud, le Darfour), en Éthiopie (Ogaden et Érythrée), au Sénégal (Casamance), etc.

Problèmes politiques

Construire l'État et cimenter l'unité nationale sont les tâches prioritaires qui s'imposent au lendemain de l'indépendance, plus aisées pour les pays dépositaires d'une histoire nationale et de longue date associés à la gestion des affaires publiques que pour les jeunes États, africains surtout, démunis d'expérience, de cadres et de moyens, qui doivent bien souvent s'en remettre aux experts maintenus ou affectés par l'ancienne puissance coloniale.

Si la construction de l'État demande du temps, il est assez vite procédé aux actes symboliques fondateurs de la souveraineté : le drapeau, l'hymne national, la devise, les journées commémoratives, le choix parfois délicat d'une langue officielle. Une nouvelle toponymie, qui affecte non seulement les États, surtout en Afrique[1], mais aussi les villes, les rues et les places, vise à renouer avec une histoire occultée ou déformée par le colonisateur, de même que l'appellation officielle des nouvelles Républiques[2] – démocratique, islamique, socialiste, populaire... – renvoie à une idéologie fondatrice clairement démarquée de l'héritage colonial[3].

Ces marques un peu ostentatoires de rupture sont du reste atténuées par l'adhésion officielle aux valeurs démocratiques qui ont sous-tendu la lutte pour l'indépendance. Sauf exception, la pluralité des opinions et des partis, le suffrage universel et la

---

1. N'Krumah donne l'exemple en substituant à la Gold Coast l'appellation de Ghana, par référence à un ancien empire qui n'était du reste nullement localisé dans le Ghana actuel. Par la suite, Mobutu baptise Zaïre le Congo-Kinshasa, le Dahomey devient Bénin, la Haute-Volta Burkina-Faso, la Rhodésie du Nord devient Zambie, celle du Sud Zimbabwe.

2. Sauf au Maroc, où la cause nationale s'est largement identifiée au sultan, les monarchies, suspectes d'avoir pactisé avec l'occupant, ont mal résisté à la décolonisation : en Tunisie, en Ouganda, au Rwanda, en Malaisie, au Vietnam du Sud... Il en va de même au niveau local où les chefs coutumiers disparaissent du paysage administratif, sans perdre forcément tout pouvoir d'influence.

3. Voir Y. Benot, *Idéologies des indépendances africaines*, Paris, F. Maspero, 1969.

séparation des pouvoirs sont garantis par des constitutions inspirées par l'ancienne puissance coloniale, parlementaires pour les
anciennes possessions britanniques, semi-présidentielles pour
celles de la France. Mais l'évolution politique va rapidement
contredire les espoirs placés dans une adaptation aussi rapide à
la démocratie représentative. À quelques exceptions près, dont
celle de l'Inde est la plus manifeste, les régimes constitutionnels
issus de la décolonisation vont rapidement s'infléchir dans
l'autocratie, sans que la stabilité politique soit pour autant garantie. Une telle dérive autoritaire est imputable à de multiples
facteurs, pour partie légués par l'ère coloniale, pour une autre
liés aux structures ethniques et sociales des pays considérés.
L'absence d'une tradition étatique antérieure au sentiment national, la faible cohésion d'États pluri-ethniques ou pluri-religieux
ancrés parfois dans un cadre territorial artificiel, l'apprentissage
trop bref, voire inexistant ou manipulé, du débat politique, des
masses rurales et urbaines peu alphabétisées, coiffées par une
bourgeoisie avide de conquérir les places, sont autant d'éléments
d'explications.

Si l'on admet volontiers que la démocratie suppose un haut
degré de conscience et d'éducation, l'infléchissement vers un
présidentialisme renforcé n'est en soi ni surprenant ni condam-
nable, d'autant moins que celui-ci s'identifie souvent à un leader
charismatique qui a personnifié la conquête de l'indépendance.
Mais l'instauration du parti unique qui l'accompagne a pour
effet de dénuer de toute signification les consultations électorales et revient, entre autres fonctions, à légitimer un pouvoir dic-
tatorial. Échappant à tout contrôle légal, une administration
devenue pléthorique au fil des ans, recrutée sur la base du clientélisme ethnique et politique, compense par la corruption la min-
ceur de ses émoluments et par la multiplication des passe-droits
l'inertie de sa gestion.

Rares sont par ailleurs les pays qui échappent à l'intervention
politique de l'armée qui s'autodésigne comme alternative à
l'échec ou à l'instabilité du pouvoir civil. Issu généralement de
la classe moyenne, doté d'un certain bagage technique et instruit
dans les valeurs de l'unité nationale, le corps des officiers aspire

tôt ou tard à transposer au niveau étatique les principes d'ordre et de modernisation admis dans ses rangs. D'où l'orientation progressiste, voire révolutionnaire, de nombreux coups d'État qui, du reste, ne débouchent pas inévitablement sur une dictature militaire. Les pays concernés peuvent y gagner parfois en stabilité, mais rarement en efficacité et en moralisation de la vie publique.

Des trois grands sous-ensembles qui concentrent l'essentiel de la décolonisation après 1945, l'Asie offre sans doute les évolutions les plus contrastées. La démocratie parlementaire paraissait devoir s'imposer en raison de l'empreinte européenne, particulièrement britannique, et de la maturité politique des bourgeoisies nationales. Seuls l'Inde et Ceylan en ont fait l'expérience durable. Tout a été dit des vices de fonctionnement de « la plus grande démocratie du monde », de ses explosions de violence et de la corruption de ses élites politiques, mais le recours fréquent à l'état d'urgence n'a pas empêché le maintien du pluralisme et l'alternance politique y est demeurée la règle, qui contrastent avec la militarisation rapide du Pakistan et de la Birmanie, plus tardive en Indonésie. La menace communiste, intérieure et extérieure, est l'une des justifications de ce raidissement à l'heure où une seconde guerre d'Indochine va permettre la réunification du Vietnam sous l'égide du Nord.

En Afrique, il est classique d'opposer la stabilité des États du Maghreb à l'instabilité endémique de l'Afrique noire. Cette opposition tient sans doute à un moindre degré de particularismes ethniques – même si les Kabyles d'Algérie manifestent périodiquement contre les discriminations dont ils sont victimes –, joint à une conscience nationale plus fortement trempée dans les combats pour l'indépendance. Cette stabilité, qui n'exclut pas de graves crises intérieures, est imputable à une commune dérive autoritaire, mais de nature différente. Il s'agit au Maroc d'une monarchie autocratique, habile avec Hassan II dans le dosage du favoritisme et de la répression, mais légitimée par son passé national et par la fonction religieuse du souverain. En Tunisie, le présidentialisme éclairé de Bourguiba, très prometteur à ses débuts, s'est peu à peu enlisé dans de brutales variations de stratégies de développement et dans de confuses révolutions de palais. En Algérie a prévalu d'emblée le parti unique, maître de l'appareil d'État et des organisations sociales, mais qui a dû consentir à l'armée une place croissante et de plus en plus opaque dans la direction du pays. C'est paradoxalement en Algérie que la percée de l'islamisme a été à la fois la plus tardive, en raison d'un environnement politique rebelle à tout pluralisme, et la plus vigoureuse en raison des frustrations de tous ordres de la génération née après l'indépendance.

En Afrique noire, l'espoir placé dans l'avènement de régimes constitutionnels stables a été rapidement déçu. Le parti unique s'est rapidement imposé, ou peu s'en faut, comme l'unique moyen de définir l'État, de maintenir la cohésion nationale face à la multiplicité des forces centrifuges et de mobiliser des masses autour d'un programme de développement. Un tel ancrage a pu apporter la stabilité à un certain nombre de pays, mais il n'a pas toujours coïncidé avec les progrès annoncés ni surtout avec un minimum de respect des droits de la personne. Sauf exceptions remarquables – Houphouët-Boigny, Senghor, Nyerere, Kaunda, Tsiranana –, le prestige personnel des pères fondateurs de l'indépendance s'est rapidement émoussé. Les uns ont dû quitter la place à plus ou moins brève échéance (N'Krumah et Azikiwe en 1966, Modibo Keita en 1968), d'autres se sont maintenus, tel Sékou Touré, au prix d'une sanglante tyrannie.

La déposition et l'assassinat du président togolais Sylvanus Olympio, le 13 janvier 1963, ouvre l'ère des coups d'État militaires. Sans doute, l'armée n'a pas recherché systématiquement le pouvoir en raison de sa formation apolitique. Mais elle est apparue comme la force de substitution à un pouvoir civil discrédité par l'autocratie, l'impuissance et la corruption, même si des considérations ethniques ne sont pas étrangères à certaines de ses interventions[1]. Par osmose, les coups d'État vont se compter

---

1. Par exemple au Nigeria en 1966, au Congo-Brazzaville en 1968.

par dizaines pour la seule décennie 1963-1972. Tous il est vrai n'ont pas réussi et certains relevaient du complot imaginaire, « déjoué » par le pouvoir en place pour s'octroyer ainsi toute latitude répressive. D'autres ont été réprimés par une intervention, discutée et discutable, de l'ancienne puissance coloniale[1]. Par une réaction en chaîne de putschs et de contre-putschs, certains pays comme le Dahomey, avec cinq coups d'État entre 1964 et 1972, ou le Burundi (quatre), voire le Soudan, ont été plongés dans une instabilité chronique. Plus généralement, la militarisation du pouvoir politique ne résout ni les antagonismes ethniques dont l'armée, ou son chef, est parfois l'instrument, ni les problèmes du développement aggravés par le poids des dépenses militaires, ni la corruption généralisée de l'État. Et nul n'ignore à quels excès de terreur se sont livrés certains généraux ou maréchaux – dictateurs comme Bokassa en République centrafricaine, Idi Amin Dada en Ouganda et Mobutu au Zaïre. Ce long conditionnement des populations africaines a semblé devoir prendre fin dans les années 1989-1991 avec la restauration du multipartisme, précédée par de multiples manifestations d'impatience d'une population qui n'avait jamais été vraiment dupe des slogans dont elle était saturée. Des retraits politiques volontaires et des élections pluralistes ont eu lieu, plus ou moins sincères. Mais cette démocratisation s'est heurtée à des coups d'État et à des rébellions qui laissent encore de beaux jours aux seigneurs de la guerre dans certaines parties de l'Afrique.

Migrations et construction de mémoires

Fait majeur de l'histoire des migrations internationales, la décolonisation a puissamment contribué au renversement d'un mouvement multiséculaire qui avait fait de l'Europe une terre

---

1. La France intervient au Gabon en 1964 pour rétablir le président Léon Mba et au Tchad en 1969 pour maintenir au pouvoir François Tombalbaye. En 1964, le président Nyerere fait appel aux troupes britanniques pour mater une rébellion militaire.

d'émigration. Même si les anciens colonisateurs n'ont pas tous regagné l'Europe, le rapatriement de quatre à cinq millions de « Blancs » y entre pour beaucoup, lesté de près de deux millions d'anciens colonisés qui, pour des raisons diverses, les ont suivis. Par la suite, une immigration économique massive, antérieure à la décolonisation mais amplifiée par elle, et dont les flux sont largement tributaires des anciennes relations coloniales, ont transféré dans les métropoles le face-à-face tendu des temps coloniaux. Ces flux migratoires contribuent à façonner un jeu de mémoires post-coloniales contradictoires, voire antagonistes, qui, en France surtout, risquent de dégénérer en confrontations communautaristes.

Le poids des migrations

Le retour des Blancs coïncide sans décalage majeur avec le cycle trentenaire de la décolonisation, même si certains retours l'ont anticipé et si tous ne sont pas partis[1]. La nature échelonnée ou précipitée de ces retours, les conditions d'accueil, les modalités de l'insertion et de l'indemnisation constituent autant de cas individuels et collectifs qui confèrent à chaque pays sa configuration.

Si l'on suit la chronologie des retours, l'Italie offre le cas singulier d'une communauté nombreuse[2] dont le rapatriement est antérieur à la décolonisation, commandé en fait par les défaites du régime mussolinien en Libye et en Afrique orientale, puis par les manifestations anti-italiennes des années d'après-guerre. Dès avant 1945, les deux tiers des ressortissants avaient été rapatriés, les neuf dixièmes avant 1950, suivis par les Italiens installés en Tunisie, dont les privilèges avaient été abolis par la France au

---

1. Voir J.-L. Miège et C. Dubois, *L'Europe retrouvée. Les migrations de la décolonisation*, Paris, L'Harmattan, 1995, qui a fourni les chiffres avancés ici.
2. Près de 700 000 Italiens résidaient en Afrique en 1940, dont 260 000 en Éthiopie-Érythrée, 200 000 en Libye, 140 000 en Afrique du Nord, 45 000 en Égypte.

lendemain de la guerre, puis par ceux d'Égypte. Concentrés dans le Mezzogiorno dont ils étaient souvent originaires, médiocrement et tardivement indemnisés en raison de la mauvaise volonté des États successeurs et des faibles moyens de la République italienne, ces rapatriés sont demeurés en marge du miracle économique, entretenus par leurs associations et leurs journaux dans une nostalgie impériale qui a longtemps fourni au néo-fascisme du MSI un électorat docile.

Autre retour échelonné, mais infiniment plus maîtrisé, celui des Britanniques, même si l'évacuation brutale de l'Égypte, après l'épisode de Suez, a pu laisser des souvenirs amers. Pour le reste, il s'agit d'une décolonisation négociée et suffisamment lente pour que s'opère un repli en bon ordre, le temps de procéder à la relève des cadres administratifs et militaires. Sauf exception, le reclassement et l'indemnisation[1] se sont effectués sans drame majeur, traités au cas par cas par des *Boards* spécialisés. Pour beaucoup, les États-Unis et les Dominions, voire l'Afrique du Sud, ont servi de zones de repli. Cette dilution dans le temps et dans l'espace, jointe à la conviction d'une continuité de l'influence britannique dans le cadre du Commonwealth, a permis à la Grande-Bretagne d'échapper aux interférences et aux conflits de mémoire, même si le pays ne méconnaît pas les tensions intercommunautaires nées d'une immigration économique massive. C'est donc en toute quiétude que la recherche britannique, et anglo-saxonne en général, exploite avec talent le filon des *colonial and postcolonial studies*, et traite cette page d'histoire avec des moyens et une abondance qu'on peut lui envier.

Les Pays-Bas et la Belgique offrent des situations plus contrastées. Le retour des Blancs y est antérieur à l'indépendance de leurs possessions, dès 1946 pour l'Indonésie, en raison des retours sanitaires, et dès 1958 pour le Congo en raison d'une situation politique devenue inquiétante. Mais c'est bien avec

---

1. Une forme originale d'indemnisation a été adoptée au Kenya où les terres des grands domaines colonisés par les Européens ont été progressivement rachetées par le gouvernement britannique et restituées à de petits propriétaires kikuyu. L'opération a été achevée en 1979 et a porté sur près de deux millions d'hectares.

l'indépendance que les départs s'accélèrent. Ils s'opèrent brutalement pour les ressortissants belges menacés par la mutinerie de la Force publique en juillet 1960 : quelque 45 000 d'entre eux sont alors rapatriés par un pont aérien. Les autres sont restés, notamment au Katanga, d'où les évacuations s'opéreront plus tard. Quelques milliers de Belges se sont repliés en Afrique du Sud, suivis parfois par les Grecs qui tenaient au Congo une place active dans le négoce. L'indépendance du Rwanda et du Burundi, mais surtout le départ des troupes belges, accélèrent le rapatriement de quelque 10 000 ressortissants en 1962. L'échelonnement est comparable en Indonésie où les retours s'opèrent par vagues successives entre 1946 et 1958, avec un pic dans les années 1950-1952, commandées par le transfert de souveraineté puis par les mesures de confiscation des biens néerlandais. L'ensemble des retours porte sur près de 400 000 personnes, dont une moitié de métis. Pour beaucoup, ce rapatriement dans un pays qu'ils ne connaissaient pas, les conditions improvisées d'accueil et de logement, le reclassement difficile dans l'administration et les affaires ont contribué à entretenir un deuil douloureux de la décolonisation qui se superposait dans de nombreux cas à l'épreuve des camps de détention pendant l'occupation japonaise.

S'agissant des possessions françaises, le retour des Blancs ne saurait se réduire au cas brutal et dramatique des rapatriés d'Algérie. C'est d'Indochine que sont venus les premiers retours. Dès 1954, la colonie française était réduite de moitié en raison de la mauvaise tournure de la guerre. Après les accords de Genève, l'évacuation est rapide au Tonkin, plus lente au Sud-Vietnam, mais achevée en 1967. Au rapatriement des Français établis en Égypte (7 000 personnes) s'ajoute ensuite celui des ressortissants établis dans les protectorats, commandé par l'indépendance puis par des manifestations anti-françaises ou anti-juives. Fin 1961, plus de 500 000 Français ont déjà rejoint la métropole, ce qui représente près du tiers des ressortissants d'outre-mer. Dans ce chiffre, les indépendances de l'Afrique noire et de Madagascar pèsent assez peu, seuls des fonctionnaires et leur famille ayant fait l'objet d'un rapatriement. En revanche, les actifs du secteur privé, sauf en Guinée, continuèrent leurs activités, augmentés ensuite par les coopérants et les cadres des nouvelles entreprises.

Seule véritable colonie de peuplement de l'empire français, l'Algérie a donné lieu à l'exode le plus massif induit par la décolonisation, de l'ordre du million de personnes. Dès 1945, puis surtout 1954, s'échelonnent les premiers départs, souvent par le biais d'une séparation familiale. Le mouvement s'accélère en 1961 après le référendum de janvier et surtout après l'échec du putsch des généraux, touchant des catégories urbaines jusqu'alors épargnées, pour culminer au printemps-été 1962 avec 650 000 départs, et encore 75 000 en 1963 et 35 000 en 1964. La violence meurtrière de l'OAS y fut pour beaucoup, mais aussi les représailles perpétrées par les éléments incontrôlés du FLN, qui firent plusieurs milliers de victimes, et que les autorités françaises ne surent ou ne voulurent enrayer. Par la suite, l'évacuation des dernières troupes et la nationalisation des terres, en octobre 1963, ont eu raison des colons qui avaient fait le pari de leur maintien dans l'Algérie nouvelle.

L'exode brutal de l'été 1962 prit de court le gouvernement français qui avait tablé sur des départs bien moins nombreux, de l'ordre de 400 000 personnes dans les quatre années à venir, ainsi que sur un saupoudrage hexagonal qui fut démenti par le choix privilégié des départements méridionaux par affinité climatique, voire dans l'espoir d'un hypothétique retour. Un secrétariat d'État aux rapatriés avait bien été créé en 1961, transformé l'année suivante en ministère, et une loi-cadre avait été adoptée, qui jetait les bases des conditions d'accueil, mais les services officiels n'en furent pas moins débordés. Au traumatisme d'un départ en catastrophe s'ajoutaient des conditions d'accueil souvent déplorables. Hormis l'action des associations caritatives, la solidarité nationale joua peu en faveur d'une communauté dont les liens avec la métropole s'étaient distendus et dont l'arrivée en masse fut perçue comme une intrusion. Le général de Gaulle, qui nourrissait à son encontre une antipathie ancienne, ne fit rien pour atténuer le choc moral du retour et différa l'adoption de toute loi d'indemnisation tant qu'il fut au pouvoir.

La métropole ne fut pas du reste l'unique réceptacle. Par amertume ou par retour à l'esprit pionnier, certains rapatriés d'Algérie ont préféré l'Espagne, où la région d'Alicante accueillit de nombreux Oranais, voire le Canada ou l'Argentine. Certains tentèrent leur chance à la Réunion ou en Nouvelle-Calédonie. Quant aux anciennes communautés juives du Maghreb[1], elles furent emportées par les indépendances et par les manifestations anti-juives des années soixante. Les communautés d'Algérie et de Tunisie se sont majoritairement portées vers la France, celle du Maroc (à 80 %) vers Israël en raison d'une ancienne sensibilisation à la cause sioniste. Le Canada, les États-Unis, l'Amérique latine ont été d'autres terres d'accueil.

Le rapatriement des Portugais d'Afrique revêt bien des analogies avec celui des Français du Maghreb. Cette population assez nombreuse, de l'ordre du million de ressortissants[2], avait été contre toute logique augmentée dans les années soixante pour mieux affirmer les liens indissolubles entre la métropole et l'outre-mer. Les premiers départs[3] se situent peu après la révolution des œillets d'avril 1974, avec l'indépendance de la Guinée-Bissau. Mais c'est l'année suivante, entre mai et novembre 1975, et dans un climat général d'insécurité consécutif à la proclamation des indépendances, que se produit le gros des départs de l'Angola, grâce à un pont aérien auquel ont contribué de nombreux pays étrangers, puis du Mozambique qu'abandonnent 170 000 Portugais, certains pour les États voisins du Swaziland et de l'Afrique du Sud. Si l'on ajoute à ceux de l'Afrique les rapatriements du Timor oriental, le total des *retornados* devrait atteindre 700 000, étant entendu que pour quelques dizaines de milliers, le Portugal ne fut qu'un transit vers d'autres terres d'accueil comme l'Australie. En comparaison avec les rapatriés d'Algérie, les solidarités familiales ont joué bien davantage,

---

1. Estimées en 1950 à 600 000 personnes, 300 000 au Maroc, 180 000 en Algérie, 120 000 en Tunisie.

2. Voir *supra*, p. 274.

3. En fait, la rétrocession forcée de l'enclave de Goa à l'Inde, fin 1961, imposa le retour de 4 500 Portugais et métis. Salazar ne voulut pas voir là un avertissement et rétorqua par l'évacuation des 12 000 Indiens installés au Mozambique.

mais ce retour massif s'opéra dans un contexte de crise économique et de surenchères politiques qui ne facilita pas leur installation. Dans les villes surtout, l'accueil fut dépourvu d'aménité. Les associations de rapatriés, un temps tentées par l'action violente, optèrent pour un vote-sanction en faveur du CDS, parti de droite, aux élections d'avril 1976. Vingt ans plus tard, l'insertion européenne aidant, la réintégration des *retornados* peut être considérée comme satisfaisante, même si une minorité demeurée en marge de l'essor économique continue de nourrir amertume et frustration.

Les migrations postcoloniales ne se réduisent pas au départ des anciens colonisateurs. Elles se doublent de mouvements induits qui concernent d'abord les auxiliaires indigènes du pouvoir colonial : troupes d'élite que la métropole avait intérêt à conserver[1] et, cas bien plus fréquent, supplétifs recrutés pour combattre la guérilla nationaliste et que l'indépendance plaçait dans une situation d'extrême vulnérabilité. Pour ces derniers, le problème se posa d'abord en Indonésie, avec les soldats recrutés dans la population christianisée des îles Moluques, et qui, après avoir échoué sur place dans une tentative sécessionniste, furent rapatriés aux Pays-Bas, avec leurs familles, entre 1951 et 1957[2]. Des cas analogues concernent les forces indigènes incorporées dans l'armée portugaise. Mais le cas le plus important par ses effectifs et le plus dramatique par les conditions de retour fut celui des harkis d'Algérie[3]. Malgré la consigne donnée à l'armée française de les désarmer et de les abandonner à leur sort, quelques

---

1. Tels les Gurkhas du Népal où l'armée des Indes recrutait ses meilleurs soldats et que le Royaume-Uni récupéra en partie.
2. Les Moluquois (35 000 en 1975) forment une communauté difficile à intégrer, plus de la moitié d'entre eux ayant refusé la nationalité néerlandaise.
3. C'est par commodité que l'on regroupe dans le nom de *harkis* des situations très diverses : supplétifs des harkas mises à la disposition de l'armée française, mokhaznis (civils participant à l'encadrement des SAS), groupes mobiles de police rurale, groupes d'autodéfense, voire auxiliaires de l'administration (cadis), membres des confréries religieuses…

dizaines de milliers parvinrent à échapper à la vindicte de l'ALN et à gagner la métropole. Il n'a guère été remédié, malgré les protestations réitérées de reconnaissance nationale, aux handicaps structurels d'une communauté assistée et marginalisée, regroupée dans d'anciens camps militaires, plus tard dans des hameaux forestiers et des cités urbaines.

Un second groupe, plus flou et difficile à chiffrer, tant il se distingue mal de la condition de réfugié ou de l'immigration à caractère économique, concerne les communautés allogènes qui ont pu servir d'intermédiaires, dans l'administration et le commerce, entre colonisateurs et colonisés. Le cas le plus nombreux est celui des importantes communautés indiennes expulsées des anciennes possessions britanniques d'Afrique orientale dans les années soixante et soixante-dix qui trouvèrent pour partie refuge en Grande-Bretagne en vertu d'une législation d'accueil, du reste de plus en plus restrictive[1]. Ses dispositions ont aussi été applicables à une fraction de la diaspora chinoise et aux Tamouls du Sri Lanka. Des situations plus ou moins analogues concernent d'autres pays coloniaux : Italie (Éthiopiens), Pays-Bas (immigrés du Surinam), Espagne (Guinée-Équatoriale), etc.

Mémoires de guerres, guerres de mémoires

Sans nier l'acuité de certains traumatismes et la généralisation d'une cohabitation intercommunautaire difficile dans les pays qui viennent d'être évoqués[2], c'est en France que se sont posés et se posent encore les enjeux et rejeux de mémoire liés au passé colonial les plus conflictuels. Cette nouvelle exception française d'une décolonisation « qui ne passe pas », pour reprendre une expression déjà célèbre, s'explique doublement : par la violence

---

1. Le *British Nationality Act* de 1948 a accordé la citoyenneté britannique à tout ressortissant d'un pays indépendant membre du Commonwealth. Cette facilité a été restreinte par le *Commonwealth Immigrant Act* de 1962 et à nouveau en 1968.

2. On en trouvera quelques échos dans le n° 120, 1er trimestre 2006, de la revue *Hérodote*, consacré à « la question postcoloniale ».

même d'un épisode qui, avec l'Algérie surtout, a mobilisé les forces vives de la nation ; et par une immigration massive issue pour l'essentiel de ce que fut l'Empire, juxtaposant dans un face-à-face tendu anciens colonisateurs et anciens colonisés. Dans le jeu de mémoires conflictuelles qui en découle, force est de reconnaître la maladresse de l'arbitrage de l'État et l'impuissance de l'historien.

À ces guerres de mémoires, le souvenir de l'Indochine participe assez peu. Il ne s'exprime guère dans l'importante communauté vietnamienne installée en France, plus soucieuse de réussite économique que de règlements de comptes, et dont la mémoire reste plus marquée par la guerre du Vietnam que par celle d'Indochine. Cette dernière a indéniablement taraudé les anciens officiers et combattants du corps expéditionnaire, jusqu'à entretenir un « mal jaune » fait de désenchantement impérial et d'anticommunisme obsessionnel, qui ont pu trouver des prolongements dans la subversion militaire en Algérie et jusque dans les rangs du Front national. Mais l'opinion a de longue date tourné la page d'une guerre dans laquelle elle ne s'est jamais véritablement impliquée, même si certains réveils ont pu s'opérer à la sortie de quelques films[1] ou dans le cas très particulier de l'affaire Boudarel[2].

Les mémoires postcoloniales se concentrent bien davantage sur la guerre d'Algérie. Tout avait pourtant commencé dans un silence assourdissant. Il est classique en effet d'opposer l'hypermnésie imposée par l'État algérien à la stratégie d'oubli choisie par la France officielle[3]. Devoir d'oubli contre devoir de mémoire, pour être antithétiques, ces deux voies n'en étaient pas moins convergentes. Il s'agissait d'empêcher tout travail de mémoire

---

1. Par exemple, *La 317ᵉ Section* (1965) et surtout *Dien Bien Phu* (1992) de Pierre Schoendoerffer.
2. Enseignant en Indochine et affilié au Parti communiste, Georges Boudarel est passé au Viet Minh qui l'a utilisé comme instructeur politique d'un camp de prisonniers. Devenu un spécialiste reconnu du Vietnam contemporain, son rôle a été révélé en 1991, suscitant d'assez âpres controverses.
3. Telle est la thèse centrale de l'ouvrage de B. Stora, *La Gangrène et l'Oubli. La mémoire de la guerre d'Algérie*, Paris, La Découverte, 1991.

qui aurait conduit à une dangereuse interpellation de l'État. Or ces deux démarches ont en commun d'avoir échoué par des multiples flux et reflux de mémoire.

L'Algérie indépendante s'est officiellement édifiée sur la mémoire constamment réactivée de la guerre de libération. Les grands anniversaires nationaux lui sont dédiés, tandis que la toponymie urbaine, les médias et les programmes scolaires entretiennent en permanence la flamme du souvenir. Cette exaltation n'aurait en soi rien d'étonnant ni de choquant, chaque pays trouvant dans les grandes dates de son histoire la source de sa cohésion nationale, si elle ne procédait d'une disqualification systématique de l'adversaire et de l'intrumentalisation d'une histoire mensongère où la falsification le dispute à la sélection partisane de l'information[1]. À partir de 1989, avec l'adoption d'une constitution pluraliste et l'élection de Mohammed Boudiaf, le carcan s'est quelque peu relâché, mais c'est la guerre « civile » des années quatre-vingt-dix qui a ouvert les brèches des stéréotypes. Les débordements de la violence d'État en réponse au déferlement de la terreur islamiste, la faillite économique et politique des dirigeants dans la construction d'une société juste, le chômage et la corruption endémique ont mis à nu les mensonges de la mémoire officielle. Deux tranches d'âge en ont été particulièrement affectées : les plus âgés qui, sans remettre en cause le bien-fondé de l'indépendance, témoignent discrètement de la nostalgie de la présence française et regrettent qu'une Algérie franco-musulmane n'ait pu voir le jour ; et la jeunesse qui, par-delà les mythes et les tabous, veut savoir pourquoi, sous la direction d'un parti et d'une armée de libération, le pays s'est enfoncé dans la tragédie qui est la sienne, et nourrit l'espoir d'une hypothétique émigration vers la France.

---

1. Contrôlée par la toute-puissante association des anciens *moudjahidin*, l'histoire officielle fixe toujours à 45 000 le nombre des victimes de la répression des troubles du Constantinois en 1945, et à un million celui des victimes de la guerre de libération, chiffres dont il est prouvé de longue date qu'ils sont faux. De même sont ignorés certains épisodes tabous de la lutte contre le MNA et des règlements de comptes au sein du FLN, et occulté le rôle de certaines personnalités gênantes, tel Messali Hadj qui a fait l'objet d'une réhabilitation partielle et tardive.

À cette mémoire confisquée, les autorités françaises ont long-temps opposé une volonté de non-mémoire, à l'unisson du reste d'une population qui, toutes catégories confondues[1], entendait tourner la page de la décolonisation pour s'adonner aux bienfaits de la société de consommation. La guerre d'Algérie était donc une guerre sans nom, réduite à des appellations euphémiques comme « événements » ou « opérations », et qui, faute de signi-fication bien définie, s'agissant d'une guerre militairement gagnée mais politiquement perdue, ne donnait lieu à aucune commémoration[2]. Cette crispation dans un silence d'oubli entre-tenu par les lois d'amnistie prises dès l'arrêt des combats, et qui sont à bien des égards des lois d'amnésie, a reçu quelques tardi-ves atténuations. L'avènement de la gauche au pouvoir en 1981, et surtout son retour en 1997, n'y sont pas étrangers[3] en raison de la mauvaise conscience encore prégnante des années du national-molletisme. La loi du 18 octobre 1999 a officialisé le terme de « guerre d'Algérie » et un mémorial a été discrètement érigé quai Branly, inauguré en 2002 par Jacques Chirac. Des cir-culaires ministérielles ont assoupli les conditions d'accès aux archives publiques, et l'armée elle-même s'est lancée dans une vaste entreprise de publication des archives militaires[4]. Plus récemment, deux journées commémoratives ont été adoptées : le 25 septembre et le 5 décembre, la première en hommage aux harkis, la seconde aux morts en Afrique du Nord. Mais la signi-

---

1. Il s'agit bien sûr du gros de l'opinion publique, mais aussi des principaux acteurs du drame algérien (pieds-noirs, harkis, appelés…) qui entament un long tra-vail de deuil silencieux. Seuls les obstinés de l'Algérie française, militaires pour la plupart, tentent d'entretenir la flamme du souvenir. Mais l'oubli est le plus fort et l'on a justement fait remarquer que la génération de mai 1968 a totalement fait l'impasse sur l'Algérie.

2. La date du 19 mars (1962), jour du cessez-le-feu, avancée par certaines associations d'anciens combattants, n'a pas été retenue.

3. On ne pouvait attendre de F. Mitterrand, qui fut ministre de la Justice dans le gouvernement Mollet, une démarche très innovante. Sa décision de faire rendre les honneurs militaires à la dépouille du général Salan, en 1984, suscita même quelques remous dans les rangs du Parti socialiste. Cette approche moins timorée du passé algérien est surtout redevable au gouvernement Jospin.

4. J.-Ch. Jauffret (dir.), *La Guerre d'Algérie par les documents*, Vincennes, Service historique de l'Armée de terre, 2 vol. parus, 1990-1998.

fication de ces deux dates n'est guère perçue et peu de municipalités organisent ces journées d'hommages.

C'est donc à côté de l'État que s'est perpétuée une mémoire du conflit. À défaut d'une mémoire nationale, qui a certes retenu l'importance de l'événement mais en des termes très flous[1], il s'agit surtout de mémoires catégorielles dont la juxtaposition reproduit assez bien les déchirements qui avaient traversé l'opinion durant l'épreuve. Et d'abord celle des pieds-noirs dont l'intégration somme toute réussie, et il est vrai puissamment aidée[2], était allée de pair avec une volonté d'oubli, à tout le moins une érosion de la mémoire qui semblait devoir se fixer sur la persistance de quelques habitudes langagières ou culinaires[3]. C'est près de vingt ans plus tard que s'est opéré un retour de mémoire, porté par la seconde génération des rapatriés et exploité sans beaucoup de nuances par leurs associations. C'est le temps de la « nostalgérie » qui, dans le désir de renouer avec l'Algérie heureuse d'autrefois, procède d'une reconstruction fantasmatique valorisant à l'excès l'harmonieuse cohabitation franco-musulmane et gommant toutes les aspérités sociales ou racistes de l'Algérie française. Celles-ci refont surface dans une troisième phase, avec les problèmes liés à l'immigration maghrébine en France et à la guerre qui déchire l'Algérie. Cette conjonction réactive un discours anti-arabe, l'ancien colonisé étant perçu comme un nouveau colonisateur, alors même que la faillite de l'État-FLN légitime l'ancienne présence française comme seule garante de la cohésion algérienne.

À la différence de la précédente, volontiers exubérante, voire agressive, la mémoire des harkis est silencieuse et résignée,

---

1. Sondage d'opinion publié par *Paris Match*-BVA, septembre 1990. Ce sondage fait apparaître une grande imprécision sur la nature et les données du conflit, mais aussi une inscription mémorielle plus forte chez les sympathisants de gauche.

2. Après De Gaulle, chaque président de la République semble avoir eu à cœur de faire œuvre réparatrice par l'adoption d'une loi d'indemnisation : Pompidou (loi du 15 juillet 1970), Giscard d'Estaing (loi du 27 décembre 1974) et Mitterrand (loi du 16 juillet 1987).

3. Voir J. Hureau, *La Mémoire des Pieds-Noirs de 1830 à nos jours*, Paris, O. Orban, 1987.

même si elle a pu s'exprimer en de sporadiques manifestations de violence identitaire[1], celle de perpétuels bannis qui savent que tout espoir de retour en Algérie leur est interdit, et qui vivent en France une condition de marginaux en décalage avec la reconnaissance officielle. La mémoire des appelés s'est révélée plus tardivement, initialement partagée, dans une dualité propre à tous les après-conflits, entre la revendication d'une reconnaissance guerrière et le refuge dans un silence pudique, presque coupable, tant la population environnante s'était montrée indifférente à leur retour d'Algérie. C'est au seuil du vieillissement, dans les années quatre-vingt-dix et deux mille, que cette génération à qui l'on avait confisqué ses vingt ans a été prise par le désir obsessionnel de livrer les bribes d'une mémoire enfouie. Mémoire assez homogène que domine le souvenir d'une « hébétude existentielle » (B. Stora) faite d'ennui, de routine et de peur insidieuse, et, pour certains, celui de la violence encore très prégnante dont ils ont été spectateurs ou acteurs[2].

Cette juxtaposition de mémoires spécifiques des réprouvés de la décolonisation aurait dû normalement s'apaiser, sinon dans une mémoire consensuelle d'une nation réconciliée avec son passé algérien[3], du moins comme l'expression légitime d'une mémoire plurielle, reconnue comme telle et utile à l'approfondissement de l'analyse historique. L'évolution de la société française et l'intervention intéressée des activistes de la mémoire en ont décidé autrement, au prix d'un glissement dangereux du

1. Notamment pendant l'été 1991. Voir M. Roux, *Les Harkis. Les oubliés de l'histoire, 1945-1991*, Paris, La Découverte, 1991 (ouvrage retiré de la vente).

2. Parmi beaucoup d'autres titres, on peut retenir J.-Ch. Jauffret, *Soldats en Algérie, 1954-1962. Expériences contrastées des hommes du contingent*, Paris, Autrement, 2000, et B. Stora, *Appelés en guerre d'Algérie*, Paris, Gallimard, coll. « Découvertes Gallimard », 1997.

3. L'affaire Aussaresses, en 2001, et le procès qui a suivi la parution de son livre *Services spéciaux, Algérie 1955-1957*, Paris, Perrin, 2001, a montré la sensibilité de l'opinion sur l'usage de la torture. Voir les analyses de R. Branche, *La Guerre d'Algérie : une histoire apaisée ?*, Paris, Seuil, coll. « Points Histoire », 2005, p. 51-53 notamment.

droit légitime au terrorisme de la mémoire. Au centre du problème se trouvent des difficultés d'adaptation et d'insertion d'une forte minorité d'immigrés issus, en France plus qu'ailleurs, de ce que fut l'Empire, et qui accrédite chez les uns l'idée d'une colonisation de l'Hexagone, chez les autres celle du rejet et du mépris. La première fait le lit de l'extrémisme xénophobe, la seconde d'une mise en accusation de l'« État colonial » que serait demeurée la République dans ses mentalités comme dans ses pratiques[1]. Ainsi s'est installée cette fracture coloniale, entretenue par un déferlement de mémoires conflictuelles et sans cesse réactivée par l'annexion d'épisodes aussi divers que le port du foulard islamique, la parution d'un livre sur les traites négrières[2], le soulèvement de la jeunesse des banlieues à l'automne 2005 et les interférences du conflit israélo-palestinien.

Face à cette dangereuse surenchère, dont le résultat le plus clair est d'affaiblir le lien social et la cohésion nationale au profit de l'enfermement communautariste, l'État n'a pas toujours sainement exercé sa fonction d'arbitrage. S'il a fini par remplir, non sans retards et tergiversations, le rôle qui lui est naturellement dévolu, celui de la gestion du symbolique et des moyens consacrés à la recherche historique, il a mal résisté à la pression de minorités appelant à donner force de loi à ce qui devait rester du domaine de la mémoire. Le terme (provisoire ?) de cette hypertrophie législative, faite d'interdits et d'injonctions, est le fameux article 4 de la loi du 23 février 2005 insistant sur le « rôle positif de la présence française outre-mer », finalement abrogé par le Conseil constitutionnel après de multiples protestations.

Parmi celles-ci, et s'il est entendu que l'histoire n'est le monopole de personne, la communauté des historiens français a

---

1. Voir l'Appel pour les assises de l'anticolonialisme postcolonial : « Nous sommes les indigènes de la République », janvier 2005.

2. . O. Pétré-Grenouilleau, *Les Traites négrières. Essai d'histoire globale*, Paris, Gallimard, coll. « Bibliothèque des Histoires », 2004, qui a suscité une vive polémique entre certains représentants de la communauté antillaise et un collectif d'historiens.

fait front pour dénier au législateur le droit de préjuger du contenu positif de ce chapitre d'histoire et de l'inscrire comme tel dans les programmes scolaires. Communauté est sans doute un terme excessif, s'agissant d'un corps travaillé par de multiples antagonismes idéologiques et personnels. Mais cette protestation exprime la légitime inquiétude d'une dérive qui tend à inverser les termes de droit et de devoir, c'est-à-dire à privilégier le devoir de mémoire au détriment des droits de l'histoire. Car si l'histoire a besoin de la mémoire de chacun, elle ne peut en retenir la part d'inconscient et de fantasme qui est propre à celle-ci, et moins encore les manipulations auxquelles elle peut se prêter à des fins d'autoflagellation et de repentance nationales.

Glossaire[*]

Abbane Ramdane, 1920-1957. — Né près de Fort-National (Kabylie) dans une famille très pauvre, boursier au collège de Blida, bachelier en 1941, il devient secrétaire-adjoint d'une commune mixte. Membre du PPA-MTLD, il est arrêté en 1950 pour activité subversive et libéré en 1955 après une grève de la faim. Il rejoint le FLN, et, appelé par Krim Belkacem, il s'impose, avec le titre de conseiller politique de la zone de l'Algérois, comme une tête politique exceptionnelle. Volontaire, parfois brutal et expéditif, il mène à bien le ralliement au Front de l'UDMA et du PCA. L'apogée de son influence coïncide avec le congrès de la Soummam (août 1956) dont il inspire la charte et les réformes institutionnelles. Affaibli et isolé par l'échec de la bataille d'Alger, dont il avait été l'instigateur, ayant levé contre lui la haine des colonels de l'ALN, il disparaît en décembre 1957, officiellement « mort au combat », en fait assassiné. — Mameri (K.), *Abbane Ramdane, héros de la guerre d'Algérie*, Paris, L'Harmattan, 1988.

Abbas Ferhat, 1899-1985. — Originaire de Taher (Constantinois), fils d'un caïd ruiné, il entreprend à Alger des études de

---

* Le format de cet ouvrage n'autorisant qu'une sélection limitée, l'auteur n'a retenu que les figures les plus marquantes de la lutte anticoloniale. Elle ne relève d'aucune héroïsation particulière, sachant que la décolonisation appartient prioritairement à l'histoire collective des peuples qui l'ont conquise.

pharmacie et milite à l'Association des étudiants musulmans. Établi à Sétif, conseiller général et membre des Délégations financières, il participe activement au mouvement *Jeune Algérien* et développe des vues favorables à l'assimilation. Comme tel, il soutient le projet Blum-Viollette, tout en le trouvant trop restrictif. Engagé volontaire en 1939, il rédige en 1943 le *Manifeste du peuple algérien* qui revendique une nationalité algérienne et un gouvernement fédéré à la France. Il fonde après la guerre l'Union démocratique du manifeste algérien (UDMA) qui regroupe surtout des notables libéraux et francisés. Il est élu à la seconde Assemblée constituante puis à l'Assemblée algérienne. Nationaliste modéré, mais déçu par l'immobilisme français, il finit par rallier le FLN après les émeutes du Constantinois (août 1955) et gagne Le Caire. Sans être, et de loin, la personnalité la plus importante du Front, son audience internationale lui vaut de présider le GPRA de 1958 à 1961. Président de l'Assemblée constituante après l'indépendance, il démissionne en 1963 pour protester contre le rôle excessif que s'arroge le parti unique. Semi-opposant au régime, il est plusieurs fois placé en résidence surveillée et n'est réhabilité que peu avant sa mort. Il a publié *Autopsie d'une guerre* (1980) et *L'Indépendance confisquée* (1984). — NAROUN (A.), *Ferhat Abbas ou les chemins de la souveraineté*, Paris, Denoël, 1961.

ABD EL-KRIM Mohammed, 1882-1963. — Issu de la tribu rifaine des Beni Ouriaghel, il reçoit une solide formation traditionnelle et collabore un temps avec les autorités espagnoles comme rédacteur au journal *Telegrama del Rif* puis comme cadi à Adgir. L'arrogance des Espagnols et la diversification de ses contacts l'orientent vers la rébellion armée. En 1920, il soulève les Beni Ouriaghel et, multipliant les ralliements, inflige à l'armée espagnole le désastre d'Anoual le 22 juin 1921. Proclamé « chef du Rif », il devient en 1923 « président de la République confédérée des tribus du Rif ». Non sans résistances, il modernise l'administration sur le modèle du kémalisme turc. Soutenu par le Komintern et le PCF, son audience internationale est immense dans le monde arabo-musulman qui porte en lui l'espoir d'un nouveau calife. La menace qu'il fait peser sur Fès et Taza oblige les autorités françaises à réagir. Lyautey ayant démissionné, le maréchal Pétain, doté de moyens considérables, reprend l'avantage et obtient sa reddition le 27 mai 1926. Déporté à la Réunion, il recouvre la liberté en 1947 et se fixe au Caire où il préside un Comité de libération du Maghreb. Mais son refus de tout accommodement ne lui accorde plus aucun rôle dans l'émancipation de l'Afrique du Nord. — COLLECTIF, *Abd el-Krim et la République du Rif*, Paris, François Maspero, 1976.

ARSLAN **Chakib**, 1869-1946. — Issu d'une puissante famille druze, homme de grande culture littéraire et religieuse, Chakib Arslan est une figure majeure de la Nation arabe qu'il voulait reconstituer autour de la Grande Syrie et par la réunification du Maghreb. Délégué du comité syro-palestinien à Genève, ville où il résidait le plus souvent, il soutient la révolte druze en 1926 et la lutte des Jeunes Marocains contre le Dahir berbère en 1930. Il fonde la même année *La Nation arabe*, revue éditée en français qui développe des vues anticolonialistes particulièrement virulentes contre la France. S'il a échoué dans son projet unificateur, il a été le mentor de jeunes nationalistes tunisiens et surtout marocains (el-Ouezzani, Balafrej) et a aussi contribué à détacher Messali Hadj du marxisme pour l'orienter vers un populisme arabo-islamique. Acquis, par haine de la France, à une collaboration avec l'Italie et l'Allemagne, il a abondamment utilisé, avant et pendant la guerre, les moyens de propagande mis à sa disposition par les pays de l'Axe, non sans un certain succès. — CLEVELAND (W. L.), *Islam against the West. Shakib Arslan and the Campaign for Islamic Nationalism*, Austin, University of Texas Press, 1985.

AZIKIWE Nnamdi, 1904-1996. — Originaire de l'ethnie ibo, élève d'une mission catholique, il séjourne aux États-Unis de 1925 à 1935. Outre un doctorat d'anthropologie obtenu à l'université de Pennsylvanie, il conserve de ce séjour outre-Atlantique un vif intérêt pour la presse ainsi qu'une adhésion aux thèses du panafricanisme. Rédacteur à l'*African Morning Post* à Accra, il fonde en 1937 au Nigeria une chaîne de journaux, parmi lesquels le *West African Pilote*, très lu dans les milieux évolués d'Afrique de l'Ouest. Il milite parallèlement dans divers cercles d'études où germent les idées nationalistes. Il lance en 1943 sa première offensive pour l'indépendance et participe l'année suivante à la fondation du National Congress of Nigeria and the Cameroons, dont il est secrétaire général, puis président. Élu à diverses assemblées locales et régionales, puis au Sénat fédéral, il joue un rôle de premier plan dans la reconnaissance de l'indépendance du Nigeria en 1960. Gouverneur général puis président de la République en 1963, il est écarté du pouvoir en 1966 par le coup d'État du général Ironsi. Il se déclare favorable à la création d'une république biafraise, mais son plan de paix, présenté en 1969, est rejeté par les deux camps. Président de l'université du Nigeria, il tente à deux reprises (1979 et 1983) de revenir au pouvoir. Il se retire de la vie politique en 1986. — GLAUKE (C.), *Zik's Kingdom : Dr. Nnamdi Azikiwe, Nigerian Politics, 1960-1996*, Berlin, Wissenschaft und Technik Verlag, 1997.

BALAFREJ Ahmed, 1908-1990. — Fils d'un notable de Rabat, il conduit des études supérieures au Caire et à Paris, et milite très tôt dans la mouvance nationaliste. Il fonde en 1926, à Rabat, la Société des amis de la vérité qui fusionne l'année suivante avec le groupe fondé par Allal el-Fassi, dont il ne partage pas les options traditionalistes. Ayant pris contact à Genève avec Chakib Arslan, il est l'un des instigateurs des manifestations d'opposition au Dahir berbère (1930). Il participe au lancement à Paris de la revue *Maghreb* (1932), dirigée par le socialiste Jean Longuet, et à l'élaboration du Plan de réformes marocaines présenté en décembre 1934. Après les troubles d'octobre 1937, il s'exile à Tanger et ne rentre au Maroc qu'après le débarquement allié. Fondateur de l'Istiqlal, il assure le lancement de son *Manifeste*. Son arrestation, le 29 janvier 1944, provoque de sanglantes manifestations. Amnistié en 1946, il réorganise son parti et défend la cause marocaine à travers le monde. Après l'indépendance, il est plusieurs fois ministre des Affaires étrangères et brièvement Premier ministre en 1958. Il quitte la vie politique en 1972.

BEN BADIS Abdelhamid, 1889-1940. — Né à Constantine, fils d'un riche bachaga rallié à la France, il a achevé ses études à la Zitouna de Tunis dont il subit l'influence réformiste et nationaliste. Il ouvre en 1911 une école à la Mosquée verte de Constantine. C'est dans les années vingt que s'affirme son prestige d'Ouléma par la qualité de son enseignement et par le lancement de diverses revues comme *Al Chihab* en 1925. En 1931, il fonde et préside l'Association des Oulémas réformistes qui, avec Bachir al Ibrahimi, Tawfiki el-Madani et d'autres, va ancrer le nationalisme algérien dans un enracinement historique, culturel et religieux. Par l'enseignement, la prédication, la publication d'ouvrages historiques et de journaux, les Oulémas ont formé une génération de patriotes algériens dont beaucoup participeront aux luttes nationales après la guerre. Figure prestigieuse de l'islam, Ben Badis meurt en 1940. Son successeur, Bachir al Ibrahimi, eut la lourde tâche de rallier les Oulémas au FLN en 1955.

BEN BARKA Mehdi, 1920-1965. — Issu du petit peuple de la médina de Rabat, servi par d'exceptionnelles qualités intellectuelles, Mehdi Ben Barka, précepteur du prince Moulay Hassan, abandonne la préparation de l'agrégation de mathématiques pour l'action politique. Signataire du *Manifeste* de l'Istiqlal en janvier 1944, il déploie des talents d'organisateur et contribue à l'implantation populaire de son parti. Une fois l'indépendance acquise, à laquelle il n'a pas peu contribué, le roi Mohammed V le désigne comme président du Conseil national consultatif, ébauche d'un parlement représentatif. Mais ses vues modernistes et socialistes l'opposent à la vieille garde de l'Istiqlal incarnée par Allal el-Fassi. Il fonde en 1959 l'Union nationale des forces populaires (UNFP) et critique ouvertement la monarchie devenue à ses yeux féodale et réactionnaire. Contraint à l'exil, il milite dans les rangs du tiers monde international dont il devient une figure de proue. Lors de la brève guerre des frontières avec l'Algérie (octobre 1963), il appelle le peuple marocain à la révolte. Condamné à mort par contumace, il est enlevé à Paris le 29 octobre 1965 par les services spéciaux marocains et est exécuté peu après. — Daoud (Z.) et Monjib (M.), *Ben Barka*, Éd. Michallon, 1996.

Ben Bella Ahmed, 1906. — Issu d'une famille de la paysannerie pauvre de l'Oranais, il sert dans les Forces françaises libres et s'illustre, avec le grade d'adjudant, dans la campagne d'Italie. Démobilisé, il appartient à cette génération de militants algériens qui adhère au PPA-MTLD dans le sillage de la répression des émeutes de mai 1945. Il en gravit rapidement les échelons et devient responsable de l'Organisation spéciale (OS) chargée de préparer la lutte armée. Arrêté en mai 1950, il s'évade deux ans plus tard de la prison de Blida et gagne l'Égypte. Avec Aït Ahmed et Mohammed Khider, il appartient à la délégation extérieure du MTLD, puis du FLN en 1954. Chargé de l'achat et du convoiement des armes, il noue des relations étroites avec le colonel Nasser et les services spéciaux égyptiens. Très hostile aux décisions du congrès de la Soummam, son influence décline par la force des choses après son arrestation le 22 octobre 1956 et sa détention en métropole jusqu'à la fin de la guerre d'Algérie. Il n'en fait pas moins savoir son opposition au GPRA et parvient à s'imposer, en juillet 1962, grâce à l'appui décisif des forces du colonel Boumedienne. Président de la République algérienne, sa gestion brouillonne et son nassérisme dressent contre lui le même Boumedienne qui le renverse le 19 juin 1965. Incarcéré sans avoir jamais été jugé, puis assigné à résidence, il est libéré en 1980 par le président Chadli et il anime en exil une opposition « islamiste modérée » au régime en place. — MERLE (R.), *Ahmed Ben Bella*, Paris, Gallimard, 1965.

BOSE Subhas Chandra, 1897-1945. — Né à Calcutta dans une caste de second rang, il fait une brillante carrière universitaire et sert un temps dans l'Indian Civil Service à Londres. Rentré en Inde, il rencontre Gandhi et devient un membre important du Congrès dans le Bengale et à Calcutta dont il est élu maire en 1930. Représentant la gauche du parti, il accède aux instances dirigeantes du Congrès et préside le All India Trade Union Congress. Fréquemment arrêté, il s'exile en Europe de 1933 à 1936, où il rencontre les dirigeants les plus divers et écrit *The Indian Struggle*, immédiatement interdit de diffusion par l'autorité britannique. Élu président du Congrès en 1938, il s'oppose à la ligne participationniste de Nehru et, entraînant une partie de la gauche congressiste, il fonde en juin 1939 son propre parti, le Forward Bloc, qui déclenche une violente campagne antibritannique. Arrêté une nouvelle fois, il s'évade en 1941 et, après avoir tenté en vain d'intéresser Hitler à sa cause, prend contact avec les Japonais. Ceux-ci s'engagent à aider la levée et l'équipement d'une armée de libération, tout en laissant à Bose une totale liberté politique. En octobre 1943, il forme à Singapour un gouvernement provisoire mais, malgré un afflux d'enrôlements d'Indiens d'Asie du Sud-Est, échoue dans son offensive contre l'Inde. Il est tué accidentellement le 18 août 1945. Malgré sa trahison finale, qui n'était pas reconnue comme telle par les masses indiennes, Bose demeure l'une des figures majeures du nationalisme indien. — COLLECTIF, *A Beacon across Asia : a Biography of Subhas Chandra Bose*, New Delhi, Orient Longman, 1973.

BOUMEDIENNE Houari, 1932 (?)-1978. — De son vrai nom Mohammed Boukharouba, né dans une famille de métayers de la région de Guelma (Constantinois), il parvient jusqu'au certificat d'études primaires et étudie ensuite à la medersa Kitania de Constantine. Très marqué par la répression des émeutes de Sétif-Guelma du 8 mai 1945, il milite au MTLD. Pour échapper au service militaire, il s'exile au Caire où il suit les cours de l'université Al-Azhar et s'intègre au groupe de la délégation extérieure du MTLD. Après le 1er novembre 1954, il suit une préparation militaire à Alexandrie et rentre clandestinement en Algérie. C'est alors qu'il adopte le pseudonyme de Boumedienne, nom d'un saint patron de la ville de Tlemcen. Son ascension dans l'Armée de libération nationale est rapide. Colonel en 1957, il succède à Boussouf à la tête de la wilaya V (Oranais), puis est nommé chef d'état-major de l'ALN en mars 1960. Au lendemain de l'indépendance, il s'allie à Ben Bella qui le nomme ministre de la Défense, poste qu'il conservera jusqu'à sa mort. Hostile à sa gestion brouillonne et trop personnalisée, il le dépose par le coup d'État du 19 juin 1965. Président du Conseil de la révolution, il est élu président de la République en 1976 après l'adoption de la Constitution. Grande figure du tiers monde et du non-alignement, sa gestion intérieure, fondée sur l'étatisme et le volontarisme industriel, est plus discutée. — FRANCOS (A.) et SERENI (J.-P.), *Un Algérien nommé Boumedienne*, Paris, Stock, 1976.

BOURGUIBA Habib, 1903-2000. — Benjamin d'une famille de la petite bourgeoisie de Monastir, il fait d'excellentes études secondaires au collège Sadiqi de Tunis. Il se rend à Paris en 1924 « pour y étudier afin de combattre la France ». Licencié en droit et diplômé de l'École libre des sciences politiques, curieux de tout, il observe le milieu politique français et en assimile très vite les règles du jeu. Son retour à Tunis marque le début d'un long engagement en faveur de l'indépendance. Adhérent au Destour, il rompt en 1932 avec ce parti qu'il juge trop conservateur et timoré, et fonde deux ans plus tard, avec son frère M'Hamed et le Dr Materi, le Néo-Destour qui opte pour une Tunisie indépendante, démocratique et laïque, liée à la France par un traité d'amitié. Le Néo-Destour rallie de jeunes intellectuels et s'implante dans la paysannerie du Sahel, à Djerba et dans les milieux populaires urbains. Plusieurs fois emprisonné, Bourguiba résiste aux offres de service des puissances de l'Axe, comme il résistera plus tard aux sirènes du panarabisme. Son combat tenace et sa ligne modérée font de lui l'interlocuteur obligé de la France. Après le discours de Carthage et les accords d'autonomie interne, le « Combattant suprême » rentre à Tunis en triomphateur le 1er juin 1955. L'indépendance acquise en mars 1956, il dépose le bey Lamine l'année suivante et assume la présidence de la République de 1957 à 1987, avec le titre de Président à vie à partir de 1975. Entre-temps, il a instauré un Code du statut personnel qui demeure un modèle d'émancipation juridique de la femme en pays musulman. Avec le temps, il cède de plus en plus au culte de la personnalité, néglige les libertés démocratiques et cautionne des politiques économiques hasardeuses. Il affronte en 1978 et 1984 des émeutes populaires qui brisent le consensus social et national qui faisait la force du « bourguibisme ». Le coup d'État « médical » du général Ben Ali, en novembre 1987, précipite sa sortie. — Bessis (S.) et Belhassen (S.), *Bourguiba*, Paris, Jeune Afrique, 2 vol., 1988-1989.

Césaire Aimé, 1913-2008. — Né à Basse-Pointe (Martinique), fils d'un contrôleur des contributions, il entre à l'École normale supérieure (1935) après des études secondaires au lycée de Fort-de-France et au lycée Louis-le-Grand. Évoluant dans les milieux surréalistes, il est sensible à la propagation de l'art et de la musique noirs mais aussi, et de longue date, aux inégalités raciales et sociales qui règnent aux Antilles. Il fonde en

1934 la revue *L'Étudiant noir* avec le Sénégalais Senghor et le Guyanais Damas, revue culturelle autant que politique qui entend lutter contre l'hégémonie française et théorise la notion de négritude. De retour à la Martinique en 1939, il publie la revue *Tropiques*, non sans quelques heurts avec la censure de Vichy. Il est élu député à l'Assemblée constituante en novembre 1945 et rapporte, en 1946, la loi qui porte son nom sur la départementalisation des quatre « vieilles colonies » (Martinique, Guadeloupe, Guyane, Réunion). Il est constamment réélu jusqu'en 1993 grâce au soutien du Parti communiste dont il s'est affranchi pourtant en 1956, lui reprochant d'utiliser à ses propres fins la lutte des peuples colonisés. Auparavant, il a publié dans *Présence africaine* un « Discours sur le colonialisme » (1955) où, dans le sillage de Bandung, il invite le tiers monde à dégager de façon révolutionnaire la singularité politique et culturelle des nations qui le composent. Il fonde en mars 1958 le Parti populaire martiniquais (PPM) qui veut se situer entre l'assimilation qu'il juge décevante et l'indépendantisme qu'il estime utopique, et revendique une large autonomie économique et politique.

Fanon Frantz, 1925-1961. — Fils d'un fonctionnaire des contributions, Frantz Fanon est né à Fort-de-France (Martinique) où il est l'élève, au lycée, du poète anticolonialiste Aimé Césaire. Il s'engage en 1943 dans les Forces françaises libres qui libèrent la Martinique, puis combat en France. Blessé en 1945, il est décoré de la croix de guerre, sa citation étant signée par le colonel… Raoul Salan. Il entreprend des études de médecine, puis de psychiatrie à Lyon. Lecteur assidu de *Présence africaine*, il publie en 1952 *Peau noire, masques blancs* qui tend vers une interprétation psychanalytique du racisme. Chef de clinique, de 1953 à 1956, à l'hôpital de Blida, en Algérie, il est confronté aux incidences médico-sociales du colonialisme. Contacté par le FLN, il s'installe à Tunis pour servir la cause de l'indépendance algérienne. Il écrit dans l'édition française d'*El Moudjahid*, accompagne de nombreuses délégations et représente le GPRA auprès de la République du Ghana. Il entretient des relations étroites avec des personnalités comme N'Krumah et Lumumba. Son anticolonialisme s'exprime dans *L'An V de la révolution algérienne* (1959) qui désigne la paysannerie comme la classe révolutionnaire primordiale, et surtout dans *Les Damnés de la terre* (1961) où il glorifie la vertu libératrice de la violence du colonisé, texte auquel Jean-Paul Sartre a cru devoir surenchérir dans une préface outrancière. Son influence sur le programme adopté par le FLN à Tripoli au printemps 1962 est discutée, encore que probable, mais celle qu'il a exercée sur certains leaders algériens, tels Ben Bella et Boumedienne, n'est pas niable. — GENDZIER (I.), *Frantz Fanon*, Paris, Seuil, 1976.

FASSI **Mohammed Allal el-**, 1906-1974. — Issu d'une riche et influente famille de Fès, il étudie puis enseigne à l'université de la Qarawiyyin, et participe aux mouvements de contestation levés par la promulgation du Dahir berbère (1930). Après une rencontre à Paris avec l'émir Arslan, il participe à la création en 1934 du Comité d'action marocaine et à l'élaboration du plan de réformes rejeté par l'autorité française. Président en 1937 du Parti national, il est exilé peu après, et pour neuf ans, au Gabon. De retour au Maroc en 1946, il adhère à l'Istiqlal qu'il a contribué à fonder deux ans plus tôt, mais doit s'exiler à nouveau et s'installe au Caire où il travaille aux côtés d'Abd el-Krim à la libération du Maghreb, enseigne à l'université Al-Azhar et participe aux émissions de la *Voix des Arabes*. Très attaché au sultan, il n'en désapprouve pas moins le traité d'indépendance de 1956 qui prive le Maroc du Sahara occidental et de la Mauritanie qu'il rêvait d'inclure dans un « Grand Maroc ». Il inspirera à ce titre la « Marche verte » de 1975. Ministre d'État chargé des affaires islamiques de 1961 à 1963, il conserve une importante activité à l'Istiqlal tout en étant quelque peu débordé sur sa droite comme sur sa gauche, représentatif d'une élite marginalisée par les renouvellements de la société marocaine.

GANDHI **Mohandas Karamchand**, 1869-1948. — Né dans une famille de caste marchande entrée au service d'un État princier, il obtient à Londres un diplôme de droit et débute médiocrement comme avocat. Il vit en Afrique du Sud de 1893 à 1914 où il soutient la cause des Indiens de Durban et du Natal victimes de mesures discriminatoires. C'est durant cette période, plus précisément entre 1907 et 1913, qu'il met au point une technique d'agitation politique non violente qu'il baptise lui-même *satyagraha*. Rentré en Inde en 1915, il soutient la Grande-Bretagne pendant la grande guerre (il a levé une unité d'ambulanciers indiens) comme il l'a soutenue pendant la guerre des Boers. Il fourbit ses premières armes à la faveur de conflits locaux, puis lance des actions de plus grande envergure contre les lois d'exception (*Rowlatt Bills*) et pour la défense du Califat. Avec la revendication du *swaraj*, le *self-government* de l'Inde qui deviendra plus tard celle de l'indépendance totale, Gandhi domine le nationalisme indien tout en restant à l'écart des manœuvres d'appareil du parti du Congrès. Ses campagnes sont de plus en plus massivement suivies et ses fréquentes arrestations (1922, 1930, 1932) lui confèrent l'aura du martyr dont il joue habilement. Après la « marche du sel » (avril-mai 1930) qui défie ouvertement la puissance britannique, le *Mahatma* participe à la conférence de Londres (1931) sur les réformes constitutionnelles. Il accepte le compromis induit par l'*India Act* de 1935 mais reprend l'agitation en 1940 contre l'entrée en guerre de l'Inde aux côtés du Royaume-Uni. Il inspire la campagne *Quit India* (1942) et est à nouveau emprisonné jusqu'en mai 1944. Durant la dernière phase de la lutte pour l'indépendance, son rôle politique est assez effacé, mais il multiplie les initiatives pour rapprocher les communautés religieuses et empêcher la partition. Il est assassiné le 30 janvier 1948 par un groupe d'extrémistes hindous. — MARKOVITS (C.), *Gandhi*, Paris, Presses de Sciences Po, 2000.

GIAP, Vo Nguyen Giap, né en 1911 (ou 1912). — Né dans une famille lettrée de l'Annam, il étudie à Hué et à Hanoi où il entame des études supérieures de droit. Il adhère au PCI en 1937 et écrit dans divers journaux marxistes tout en enseignant l'histoire dans un cours privé. L'interdiction du PCI le fait passer en Chine où il rencontre le futur Ho Chi Minh qui le désigne pour jeter les bases d'une résistance armée. Il choisit la région de Cao Bang, de relief difficile, et s'initie auprès des dirigeants communistes chinois à la guerre révolutionnaire. Membre du comité de libération, il est ministre de l'Intérieur dans le gouvernement provisoire de la RDVN formé en septembre 1945 par Ho Chi Minh. Il préside ensuite le conseil militaire, ce qui lui donne la haute main sur l'armée vietnamienne. Quand en 1946 Ho Chi Minh se rend en France, il assure l'intérim et déploie une grande activité pour doter le nouvel État d'une force militaire (école des cadres, achats d'armes, ateliers de fabrication…). Comme il est ministre de la Défense, le coup de force de Hanoi, le 19 décembre 1946, est généralement imputé à sa volonté d'en découdre avec l'occupant français. Commandant en chef, Giap assure pendant toute la guerre d'Indochine la direction militaire du conflit. Ses conceptions et ses instructions sont globalement celles de la guerre révolutionnaire chinoise ; il sait toutefois les adapter et prendre parfois ses distances avec les conseillers militaires envoyés par Pékin. La bataille de Dien Bien Phu est son apothéose. Il demeure aux commandes pendant la guerre américaine et ne réduit ses activités qu'après la réunification de 1975. — CURREY (C.), *Victory at Any Cost : The Genius of vie general Vo Nguyen Giap*, Washington, Brassey's, 1997.

Hatta Mohammed, 1902-1980. — Issu d'une famille de planteurs de Sumatra, il étudie aux Pays-Bas, fonde l'Association des étudiants indonésiens, composante importante du mouvement nationaliste, et participe en 1927, à Bruxelles, au Congrès de la Ligue internationale contre l'impérialisme. Arrêté et déporté en 1934 pour activité subversive, il est délivré par les Japonais et accepte, comme Sukarno, une certaine forme de collaboration avec l'occupant. Après la proclamation d'indépendance du 17 août 1945, il est nommé vice-président de la République. Capturé par les Hollandais en décembre 1948, il est libéré sous la pression internationale et conduit les négociations à La Haye. Il est le signataire de l'accord d'indépendance de la République des États-Unis d'Indonésie le 27 décembre 1949. Partisan du régime parlementaire, il démissionne fin 1956 pour protester contre l'autoritarisme croissant de Sukarno. Il échoue à reprendre le pouvoir en 1958 et se consacre ensuite au développement économique de son pays.

Ho Chi Minh, 1890 (?)-1969. — Fils d'un mandarin de l'Annam révoqué par l'administration française, Nguyen That Thanh (futur Ho Chi Minh) voyage à partir de 1911 à travers le monde et finit par s'installer à Paris en 1919. Il y côtoie la communauté et les intellectuels vietnamiens, s'inscrit à la SFIO, et rédige des articles anticolonialistes sous le pseudonyme de Nguyen Ai Quoc. Il présente vainement à la conférence de la paix un mémoire sur les « Revendications du peuple annamite ». Il participe en 1920 au congrès de Tours, adhère au Parti communiste et appartient à sa section coloniale. Il se rend à Moscou en 1923 et devient agent du Komintern en Chine. Il crée à Canton l'Association de la jeunesse révolutionnaire du Vietnam, matrice du futur Parti communiste vietnamien (puis indochinois) fondé au début de 1930. En raison de la répression qui frappe le PCI à la suite de divers mouvements sociaux, Nguyen Ai Quoc ne rentre au Vietnam qu'en 1941 et s'installe à la frontière sino-vietnamienne dans la région de Cao Bang. Il fonde le Viet Minh, large rassemblement interclassiste, à la fois antijaponais et antifrançais, et prend le surnom d'Ho Chi Minh. Après le coup de force du 9 mars 1945, il prend contact avec des agents américains et entreprend le noyautage du pays. Le Japon ayant capitulé, il proclame le 2 septembre la République démocratique du Vietnam et forme un gouvernement provisoire. Il négocie avec Jean Sainteny l'accord du 6 mars 1946, mais il se heurte à l'hostilité croissante des autorités françaises et ne peut empêcher le basculement du Vietnam dans la guerre après les massacres d'Hanoi en décembre. Son nom se confond ensuite avec l'histoire de la guerre d'Indochine et, après les accords de Genève, avec celle du Nord-Vietnam. — BROCHEUX (P.), *Ho Chi Minh*, Presses de Sciences Po, 2000.

HOUPHOUËT-BOIGNY Félix, 1905-1993. — Né à Yamassoukro (où il se fera inhumer dans un gigantesque mausolée), fils d'un chef de village, il est converti au catholicisme par les Pères Blancs, et admis à l'école primaire supérieure de Bingerville, puis à l'école normale William-Ponty (Sénégal) d'où il sort « médecin africain ». Après quelques années d'exercice, il accède à la chefferie en 1938 et prend en charge une opulente plantation familiale. Il fonde un syndicat agricole en 1944 et engage à la Libération une campagne contre le travail forcé qui, en partie grâce à lui, est aboli en 1946. Il fonde la même année, au congrès de Bamako, le Rassemblement démocratique africain (RDA), anticolonialiste plus qu'indépendantiste et affilié au Parti communiste, qui, comme tel, s'attire les foudres de l'administration coloniale. Ayant opéré un recentrage en 1950, Houphouët-Boigny réintègre progressivement le jeu politique et devient l'interlocuteur privilégié des autorités françaises avant comme après 1958. Refusant de partager quoi que ce soit avec des territoires plus pauvres, il s'oppose aux thèses fédéralistes de Senghor et est le principal artisan, avec le général de Gaulle, des indépendances « balkanisées » de 1960. Président jusqu'à sa mort, partisan d'une coopération privilégiée avec la France, il a dirigé la Côte d'Ivoire avec un mélange d'autorité et de pragmatisme qui a été longtemps cité comme exemple de réussite africaine. — DIALLO (S.), *Houphouët-Boigny. Le médecin, le planteur et le ministre*, Paris, Éd. Jeune Afrique, 1993.

JINNAH **Muhammad Ali**, 1876-1948. — Après une formation traditionnelle dans une secte d'obédience chiite et un passage dans une école anglaise de Karachi, Ali Jinnah obtient à Londres ses diplômes de droit et s'inscrit au barreau de Bombay. Membre du parti du Congrès, il représente les musulmans de Bombay au conseil législatif provincial introduit par la réforme Minto-Morley de 1909. Pour mieux représenter les intérêts des musulmans indiens, il adhère en 1913 à la Ligue musulmane (fondée en 1906) dont il deviendra président en 1934 après avoir quitté le Congrès au début des années vingt. La victoire de ce dernier aux élections de 1937 achève de le convaincre de la nécessité d'un État musulman séparé, influencé en ce sens par Muhammad Iqbal, le père spirituel du futur Pakistan. Ce choix est confirmé à la conférence de Lahore, en mars 1940, par la *Pakistan Resolution*. Mettant à profit la répression qui frappe le Congrès avec la campagne *Quit India*, il étend l'influence de la Ligue dans les provinces musulmanes où elle remporte la plupart des sièges aux élections de 1946. Son intransigeance, peut-être plus feinte que réelle, lors des négociations qui précédèrent l'indépendance aboutit à la partition de l'Inde et à la création du Pakistan, le 14 août 1947, dont il est nommé lieutenant-général dans un contexte de déchaînement des haines religieuses. Il jette les bases du nouvel État, mais meurt avant d'avoir pu lui assurer la stabilité nécessaire. — WOLPERT (S.), *Jinnah of Pakistan*, New York-Oxford, Oxford University Press, 1984.

KASAVUBU **Joseph**, 1917 (?)-1969. — Originaire de l'ethnie bakongo, ancien séminariste devenu instituteur, il adhère en

1950 à l'Abako, association de défense de la langue et de la civilisation kongo. Il en prend la tête en 1954 et l'oriente dans la voie d'une politisation anticoloniale. Il renforce son implantation dans les zones rurales et à Léopoldville. Il inspire le *Manifeste de l'Abako* qui défend l'idée d'un Congo pluraliste, fondé sur l'autonomie des groupes historiques et linguistiques. Érigé en parti, l'Abako déploie une activité légale jusqu'aux émeutes de Léopoldville de janvier 1959, durement réprimées. Peu après, Kasavubu participe à la Table ronde de Bruxelles. En vue des élections de mai 1960, il représente la tendance fédéraliste face aux unitaristes du Mouvement national congolais de Patrice Lumumba. L'indépendance proclamée, il est désigné chef de l'État, Lumumba étant Premier ministre. Ce partage boiteux ne résiste pas à l'épreuve de la sécession du Haut-Katanga. Kasavubu, qui redoute les ambitions présidentielles de Lumumba, refuse de réduire la sécession par la force, estimant qu'il pourra négocier avec Moïse Tschombé la réintégration du Katanga dans un Congo fédéral. Il peut, à ce titre, être retenu comme l'un des responsables de la mort de Lumumba le 17 janvier 1961. Par la suite, il assiste impuissant à l'effondrement économique et politique de l'ex-Congo belge. Il appelle Moïse Tschombé en juillet 1964 pour s'en séparer un an plus tard. Il est déposé en novembre 1965 par le coup d'État du général Mobutu, ce dernier s'attribuant tous les pouvoirs.

KENYATTA Jomo, 1893 (?)-1978. — Né en pays kikuyu (au Kenya), élève des Missions, employé municipal à Nairobi, il milite à la Kikuyu Central Association, l'une des premières formations africaines de revendication anticolonialiste. De 1929 à 1946, il effectue de longs séjours qui contribuent à sa formation politique et intellectuelle à Moscou et à Londres. Il publie en 1938 *Au pied du mont Kenya*, remarquable étude ethnographique du peuple kikuyu. Il adhère aux thèses panafricanistes et participe en 1945 à l'organisation du congrès de Manchester. À son retour, il milite dans la Kenya African

Union, dont une frange est acquise à l'action violente. Il désapprouve le déclenchement de la révolte des Mau-Mau, mais l'ambiguïté de ses déclarations publiques le désigne à la vindicte des Britanniques qui, au terme d'un procès truqué, le condamnent en 1953 à une lourde peine. Au cours de ses neuf années d'emprisonnement, il devient le martyr de son peuple et le symbole du combat national. Libéré en 1960, il adhère à la Kenya African National Union (KANU), favorable à un État centralisé. Les Britanniques se résignent à traiter avec lui. Premier ministre en 1963, il est président de la République du Kenya de 1964 à sa mort. Présidence décevante, marquée sans doute par une certaine modernisation économique, mais génératrice d'inégalités sociales accrues, et par toutes sortes de dérives autocratiques et népotiques. — ARNOLD (G.), *Kenyatta and the politics of Kenya*, Londres, Dent, 1974.

KRIM Belkacem, 1922-1970. — Né en Grande-Kabylie, fils d'un garde-champêtre, il s'engage dans l'armée en 1943 et termine la guerre avec le grade de caporal-chef. Secrétaire auxiliaire d'une commune mixte, il adhère au PPA dont il multiplie les cellules clandestines. Accusé du meurtre d'un garde forestier, il prend le maquis en 1947. Responsable du PPA-MTLD pour la Kabylie, il combine des sympathies messalistes et la conviction du recours nécessaire à la lutte armée. Contacté par Mohammed Boudiaf, il rompt avec Messali Hadj et adhère au CRUA. Il est l'un des neuf « chefs historiques » du FLN, responsable de la zone de Kabylie. Il participe à l'élimination d'Abbane Ramdane. Personnalité dominante du FLN-ALN en 1958-1959 comme vice-président et ministre des Forces armées du GPRA, son rôle décline ensuite sur le plan militaire mais demeure essentiel dans la conduite des négociations avec la France. Au moment de l'indépendance, il tente de s'opposer à Ben Bella (groupe de Tizi Ouzou), puis abandonne la politique et voyage en Europe pour affaires. Il est assassiné à Francfort dans de mystérieuses conditions. — HAMDANI (A.), *Le Lion des djebels, Krim Belkacem*, Paris, Balland, 1973.

LUMUMBA **Patrice**, 1925-1961. — Originaire de la province pauvre du Kasaï, il a acquis une formation autodidacte par la fréquentation des cercles associatifs et culturels de Léopold-ville. Dans *Le Congo terre d'avenir*, écrit en 1956 (mais demeuré inédit de son vivant), il professe des vues modérément réformistes qui le placent un temps dans l'orbite du Parti libéral belge. Il participe en octobre 1958 à la formation du Mouvement national congolais (MNC) et assiste en décembre à la Conférence des peuples africains d'Accra qui l'oriente vers un radicalisme anticolonialiste et panafricain. Sa dimension internationale l'impose à la tête de la délégation congolaise à la Table ronde de Bruxelles de janvier 1960. En mai, les élections sont un relatif succès pour le MNC, seul grand parti de dimension nationale. Patrice Lumumba devient Premier ministre et Joseph Kasavubu président du Congo belge indépendant le 30 juin. Les mutineries de la Force publique et la sécession katangaise ouvrent une période de chaos et de rivalité entre les deux dirigeants. Lumumba en appelle à l'ONU, puis à l'aide de l'Union soviétique. Trahi par son chef d'État-major, le colonel Mobutu, Lumumba est livré à son rival Moïse Tschombé et est assassiné en janvier 1961. Son nom demeure symbolique des luttes anticolonialistes africaines et a été conféré à l'université qui, à Moscou, formait les cadres de la jeune Afrique. — WILLIAME (J.C.), *Patrice Lumumba : la crise congolaise revisitée*, Paris, Karthala, 1990.

MESSALI HADJ **Ahmed**, 1898-1974. — Né à Tlemcen dans une famille de notables appauvris par la colonisation, il émigre en France en 1923. Pratiquant tous les métiers, il adhère à l'Étoile nord-africaine, mouvement créé en 1926 à l'instigation du Komintern, et en prend la direction en 1928. Sous l'influence de Chakib Arslan, il s'éloigne du communisme et oriente l'Étoile vers « l'islamo-nationalisme », maintenant la revendication de l'indépendance algérienne. Plusieurs fois condamné et exilé, il fonde en 1937 le Parti du peuple algérien (PPA) qui prend parti contre le projet Blum-Viollette au nom de l'indivisibilité de la nation algérienne, mais dont l'audience demeure faible. Emprisonné et exilé à nouveau, il fonde en novembre 1946 le Mouvement pour le triomphe des libertés démocratiques (MTLD), tout en maintenant les structures clandestines du PPA. Le MTLD connaît quelques succès électoraux (limités par la fraude administrative) qui rendent compte de l'extension de son audience dans les milieux populaires et la petite classe moyenne. Messali demeure jusqu'au début des années cinquante la figure majeure du nationalisme algérien. Mais l'imprécision de sa stratégie, oscillant entre le légalisme et l'action directe, et le culte de l'autorité infaillible du *Zaïm* ouvrent une crise au sein du MTLD dont une minorité opte en 1954 pour la lutte armée. À la création du FLN, il riposte par celle du MNA (Mouvement national algérien) qui est progressivement éliminé, tant en Algérie qu'en métropole, au terme d'une sanglante confrontation. Condamné à l'exil après l'indépendance, Messali Hadj a fait l'objet d'une tardive et timide réhabilitation. — STORA (B.), *Messali Hadj, pionnier du nationalisme algérien (1898-1974)*, Paris, L'Harmattan, 1986.

MOBUTU Joseph, 1930-1997. — Fils d'un cuisinier au service des missionnaires, Joseph Mobutu suit une scolarité chaotique chez les Frères des écoles chrétiennes et s'engage en 1949, pour sept ans, dans la Force publique (armée locale) où il atteint le grade de sergent. Rendu à la vie civile, il écrit dans *L'Avenir* et s'attache à Patrice Lumumba. C'est à ses côtés qu'il participe à la Table ronde de Bruxelles qui conduit à l'indépendance du Congo belge. Secrétaire d'État dans le gouvernement Lumumba, il reçoit pour mission, avec le grade de colonel et la fonction de chef d'état-major, de réduire l'insubordination de la Force publique. Trahissant son chef, il s'empare du pouvoir en 1961 et livre Lumumba à Moïse Tschombé qui le fait assassiner. Il est nommé général après ce coup d'État. Un second, perpétré en novembre 1965, le porte durablement au pouvoir après l'élimination du président Kasavubu, de Moïse Tschombé et des derniers lumumbistes. La Seconde République commence officiellement en 1967 avec la création du parti unique, le Mouvement populaire de la Révolution. Le pays devient Zaïre. Volonté de syncrétisme de la modernité, servie par un énorme potentiel économique, et de la tradition africaine réhabilitée, le mobutisme, après quelques succès initiaux et une insertion internationale flatteuse, a dégénéré en culte de la personnalité, terreur politique et prédation économique ruineuse. — BRAECKMAN (C.), *Le Dinosaure : le Zaïre de Mobutu*, Paris, Fayard, 1992.

MOHAMMED V (1909-1961). — Désigné en 1927 par le résident général Steeg à la succession du sultan Moulay Youssef, dont il était le troisième fils, Mohammed Ben Youssef (futur Mohammed V) ne joue d'abord qu'un rôle effacé, strictement protocolaire. Il conserve intégralement le Makhzen de son père et scelle sans protester le Dahir berbère. C'est l'opposition nationaliste des Jeunes Marocains qui le propulse, à partir de 1933, dans un rôle de symbole politique qu'il assume sans déplaisir. Le cri de « *Yahia el-Malik* » (« Vive le roi ») l'accompagne désormais dans ses déplacements. Tout en se tenant à l'écart des luttes partisanes, il se veut l'incarnation du Maroc et des institutions chérifiennes détournées par le protectorat. Sous Vichy, il tente de limiter l'impact des mesures anti-juives et accueille favorablement le débarquement anglo-américain. Son entrevue avec Roosevelt, le 22 janvier 1943, lui apporte une caution internationale et un précieux encouragement. Il encourage discrètement les débuts de l'Istiqlal. Fait compagnon de la Libération par le général de Gaulle, ses relations s'aigrissent avec les gouvernements de la IVᵉ République. Après l'audace du discours de Tanger (10 avril 1947), où il exalte l'avenir du Maroc sans mentionner la France, il est soumis à de fortes pressions qui font planer sur lui la menace d'une déposition. Obligé de louvoyer, il dénonce les agissements de l'Istiqlal en février 1951. Mais la multiplication des actes de violence achève de convaincre les milieux colonialistes, appuyés par quelques féodaux, que sa déposition est nécessaire au retour à l'ordre. Celle-ci est effective le 20 août 1953, assortie d'un exil à Madagascar. Il est remplacé par un proche parent, Moulay Arafa, mais l'impasse politique qui s'ensuit, la montée du terrorisme et du contre-terrorisme obligent le gouvernement Edgar Faure à accepter son retour fin 1955. Il obtient peu après l'indépendance. Devenu roi du Maroc, Mohammed V jette les bases d'un régime constitutionnel, auquel il associe de plus en plus son fils-héritier Moulay Hassan, futur Hassan II. Il meurt brutalement le 26 février 1961 des suites d'une opération. — DALLE (I.), *Les Trois Rois. La monarchie marocaine, de l'indépendance à nos jours*, Paris, Fayard, 2004.

NASSER **Gamal Abdel**, 1918-1970. — Issu de la petite bourgeoisie du delta, il entre à l'Académie militaire où il noue des liens avec un groupe d'officiers nationalistes. Très hostile à la monarchie et à la caste militaire après la défaite de l'Égypte face à Israël (1948), il organise le mouvement des Officiers libres qui renverse le roi Farouk en juillet 1952. Ayant ensuite évincé le général Néguib, il devient le *Raïs* de la nouvelle Égypte. De la conférence de Bandung (1955) à celle de Belgrade (1961), il s'affirme comme l'une des figures majeures de l'anticolonialisme et du non-alignement. Il soutient la cause de l'indépendance algérienne par une aide massive au FLN et prend fait et cause pour les indépendances africaines, au risque d'agacer parfois les dirigeants africains par son activisme. La nationalisation de la Compagnie du Canal de Suez, en juillet 1956, lui vaut une riposte militaire franco-britannique qui s'achève en reculade diplomatique.

Doté d'un prestige immense parmi les peuples colonisés, il échoue dans la réalisation de son rêve panarabiste et sort très affaibli de la défaite égyptienne lors de la guerre des Six Jours en 1967. — LACOUTURE (J.), *Nasser*, Paris, Seuil, 1971.

NEHRU Jawaharlal, 1889-1964. — Issu d'une famille de haute caste originaire du Cachemire mais installée de longue date à Delhi, fils aîné d'un avocat réputé qui est aussi une figure importante du Congrès, Jawaharlal Nehru conduit en Angleterre des études supérieures poussées. S'écartant de la tradition familiale du service de l'administration, il devient en 1917 le secrétaire de Gandhi auquel il va se lier dans une amitié indéfectible qui n'exclut pas des divergences de vues. Il abandonne la carrière d'avocat pour mieux se consacrer au Congrès dont il élargit l'assise populaire et dont il est élu président en 1929. Il se fixe pour objectif l'indépendance complète de l'Inde (serment du Purna-Swaraj). Entre-temps, il a joué un rôle déterminant dans le mouvement de désobéissance civile des années 1920-1922, ce qui lui vaut sa première arrestation (il fera huit autres séjours en prison), et assisté en 1927, à Bruxelles, au congrès des nationalités opprimées. Après les troubles des années 1930-1932, il oriente le Congrès vers l'adhésion au compromis institutionnel instauré par l'*India Act* de 1935. Les élections de février 1937 sont un succès pour le Congrès. Malgré des vues modératrices, il adhère à la campagne *Quit India* (1942) et retourne en prison. Étroitement associé aux négociations d'après-guerre, il accepte la partition de l'Inde, jugeant excessives les revendications de la Ligue musulmane. Premier ministre de l'Union indienne jusqu'à sa mort, le *Pandit* oriente le pays vers le neutralisme et le non-alignement à l'extérieur et s'attache à la modernisation de « la plus grande démocratie du monde », dans le cadre d'une économie planifiée. Sa fille unique, Indira Gandhi, née en 1917, a été Premier ministre de 1966 à 1984. — LECOMTE (F.), *Nehru*, Paris, Payot, 1994.

N'KRUMAH Kwame, 1909-1972. — Instituteur, N'Krumah séjourne aux États-Unis de 1935 à 1945. Outre une formation universitaire, ce séjour contribue à une formation politique originale, panafricaniste et marxiste, à laquelle a contribué l'intellectuel antillais George Padmore. Rentré à Londres en 1945, il organise le Congrès africain de Manchester, et regagne la Gold Coast en 1947. La répression des grèves de 1948 le convainc de former un nouveau parti, le Convention People's Party (CPP), au programme assez vague, centré sur l'obtention de « l'autonomie tout de suite », qui s'implante dans la jeunesse et dans la petite bourgeoisie urbaine. N'Krumah lance en 1950 une « campagne d'action positive » mêlant grèves, boycotts et désobéissance civile. Emprisonné, il devient un héros national. Le CPP ayant gagné les élections de 1951, N'Krumah libéré forme un gouvernement responsable et négocie habilement avec les Britanniques une indépendance effective le 6 mars 1957. Le retentissement est grand en Afrique noire, et Accra devient en 1958 la capitale des peuples en lutte. Fidèle à ses convictions panafricaines, N'Krumah échoue dans une union Guinée-Ghana-Mali, mais il est l'un des fondateurs de l'Organisation des États africains en 1963. Sa gestion intérieure est plus que décevante : autocratie et parti unique, chasse aux opposants et culte de la personnalité (il est l'*Osaqyefo*, le Rédempteur) vont de pair avec une politique économique dite socialiste, en fait incohérente, qui a affaibli l'un des plus riches pays d'Afrique noire. À la faveur d'un voyage à Pékin, il est déposé le 22 février 1966 par une junte militaire. — DAVIDSON (B.), *Black star : a View of the Life and Times of Kwame N'Krumah*, Londres, A. Lane, 1973.

NORODOM SIHANOUK. — Né en 1922. Le prince Norodom Sihanouk est élève au lycée Chasseloup-Laubat de Saigon quand, en 1941, il est appelé sur le trône cambodgien par l'amiral Decoux. Il accepte l'indépendance que lui offre le Japon après le coup de force du 9 mars 1945, mais ne s'oppose pas au retour de la France et signe un accord qui allège quelque peu le protectorat français. De 1946 à 1953, il entre fréquemment en conflit avec le Parti démocrate qui domine l'Assemblée cambodgienne. Il signe en novembre 1949 le traité qui reconnaît au Cambodge le statut d'État associé dans l'Union française. Une guérilla s'esquisse dans certaines régions, fomentée par des bandes plus ou moins liées au Viet Minh. Déçu par l'immobilisme français comme par l'attentisme américain, il lance en 1953 sa « croisade pour l'indépendance », menaçant même la France de traiter directement avec le Viet Minh. Le gouvernement Laniel finit par céder et accorde fin 1953 l'indépendance du Cambodge, confirmée au plan international par les accords de Genève. Norodom Sihanouk abdique en 1955 en faveur de son père pour devenir peu après Premier ministre puis chef de l'État en 1960. Sa dictature fantasque est interrompue en 1970 par le coup d'État du général Lon Nol suivi, en 1975, par la victoire des Khmers rouges. Il ne rentre au Cambodge qu'en 1971, où il ne jouit plus guère que d'une autorité morale, et abdique en 2004 en faveur de son fils Norodom Sihamoni.

U Nu, 1907-1995. — Fils d'un petit commerçant, diplômé de l'université de Rangoon, U Nu professe comme beaucoup d'étudiants des opinions nationalistes qui voient dans le Japon une alternative à la domination britannique. Rallié à l'invasion japonaise en 1942, il entre dans le gouvernement pro-nippon institué par Ba Maw. En 1944, sentant le vent tourner, il fonde avec Aung San, ministre de la Guerre, l'Anti Fascist People's Freedom League qui, ayant pris contact avec les Alliés, participe à la reconquête de la Birmanie. Les communistes en sont expulsés en septembre 1946. L'assassinat d'Aung San, qui avait conduit avec les Britanniques les négociations en vue de l'indépendance, projette U Nu au premier plan. Son gouvernement doit affronter d'emblée une rébellion communiste et le séparatisme de diverses minorités ethniques dont il ne vient à bout que grâce à l'aide de l'Angleterre et de l'Inde. U Nu dirige la Birmanie de 1948 à 1958 et de 1960 à 1962. Si sa politique extérieure, neutraliste et tiers-mondiste, n'est guère contestée, sa gestion « socialiste » et sa politique plutôt tolérante à l'égard des minorités dressent l'armée contre lui. Renversé le 2 mars 1962 par le coup d'État du général Ne Win et emprisonné, libéré en 1966, il tente à plusieurs reprises, mais sans succès, de revenir au pouvoir. — BUTWELL (R.), *U Nu of Burma*, Stanford (Calif.), Standford University Press, 1963.

NYERERE **Julius**, 1922-1999. — Julius Nyerere est un intellectuel formé au collège de Makerere (Ouganda) puis à l'université d'Édimbourg où il obtient un diplôme d'histoire en 1952. Séduit par le socialisme humaniste des Fabiens, il va d'abord s'attacher à construire au Tanganyika une conscience nationale transcendant les clivages hérités de la colonisation. Il fonde en 1954 la Tanganyika African National Union (TANU), dont la stratégie légaliste et la large implantation rassurent à la fois l'autorité de tutelle (l'ONU) et les Britanniques. Premier ministre après les élections de 1960, président de la République en 1962 après la proclamation de l'indépendance, il mène à bien le rattachement de l'île de Zanzibar, le nouvel État prenant le nom de Tanzanie. Président jusqu'en 1985, date à laquelle il se retire volontairement du pouvoir, il a tenté de donner corps à ce « socialisme africain » dont il est l'un des promoteurs (déclaration d'Arusha de février 1967) : autosuffisance, primat de l'agriculture vivrière, propriété collective, solidarité et tolérance. Les résultats en sont discutés. L'échec de la politique dite de villagisation et le recours périodique à la force en disent les limites, de même que la corruption qui n'a pu être enrayée. Baptisé *Mwalimu* (le maître d'école), pourfendeur des dictatures et de tous les racismes, Nyerere n'en demeure pas moins l'une des grandes figures de l'Afrique indépendante. — SMITH (W.E.), *Nyerere of Tanzania*, Londres, Gollancz, 1973.

OBOTE Milton, 1924-2005. — Fils d'un petit chef de l'ethnie lango au nord de l'Ouganda, il a d'abord été instituteur avant d'émigrer au Kenya où il a fait son apprentissage politique. Il fonde en 1960 l'Uganda People's Congress et devient en 1962, avec le concours de la Grande-Bretagne, qui a cru bon de miser sur lui, le premier chef de gouvernement de l'Ouganda indépendant. Après avoir aboli la monarchie, il exerce sous couvert de « socialisme » une dictature policière particulièrement sévère pour les intellectuels. Renversé en 1971 par son chef d'état-major, le général Idi Amin Dada, il se réfugie en Tanzanie. Quand Amin Dada est renversé en 1979 par l'intervention des troupes tanzaniennes, Obote revient au pouvoir, retrouve ses prérogatives et recourt aux mêmes pratiques. Ce nouveau mandat est marqué par une sanglante guerre civile. À nouveau renversé par l'armée en 1985, il se réfugie en Zambie et meurt en exil en Afrique du Sud en octobre 2005.

OLYMPIO Sylvanus, 1902-1963. — Né à Lomé dans une famille originaire du Brésil, il a terminé ses études à Londres et est devenu représentant du trust Unilever au Nigeria, puis au Togo dont il devient président de la chambre de commerce en 1948. Il adhère au comité d'unité togolaise, fondé en 1941 pour s'opposer aux revendications allemandes, qu'il transforme en parti acquis à l'indépendance et à la réunification de l'ethnie éwé intégrée à la Gold Coast. Cette dernière sera un échec (plébiscite du 8 mai 1956), mais Sylvanus Olympio obtient, sous le contrôle de l'ONU, la levée de la tutelle française et conduit le Togo à l'indépendance en avril 1960. Président de la République, sa gestion autoritaire l'isole progressivement tant à l'intérieur qu'à l'extérieur. Assassiné en janvier 1963, il est le premier chef d'État africain à avoir été renversé par un coup d'État militaire.

PHAM VAN DONG, 1906-2000. — Fils d'un mandarin de l'Annam, il étudie à Hué (où il a pour condisciple Vo Nguyen Giap et Ngo Dinh Diem), puis à Hanoi. Dès 1925, il s'engage dans le combat révolutionnaire comme militant et comme journaliste. Plusieurs fois incarcéré, libéré en 1936, il adhère au Parti communiste et participe à la fondation du Viet Minh. Ministre des Finances du premier gouvernement Ho Chi Minh en septembre 1945, il dirige l'année suivante la délégation vietnamienne à la conférence de Fontainebleau. À des postes divers, il fait partie des dirigeants les plus influents pendant la guerre d'Indochine. Nommé ministre des Affaires étrangères en avril 1954, il préside la délégation de la RDVN à la conférence de Genève. Il participe aussi à la conférence de Bandung. Il dirige le gouvernement de Hanoi à partir de 1955, tout en conservant la direction de la diplomatie nord-vietnamienne jusqu'en 1963, qu'il oriente dans une ligne pro-soviétique. Malgré une perte d'influence après la mort de Ho Chi Minh (1969), il est reconduit comme Premier ministre après la réunification du Vietnam. Affaibli par l'âge et la maladie, il se retire en 1986.

SENGHOR Léopold Sédar, 1906-2001. — Né dans l'ancien comptoir portugais de Joal, au sud de Dakar, dans une famille de commerçants aisés, Senghor suit les cours du petit séminaire et écrit ses premiers poèmes. Bachelier en 1928, il prépare au lycée Louis-le-Grand – où il se lie d'amitié avec Georges Pompidou –, le concours de l'École normale supérieure auquel il échoue. Agrégé de grammaire, il enseigne dans divers lycées et développe une œuvre poétique centrée sur la « négritude » dont il est, avec Aimé Césaire, l'un des théoriciens. Inscrit à la SFIO, c'est sous cette étiquette qu'il se présente aux élections après la guerre, mais il rompt en 1948 avec ce parti qu'il juge inepte en matière coloniale. Il anime désormais le groupe des Indépendants d'outre-mer composé de députés africains qui refusent l'affiliation au

RDA. Dans le sillage de la loi-cadre (1956) et de la Communauté (1958), il s'oppose à Houphouët-Boigny en tentant, mais en vain, d'empêcher la balkanisation de l'Afrique française par un large regroupement des territoires dans une entité fédérale. Président de la République du Sénégal de 1960 à 1980, date à laquelle il se retire volontairement, il exerce, au nom d'un « socialisme africain », très souple, un pouvoir dans l'ensemble modéré, non exempt de quelques dérives autoritaires. Ardent défenseur de la francophonie, le « poète-président » est élu à l'Académie française en 1983. — SOREL (J.), *Léopold Sédar Senghor. L'émotion et la raison*, Saint-Maur-des-Fossés, Sépia, 1995.

SUKARNO Ahmed, 1901-1970. — Fils d'instituteur, Sukarno est élevé dans un milieu où convergent les forces motrices du nationalisme indonésien (l'islam, la culture occidentale, les idées socialistes). Ingénieur après des études à Bandung, il refuse de se mettre au service des Hollandais et fonde en 1927 le Parti national indonésien dont il développe l'audience dans les milieux populaires grâce à ses talents de tribun. Arrêté en 1929, il l'est à nouveau en 1933 après la parution de *L'Indonésie accuse*, violent réquisitoire contre le colonialisme néerlandais. Exilé à Sumatra, il est libéré par les Japonais en 1942 et accepte une certaine collaboration avec l'occupant tout en conservant une ligne nationale et des liens avec la résistance. Les Japonais ayant promis l'indépendance, il les devance en proclamant la République d'Indonésie le 17 août 1945. Il participe, sans être toujours maître du jeu, aux luttes qui aboutissent à l'indépendance signée à La Haye en 1949. Il assigne à l'Indonésie une orientation neutraliste et tiers-mondiste (conférence de Bandung, 1955) et réussit bien l'émancipation totale, économique et politique, à l'égard de l'ancienne puissance coloniale. Mais son autoritarisme croissant (il est président à vie en 1963), le soutien appuyé des pays de l'Est et l'influence jugée démesurée du Parti communiste lui aliènent l'armée qui s'empare du

pouvoir à l'automne 1965. Progressivement dépouillé de ses prérogatives, il cède la présidence au général Suharto en 1968.
— LEGGE (J.D.), *Sukarno : a political Biography*, Londres, Allen Lane, 1972.

TJIBAOU **Jean-Marie**, 1936-1989. — Après des études à l'école missionnaire de Canala, il est ordonné prêtre en 1965 et exerce son ministère à la cathédrale de Nouméa. Il séjourne en France de 1968 à 1972, où il suit des cours de sociologie et d'ethnologie à Lyon et à Paris. Il abandonne la prêtrise et se tourne vers l'action culturelle. Il est le principal animateur du festival Melanesia 2000, événement majeur de la renaissance de la culture mélanésienne. Conseiller territorial en 1977, il plaide en faveur d'une indépendance néo-calédonienne d'abord pluriethnique puis strictement kanak. Membre de l'Union calédonienne, il adhère au Front indépendantiste, qui obtient 34,5 % des suffrages en 1979, et participe à la fondation du Front de libération kanak socialiste (FLNKS). Celui-ci boy-cotte les élections territoriales de novembre 1984, précédées et suivies de graves incidents, de même que le référendum d'autodétermination du 13 septembre 1987 qui est un succès pour son adversaire Jacques Lafleur. Adepte du dialogue plus que de la voie insurrectionnelle, conscient du caractère minori-taire des Mélanésiens dans la population, attaché à la forma-tion préalable à l'indépendance d'une élite kanak économique et culturelle, il est l'un des principaux artisans du processus de paix ouvert par l'accord de Matignon du 26 juin 1988. Le 4 mai 1989, il est assassiné à Ouvéa avec son second, Yeiwéné Yeiwéné, par un extrémiste du FLNKS.

TOURÉ **Ahmed Sékou**, 1919 (ou 1922)-1984. — Bien que né de père inconnu, Sékou Touré a toujours affirmé descendre du prestigieux *almami* Samory Touré. Élève doué mais tur-bulent, il achève une formation largement autodidacte dans les cercles d'études communistes créés à la fin de la guerre.

Devenu fonctionnaire des postes, il conduit une double action syndicaliste (à la CGT puis à la CGTA, centrale africaine) et politique. Au terme d'une longue grève, il fait plier l'administration coloniale, en 1953, pour que soit appliqué le Code du travail. Secrétaire général du Parti démocratique de Guinée, parti fondé en 1952, il a été vice-président du Rassemblement démocratique africain (RDA). Il fut aussi maire de Conakry et député RDA de Guinée de 1956 à 1958. Dans le cadre de la loi Defferre, il dirige le gouvernement territorial en 1957. Il est à cette date assez proche des positions fédéralistes de Léopold Senghor, mais son exigence d'une indépendance immédiate le conduit, après élimination de ses rivaux, à faire voter *non* au projet de Constitution de 1958. Il est unanimement suivi, et la Guinée devient *ipso facto* indépendante, ne maintenant avec la France que des liens de plus en plus ténus. Doté d'un indéniable charisme, longtemps porté aux nues par l'intelligentsia tiers-mondiste internationale, Sékou Touré s'est révélé un despote gouvernant par l'intimidation et la terreur. Maître d'un système répressif redoutable, il a contraint à l'exil la plupart des élites et jusqu'au quart de la population guinéenne. Il laisse à sa mort une économie exsangue malgré l'aide qui lui a été prodiguée par les pays de l'Est comme de l'Ouest. — KAKÉ (I.B.), *Sékou Touré, le héros et le tyran*, Paris, Éd. Jeune Afrique, 1987.

TSIRANANA Philibert, 1912 (?)-1978. — Issu d'une famille de paysans pauvres de la province côtière de Majunga, Philibert Tsiranana a pu mener à bien de bonnes études primaires et entre en 1930 à l'école Le Myre de Vilers qui est alors, à Tananarive, la pépinière de la fonction publique malgache. Il devient instituteur puis, après un stage à Montpellier, professeur de l'enseignement technique. Son ascension politique est rapide, dans l'orbite du Parti socialiste SFIO : conseiller à l'assemblée provinciale de Majunga, puis à l'assemblée représentative de l'île, député à l'Assemblée nationale en 1956. La loi-cadre Defferre le porte l'année suivante à la présidence du

Conseil de gouvernement. Partisan du *oui* au référendum, favorable à la Communauté, il négocie une indépendance complète acquise le 26 juin 1960. Le « Père de l'indépendance » obtient la libération des trois députés malgaches emprisonnés pour leur participation supposée aux événements de 1947 et décrète le 29 mars, date du déclenchement de la rébellion, journée de commémoration nationale, voulant affirmer ainsi la réconciliation des Mérina des hauts plateaux et des populations côtières. Les dernières années de sa présidence, assombries par la maladie, dérivent vers l'autoritarisme. Après les émeutes de Tananarive en mai 1972, il s'en remet à une junte militaire et ne parvient pas à reprendre le pouvoir.

Orientation bibliographique[*]

OUVRAGES GÉNÉRAUX

Histoire coloniale

La décolonisation a eu le mérite de vivifier une histoire coloniale devenue avec le temps quelque peu languissante. Les synthèses récentes qui suivent intègrent le dénouement dans l'étude des structures et des politiques coloniales.

Pour l'empire français :

Girardet (R.), *L'Idée coloniale en France de 1871 à 1962*, La Table ronde, 1972, rééd. coll. « Pluriel », 2005.

Liauzu (Cl.), dir., *Dictionnaire de la colonisation française*, Larousse, 2007.

Meyer (J.), Ageron (Ch.-R.) *et al.*, *Histoire de la France coloniale*, A. Colin, 1990-1991, 2 vol.

Pluchon (P.) et Bouche (D.), *Histoire de la colonisation française*, Fayard, 1991, 2 vol.

Martin (J.) *et al.*, *L'Aventure coloniale de la France*, Denoël, 1987-1997, 6 vol.

---

[*] La bibliographie portant sur la décolonisation, tant française qu'étrangère, est considérable. Outre quelques « classiques », il n'a été retenu qu'un nombre restreint d'ouvrages essentiels et récents, qui comportent généralement une substantielle bibliographie. Sauf mention contraire, le lieu d'édition est Paris.

Pour l'empire britannique :

Lloyd (T.O.), *The British Empire*, Oxford, Oxford University Press, rééd. 1996.

Cain (P.J.) et Hopkins (A.G.), *British Imperialism*, Londres, Longman, 1993, 2 vol.

La méthode comparative est de mise dans :

Etemad (B.), *La Possession du monde. Poids et mesures de la colonisation, XVIIIe-XXe siècle*, Bruxelles, Complexe, 2000.

Frémeaux (J.), *Les Empires coloniaux dans le processus de mondialisation*, Maisonneuve et Larose, 2002.

Une approche très critique du fait colonial dans :

Liauzu (Cl.), dir., *Colonisation : droit d'inventaire*, A. Colin, 2004.

Liauzu (Cl.), *Histoire de l'anticolonialisme en France. Du XVIe siècle à nos jours*, A. Colin, 2007.

Sur la violence faite aux peuples colonisés :

Ferro (M.), dir., *Le Livre noir du colonialisme*, R. Laffont, 2003 [très préférable au suivant].

Le Cour Grandmaison (O.), *Coloniser, exterminer. Sur la guerre et l'État colonial*, Fayard, 2005.

Décolonisation

Grimal (H.), *La Décolonisation de 1919 à nos jours*, Bruxelles, Complexe, 1985, rééd. 1996 [déjà ancien malgré sa réédition].

Michel (M.), *Décolonisation et émergence du tiers monde*, Hachette, coll. « Carré Histoire », 1993, rééd. 2005 [aux vues plus stimulantes].

Betts (R.), *Decolonization*, Londres-New York, Routledge, 1998, rééd. 2004.

Ageron (Ch.-R.) et Michel (M.), dir., *L'Ère des décolonisations*, colloque d'Aix-en-Provence, 29 sept.-3 oct. 1993, Karthala, 1995 [intéressantes contributions].

Pour la décolonisation française :

Ageron (Ch.-R.), *La Décolonisation française*, A. Colin, coll. « Cursus », 1991 [bonne synthèse, comme le suivant].

Pervillé (G.), *De l'Empire français à la décolonisation*, Hachette, coll. « Carré Histoire », 1995.

Ageron (Ch.-R.), dir., *Les Chemins de la décolonisation de l'empire colonial français, 1936-1956*, colloque de l'IHTP, 4 et 5 oct. 1984, Éd. du CNRS, 1986 [remarquables contributions].

Pour la décolonisation britannique :

Darwin (J.), *Britain and Decolonisation. The Retreat from Empire in the Post-War World*, Basingstoke, Macmillan, 1988, rééd. 2002 [un classique, comme le suivant].

Low (D.A.), *Eclipse of Empire*, Cambridge, Cambridge University Press, 1991.

Marx (R.), *De l'Empire au Commonwealth, 1850-1994*, Gap, Ophrys, 1995 [en français].

ASIE

Inde

En Asie, l'indépendance et le partage de l'Inde sont surabondamment traités. Parmi bien d'autres titres, on peut retenir en langue anglaise :

Hodson (H.V.), *The Great Divide. Britain, India, Pakistan*, Londres, Hutchinson, 1969, rééd. Oxford, Oxford University Press, 1997.

Hasan (M.), *India's Partition. Process, Strategy and Mobilization*, Delhi, Oxford University Press, 1993, rééd. 2002.

En langue française, substantiels développements dans :

Markovits (Cl.), dir., *Histoire de l'Inde moderne, 1480-1950*, Fayard, 2004.

Pouchepadass (J.), *L'Inde au XXᵉ siècle*, PUF, 1975.
Bernard (J.-A.), *De l'Empire des Indes à la République indienne, 1935 à nos jours*, Éd. de l'Imprimerie nationale, 1994.

Marges de l'Inde

Tinker (H.), *The Union of Burma. A Study of the First Years of Independence*, Londres, Oxford University Press, 1967.
Harper (T.N.), *The End of Empire and the Making of Malaya*, Cambridge, Cambridge University Press, 1999.

Indes néerlandaises

Dahm (B.), *Sukarno and the Struggle for Indonesian Independence*, Ithaca, Cornell University Press, 1978 [édition originale : *Sukarnos Kampf um Indonesiens Unabhängigkeit*, Hamburg, Schriften des Instituts für Asienkunde, 1966].
Reid (A.), *The Indonesian National Revolution, 1945-1950*, Hawthorn, Longman Australia, 1974.
Van Minnen (C.A.), dir., *The Decolonization of Indonesia. International Perspectives*, Middleburg, Roosevelt Study Center, 1988.

Indochine

Brocheux (P.) et Hémery (D.), *Indochine, la colonisation ambiguë, 1858-1954*, La Découverte, 1994, rééd. 2001 [meilleure introduction].
Dalloz (J.), *La Guerre d'Indochine, 1945-1954*, Seuil, coll. « Points Histoire », 1987, rééd. 2002 [meilleure synthèse sur le sujet].
Pour compléter :
Ruscio (A.), *La Première Guerre d'Indochine (1945-1954). Bibliographie*, L'Harmattan, 1987 [guide bibliographique très riche].
Dalloz (J.), *Dictionnaire de la guerre d'Indochine, 1945-1954*, A. Colin, 2006.

Sur les années cruciales du déclenchement et des débuts de la guerre :

Devillers (Ph.), *Histoire du Viêt-Nam de 1940 à 1952*, Seuil, 1952 [ancien, mais inégalé].

Du côté viet-minh :

Hartingh (B. de), *Entre le peuple et la nation. La République démocratique du Viêt Nam de 1953 à 1957*, École française d'Extrême-Orient, 2003.

Sur l'internationalisation de la question indochinoise :

Joyaux (F.), *La Nouvelle Question d'Extrême-Orient*, t. I : *L'ère de la guerre froide*, Payot, 1985.

PROCHE-ORIENT

Sur le nationalisme arabe et l'émancipation des mandats français et britanniques du Proche-Orient :

Carré (O.), *Le Nationalisme arabe*, Fayard, 1993.

Laurens (H.), *L'Orient arabe. Arabisme et islamisme de 1798 à 1945*, A. Colin, 1993, rééd. 2000.

Thobie (J.), *Ali et les 40 voleurs. Impérialismes et Moyen-Orient de 1914 à nos jours*, Messidor, 1985.

AFRIQUE DU NORD

L'historiographie française de l'Afrique du Nord est dominée par trois ouvrages classiques :

Julien (Ch.-A.), *L'Afrique du Nord en marche. Nationalismes musulmans et souveraineté française*, R. Julliard, 1952, 4e éd. 1972.

Le Tourneau (R.), *Évolution politique de l'Afrique du Nord musulmane, 1920-1961*, A. Colin, 1962.

Berque (J.), *Le Maghreb entre deux guerres*, Seuil, 1962, rééd. 1970.

Pour compléter :

Rivet (D.), *Le Maghreb à l'épreuve de la décolonisation*, Hachette Littératures, 2002.

Protectorats français

Julien (Ch.-A.), *Et la Tunisie devint indépendante, 1951-1957*, Éd. Jeune Afrique, 1985.

El Mechat (S.), *Tunisie, les chemins vers l'indépendance, 1945-1956*, L'Harmattan, 1992.

Rivet (D.), *Le Maroc de Lyautey à Mohammed V. Le double visage du Protectorat*, Denoël, 1999.

Bernard (S.), *Le Conflit franco-marocain (1943-1956)*, Bruxelles, Université libre de Bruxelles, 1963, 3 vol.

Algérie

Sur l'Algérie, la production d'ouvrages, déjà florissante, ne cesse de s'enrichir. Se reporter à la bibliographie thématique et critique des ouvrages suivants :

Meynier (G.) in Elsenhans (H.), *La Guerre d'Algérie, 1954-1962. La transition d'une France à une autre, le passage de la IVe à la Ve République*, Publisud, 1999, p. 19-57.

Stora (B.), *Le Dictionnaire des livres de la guerre d'Algérie*, L'Harmattan, 1996.

Publication d'archives :

Jauffret (J.-Ch.), dir., *La Guerre d'Algérie par les documents*, Vincennes, Service historique de l'Armée de terre, 2 vol. parus, 1990-1998.

Sur l'Algérie française et la montée du nationalisme algérien :

Ageron (Ch.-R.), *Histoire de l'Algérie contemporaine*, t. II : *De l'insurrection de 1871 au déclenchement de la guerre de libération, 1954*, PUF, 1979.

Kaddache (M.), *Histoire du nationalisme algérien. Question nationale et politique algérienne : 1919-1951*, Alger, SNED, 1980-1981, 2 vol.

Sur la guerre d'indépendance :
Droz (B.), et Lever (É.), *Histoire de la guerre d'Algérie, 1954-1962*, Seuil, coll. « Points histoire », 1982, rééd. 2001.
Monneret (J.), *La Phase finale de la guerre d'Algérie*, L'Harmattan, 2000.
Pervillé (G.), *Pour une histoire de la guerre d'Algérie, 1954-1962*, Picard, 2002.

Sur le FLN :
Meynier (G.), *Histoire intérieure du FLN, 1954-1962*, Fayard, 2002.
Harbi (M.) et Meynier (G.), éd., *Le FLN, documents et histoire, 1954-1962*, Fayard, 2004.

Parmi les très nombreux ouvrages thématiques :
Rioux (J.-P.), dir., *La Guerre d'Algérie et les Français*, colloque de Paris, 15-17 déc. 1988, Fayard, 1990.
Ageron (Ch.-R.), dir., *La Guerre d'Algérie et les Algériens*, table ronde de Paris, 26 et 27 mars 1996, A. Colin, 1997.
Jauffret (J.-Chr.) et Vaïsse (M.), dir., *Militaires et guérilla dans la guerre d'Algérie*, colloque de Montpellier, 5 et 6 mai 2000, Bruxelles, Complexe, 2001.
Harbi (M.) et Stora (B.), dir., *La Guerre d'Algérie. La fin de l'amnésie*, R. Laffont, 2004.
Branche (R.), *La Guerre d'Algérie : une histoire apaisée ?*, Seuil, coll. « Points Histoire », 2005 [bilan historiographique].

AFRIQUE NOIRE

La décolonisation de l'Afrique noire est incluse dans les ouvrages d'histoire africaine contemporaine, tels :

Coquery-Vidrovitch (C.) et Moniot (H.), *L'Afrique noire de 1800 à nos jours*, PUF, coll. « Nouvelle Clio », 1974, rééd. 2005.

M'Bokolo (E.), dir., *Afrique noire. Histoire et civilisation, du XIXᵉ siècle à nos jours*, Hatier-AUF, rééd. 2004.

M'Bokolo (E.), *L'Afrique au XXᵉ siècle. Le continent convoité*, Seuil, coll. « Points Histoire », 1985.

Joly (V.), *L'Europe et l'Afrique. De 1914 aux années 1960*, Rennes, Presses universitaires de Rennes, 1994.

Cooper (F.), *Africa since 1940. The Past of the Present*, Cambridge, Cambridge University Press, 2002.

Sur le panafricanisme :

Greiss (I.), *The Pan-African Movement*, Londres, Methuen, 1974 [édition originale : *Panafrikanismus. Zur Geschichte der Dekolonisation*, Francfort/Main, Europäische Verlagsanstalt, 1968].

Sur la décolonisation proprement dite, synthèses de :

Hargreaves (J.D.), *Decolonization in Africa*, Londres, Longman, 1988, rééd. 1996.

Almeida-Topor (H. d'), *Naissance des États africains*, Casterman-Giunti, 1996.

Nombreuses monographies dans :

Gifford (P.) et Louis (W.R.), *Decolonization and African Independance : the Transfers of Power, 1960-1980*, New Haven, Yale University Press, 1988.

Ageron (Ch.-R.) et Michel (M.), dir., *L'Afrique noire française, l'heure des indépendances*, colloque d'Aix-en-Provence, 26-29 avril 1990, Éd. du CNRS, 1992.

Sur l'indépendance des États africains, très nombreux ouvrages parmi lesquels :

Roche (C.), *Le Sénégal à la conquête de son indépendance, 1939-1960*, Karthala, 2001.

Bach (D.C.), Egg (J.) et Philippe (J.), dir., *Nigeria. Un pouvoir en puissance*, Karthala, 1989.

Stengers (J.), *Congo : mythes et réalités. 100 ans d'histoire*, Duculot, 1989.

Mondlane (E.), *Mozambique. De la colonisation portugaise à la libération nationale*, L'Harmattan, 1979.

Les éditions Karthala ont publié dans la collection « Méridiens » de nombreuses monographies intégrant le passage à l'indépendance, par exemple :

Puy-Denis (P.), *Le Ghana*, 1994.

Devey (M.), *La Guinée*, 1997.

Vérin (P.), *Madagascar*, 1990, rééd. 1992 et 2000.

François (Y.), *Le Togo*, 1993.

Pour le cas sud-africain :

Fauvelle-Aymar (F.-X.), *Histoire de l'Afrique du Sud*, Seuil, 2006.

DÉPARTEMENTS ET TERRITOIRES FRANÇAIS D'OUTRE-MER

Guillebaud (J.-C.), *Les Confettis de l'Empire*, Seuil, 1976.

Doumenge (J.-P.), *L'Outre-mer français*, A. Colin, 2000.

Vié (J.-É.), *Faut-il abandonner les DOM ?*, Economica, 1978.

Connell (J.), Spencer (M.) et Ward (A.), dir., *Nouvelle-Calédonie. Essais sur le nationalisme et la dépendance*, L'Harmattan, 1989.

ENJEUX DE MÉMOIRE

Sur les constructions de mémoire de la décolonisation qui, par la force des choses, ne peuvent être disjointes de celles de la colonisation, et sur leurs relations souvent conflictuelles avec l'histoire, deux ouvrages majeurs :

Stora (B.), *La Gangrène et l'Oubli. La mémoire de la guerre d'Algérie*, La Découverte, 1991, rééd. 2005.

Triaud (J.-L.) et Chrétien (J.-P.), dir., *Histoire d'Afrique. Les enjeux de la mémoire*, Karthala, 1999.

Diverses contributions dans :

Liauzu (Cl.), dir., *Violence et colonisation. Pour en finir avec les guerres de mémoires*, Éd. Syllepse, 2003.

Blanchard (P.), Bancel (N.) et Lemaire (S.), dir., *La Fracture coloniale. La société française au prisme de l'héritage colonial*, La Découverte, 2005.

Blanchard (P.) et Bancel (N.), dir., *Culture post-coloniale. Traces et mémoires coloniales en France (1961-2006)*, Autrement, 2006.

Hérodote, « La question postcoloniale », n° 120, 1er trimestre 2006.

Index des pays[*]

---

[*] Il n'a été retenu que les seules possessions d'outre-mer.

Index des noms de personnes

Table

Du même auteur

Histoire de la guerre d'Algérie 1954-1962
(avec Evelyne Lever)
« Points Histoire », n° 60, 1982

Histoire générale du XXe siècle
Jusqu'en 1949 (t. I et II)
1. Déclins européens
2. La naissance du monde contemporain
Depuis 1950 (t. III et IV)
3. Expansion et indépendances (1950-1973)
4. Crises et mutations (de 1973 à nos jours)
(en collaboration avec Anthony Rowley)
« Points Histoire », n° 85, 86, 96, 160, 1986-1992

Les décolonisations
« Mémo » n° 32, 1996

La Fin des colonies françaises
Gallimard, « Découvertes », 2009

RÉALISATION : NORD COMPO, À VILLENEUVE D'ASCQ
IMPRESSION : NORMANDIE ROTO IMPRESSION S.A.S., À LONRAI
DÉPÔT LÉGAL : FÉVRIER 2009. N° 99075-4 (124125)
Imprimé en France

Collection Points

SÉRIE HISTOIRE